湖北省学术著作出版专项资金资助项目

中国科学文化通志　主编　陈文新

全国高等院校古籍整理研究工作委员会直接资助项目、湖北省人文社科基金资助项目、文华学院博士基金资助项目成果

《礼部韵略》与宋代科举

罗积勇　肖金云　著

武汉大学出版社
WUHAN UNIVERSITY PRESS

图书在版编目(CIP)数据

《礼部韵略》与宋代科举/罗积勇,肖金云著．—武汉：武汉大学出版社，2015.12

中国科举文化通志/陈文新主编

ISBN 978-7-307-17357-6

Ⅰ.礼…　Ⅱ.①罗…　②肖…　Ⅲ.①韵书—中国—宋代　②《礼部韵略》—研究　③科举制度—研究—中国—宋代　Ⅳ.①H113.6　②D691.3

中国版本图书馆 CIP 数据核字(2015)第 295067 号

责任编辑:李　琼　　责任校对:汪欣怡　　版式设计:马　佳

出版发行：**武汉大学出版社**　(430072　武昌　珞珈山)

(电子邮件：cbs22@ whu. edu. cn　网址：www. wdp. com. cn)

印刷：武汉中远印务有限公司

开本：787×1092　1/16　印张:16.25　字数:352 千字　插页:4

版次:2015 年 12 月第 1 版　2015 年 12 月第 1 次印刷

ISBN 978-7-307-17357-6　定价:88.00 元

《中国科举文化通志》编纂委员会

顾　问　（按姓氏笔画排序）

卞孝萱

邓绍基

冯其庸

傅璇琮

主　编　陈文新

编　委　（按姓氏笔画排序）

刘海峰　刘爱松　陈文新　陈水云

张思齐　罗积勇　周　群　赵伯陶

陶佳珞　黄　强　詹杭伦　霍有明

《中国科举文化通志》总序

陈文新

（一）

科举是中国古代最为健全的文官制度。它渊源于汉，始创于隋，确立于唐，完备于宋，兴盛于明、清两代。如果从隋大业元年（605）的进士科算起，到清光绪三十一年（1905）被废除，科举制度在中国有整整1300年的历史。科举制度还曾“出口”越南、朝鲜等国，扩大了汉文化的影响。始于19世纪的西方文官考试制度，其创立也与中国科举的启发相关。孙中山在《五权宪法》等演讲中反复强调：中国的科举制度是世界各国中所用以拔取真才之最古最好的制度。胡适也说：“中国文官制度影响之大，及其价值之被人看重”，“是我们中国对世界文化贡献的一件可以自夸的事”。①

科举制度具有如此强大的生命力，其原因在于，它在保证“程序的公正”方面具有空前的优越性。官员选拔的理想境界是“实质的公正”，即将所有优秀的人才选拔到最合适的岗位上。但这个境界人类至今未达到过。不得已而求其次，“程序的公正”就成为优先选择。“中国古代独特的社会结构是家族宗法制，家长统治、任人唯亲、帮派活动、裙带关系皆为家族宗法制的派生物，在重人情与关系的社会文化背景下，若没有可以操作的客观标准，任何立意美妙的选举制度都会被异化为植党营私、任人唯亲的工具，汉代的察举推荐和魏晋南北朝的九品官人法走向求才的死胡同便是明证。”“古往今来科举考试一再起死回生的历史说明：自古以来，中国就是一个人情社会，人情与关系在社会生活中起着重要的作用，为了防止人情的泛滥，使社会不至于陷入无序的状态，中国人发明了考试，以考试作为维护社会公平和社会秩序的调节阀。悠久的科举历史与普遍的考试现实一再雄辩地证明，考试选才具有恒久的价值。”② 从这一角度看，科举制度不但在诞生之初有着巨大的进步意义，而且在整个中国历史和世界历史上，都是一个了不起的创造。较之前代的选官制度，如汉代的察举、征辟制和魏文帝时开始推行的九品中正制等，科举制度都更加公正合理。

---

① 胡适：《考试与教育三百》，《胡适文集》第12册，北京大学出版社1998年版，第508页。

② 刘海峰：《科举学导论》，华中师范大学出版社2005年版，第113、136页。

作为一项从整体上影响国民生活的官员选拔制度，科举制度对于维护我们这个幅员辽阔的多民族国家的统一稳定，其作用是无论怎样估计也不会过高的。胡适这位新文化运动的领袖，虽然一再愤愤不平地说到中国文化的种种不是，但在《考试与教育》一文中，他也毫不含糊地指出：在古代那种交通极为不便的情形下，中央可以不用武力来维持国家的统一是由于考试制度的公开和公平。胡适所说的公平，包括三种含义：一是公开考选，标准客观。二是顾及各地的文化水准，录取的人员，并不偏于一方或一省，而是遍及全国。三是实行回避制度，“就是本省的人不能任本省的官吏，而必须派往其他省份服务。有时候江南的人，派到西北去，有时候西北的人派到东南来。这种公道的办法，大家没有理由可以反对抵制。所以政府不用靠兵力和其他工具来统治地方，这是考试制度影响的结果”①。这些话出于胡适之口，足以说明，即使是文化激进主义者，只要具有清明的理性，也不难看出科举制度的合理性。

作为一项从整体上影响国民生活的官员选拔制度，科举制度不仅具有历史研究的价值，而且有助于我们思考当今人事制度的改革问题。2005 年，任继愈曾在《古代中国科举考试制度值得借鉴》一文中提出设立“国家博士”学位的设想。其立论前提是：我国目前由各高校授予的博士学位缺少权威性和公正性。之所以不够权威和公正，不外下述几个原因。其一，“各校有自己的土标准，执行起来宽严标准不一，取得学位后，它的头衔在社会上流通价值都是同等的”，这当然不公平。其二，研究生入学后，第一年大部分时间用在外语上，第二年大部分时间忙于在规定的某种等级的刊物上发论文，第三年忙于找工作，这样的情形，怎么可能培养出货真价实的博士？其三，几乎所有名牌大学都招收“在职博士生”，有的博士研究生派秘书代他上课，甚至不上课而拿文凭，这样的博士能说是名副其实的吗？只有设立“国家博士”学位，采用统一标准选拔人才，这样的“博士学位”才具有权威性和公正性。而国家在高级人才的选拔方面统一把关，不仅可以避免“跑”博士点和博士生扩招带来的许多弊病，有助于社会风气的改善，而且，由于只管考而不必太多地管教，还可以节省大量开支。就这一点而言，中国古代的科举制度的确是值得参考借鉴的。任继愈的这篇文章现已收入《皓首学术随笔·任继愈卷》（中华书局 2006 年版），有心的读者不妨一阅。

与任继愈的呼吁相得益彰，早在 1951 年，钱穆就发表了《中国历史上的考试制度》一文。针对民国年间（1911—1949）人事管理腐败混乱的状况，他痛心疾首地指出：科举制“因有种种缺点，种种流弊，自该随时变通，但清末人却一意想变法，把此制度也连根拔去。民国以来，政府用人，便全无标准，人事奔竞，派系倾轧，结党营私，偏枯偏荣，种种病象，指不胜屈。不可不说我们把历史看轻了，认为以前一切要不得，才聚九州铁铸成大错”②。钱穆的意思是明确的：参考借鉴科举制度，有助于人事管理的规范化和公正性。1955 年，他在《中国历代政治得失》一书中进一步指出：“无

---

① 胡适：《胡适文集》第 12 册，北京大学出版社 1998 年版，第 506 页。

② 钱穆：《国史新论》，东大图书公司 1984 年版，第 114~115 页。

论如何，考试制度，是中国政治制度中一项比较重要的制度，又且由唐迄清绵历了一千年以上的长时期。中间递有改革，递有演变，在历史进程中逐渐发展，这绝不是偶然的。直到晚清，西方人还知采用此制度来弥缝他们政党选举之偏陷，而我们却对以往考试制度在历史上有过上千年以上根柢的，一口气吐弃了，不再重视，抑且不再留丝毫顾惜之余地。那真是一件可诧怪的事。"① 现代中国的人事管理理应借鉴源远流长的科举制度，这是毫无疑问的。至于如何借鉴，则是我们需要认真思考的问题。

（二）

作为一项从整体上影响国民生活的官员选拔制度，科举制度以其"程序的公正"为国家选拔了大量行政官员，在提高全民族的文化水准和维护我们这个多民族国家的统一稳定方面，发挥了直接而巨大的作用，这是其显而易见的功能；它还有其他不那么显著却同样值得重视的功能，即意识形态功能和人文教育功能：科举制度以其对社会的整体影响力将儒家经典维持世道人心的作用发挥到极致。我们试就此略作讨论。

明清时代有一项重要规定：科举以《四书》《五经》为基本考试内容。这一规定是耐人寻味的。《论语》《孟子》等儒家经典是秦汉以来中国传统社会维系人心、培育道德感的主要读物。我们经常表彰"中国的脊梁"，一个毋庸置疑的事实是，秦汉以降，"中国的脊梁"大多是在儒家经典的教育下成长起来的。以文天祥为例，这位南宋末年的民族英雄，曾在《过零丁洋》诗中说："人生自古谁无死？留取丹心照汗青。""丹心"，就是蕴蓄着崇高的道德感的心灵。他还有一首《正气歌》，开头一段是："天地有正气，杂然赋流形。下则为河岳，上则为日星。于人曰浩然，沛乎塞苍冥。皇路当清夷，含和吐明庭。时穷节乃见，一一垂丹青。"身在治世，正气表现为安邦定国的情志；身在乱世，则表现为忠贞坚毅的气节。即文天祥所说："当其贯日月，生死安足论。"1282年，他在元大都（今属北京）英勇就义，事前他在衣带中写下了这样的话："孔曰'成仁'，孟曰'取义'。惟其义尽，所以仁至。读圣贤书，所学何事？而今而后，庶几无愧。"《四书》《五经》的教诲，确乎是他的立身之本。

文天祥是宝祐四年（1256）状元。这是一个值得关注的事实。它表明：进士阶层在实践儒家的人格理想方面，其自觉性远远高于社会的平均水平。宋代如此，明代如此，甚至连元代也是如此。清代史学家赵翼曾论及"元末殉难者多进士"这一现象："元代不重儒术，延祐中始设科取士，顺帝时又停二科始复。其时所谓进士者，已属积轻之势矣，然末年仗节死义者，乃多在进士出身之人。"（赵翼《廿二史劄记》卷三十《元末殉难者多进士》）接下来，赵翼列举了余阙、泰不华、李齐、李黼、王士元、赵琏、周镗、聂炳元、刘耕孙、丑闾、彭庭坚、普颜不花、月鲁不花、迈里古思等死难进

① 钱穆：《中国历代政治得失》，三联书店2001年版，第89页。

士，最后归结说：“诸人可谓不负科名者哉，而国家设科取士亦不徒矣。”① 在元末殉难的进士中，余阙（1303—1358）是最早战死的封疆大臣。他的朋友蒋良，一次和他谈起国难，余阙推心置腹地说：“余荷国恩，以进士及第，历省居馆阁，每愧无报。今国家多难，授予兵戎重寄，岂余所堪。然古人有言：‘为子死孝，为臣死忠。’万一不幸，吾知尽吾忠而已。”余阙殉难后，蒋良作《余忠宣公死节记》，开篇即强调说：“有元设科取士，中外文武著功社稷之臣历历可纪。至正辛卯，兵起淮、颍，城邑尽废，江、汉之间能捍御大郡、全尽名节者，守豫帅余公廷心一人而已。”② 在余阙“擢高科”的履历与他忠勇殉节的人格境界之间，人们确认有其内在联系。无独有偶，《元史·泰不华传》在记叙元末另一著名的死节之臣泰不华（1305—1352）时，也着重指出：其人生信念的基本依据是他作为“书生”所受的儒家经典教育。在与方国珍决战前夕，泰不华曾对部从说过一番词气慷慨的话：“吾以书生登显要，诚虑负所学。今守海隅，贼甫招徕，又复为变。君辈助我击之，其克则汝众功也，不克则我尽死以报国耳。”“书生”“所学”与捐躯“报国”之间关系如此密切，足见以《四书》《五经》作为基本考试教材的科举制度，它在维持世道人心方面的作用的确是巨大而深远的。

儒家经典维持世道人心的功能不仅泽及宋元，泽及明清，甚至泽及已经废除了科举制度的现代。其实这并不令人感到奇怪。原因在于，不少现代名流的少年时光是在科举时代度过的，他们系统地受过这种教育，耳濡目染，其人生观在早年即已确立并足以支配一生。儒家经典的生命力由此可见。科举制度的余泽亦由此可见。

这里我想特别提及五四新文化运动的领袖胡适，并有意多引他的言论。之所以关注他，是因为，世人眼中的胡适，只是一个文化激进主义者，以高倡“打倒孔家店”著称。人们很少注意到，胡适在表面上高呼“打倒孔家店”，但在内心里仍对孔子和儒家保留了足够的敬意，是儒家人生哲学的虔诚信奉者和实行者。唐德刚编译《胡适口述自传》，第二章有胡适的如下自白：“有许多人认为我是反孔非儒的。在许多方面，我对那经过长期发展的儒教的批判是很严厉的。但是就全体来说，我在我的一切著述上，对孔子和早期的‘仲尼之徒’如孟子，都是相当尊崇的。我对十二世纪‘新儒学’(Neo-Confucianism)(‘理学’)的开山宗师的朱熹，也是十分崇敬的。”“在这场伟大的‘新儒学’(理学）的运动里，对那（道德、知识；也就是《中庸》里面所说的‘诚则明矣，明则诚矣’的）两股思潮，最好的表达，便是程颐所说的：‘涵养须用敬，进学则在致知。’后世学者都认为‘理学’的真谛，此一语足以道破。”同一章还有唐德刚的一段插话：“‘要提高你的道德标准，你一定要在“敬”字上下功夫；要学识上有长进，你一定要扩展你的知识到最大极限。’适之先生对这两句话最为服膺，他老人家不断向我传教的也是这两句。一次我替他照相，要他在录音机边作说话状，他说的便是这两句。所以胡适之先生骨子里实在是位理学家。他反对佛教、道教乃至基督教，都是从

① 赵翼著，王树民校证：《廿二史劄记校证》，中华书局1984年版，第706页。

② 杨讷等编：《元代农民战争史料汇编》中编第一分册，中华书局1985年版，第268页。

‘理学’这条道理上出发的。他开口闭口什么实验主义的，在笔者看来，都是些表面账。吾人如用胡先生自己的学术分期来说，则胡适之便是他自己所说的‘现代期’的最后一人。”① 胡适是在少年时代接受儒家经典教育的，在经历了废止科举、“打倒孔家店”等种种变故后，儒家的人生哲学仍能贯彻其生命的始终，由此不难想见，在中国传统社会尤其是科举时代，儒家经典对社会精神风貌的塑造可以发挥多么强大的功能。虽然生活中确有教育目标与实际状况两歧的情形，但正面的成效仍是不容忽视的。

“精神文明”是中国人常用的一个概念。“精神文明”是相对物质文明而言的，就个人而言，需要长期的修养，就民族而言，需要长期的培育。中国古人对这一点体会很深，所以常常强调“潜移默化”，经由耳濡目染的长期熏陶，价值内化，成为一种道德规范。如果这种道德规范大体近于人情，既“止乎礼义”而又“发乎性情”，它对社会的稳定，对人类精神境界的提升，都将发挥重要作用。这就是文化的功能。目前教育界所说的“深厚的人文知识素养，有助于塑造高尚的精神世界，提高健康的审美能力”，与这个意思是相通的。《四书》《五经》作为科举时代的基本读物，人文教育功能是其不容抹杀的价值，并因制度的保障而得到了充分的发挥。

美国学者罗兹曼认为：科举制在中国传统社会结构中居于中心的地位，是维系儒家意识形态和儒家价值体系正统地位的根本手段。科举制在1905年被废止，从而使这一年成为新旧中国的分水岭：它标志着一个时代的结束和另一个时代的开始，其划时代的重要性甚至超过辛亥革命；就其现实和象征性的意义而言，科举革废代表着中国已与过去一刀两断，这种转折大致相当于1861年沙俄废奴和1868年的日本明治维新后不久的废藩。② 罗兹曼的意见也许是对的。而我想要补充的问题是：在科举制废止之后，如何保证《四书》《五经》的人文教育功能继续得到发挥？

（三）

科举制度曾经有过辉煌的历史，科举制度对现代中国的发展更有足资借鉴的意义。整理与研究历代科举文献，其意义也需要从历史与现实两个角度加以说明：一方面是传承文化，传承文明，让这份丰厚的遗产充分发挥塑造民族精神的作用，另一方面是去粗取精，古为今用，让它在现实的中国社会重放异彩，成为人事制度改革的重要智力资源。这是我们编纂出版《中国科举文化通志》的初衷，也是我们不辞劳苦从事这一学术工作的动力。

《中国科举文化通志》重点包括下述内容：

1. 整理、研究反映科举制度沿革、影响及历代登科情形的文献。

---

① 胡适：《胡适文集》第1册，北京大学出版社1998年版，第418、433页。

② ［美］吉尔伯特·罗曼兹主编，国家社会科学基金“比较现代化”课题组译：《中国的现代化》中译本，江苏人民出版社1988年版，第335、635页。

从《新唐书》开始，历代正史多有《选举志》。历代《会要》、《实录》、《纪事本末》等史传、政书之中，相当一部分是关于科举制度沿革的资料。还有黄佐《翰林记》、陆深《科场条贯》、张朝瑞《明贡举考》、冯梦祯《历代贡举志》、董其昌《学科考略》、陶福履《常谈》等一批专书。历代《登科录》和杂录类书籍，也保存了大量关于科举的材料。唐代登科记多已散失亡佚，有清代徐松的《登科记考》可供参考。宋元登科记保存稍多，明清有关文献尤为繁富。

2. 整理、研究与历代考试文体相关的教材、试卷、程文及论著等。

八股文是最引人注目的考试文体。八股文集有选本、稿本之分。重要的选本，明代有艾南英编《明文定》、《明文待》，杨廷枢编《同文录》，马世奇编《澹宁居文集》，黎淳编《国朝试录》等；清朝有纪昀《房行书精华》，王步青编《八法集》；还有《百二十名家集》，选文3000篇，以明代为主；《钦定四书文》，明文4集，选文480余篇，清文1集，选文290余篇。稿本为个人文集。明清著名的八股大家，如明代的王鏊、钱福、唐顺之、归有光、艾南英，清代的刘子壮、熊伯龙、李光地、方苞、王步青、袁枚、翁方纲等人，均有稿本传世。相关著述数量也不少。清梁章钜《制义丛话》等，是研究八股文的重要论著。其他考试文体，如试策、试律等，也在我们关注的范围之内。这些科举文献，一般读者不易见到，或只能零零星星地见到一些，或虽然见到了也难以读懂，亟待系统地整理出版，以供研究和阅读。

《中国科举文化通志》包括以下数种：《历代制举史料汇编》、《历代律赋校注》、《唐代试律试策校注》、《八股文总论八种》、《七史选举志校注》、《四书大全校注》、《游戏八股文集成》、《明代科举与文学编年》、《明代状元史料汇编》、《钦定四书文校注》、《翰林掌故五种》、《贡举志五种》、《〈游艺塾文规〉正续编》、《钦定学政全书校注》、《梁章钜科举文献二种校注》、《〈清实录〉科举史料汇编》、《二十世纪科举研究论文选编》、《明代科举与文学编年》、《〈礼部韵略〉与宋代科举》、《元明科举与文学考论》、《游戏八股文研究》、《明代八股文选家考论》、《唐代科举与试赋》、《〈儒林外史〉的现代误读》、《科举废止前后的晚清社会与文学》等。我们这套《中国科举文化通志》，以涵盖面广和分量厚重为显著特征，可以从多方面满足阅读和研究之需。而在整理、研究方面投入的心力之多，更是有目共睹。我们的目的是为推进学术作出力所能及的贡献。

《中国科举文化通志》是一项规模宏大、任务艰巨、意义深远的大型出版文化工程。编纂任务主要由武汉大学专家承担，并根据需要从中国人民大学、南京大学、中国艺术研究院、厦门大学、华中师范大学、陕西师范大学、扬州大学、中南民族大学、中南财经政法大学等高校或科研院所聘请了若干学者。南京大学卞孝萱先生、中华书局傅璇琮先生、中国社会科学院邓绍基先生等在学术上给我们提供了若干指导；参与这一工程的各位专家不辞辛苦，努力工作，保证了编纂进度和质量；武汉大学出版社鼎力支持《中国科举文化通志》的出版；所有这些，我们将永远铭记在心。

2015年4月13日

于武汉大学

目　　录

绪论 …… 1

第一章　《礼部韵略》概貌 …… 7
第一节　《礼部韵略》与其他韵书的关系 …… 8
一、《礼韵》与《集韵》的关系 …… 9
二、《礼部韵略》与《附释文互注礼部韵略》的关系 …… 10
三、《礼部韵略》与《增修互注礼部韵略》的关系 …… 11
第二节　《礼部韵略》的版本 …… 12
一、无增修、互注的《礼部韵略》版本 …… 12
二、含新制的《礼部韵略》版本 …… 12
三、兼含有新制与私制的《礼部韵略》版本 …… 14
第三节　沟通《礼部韵略》与科举的书：《押韵释疑》及《增修校正押韵释疑》 …… 14
一、《押韵释疑》 …… 15
二、《增修校正押韵释疑》 …… 31
三、《押韵释疑》与《增修校正押韵释疑》的关系梳理 …… 33

第二章　《礼部韵略》的收字及其修订 …… 38
第一节　敕准增补字及《礼部韵略》的历次修订 …… 38
一、元祐五年(1090)孙谔订补52字 …… 39
二、绍兴十一年(1141)年黄启宗增补245字 …… 39
三、绍兴十三年(1143)年黄积厚增补2字 …… 40
四、淳熙二年(1175)张贵谟上表补134字 …… 40
五、乾道八年(1172)增补“歧”字义项 …… 40
六、嘉泰四年(1204)增补“原委” …… 40
七、嘉定十六年(1223)吴杜增补3字 …… 41
第二节　《押韵释疑》对“新制添入字”的编排处理 …… 41
第三节　对“新制添入字”的分类分析 …… 46

一、异体 …… 46
二、因假借和古今字而形成貌似异体者 …… 49
三、增异义，音仍同 …… 52
四、增异音，义仍同 …… 52
五、异义异音 …… 52
六、增未收之字头及其义项 …… 59
七、许与某字或某韵某字通押 …… 62

第三章 《礼部韵略》的又音 …… 67
第一节 又音情况介绍 …… 67
一、又音 …… 67
二、又音分类分析 …… 68
第二节 本章所讨论的多音字范围说明 …… 76
一、主要讨论的多音字以《附释文互注礼部韵略》为底本 …… 77
二、和初版字无关的纯增字不在讨论范围 …… 77
三、新制所增与初版某字音义有关的字纳入讨论范围 …… 77
四、私增字如果与上述论题有关亦纳入讨论范围 …… 78
第三节 又音部分校勘 …… 78
一、反切上字或下字不同 …… 78
二、又音反切字形讹误 …… 79
三、又音反切用俗体代替正体 …… 81
四、反映实际语音变化的又音反切 …… 81
五、误注多音字 …… 85
第四节 异读来源 …… 85
一、《礼部韵略》音义项初设时的依据 …… 86
二、异读的语音层次 …… 87

第四章 宋代科举及科举诗赋的评判标准 …… 93
第一节 宋代科举中的各级各类考试及考试的内容 …… 93
第二节 现存宋代律赋和试律诗概况 …… 95
一、省题诗 …… 96
二、科举赋 …… 99
第三节 《礼部韵略》是科举考试各文体在程式、避忌和用韵上的标准 …… 102
第四节 宋代科举考试中考官对诗赋作品的评判 …… 103
一、宋代科举考试中考官对诗赋作品的评判标准和取向 …… 103
二、考官判定与学理性之间的关系分析 …… 107

第五节 《押韵释疑》中所见科举诗赋押韵宜忌及考场纠纷 …… 109
一、资料列举 …… 109
二、《押韵释疑》中记载的科考史料类型分析 …… 132

第五章 《礼部韵略》又音字和多音多义字规定的执行情况个案分析 …… 135
第一节 韵字分析 …… 136
第二节 小结 …… 190

第六章 《礼部韵略》与科举诗赋考试的互动 …… 192
第一节 主考方、考生的互动及由此对《礼部韵略》修订产生的影响 …… 193
第二节 学者对《礼部韵略》的研究及其对考生、考方的影响 …… 194
第三节 《礼部韵略》的不合理规定及考生的出韵、落韵与适应 …… 198
一、规定有不合理之处 …… 198
二、现存考生科场考试卷子和平时拟作中的误押 …… 204
三、考生科场《礼部韵略》运用精熟的原因探讨 …… 210
第四节 出处与泛押 …… 212
一、经书音义的权威性 …… 213
二、出处与泛押之争 …… 214
三、出处与泛押的分类 …… 216
四、适用“泛押”的条件 …… 217
五、因泛押而误押例 …… 218

结论 …… 221

参考文献 …… 224

附录一 宋代科举诗赋中的文、欣韵同用考 …… 229

附录二 楼钥律赋用韵考 …… 235

附录三 宋代科举考试中律诗、律赋“落官韵”问题 …… 242

后记 …… 247

绪　论

两宋有两百多年里科举是要考诗赋的①，其用韵以国子监颁布发行的《礼部韵略》(《礼韵》)为标准。《礼韵》又称“监韵”，是举子科场必须遵守的用韵标准，也是考司限韵、评判的依据和标准。它兼有审音、“广文路”的功用，但其音韵学的功能稍有削弱，主要为广大举子押韵作文提供参考。因其简洁便携，具有较大的实用性而备受青睐。《礼韵》作为官方修订的用韵标准，极具权威性，举子必须遵守，诗赋落韵有被黜落、“犯不考”的风险，《韵略条式·绍兴重修通用贡举式》20项“犯不考”的说明中，大部分与用韵有关。考官看详亦需严格执行官韵标准，稍有不慎便会引致纷争，甚至会受到处分，故亦持审慎态度。长期以来《礼韵》并未受到音韵学家足够的重视，近年来，国内外越来越多的学者开始研究《礼韵》系韵书，以《附释文互注礼部韵略》(《附韵》)和《增修互注礼部韵略》(《增韵》)为主，日本真福寺北宋刊本《礼韵》面世后亦引起一些学者的关注。《礼韵》与宋代科举的关系虽也有学者注意到，但总体上看，研究得还不够全面和深入。

一、作为科举法规书的《礼部韵略》

1.《礼部韵略》的作用及价值

《礼韵》作为官韵，其收字、字形、字音、释义等都是经官方批准的，极具权威性，刊布流传甚广，对宋人影响很大，是我们研究宋代语言的宝贵资料，同时也为研究其他韵书如《广韵》、《集韵》、《古今韵会举要》等提供参考，具有不容忽视的价值。《礼韵》的主要功能是用于科举，作为作文和衡文的在押韵和定平仄等方面的依据。除此之外，在宋人日常生活中也得以广泛运用，或用之于日常诗文用韵，或引之校勘古书讹字，或引之辩驳误用，或引之训释名物等。具体说来，《礼韵》的价值主要体现在以下几个方面：

(1)《礼韵》与《广韵》、《集韵》等韵书关系密切，对研究这些韵书亦具有参考价值。《礼韵》因科举诗赋用韵而产生，其刊布流传具有权威性、广泛性、连续性，它的一些特点也或多或少地影响到之后的韵书。

---

① 除去庆历新政、熙宁变法、绍圣时期、崇宁废科举的数十年。

(2)《礼韵》不断地受到官方和私人的增修，一些音切发生改变，与《广韵》、《集韵》不合，部分特殊音切、转移小韵反映了宋代实际语音的发展变化，是研究宋代语音的宝贵资料。

(3)《礼韵》具有较强的法定性，官方对其音义、字形等都有严格、明确的规定，对科举产生深远影响，对宋人实际语言运用特别是书面语言运用影响极大。

2.《礼部韵略》并不完全符合宋代实际语音

《礼韵》属于《切韵》系列中的韵书，相对《广韵》、《集韵》而言，它作了删削，但删削没有明确的标准，只有一个简化便用的意向。这样，《切韵》系列韵书，特别是《广韵》、《集韵》中原本不合理的东西大多得到继承。首先，韵部划分基本不变，独用、同用的规定也基本与《广韵》、《集韵》相同，那么，决定了《礼韵》在韵部划分、具体字的归韵上与现实语音大有隔阂。

宋代洪迈《容斋随笔·容斋五笔》卷第八"《礼部韵略》非理"反映了这种隔阂："《礼部韵略》所分字有绝不近人情者，如东之与冬，清之与青，至于隔韵不通用，而为四声切韵之学者必强立说，然终为非是。如撰字至列于上去三韵中，仍义训不一。顷绍兴三十年省闱，举子兼经出《〈易〉简天下之理得》赋，予为参详官。有点检试卷官蜀士杜莘云：'简字韵甚窄，若撰字必在所用，然唯撰述之撰乃可尔，如杂物撰德、体天地之撰、异夫三子者之撰、欠伸撰杖屦之类，皆不可用。'予以白知举，请揭榜示众，何通远谏议初亦难之，予曰：'倘举场皆落韵，如何出手？'乃自书一榜，榜才出，八厢逻卒以为逐举未尝有此例，即录以报主者。士人满帘前上请，予为逐一剖析，然后退。又静之与靓，其义一也，而以静为上声、靓为去声。案《汉书》贾谊《服赋》：'澹虖若深渊之靓。'颜师古注：'靓与静同。'《史记》正作静。扬雄《甘泉赋》：'暗暗靓深。'注云：'靓即静字耳。'今析入两音，殊为非理。予名云竹庄之堂曰'赏静'，取杜诗'赏静怜云竹'之句也，守僧居之频年三易，有道人指曰：'静字左傍乃争字，以故不定叠。'于是撤去元扁而改为靓云。"

洪迈上面这段话，实际上反映了两个方面的问题，一是韵的分合与现实语音相左；二是字的归韵与当时读书音不符或与古注相左。结果导致明明可押的不能押，而按现实语音已经不谐合的字却要归到一起押。

总之，在归韵、又音和多音多义字上产生了许多矛盾。如果《礼韵》对某字的规定尽管与现实语音有龃龉，但本身是明确的，考生还可靠死记来对付。但对于《礼韵》中那些前后规定自相矛盾，或《礼韵》规定与经典注音释义有出入，或经典中有而《礼韵》中无，当考生行文触及这一部分时，则会引起纠纷与矛盾，从而导致许多变通规定的出现，导致《礼部韵略》的修订、微调，等等。这些是本课题要研究的。而研究的重点是《礼部韵略》中又音、多音多义字规定与实际的执行情况。

3.《礼部韵略》多音字情况及其价值

《礼韵》多音字是指《礼韵》中有两个及以上读音的字。这些异读音包含了从远自先秦近到北宋，不同时期、不同地域形成的不同层次的语音材料，兼及读书音、方言和古今音。《礼韵》原有异读字1331个，异读音约2687个，大部分无注，《附韵》明确注明出处的有1869个，为我们区分异读来源和考察、划分异读层次提供了重要参考资料。《礼韵》与《集韵》关系密切，二者相同音切达到80%，对《礼韵》语音层次进行分析，总结不同层次异读的来源及演变规律，不仅能更好地研究《礼韵》自身特征，亦能为研究《集韵》异读、认识《集韵》音系性质提供参考。

《礼韵》多音字成分复杂，从音上来说，主要可以分为同义异音字和异义异音字，以音变构词的形式呈现的异读音最多，古今字、通假字和部分特殊同形词亦能形成异读音。同义异音词虽不辨义但保留多个音切，《礼韵》不删去此类异读，一来保留了前人丰富的异读音，是尊重历史的表现，二来为考生押韵调平仄提供了回旋的余地。《礼韵》在前代韵书的基础上大量删简多音字的音项和义项，并在科举中大力推广，对宋人以及后世汉字音义的简化、固定产生了一定的影响。

这里要特别提一下对多音字音义规定在科举诗赋中的执行情况进行分析的研究价值。

科举制度与韵书关系非常密切，宋代尤甚。目前国内外有关《礼韵》的研究渐多，主要为探求《礼韵》本身特点，而少有将之与科举实践结合起来，并在科举实践中寻求、验证《礼韵》规定音义的具体执行情况的研究。为数不多的有关《礼韵》和宋代科举的研究，亦多停留在二者关系的浅层次分析上。同时，科场中，考生不可避免地会受到对《礼韵》以及经书熟练程度、宋代现实语音和自己方音等多种因素的影响，诗赋用韵中出现一些违背《礼韵》规定的现象，这是我们研究宋代语言的宝贵资料。目前也少有从这方面来进行的研究。

本书计划从《礼韵》中具有代表性的多音字的角度，分析其音义特点，并结合宋代科举诗赋的具体用韵情况，以及宋代实际语言特征和考生的语言背景，探讨《礼韵》作为官方韵书的的价值，探讨《礼韵》多音字音义规定与其执行之间的关系，考察《礼韵》对科举实际用韵的影响以及科举实际用韵对《礼韵》的影响，更深入地探讨韵书与科举的相互影响的辩证关系。

以上分析说明本课题的研究是有价值的，根据现有资料，将《礼韵》多音字音义规定与科举诗赋用韵结合起来分析的方法也是可行的，并可预期有创新性的结论。

二、研究现状

相对于宋代其他韵书，《礼韵》研究环节比较薄弱，专书研究更少。宁忌浮先生《古今韵会举要及相关韵书》分专章详细研究了《礼韵》，并与其他韵书进行比较，详细考察了《礼韵》的来源、韵部及同用独用例、部分小韵的归部、小韵和韵字数目及其排列次第、反切和释义、韵字增补等情况，得出一些有价值的结论及新见，如《礼韵》对研究其他韵书有很大的参考价值，认为《礼韵》是《集韵》未定稿的简缩，景祐《韵略》与景德《韵略》无传承关系等。① 李子君先生对《礼韵》进行了深入系统的研究，涉及《礼韵》、

① 参见宁忌浮：《古今韵会举要及相关韵书》第二章“《礼部韵略》考”，中华书局1997年版。

《附韵》以及《增韵》的版本、年代、异读、流布、功用等诸多方面，方法可靠，有不少新见。其《〈礼部韵略〉异读研究》、《〈附释文互注礼部韵略〉又音讹误考订》等文章通过比对校勘，对《礼韵》各版本反切、异读音进行了深入细致的研究。其博士学位论文为《〈礼部韵略〉研究——真福寺藏〈礼部韵略〉与〈附释文互注礼部韵略〉》，通过真福寺本《礼韵》和《附韵》详细地考察《礼韵》诸多方面的问题。① 万献初先生《〈附释文互注礼部韵略〉"互注"异音考析》一文对《附韵》又音进行精细的数据统计分析，对多音字组进行了细致的音韵分析，以专名音变、音变构词、兼项音变别之。张渭毅先生《再论〈集韵〉与〈礼部韵略〉之关系》从文献学角度考证二书的关系，提出《礼韵》是《集韵》未定稿简缩并稍作修订而成的新看法。其《〈集韵〉异读研究》考察了《集韵》异读来源，并对异读层次进行解析，对我们研究《礼韵》异读亦有借鉴作用。杨春俏先生《宋代〈礼部韵略〉官方修订史考述》主要考述了《礼韵》几次官方、私人增修情况。国外，日本有几位学者有相关研究，如水谷诚《关于真福寺本〈礼部韵略〉》、《〈附释文互注礼部韵略〉的祖本》、《〈增修互注礼部韵略〉索引稿》等，平田昌司《唐宋科举制度转变的方言背景》考察了科举与方言的关系。以上有关《礼韵》的研究中，专门针对异读进行研究的甚少，主要有李子君先生、万献初先生。张渭毅先生研究《集韵》异读的方法和理论值得我们借鉴。

再说宋代科举诗赋的研究状况。两宋 300 余年间共设 118 科，除去神宗、哲宗绍圣和徽宗年间约 50 年不考诗赋外，其余年间均考诗赋，科举诗赋当是十分丰富，蔚为大观。但目前为止，有关宋代科举诗赋的研究并不多，主要是因为宋代科举诗赋保存不及唐、清完好，且多被认为研究价值不高。《押韵释疑》、《增修校正押韵释疑》中辨音时引用了一些科场赋作用韵及争议问题考官看详的例子，是极其宝贵的资料。傅璇琮主编的《宋登科记考》主要是搜罗宋代历榜登科人员情况，较少涉及科场诗赋及其用韵情况。《全宋文》和《历代赋汇》中收录了一些宋人律赋，包括一些科场赋和拟作，是本书所涉赋作的主要参考资料。曾枣庄、祝尚书、周兴禄等对宋代律赋、科场诗赋有一些文体上的研究。曾枣庄《论宋代律赋》一文讨论了宋代律赋的内容、限制、演变，以及诗赋考试与律赋对宋代文学的影响。祝尚书在《宋代科举与文学》和《宋代科举与文学考论》二书中详细考论了科举与诗赋的关系以及科举诗赋的特点、内容和价值；其《论宋体律赋》一文认为宋体律赋综合评价虽不高，但其形式美(音韵、文字运用)仍是一笔可资借鉴的遗产。周兴禄《论宋代科举的解试与省试诗》、《论宋代科举殿试的诗赋作品》，搜集辨析了宋代科举中的解试与省试诗、殿试诗赋作品，但不够全面。以上关于宋代律赋和科场诗赋研究多是从文体上进行研究的，少有从用韵方面进行研究的文论和著作。胡建升《从唐宋科举诗赋用韵看〈广韵〉"文欣"同用的起始时间》一文，通过分析唐代和宋代科举诗赋作品的用韵情况，认为"文欣"同用始于景祐四年(1037)官韵修订，《广韵》

---

① 李子君尚有多项关于《礼部韵略》的专项研究，如"宋代韵学史研究——《礼部韵略》系若干韵书之原委"(国家哲学社会科学基金项目)、"《礼部韵略》研究"(吉林大学哲学社会科学研究博士科研启动基金项目)、"《增修互注礼部韵略》研究"(吉林省哲学社会科学规划基金资助项目)等。

之“文欣”同用是受《礼韵》的影响而后改作的。此外，鲁国尧、刘晓南先生等有一些关于宋代词人、诗人用韵及诗文用韵中的方言现象的研究①，为本书多音字用韵分析提供了较好的借鉴方法和结论参考。王兆鹏的《唐代科举考试诗赋用韵研究》②细致地分析了唐代科举诗赋的押韵情况，并总结其用韵的韵部分合情况，其方法很值得借鉴。

关于韵书与科举的关系，学者间有探讨。祝尚书先生《宋代科举与文学考论》中对韵书与科举的关系略有考证。李子君先生《宋初韵书更迭频繁原因再证》认为北宋诗赋取士和科场文风的嬗变是宋初韵书频繁更迭的两个重要原因③；其《科举与音韵——明代音韵学繁荣的原因》一文考证了宋代诗赋取士对宋代在“官”的音韵学的影响。④ 李红先生《宋代科举制度与韵书发展》一文认为《广韵》、《集韵》产生的内在动力源于宋代科举的发展与变革。⑤ 韵书与科举关系密切不是一个简简单单的结论，还需要我们进一步发掘一些更细微、直接的证据，进行更深入的论证。官韵中对多音字音义项的规定和它在科场诗赋中的具体运用情况是否对应，二者关系如何，这是论证韵书与科举关系密切的又一个考察角度和证据。

综上所述，目前对《礼韵》多音字的研究较少，且一般是针对《礼韵》异读反切本身的研究，目前还没有以科举材料中具体韵字的执行情况来比对《礼韵》多音字规定的研究。故本书将从《礼韵》多音字的角度出发，分析多音字的特点，并进一步在宋代科举诗赋中寻找相应的用韵实例，辅以其他书籍中相关记载，观察科举实践中是否严格按照《礼韵》的规定来执行，进一步考察《礼韵》与科举的关系，了解《礼韵》对科举诗赋用韵、科举诗赋实际用韵对《礼韵》这两者之间的双向作用，了解科场纠纷中考官和举子如何判定诗赋是否落韵，对《礼韵》所规定的“出处”与“泛押”的实际执行情况如何等问题。通过这些研究，我们还可以了解宋代实际语音对《礼韵》、科举的影响，以及考生在自己语言背景影响下如何使用《礼韵》等一些更细微的问题。

三、本书思路

本书主要分以下几个部分：绪论主要说明研究价值、研究概况以及本书思路等。第一章作为背景知识，简单介绍《礼韵》的来源、与其他韵书的关系、版本及增订情况。第二章先介绍《礼部韵略》的收字及其修订情况，然后对经宋代中枢部门讨论批准的“新

---

① 如《宋代辛弃疾等山东词人用韵考》、《宋代福建词人用韵考》、《宋代苏轼等四川词人用韵考》、《宋元江西词人用韵研究》、《宋词阴入通叶现象的考察》，《宋代福建诗人用韵看历史上吴语对闽语的影响》、《宋代福建诗人用韵所反映的十到十三世纪的闽方言若干特点》、《宋代文士用韵与宋代通语及方言》、《宋代四川诗人阴声入声韵通押中的方音现象》、《宋代四川诗人阳声韵及异调通押中的方音现象》等一系列文章。

② 王兆鹏：《唐代科举考试诗赋用韵研究》，齐鲁书社 2004 年版。

③ 李子君：《宋初韵书更迭频繁原因再证》，《华夏文化论坛》2010 年卷。

④ 李子君：《科举与音韵——明代音韵学繁荣的原因》，《长春大学学报》2008 年第 6 期。

⑤ 李红：《宋代科举制度与韵书发展》，《北方论丛》2010 年第 1 期。

制添入字”进行分类分析，归纳它们的增订原则。第三章研究《礼韵》又音，对又音进行分类分析，并在校勘的基础上探讨又音来源。第四章先介绍宋代科举与科举诗赋情况，然后着力归纳宋代科举考试中考官对诗赋作品的一些评判原则与标准，最后对《押韵释疑》一书中的相关资料加以钩稽呈现。第五章在第三章、第四章的基础上，以科举诗赋中常用多音字韵字为个案，分析《礼韵》多音字的音义关系、来源，列举并分析宋代科举诗赋中实际押用情况以及科举中相关案例，借此来探讨规定与执行之间的关系。第六章对《礼韵》和科举的关系进一步梳理、归纳，从《礼韵》、主考方、考生、学者等相关方来探讨其互动关系；以上文个案分析为基础，从学理角度来探讨《礼韵》规定的合理与不合理之处，并探讨在《礼韵》与时音有差距的前提下，考生在科场较少违反《礼韵》规定的原因；在个案分析的基础上，详细探讨、总结“出处”和“泛押”的实际所指与其形成这种变通规定的原因，指出经典音与科举的重要关系。最后总结前文所作的研究以及得出的一些新结论。

第一章 《礼部韵略》概貌

《礼部韵略》是宋代一部专门为科举而设、作为审音定韵标准的韵书，供举子考试用韵参考和考官裁判，主要由国子监印行，又称“监韵”。诗赋考试必须有一个既定的用韵标准，既能为举子写诗作赋提供用韵指导，又能为考官断定优劣提供令人信服的评判标准。唐代以陆法言的《切韵》作为官韵，宋初亦沿其旧。但是，语音是不断发展的，《切韵》已经不再适合宋人当时的语言现实，迫切需要有一部新的韵书。宋陈鹄《耆旧续闻》云：“闽人以高为歌，真宗朝试《天德清明赋》，有闽士破题云：‘天道如何，仰之弥高。’考官闽人，遂中选。”①盖因宋初程试用韵尚漫无章程，举子用韵选字无所依托。真宗景德四年(1007)，陈彭年等人奉诏修订、颁发了详本《广韵》和略本《韵略》(《景德韵略》)，《韵略》为场屋专用书，只收常用字及其常用音、义项。盖因科举考试由礼部负责，又称《礼部韵略》。仁宗景祐以后，《集韵》的编纂班子丁度、李淑、宋祁、郑戬、王洙、贾昌朝等奉敕编纂，于景祐四年(1037)六月丙申旨准颁行新版《礼部韵略》(《景祐韵略》)，稍后两年颁行《集韵》。从景祐四年至南宋末的二百余年里(除去庆历新政、神宗熙宁变法、哲宗绍圣时期罢诗赋、崇宁废科举的数十年)，《礼部韵略》一直是宋代场屋诗赋用韵必备的权威工具书，并准许带入考场，与举子的前途息息相关，“一部《礼韵》，遂如金科玉条，不敢一字轻易出入”②。官方、私人亦不断地增补、修订以及翻刻，“宋省监申明，儒绅论下，《韵略》集注，殆且五十余家”③。《宋史·艺文志》载有《景祐礼部韵略》五卷、《淳熙监本礼部韵略》五卷，均失传。大概景祐后考科举的各朝均刊有自己朝的“监本”，盖因新版出而旧版废，以及宋末的战乱，均已亡佚。其增修、翻刻之频繁，刊布流传之广泛，对宋人影响之重大，远远超过宋代其他官修韵书。

《礼部韵略》原刊本早佚，日本真福寺藏有北宋元祐五年(1090)之前刊刻的《礼部韵略》(系残本，缺去声全部和入声屋韵 16 禄小韵至烛韵 16 曲小韵，李子君经过详细比

---

① 宋陈鹄：《耆旧续闻》卷七。以下所引宋人笔记均出自《唐宋史料笔记丛刊》(中华书局 1997 年版)。

② 熊忠撰，宁忌浮整理：《古今韵会举要·自序》，中华书局 2001 年版。

③ 熊忠撰，宁忌浮整理：《古今韵会举要·自序》，中华书局 2001 年版。

对之后，认为缺少了50个小韵168字①），“保留了孙谔等人改定过的‘附释文本’(元祐新制、元祐五年)以前的面貌”②，它是借以了解《景祐韵略》原刊本的一手资料。其释义很简略，部分常用字无注，无又音互注以及后来标明“添入”的增加字。日本学者水谷诚考证后认为它大致是在元祐元年至元祐五年之间(1086—1090)刻成，是最接近《礼韵》原刊本的本子，与绍定本《附释文互注礼部韵略》反切不同者有49例③。除此之外，现在能见到的是《礼韵》的增订本《附释文互注礼部韵略》及《增修互注礼部韵略》。

《附韵》系“以监本增注而释之”④而成，是借以了解《礼韵》原貌的重要资料之一。“附释文互注”是既“互注”又“附释文”，“互注”是标记多音字的一种方法，在其他音下注明“又某某切，见某字韵”，“附释文”是指在《礼韵》原有的基础上增补新注，标明音义出处，以“释云”区别原注，“释云”前即官注。张渭毅先生通过比较，发现《附韵》增补了《礼韵》的官注，给无注的字补充官注，给官注简略的增补注释。⑤跟日本真福寺本比较，偶有少数字的“释云”脱落，容易混淆官注和增注，但只是极少数，不影响整体。

《增韵》为毛晃、毛居正父子撰，对监本《礼部韵略》进行“增修”并“互注”。毛晃对监本《礼韵》指责颇多，立志增订，于绍兴二十二年(1152)开始撰写，到绍兴三十二年(1162)书成，作有《拟进增修互注礼部韵略表》。其子毛居正校正重增，于宁宗嘉定十六年(1223)刊行。毛氏父子主要在监本的基础上纠正错讹(“今正”)，增加韵字4166字(“增入”2655字、“重增”1511字)，增补释文(“晃谨案”)，增补多音字又音互见并加圈(“又某韵”、“今圈”)，改易反切。《增韵》改良了部分音切，含有不少时音的材料，这是它最有价值的地方。

《增韵》与《附韵》两者刊行时间较近，几乎可以认为是同时出现的两书，切语用字极其相近，应该不是互相参照的结果，而是当时语音发展演变的反映。

第一节　《礼部韵略》与其他韵书的关系

《礼韵》主要是场屋用书，实用、便于翻检是其最主要要求，故其特点很鲜明：(1)韵字、音项简化。全书按照四声分韵，分上平、下平、上、去、入五卷，共206韵，所

---

① 李子君：《日本真福寺藏〈礼部韵略〉版本考》，《华夏文化论坛》2009年卷。

② 水谷诚撰，张丽娟译：《关于真福寺本〈礼部韵略〉》，《古汉语研究》2000年第4期，第10页。

③ 水谷诚统计的两者反切不同的数目：上平反切(除去殷、敦、桓小韵)487例中有14例，下平中(登韵弘小韵除外)481例中有9例，上声中(迥韵珽小韵反切除外)720例中有17例，入声中(“真福寺本”所缺的屋韵16禄小韵至烛16曲小韵，以及质韵姞小韵的反切除外)476例中有9例。

④ 陈振孙：《直斋书录解题》卷四“附释文互注礼部韵略五卷”条，四库本。

⑤ 张渭毅：《再论〈集韵〉与〈礼部韵略〉之关系》，《南阳师范学院学报》2010年第11期。

收基本上是常用字及其常用音、义项，与同时代的《广韵》、《集韵》相比，自然有种"收字颇狭"、"音项偏少"的感觉，基本上是《集韵》的"减缩"版，但不是完全照搬，音切有所改良，详见后文。(2)音项有"趋平"倾向。《礼韵》主要为场屋用韵工具书，为作诗写赋服务，而诗赋押韵中平声韵居多，上、去、入相对偏少，故所收音项中，平声音切居多，这是根据诗赋用韵特点做出的权宜之计。绍定本《附韵》有异读音2000多个，平声就有1000多个，这不仅与平声音切所占比例本来就大有关，也与诗赋用韵中平声韵居多有关。

《礼韵》与宋代其他韵书关系紧密，尤其是《集韵》。《礼韵》承《广韵》、《集韵》而来，在韵部、小韵、音切等方面与《集韵》同者多，与《广韵》同者少。而《附韵》、《增韵》又是以《礼韵》为底本增修而来的。宁忌浮、水谷诚、李子君等通过比较《礼韵》、《附韵》、《增韵》各个版本的韵字、反切等来寻找差异，并予以校勘，较好地论证了三者的关系。作为《礼韵》辅助书的《押韵释疑》及其增修本《增修校正押韵释疑》亦是围绕《礼韵》展开的，辨析韵字押用情况，增加科场诗赋用例，遇到规定不甚明了而押用有黜落风险的地方，则提醒士子避免。

一、《礼韵》与《集韵》的关系

《礼韵》与《集韵》关系最为紧密，两书在韵部、收字、音切上都有很多相同之处，关于二者关系的探讨亦最多，主要有以下几种说法：

(1)戴震、李新魁认为《礼部韵略》的名称由《景德韵略》而来，《集韵》和《礼部韵略》是同一部书的详、略本。①

(2)《礼部韵略》是《景德韵略》的修订本，《中国大百科全书》持此说。

(3)张世禄《中国音韵学史》、杨蓉蓉等认为《礼部韵略》和《集韵》是先后修成的两部书。②

(4)王力《汉语音韵学》认为《礼部韵略》、《集韵》是先后修成的同一部书的略本和详本。③

(5)陈振寰《〈韵学源流〉注评》认为《礼部韵略》是与其同时修撰的《集韵》的摘要本；④ 宁忌浮《〈礼部韵略〉讨源》认为《礼部韵略》是《集韵》未定稿的简缩。⑤

(6)日本学者水谷诚据真福寺本《礼部韵略》认为《礼部韵略》和《集韵》是平行展开

---

① 戴震：《声韵考》卷二"宋景祐韵略"；李新魁：《汉语音韵学》，北京出版社1986年版，第42页。

② 张世禄：《中国音韵学史》，商务印书馆1936年版；杨蓉蓉：《礼部韵略与集韵》，音韵学年会论文，1994年。

③ 王力：《汉语音韵学》，中华书局1982年版，第42页。

④ 陈振寰：《〈韵学源流〉注评》，贵州人民出版社1988年版，第187页。

⑤ 宁忌浮：《古今韵会举要及相关韵书》，中华书局1997年版，第64页。

的两部韵书，《集韵》是《广韵》的改订，《礼部韵略》由《景祐韵略》而来。①

(7)张渭毅从文献学角度考证二书的关系，经过详细的比对，他提出《礼部韵略》是在《集韵》未定稿基础上简缩并稍作修订而成的新看法。②

以上说法各有理由，以宁忌浮先生和张渭毅先生的比较之法最为稳妥可信。宁忌浮先生通过仔细比较《礼韵》和《广韵》、《集韵》的韵部名称、独用通用例、某些小韵的归部、小韵及韵字数目排列次序后，认为《礼韵》是《集韵》未定稿的简缩③，与《景德韵略》没有关系。丁度等从景祐元年(1034)开始编纂《集韵》，到景祐四年(1037)基本成型，是年为应礼部科举之急，从《集韵》中提取一部分编成《礼韵》。从景祐四年到宝元二年(1039)之间的几年里，丁度等人继续加工修改，便有了今本《集韵》和《礼韵》的差异。张渭毅先生认为要理清两者关系，必须从内容比较上着手。他支持宁忌浮先生所说的《礼韵》的主要内容由《集韵》未定稿简缩而来，但进一步指出《礼韵》在简缩《集韵》未定稿的基础上，作出了自己的修订，《礼韵》完成之后，《集韵》又继续修订完善。④ 我们主要同意张渭毅先生的说法。通过比较两者，我们会发现，虽然《礼韵》在韵部、小韵字、大量反切、释义上基本上是可以看做《集韵》的缩减版，但也有不一致的，主要反映在少量的反切和释义上。《礼韵》的某些音切与《集韵》不同，其改良甚至比《集韵》更和谐，转移小韵中有 9 个与《集韵》相合，但亦有《礼韵》转移而《集韵》不转移者，如谆韵纫小韵(《广韵》、《集韵》都在真韵)、歌韵蓑小韵(《广韵》、《集韵》都在戈韵)。这些现象说明《礼韵》虽然是《集韵》未定稿的缩减，但自己也作出了部分改良。

二、《礼部韵略》与《附释文互注礼部韵略》的关系

《附韵》是借以了解《礼韵》原貌的重要资料之一，国内学者将《附韵》作为研究《礼韵》的第一手材料，弄清楚《礼韵》与《附韵》的关系显得很有必要。《附韵》在《礼韵》的基础上标记多音字、附加历次官方看详添入的韵字、在《礼韵》原有的官韵基础上增补新注。与《礼韵》相比，它主要进行了以下几个方面的工作：

(1)“附释文”，增补官注。《礼韵》原本常用字多无注，这类情况所占比例很大，盖因当时士子耳熟能详，故略而不收。《附韵》不仅给无注的字补充注释，标记“释云”字样，同时也给部分官注简略的字增补注释，较多的是增补经典出处，但这部分增补多没有标记，一般是混同到官注中，对《礼韵》原先所规定的音义并无大碍。

日本学者水谷诚将真福寺本《礼部韵略》与《附韵》的注释进行了详细比较，得出 91

---

① 水谷诚撰，张丽娟译：《关于真福寺本〈礼部韵略〉》，《古汉语研究》2000 年第 4 期。

② 张渭毅：《再论〈集韵〉与〈礼部韵略〉之关系》，《南阳师范学院学报》2010 年第 11 期。

③ 宁忌浮在比较三部韵书的反切之后说：“粗略统计，《礼部韵略》全书计有 3058 个，与《集韵》相同的有 2449 个，占 80%；不同的 609 个，占 20%……与《广韵》相同的当然少得多，但数量亦相当可观，计有 261 个，占 8.5%。如果把既与《集韵》相同又与《广韵》相同的加在一起，则达 37%。”

④ 张渭毅：《再论〈集韵〉与〈礼部韵略〉之关系》，《南阳师范学院学报》2010 年第 11 期。

处有差异的注释①，分析其所列条目，以补充经典出处为多，部分是引用上的异文问题，或者说法略异，还有约20条增加了新的义项。

(2)增加“互注”，又音互见，方便检索。《礼韵》初出之际与《集韵》一样，多音字并无互注亦无圈。《附韵》吸收张希文加圈互注的方法，凸显多音字，加圆圈以示醒目，方便检索。

(3)增加历次官方看详添入的韵字，删减帝王讳韵字。增收历次官方看详后的增补字是《附韵》的一项很重要的内容，散见于各韵相关小韵下，且标明“新制添入”等字样，部分看详后准许通押或者严禁同押者亦附加详细说明，以便举子使用。

删减帝王讳韵字。本朝帝王讳字是《韵略条式》的一项重要内容，举子考试中应当避免。通过讳字我们也可以判断此书出版或者再版的大致时间。

(4)改良反切。据水谷诚统计，《礼韵》与《附韵》反切不同者有49例(其中误刻的就有12例，则改良的反切只有37例)②，李子君比较后发现反切用字不同者有70例，包括切语上下字不同但被切字音韵地位不变者、切语上下字改变且音韵地位发生改变者、切语字形有正俗或体者、改良和谐音切者等几类。③

音韵地位发生改变的反切中，有部分音切是《附韵》根据当时的语言实际，改变了《礼韵》原有的音切，反映宋代实际语音中全浊音清化、轻重唇分化、某些韵部归并等现象，这是《附韵》中新出现的需要引起注意的材料。

三、《礼部韵略》与《增修互注礼部韵略》的关系

《增韵》系毛晃、毛居正父子以监本《礼部韵略》为底本，增加韵字4166字(“增入”2655字、“重增”1511字)、纠正字形讹误(“今正”)、增补释文、加案语详细讨论形音义(“晃谨案”)、增补多音字又音互见并加圈(“又某韵”、“今圈”、“今正而圈”)、改易反切、合并小韵。

《增韵》不是《礼韵》的简单增修本，它改良的反切含有不少时音的材料。据宁忌浮先生统计，《增韵》与《礼韵》反切不同者有275条④，其中部分改良反切反映了当时实际语音，如声部上的微奉混同、匣喻混同、从邪混同等以及韵部上的支之合流、佳皆混同、先仙混同等现象。其增补的释文部分既有经典出处，又有唐宋诗文，古今兼收，有很明显的时代性。《增韵》于绍兴三十二年(1162)上表进献，而《附韵》“成书最晚也在嘉定六年(1213)”⑤，两书相隔不远，切语用字极其相近，应该不是互相参照的结果，而是当时语音发展演变的反映。宁忌浮、水谷诚、李子君等都通过比较《礼韵》、《附

---

① 水谷诚撰，张丽娟译：《关于真福寺本〈礼部韵略〉》，《古汉语研究》2000年第4期。

② 水谷诚撰，张丽娟译：《关于真福寺本〈礼部韵略〉》，《古汉语研究》2000年第4期。

③ 李子君：《日本真福寺藏〈礼部韵略〉与四部丛刊本〈附释文互注礼部韵略〉反切的差异》，《齐齐哈尔大学学报》2008年第9期。

④ 宁忌浮：《〈增修互注礼部韵略〉研究》，《社会科学统一战线》1996年第2期。

⑤ 宁忌浮：《古今韵会举要及相关韵书》，中华书局1997年版，第46页。

韵》、《增韵》各个版本的韵字、反切等来寻找差异，并予以校勘，较好地论证了三者关系。

第二节　《礼部韵略》的版本

近年随着《集韵》、《古今韵会举要》和宋代诗文用韵研究的不断深入，《礼韵》在宋代韵书史、音韵学史上的价值逐渐显现，部分学者对《礼韵》及其递修本进行了多方面的研究，涉及版本考述、所反映的音韵体系、时音材料等诸多方面。对《礼韵》及其递修本作系统版本考察的主要是李子君①。目前官刻本《礼韵》已亡佚，传世的本子主要有《礼韵》官刻本的覆刻本及《礼韵》的递修本《附韵》、《增韵》等。可将其分为三个层次：

一、无增修、互注的《礼部韵略》版本

据考述，目前传世的最早版本的《礼韵》是日本真福寺藏北宋刊本《礼韵》(以下简称真福寺本)。该本系残本，缺去声全部和入声屋韵16禄小韵至烛韵16曲小韵，保留了孙谔等人改订过的"附韵"(元祐新制、元祐五年)以前的面貌，水谷诚考证认为真福寺本刻成年代当在元祐元年至五年(1086—1090)。

二、含新制的《礼部韵略》版本

含新制的《礼部韵略》版本，主要有《附释文互注礼部韵略》。《附韵》传世版本主要有宋刊本、清刊本、清抄本三类七个版本：

1. 宋刊本

A. 绍定三年(1230)上巳藏书阁重刊本(简称绍定本)，收入《四部丛刊》及《续古逸丛书》，又称四部丛刊本，现藏国家图书馆；

B. 宝庆元年(1225)至绍定三年(1230)间广东地区刊本(简称粤刊本)；

C. 嘉定本②，现藏上海图书馆；

2. 清刊本

D. 清初影宋钞本，现藏国家图书馆(简称国图本)；

E. 康熙四十五年(1706)曹寅(楝亭)"丙戌九月重刊于扬州使院"刻本(简称曹本或楝亭本)；

F. 光绪二年(1876)归安姚觐元"川东官舍重刊"楝亭本(简称姚刻本)；

---

① 李子君：《〈附释文互注礼部韵略〉版本考述》(《文献》2005年第4期)、《日本真福寺藏〈礼部韵略〉版本考》(《华夏文化论坛》2009年卷)、《〈增修互注礼部韵略〉版本考述——兼释元代屡刊〈增修互注礼部韵略〉的原因》(《文献》2010年第1期)。

② 此本非真正的"云间洞天本"，其第五卷末尾"嘉定六年(1213)四月望锓版于云间洞天"的牌子属补刻者伪作。

3. 清抄本

G.《四库全书》本(简称四库本)。

李子君通过比对，根据各版本的体例、收字及注释内容，把《附韵》各本分为繁简两个系统：A、C、E为简本一系，B、D、F、G为繁本一系，并考证其传刻的异同，辨明其版本的源流。① 现将上述各版本之间的关系简单梳理一下。

绍定本书末有牌记"绍定庚寅上巳重刊于藏书阁"。其《韵略条式》规定的庙讳止于宁宗，理宗讳"昀"及同音字在"今上皇帝御名"。正文中止于宁宗，理宗及理宗以下的帝讳不避，谆韵旬小韵"巡"、"驯"、匀小韵"匀"、"昀"作白文，圈饰墨围。说明此书初刻雕版年代应该在宁宗时期(1195—1208)，理宗朝绍定三年(1230)重刊时仍以前版为基础，对理宗的讳进行了圈饰墨围以示举子当回避，系据重刊本影抄。②

嘉定本和绍定本的区别在入声最后一页，傅增湘、周叔弢通过仔细比勘，认为嘉定本是绍定本之伪作，不是真正的"云间洞天"本。③

国家图书馆所藏清初影宋钞本是根据"云间洞天"宋本影刻，卷末附有"嘉定六年(1213)四月望镘版于云间洞天"的牌记，与绍定本比较，除绍定本所增"会"字和"智"、"导"字后附新制，以及嘉定十三年(1220)、嘉定十六年(1223)、宝庆元年(1225)牒文此本无外，其他均同，可见此宋钞本当在绍定本之前。绍定本系绍定三年(1230)据此本重刊。

楝亭本(又称曹本)卷末有"绍定庚寅上巳重刊于藏书阁"、"楝亭藏本丙戌九月重刊于扬州使院"两个牌记，系康熙四十五年(1706)曹寅在扬州使院任上所刻。曹本相对比较精善。光绪二年(1876)姚觐元重刊楝亭本，牌记作"光绪二年川东官舍重刊"，内容与曹本无二。

四库本据常熟钱孙保家影钞宋刻本所抄，内容与曹本同，但末有《贡举条式》。宁宗讳"廓"及同音字作"今上皇帝御名"，则所据宋刻本当在宁宗朝。

据上所述，绍定本、嘉定本、国图本为一系，四库本、曹本、姚刻本为一系。若将前一系中的绍定本与后一系中的四库本作比较的话，会发现一些不同点(这里主要指前五卷内容，不涉及《韵略条式》的内容)：

(1)四库本在音义上比绍定本更完备。绍定本部分互注有二音的，文中只有一音，或者有三音者，实际上只有二音。四库本则相对比较一致。

(2)四库本多音字有又音互见但无圈。

(3)四库本反切与绍定本有不同，详见后文多音字异文校勘。

---

① 李子君：《〈附释文互注礼部韵略〉版本考述》，《文献》2005年第4期。

② 李子君：《北京图书馆藏〈附释文互注礼部韵略〉刊印年代考》，《安庆师范学院学报》2004年第3期。

③ 傅增湘：《藏园群书经眼录·经部二》，中华书局1983年版，第153页及国家图书馆藏清初影宋钞本《附释文互注礼部韵略》卷首周叔弢跋文。

三、兼含有新制与私制的《礼部韵略》版本

兼含有新制与私制的《礼韵》版本，主要是毛氏父子的《增修互注礼部韵略》。据李子君考证，《增韵》本子有十四部，分为宋本、元本、明本三个系统。① 目前常见版本是元至正十五年(1355)日新书堂刊本、四库全书本。

以上介绍了《礼韵》三个层次的版本，即无增修无互注的《礼韵》版本、含新制的《礼韵》版本、兼含有新制与私制的《礼韵》版本。第一种常用字无注，无又音互见；第二种增补官注，增补又音互见和后期官方准添韵字；第三种则是大量增补韵字、注释、音项、义项。第一种基本亡佚，目前存世的只有日本真福寺残本，且时代亦相对较晚。后两种均是以监本为基础增补的，但增补性质有别，我们在使用时当有所侧重，以一个版本为主，并参照其他版本。

第三节　沟通《礼部韵略》与科举的书：《押韵释疑》及《增修校正押韵释疑》

《押韵释疑》的作者系宋绍定庚寅(1230)庐陵进士欧阳德隆。礼部为举子科考而颁行的《礼韵》虽屡经修订增补但仍有疑误欠缺，欧阳德隆与其友易君开以监本《礼韵》为基础，注字同义异、义同字异，以便程试之用。此书为举子们解决了实际问题，为时人称道，深受士子欢迎，“书肆版行，漫者凡几，一漫则一新，必增数注释，易一标题，以快先睹，是非可否不暇计焉”②。此书屡为书肆刊刻，其内容也多有改易，鉴于此，郭守正于景定甲子(1264)据流传的《押韵释疑》诸本进行增修，删削增益各千余条，其体例与《押韵释疑》同，是为《增修校正押韵释疑》，又称《紫云先生增修校正押韵释疑》。《押韵释疑》版本存世者，唯中国国家图书馆藏宋嘉熙三年(1239)禾兴郡斋刻本，《中华再造善本丛书》唐宋编经部据此影印，缺去声卷。四库所录《增修校正押韵释疑》为江苏巡抚进本。

两书收字以《礼韵》为基准，与《礼韵》相比较，此两书字下监注之外均列有补释、互见、义所本之经典出处等，详辨字之音义异同以及重押通用情况，并参以当时程试诗赋来证明押用情况。黄启宗、张贵谟等增字以及常用之字而官韵不收者附于每韵之末。两书所引当时程试诗赋、某年某人某篇曾押用某字、考官看详故事等，是研究宋代科举诗赋的宝贵的资料，多为学者看重。

---

① 李子君:《〈增修互注礼部韵略〉版本考述——兼释元代屡刊〈增修互注礼部韵略〉的原因》,《文献季刊》2010年第1期。

② 见楝亭本《附释文互注礼部韵略》卷首郭守正《序》，光绪二年川东官舍重刊本。

一、《押韵释疑》

1.《押韵释疑》的基本情况

《押韵释疑》是宋绍定庚寅(1230)江西庐陵(今江西吉安)进士欧阳德隆所撰。书中庄端孙序云："韵学崇于江左……今颁行礼闱者其略尔，音画训释，屡更雠订，有疑尚阙。欧阳氏据经援史，校讹证误，粲然盈帙，标曰《释疑》，欲以为举子指南……"①《四库全书总目·〈增修校正押韵释疑〉提要》亦云："初，德隆以《礼部韵略》有字同义异、义同字异者，与其友易有开因监本各为互注，以便程试之用"②，即为《押韵释疑》。可见《押韵释疑》是在《礼部韵略》基础之上成书，是《礼部韵略》的增修注释本，其目的是要对官韵进行释疑解惑，从而更好地为举子参加科考进行指导。

作为宋代场屋必备的官方韵书，《礼部韵略》由国子监颁布发行，是有宋一代士人作诗用韵，特别是科举考试的重要依据，也是考司限韵、评判的主要标准。正如熊忠所说："一部《礼韵》，遂如金科玉条，不敢一字轻易出入。"③《押韵释疑》正是对官方审音定韵的标准《礼部韵略》进行释疑，其成书目的是"以为举子指南"、"以便程试之用"。《押韵释疑》正是从考生的角度出发，全书内容也充分体现了帮助士人解决科场诗赋押韵疑惑的目的。书中对韵字形、音、义的辨析极富针对性，同时大量引录科场诗文押用及考官评判的实例，堪称实战指导性十足的科举押韵辅导书。更重要的是，书中所援引的众多科场实例暗含着大量宋代科举考试的相关信息，为今日我们研究宋代科举制度和科举与韵书之间的关系提供了丰富的材料。

从音韵学角度来看，该书似乎价值不大，因而一直未能引起音韵学家的关注，但该书与《礼部韵略》及其增修韵书关系密切，对研究《礼部韵略》系列韵书亦具参考价值。而作为《礼部韵略》的注释本，《押韵释疑》将《礼部韵略》与科举考试勾连起来，极具实战指导性，从而对当时的科举考试产生了一定影响。书中还载录了许多语言学史料，为后世语言学研究提供了许多新的课题，语言学价值不容小觑。此外，作为一本韵书，《押韵释疑》对韵字形、音、义的辨析系统而细致，且自成体系，其在编纂方面的优点和不足对后世的辞书编纂也具有启发和借鉴意义。

2.《押韵释疑》的版本

《押韵释疑》存世版本目前可见的仅有中国国家图书馆所藏南宋嘉熙三年(1239)禾兴郡斋刻本，《中华再造善本丛书》据此影印，分为一函四册，归于唐宋编经部，其中上声二十六产末尾、二十七铣全部、二十八狝开头及去声全部散失不可见。

上述判定的主要依据是该书小序的记载，其牌记题："据中国国家图书馆藏宋嘉熙三年禾兴郡斋刻本影印……"书中庄端孙所作小序载："四明余公天任镇禾兴，仆过而

---

① (宋)欧阳德隆：《押韵释疑·小序》，北京图书馆出版社2006年版。

② (清)永瑢等：《四库全书总目》，中国书店1965年版，第361页。

③ 黄公绍、熊忠著，宁忌浮整理：《古今韵会举要·自序》，中华书局2001年版。

客焉。见其甫得是书，亟命锓梓，阅数浃，工乃竟。”余天任所作小序载：“东阳乔君择善后以欧阳《押韵释疑》遗予，援据订证，视诸家尤详，真可谓举子秤星舡碇矣！因梨之禾兴郡斋，以广其传。”由此可见，此《押韵释疑》本是东阳人乔择善的藏书，乔后来将该书献给禾兴郡守余天任，才得以在禾兴郡斋付梓刊刻的。

此外在《浙江出版史研究——中唐五代两宋时期》一书中有关于《礼部韵略释疑》的记载：

> 《礼部韵略释疑》，五卷，撰人不详。按：《直斋书录解题》卷三著录有《礼部韵略》五卷、《条式》一卷。题雍熙殿中丞邱雍、景德龙图阁待制戚纶所定，景祐知制诰丁度重修，元祐太学博士增补。《解题》云：“其曰‘略’者，举子诗赋所常用，盖字声韵之略也。”《释疑》疑为注释《礼部韵略》之书，为便于举子考试。王国维以为《礼部韵略释疑》即“欧阳德隆之《押韵释疑》五卷，常熟瞿镛藏宋刊本，每半叶十行，行大小字不等，小二十五字”。王氏并据《内阁书目》载称“是编嘉熙(1237—1240)间四明余天任曾刊于嘉禾郡斋”。《押韵释疑》五卷，《直斋书录解题》著录，题为进士庐陵欧阳德隆、易有开撰。《解题》云：“凡字同义异、字异义同者皆辨之，‘尤便于场屋’。”①

这里提到的《礼部韵略释疑》即《押韵释疑》，书中对其论述虽然不尽准确，但仍然可以印证该书版本为南宋嘉熙年间刻本。

《押韵释疑》的递藏情况和版式特点如下：

瞿镛《铁琴铜剑楼藏书目录》卷七对《押韵释疑》的递藏情况记载最为详尽：“此本钤有‘西云蔡昭宗文印章’‘蔡氏宗文’‘王献臣藏书印’‘王氏敬之’‘乾学’‘健奄’‘三十五峰园主人所藏’‘恬裕斋珍藏’‘虞山瞿绍基藏书之印’‘铁琴铜剑楼’等印记。”②由此可以推测《押韵释疑》大概先后藏于蔡昭、王献臣、徐乾学、汪士钟和瞿镛铁琴铜剑楼。

李致忠在《宋版书叙录》中详细地说明了《押韵释疑》一书的版式特点：“存五卷上平、下平、上、入、拾遗。每半页十行，字数不等，注文小字双行，行二十五字，白口，左右双边。版心上镌大小字数，下镌刊工姓名。”③中华再造善本书《押韵释疑》牌记则题“原书版框高22厘米，宽16.2厘米”。这些有助于我们了解该书原貌。

3.《押韵释疑》的内容编排

关于《押韵释疑》的内容编排，《铁琴铜剑楼藏书目录》卷七也有详细记载，中国国

---

① 顾志兴：《浙江出版史研究——中唐五代两宋时期》，浙江人民出版社1991年版，第202~203页。

② 瞿镛：《铁琴铜剑楼藏书目录》卷七，上海古籍出版社1996年版，第313页。

③ 李致忠：《宋版书叙录》，书目文献出版社1994年版，第313页。

家图书馆藏宋嘉熙三年(1239)禾兴郡斋刻本《押韵释疑》的内容编排情况与其记载基本吻合：全书正文之前有两篇小序、一篇《押韵释疑条例》和一篇《监韵条式节要》。其中两篇序的作者分别是庄端孙和余天任，主要交代了《押韵释疑》一书的成书目的及其刊行的过程，充分肯定了《押韵释疑》一书的作用和价值；《押韵释疑条例》共 11 条，是欧阳德隆在《礼部韵略》的基础上撰写《押韵释疑》所做的主要工作内容和该书凡例；《监韵条式节要》与《礼部韵略》所附《贡举条例》相关内容基本一致，主要罗列了避讳字。

(1)庄端孙序。

庄端孙序交代了欧阳德隆作《押韵释疑》一书的原因是："韵书备于隋唐，至我朝而书益加详。今颁行礼闱者，其略尔，音画训释屡更，雠订有疑尚阙。"即说明隋唐至宋官韵几经变化，宋朝颁行的《礼部韵略》内容相对简略，还有很多疑误不清之处。对此，欧阳德隆所做的工作是"据经援史，校讹证误"，编成《押韵释疑》一书，其目的是"以为举子指南"，即为举子参加科举考试提供指导。序中充分肯定了《押韵释疑》一书的作用和价值，因为宋朝国初"上之人未尽以贡举法束天下士"，尚能不因纤瑕弃玉璧，但后来情况大为不同，科举一以《礼部韵略》及《贡举条例》为金科玉条，违反不得。《押韵释疑》精研《礼部韵略》，去疑释惑，明示避忌，可使才能之士不致因些小失误而被刷落，故"《释疑》一出，何惠幸场屋之厚耶"！最后序作者也盛赞了余天任慧眼识珠，将《押韵释疑》刊印的做法，认为欧阳德隆"实启厥训"，而余天任则是"实弘其美"。

(2)余天任序。

余天任是南宋理宗时禾兴郡的长官，他为《押韵释疑》所作的序主要介绍了《押韵释疑》一书付梓刊行的过程：首先是东阳乔择善将《押韵释疑》一书引荐给余天任，余天任看后觉得《押韵释疑》"援据订证，视诸家尤详，真可谓举子称星舡碇矣"，两人充分认识到《押韵释疑》一书的价值，因而即刻着手在禾兴郡斋刊行，目的是为了使《押韵释疑》能够广为流传。序末在肯定《押韵释疑》一书对举子的指导作用的同时，还指出书中部分内容对饱读诗书的大儒亦有参考作用，可见该书的价值不仅是泽及举子，再次肯定了《押韵释疑》一书的价值。

(3)《押韵释疑条例》。

《押韵释疑条例》一共 11 条，从中可以窥见欧阳德隆在《礼部韵略》基础之上所做的主要工作。

①《押韵释疑》以监本《礼部韵略》为蓝本，每字先全录监本《礼部韵略》的注，有时也引用《广韵》《玉篇》等书中之注和先贤前辈的折中之说。

②在例证方面，对于押韵有疑问或者容易混淆不清的地方，主要援引礼部试和太学试之诗赋程文进行辨析，有时也会引用州府试之文中押韵小有失误的诗赋，警告举子引以为戒。

③儒家经典注音方面，全书以旧本陆德明的《经典释文》全文为据，而不依散附各经字句之下的陆德明音义，因为它中间的错讹太多。

④在字形方面，对于韵字或者韵注下小字的字形有争议的地方，以大小本监韵进行参验，取其中多数者为是。

⑤在收字方面，《押韵释疑》是为指导举子科场诗赋押韵而作，收字与《礼部韵略》基本一致，主要收录常用字，但对于程文中少见的偏僻字也不敢贸然删改，以使全书内容完整，免除查找他书的麻烦。

⑥在字音方面，韵字的读音常有多音或者与经史子集中不尽相同者，编者能够把握者便根据自身的经验给出统一的用韵指导，编者无法辨别者则兼存并录，不敢臆断。

⑦对于讳字的处理，欧阳德隆的做法基本与《礼部韵略》一致，即将讳字刊于卷首，而后某韵字如犯讳则以白字表而出之，但韵字下的音切或注释有犯讳字却不改避，仍按原字书写。

⑧在字义方面，对多义字和注释不清的韵字，编者多根据自身的知识通过多方引证进行区分判断，以破除举子疑虑。

⑨对于续降新制已有申明的增补韵字的处理方式与监韵一致，即将其附在各韵末尾。

⑩对形近字和多音多义字的辨析，除在正文随字给出外，还在书末集中讨论一些新的问题，汇成拾遗一帙。拾遗部分的韵字没有既定的次序，编者只是随笔抄录，但注释清晰，用韵规定明确。

⑪申明《押韵释疑》一书的问世是欧阳德隆自身的创作，并无蹈袭，之所以付印以广其传，只是为了惠及有志功名之士，并无名利之图。

(4)《监韵条式节要》。

《监韵条式节要》跟《礼部韵略》中《淳熙重修文书式》的相关内容基本一致，依次罗列了圣祖、太祖、太宗、真宗、仁宗、英宗、神宗、哲宗、徽宗、钦宗、高宗、孝宗、光宗、宁宗的明讳以及旧讳，今上御名、旧名，另又列暗讳一项：永钦、永康、永靖、永安、永昌、永熙、永定、永昭、永厚、永裕、永泰、永佑、永绍、永思、永阜、永固、永茂、昏德、皇仪、播迁、不豫、不怿、山陵、大行、紫宫、崩、瓦解、两楹、草昧、告灵、轩辕、大渐、顾命、徂落、登遐、弥留，此项在通行的《监韵条式》中却没有。至于在正文中出现的讳字，则都用阴文。

(5)正文。

全书正文内容分为五个部分：平声上、平声下、上声、去声、入声(其中上声二十六产至二十八狝部分内容散佚，去声部分全部散佚)，与《礼部韵略》相对应，各部分下按韵部进行排列，每一韵部下又分为若干小韵。

书中具体每一韵字下注释内容的编排方式基本上是先列国子监注，次列释疑。但也有例外，如平声上十八谆下“夤”字的注释就没有直接给出《礼部韵略》的注语，但在释疑的内容中有交代。释疑的内容除涉及韵字的形、音、义之外，还有关于具体押用情况的相关规定，如字同义异者则注明不可混押、字异而音同义同者则注明不可重押、古人通押而今无通押明文者则注明不可押；对于押韵有疑贰或容易混淆不清之处则援引前后诗赋程文，通过例证加以详细说明。从内容来看，例证多取自礼部试和太学试程文，大多是堪为表率的正面例证，亦不乏录以示戒的失误之作，切合该书为举子服务的宗旨；编者也援引了不少经典诗赋为证，其中杜甫的诗歌和韩愈的文章极为常见；同时也以许多常用的俗语、短语、词语等为例，突出其实用性。在每一小韵的末尾，附有增补韵字，以阴文“新制”二字标明，以示区别。

(6)《押韵释疑拾遗》。

在全书之末，编者另附有“拾遗”门，即《押韵释疑拾遗》(《拾遗》)，共收录韵字73组。《拾遗》的内容是编者随笔抄录，韵字之间的排列并无既定顺序，但韵字注释精详，亦可为举子提供参考。

《拾遗》所收韵字形式不同于正文部分，而且没有统一的标准，我们可以将其分为四类：一是单个韵字，如“荷”、“赍”；二是音义有重合的一组韵字，多为两个或三个，此情况又可分为两种，即形近字和同音字，其中形近字如“醇、淳”和“傍、旁”，同音字如“须、需”和“烦、繁”；三是双音节词，即由一个双音节词构成一组词条，如“魁梧”、“肺腑”；四是意义相近的双音节词组合，如“尚父亚父”。每组韵字注释之后标有“○”，其后标注该韵字在正文中所属的韵部。

单个韵字的注释主要分析韵字的音义关系，分析其在不同使用环境下的读音，尤其注重指出其在不同的经典中的意义和读音，大多要求各随出处本文押用。

音义有重合的一组韵字字形或字音相近，分组的依据是各组韵字之间音义有重合的部分，因此其注释主要分析韵字之间音义的异同，尤其注重指出该组韵字在具体押用过程中的通押或连押的条件，为举子提供指导。

双音节词的注释主要介绍其出处、读音和意义。

意义相近的双音节词组合仅有一组，即“尚父”和“亚父”，注释介绍了二者在经典中的用法和音义，重点对“父”的音义关系进行解说。

从内容来看，《拾遗》是对全书正文的补充，其主要内容也是为举子科考用韵提供指导。

总之，《押韵释疑》全书内容丰富，编纂精细，条分缕析，有条不紊，便于阅读和理解。

4.《押韵释疑》一书“释疑”的主要内容

《四库全书总目·〈增修校正押韵释疑〉提要》云：“初，德隆以《礼部韵略》有字同义异、义同字异者，与其友易有开因监本各为互注，以便程试之用。”①即为《押韵释疑》。《增修校正押韵释疑》原序也说《押韵释疑》一书“字有其释，释有其义，义有其据。本之经、史、子、集，参以省、监程文，其或字同义异、义同字异，莫不印之古

① (清)永瑢等：《四库全书总目·〈增修校正押韵释疑〉提要》，中国书店1965年版，第361页。

训，断以己见，使弹冠赫闱者无涉笔之疑，持衡藻鉴者免遗珠之恨”①，可见欧阳德隆撰写《押韵释疑》一书意图明确，就是要对作为宋代科举考试审音定韵标准的韵书——《礼部韵略》进行释疑解惑，校讹证误，一来是方便举子更好地了解科考用韵标准；二来是方便考官持衡藻鉴。

《押韵释疑》名为“释疑”，主要内容也在“释疑”，虽然其中也不乏“断以己见”之处，但更多的还是针对科场诗赋押韵方面的疑惑进行解释，突出实战指导性。本章将《押韵释疑》与四部丛刊本《附释文互注礼部韵略》中《礼部韵略》的文本相较，归纳其“释疑”的主要内容。

(1)明确韵字的形、音、义。

《押韵释疑》一书的实战指导性最突出地表现在根据《礼部韵略》对一些韵字的形、音、义作出明确区分、辨析，对可能出现的错误进行提示和指点。

①辨正字形。

《押韵释疑》对“字之偏旁点画有差互者及韵注下小字有异同者、脱略者”都一一指出并进行统一，主要依据是以大小本《监韵》进行参验，“取其本数多同者为是”。

一是对容易写错甚至出现笔误的字加以说明，或指出其正确写法，如：

《附》(《附释文互注礼部韵略》举例简称为《附》，下同)袷(入声·三十二洽·讫洽切)：衣无絮也。又讫业切，见业字韵。

《押》(《押韵释疑》举例简称为《押》，下同)袷(入声·三十二洽·讫洽切)：衣无絮也。详见二十九叶字下注，其字从衣旁。

或指出容易出现错误的地方，如：

《附》隹(上平声·六脂)：朱惟切，补，亦作鵻。《尔雅·释鸟》“鳺鴀”，《诗》“翩翩者鵻”。

《押》隹(平声上·六脂)：朱惟切，亦作鵻，字从圭者非。

或既指出其正确写法，又指出易错之处，如：

《附》燮(入声·三十帖)：悉协切，和也。

《押》燮(入声·三十帖)：悉协切，和也。其字从又，从火者非。

二是对形近韵字特别指出并说明，或在其中一个韵字下进行比较说明，如：

《附》毋(上平声·十虞·微夫切)：止之也。

《押》毋(平声上·十虞·微夫切)：止之也，其中一画直下者为禁止之毋，其中两点者为父母之母……

或在各个韵字下分别进行说明，如：

《附》鍾(上平声·三钟)：诸容切。

《押》鍾(平声上·三钟)：诸容切，万钟也，字从金旁重。

---

① (宋)郭守正：《紫云先生增修校正押韵释疑》(附《韵字沿革》)，景印文渊阁四库全书本，第237册。

又如：

《附》鐘(上平声·三钟·诸容切)

《押》鐘(平声上·三钟·诸容切)：钟鼓也，字从金旁童，此二字不同。

这种通过对文字笔画、偏旁甚至是具体写法进行详细解说加以区分的方式在《礼部韵略》及《附释文互注礼部韵略》《增修互注礼部韵略》等书中都不曾出现，其提示作用非常明显。

三是对俗字进行否定，要求在科考中写正字，这一类内容在书中极为常见。《礼部韵略》作为官韵，原则上排斥俗字。《押韵释疑》重视这一部分，就是因为俗字可以在民间使用，但不能在科举考试等正式场合使用，否则就会给考生带来麻烦。如：

《附》辭(上平声·七之·详兹切)：讼也，与词通。

《押》辭(平声上·七之·详兹切)：讼也，《监韵》如此写，若押此，切不可写俗“辞”字。

《附》攜(上平声·十二齐)：奚圭切。

《押》攜(平声上·十二齐)：奚圭切，俗携字非。

又如：

《附》妆(下平声·十阳·侧霜切)：饰也，亦作粧。

《押》妆(平声下·十阳·侧霜切)：与粧同，饰也。俗妆非，韵内不收，宜知。

除了某些韵字中用一个简单的否定句对俗字进行否定外，“切不可”、“宜知”等语句对举子们提醒的意味更加浓厚。

四是为考试时用正字提供选择。历代的经、史、子等经典中的用字本就间有不同，与《礼部韵略》所规定的字形亦有差异，这给举子带来极大的困扰，对此，《押韵释疑》的解决办法是“各随出处本文用”。如：

《附》雇(上声·十姥·侯古切)：九雇，农桑候鸟，亦作扈。

《押》雇(上声·十姥·侯古切)：九雇，农桑候鸟，亦作鳸。《尔雅》此“桑鳸”字，《诗》此“桑扈”字，《左传》“九扈”为“九农”正字，同，各随出处本文用。

但当经典用字在《礼部韵略》中未收时，欧阳德隆更多地告诫举子们以《礼部韵略》为主更为稳妥。如：

《附》悌(上声·十一荠·待礼切)：恺悌。

《押》悌(上声·十一荠·待礼切)：恺悌。许与去声霁字韵内悌字通押，注同。但经书之中多是单岂弟字，故《诗》云“岂弟君子”，又“孔燕岂弟”与夫“干禄岂弟”是也，下注云：弟亦作悌。然韵中无单岂弟字。此上声单弟字注云：兄弟也。去声单弟字注云：孝弟也。欲押“岂弟”须依《诗》注云“亦作悌”，字从竖心旁者为当，否则系落韵。

②明确字音。

《押韵释疑》对于韵字的读音同样非常重视，书中经常讨论这类问题。或者对同一字在不同用法中的不同字音进行辨别，以方便押用，如：

《附》赍(上平声·十二齐)：牋西切，持遗也。又津夷切，见脂字韵。

《押》赍(平声上·十二齐)：笺西切，持遗也，音跻。五支此字注云：持也。音资。《释韵》释文云：《战国策》“赍盗粮也”，《礼·小宗伯》“将币之赍”，注谓“所赍来贡献之物”，音子兮反。在此。如《赵充国传》“以七月上旬赍三十日粮”，无音注，《唐》“行旅不赍粮”亦无音注，若用充国与《唐史》出处，恐当押在“齐”字内，乃是“持送”之义，与六脂内音资字者，其义不同。

在《礼部韵略》反切的基础上，欧阳德隆还使用直音的方式更加直观地明确了韵字的读音，而且对于“赍”字在不同用法中的读音进行详细的区分，从而使举子在不同的押韵环境中能够正确押用，不致被扣分。

或者对形近韵字的读音进行区分说明，避免混淆，如：

《附》抵(上声·四纸·诸氏切)：侧击。

《押》抵(上声·四纸·诸氏切)：音止，侧击也，如“抵”乃丁礼反，此非。

③详辨字义。

《押韵释疑》对韵字意义的辨析主要体现在两个方面，一是对“字同义异”者的区分，如：

《附》荷(平声下·七歌·居何切)：水名，《书》“导荷泽”，亦作菏。又寒歌、下可二切，见本韵及哿字韵。

《押》荷(平声下·七歌·居何切)：音柯，注：水名。《书》“导荷泽”，亦作菏，《书》音柯，同。

又如：

《附》荷(平声下·七歌·寒歌切)。

《押》荷(平声下·七歌·寒歌切)：此莲荷字，与上荷字音柯者不同。

《押韵释疑》详细指出“荷”为多义字，表示水名的“荷”与表示“莲荷”的“荷”二者殊不相同，押韵时需要加以区分。

二是对“义同字异”者的区分，如：

《附》翀(上平声·一东·持中切)：上飞。

《押》翀(平声上·一东·持中切)：上飞也，然一蜚冲天、鸾凤冲霄之类皆此“冲”字，无人押此“翀”字者，《汉书》云：“此古冲字”。

此处“冲”与“翀”为古今字，字形不同而意义相同，其中“翀”为古字，“冲”为今字，因而《押韵释疑》注明押韵的时候用“冲”字而不用“翀”字，需要提醒考生注意。

《附》雱(下平声·十一唐)：与霶同。《诗》：“雨雪其雱。”当于“霶”字下亦作“雱”。

《押》雱(平声下·十阳)：与霶同。《诗》：“雨雪其雱。”当于“霶”字下亦作“雱”。《荀子》“汸汸如河海”，注虽云：读如滂，然韵内即去此“汸”字，押此“滂”字乃可。

此处《押韵释疑》指出“雱”、“霶”、“汸”、“滂”字形虽然不同，但意义相同，在实际的押韵中则要以《礼部韵略》为宗，选取其中收录的韵字押用。

(2)说明通押、重押。

①说明通押。

《押韵释疑》所说的“通押”系指同一韵字有不同读音但字义相同，它们按不同读音而被分别收于不同的韵部，考试时准许在不同韵部分别押用。“能否通押”历来都是一个难点，常常导致举子在考试中落韵落榜，《押韵释疑》一书对这一问题进行了详细的探讨。如：

《附》戋(平声上·二十五寒)：财干切，委积貌。一曰显见貌，《易》“束帛戋戋”。又则前切，见先字韵。

《附》戋(平声下·一先·则前切)：委积貌。《易》“束帛戋戋”。又才干切，见寒字韵。

《押》戋(平声上·二十五寒)：才干切，委积貌。引《易》“束帛戋戋”，与一先内者注同。按，《易》出处注：在干反，又音笺，委积貌。则二韵通。

《押》戋(平声下·一先·则前切)：《监韵》注引《易》“束帛戋戋”，与寒字内者注同。《易》本文注：先在干切，次音笺。两处通押。

此处“戋”根据不同读音分别收录在平声先、寒二韵内，其释义完全相同，但监韵中没有通押明文，举子可能产生困惑，而《押韵释疑》则明确指出“戋”字可以通押。

②说明重押。

重押又称“双押”，是指意义相关联的异体、或体、通假、正俗体等在同一诗赋中先后作为韵脚出现。凡《礼部韵略》注中标明“亦作某”、“或作某”、“一作某”、“通作某”等标志的各组韵字音义完全相同，区别只在于写法，因而不能同时作为韵脚出现，否则是为犯重；但当其所表示的意义有差异的时候则没有这个顾虑。《押韵释疑》针对“能否重押”问题，通过对比音义和押用实例进行区分并加以标明，以去除举子的疑惑。如：

《附》銮(上平声·二十六欢·庐丸切)。

《押》銮(平声上·二十六欢·庐丸切)：无注。《广韵》注云：銮铃雀豹。《古今注》曰：“五辂衡上金雀者，朱鸟也，口衔铃，铃谓之銮。或谓朱鸟鸾也，鸾口衔铃，故谓之銮。”又郭璞注云：在轨曰銮，在轼曰和。太学楼矿《金銮论当世事赋》七押“步迎遽息于和銮”是也。然《诗》“鸾声哕哕”、《左传》“锡鸾和铃”乃此“鸾”字，不可重押。若押“金銮”，又押指鸟为鸾，乃可，自宜以意晓。

此处“銮”与“鸾”意思有相通之处，最容易引起举子的疑虑，《押韵释疑》明确指出，当二者表示的意义相同之时，不可重押；当二者分别表示“金銮”和“鸾鸟”之义时，则可以重押。由此可见，字义是区分能否重押的重要依据。

(3)指明应考的实用技巧。

①在实际应用中多以《礼部韵略》为标准。

作为官方颁行的场屋用书，《礼部韵略》自有其权威性。《押韵释疑》以《礼部韵略》

为基础，因而处处以《礼部韵略》为宗，并以此作为主要准则贯穿全书，不时告诫举子遵循《礼部韵略》是更稳妥的做法，是更符合科场要求的做法，尤其是当经典中的字形与《礼部韵略》不一致时，要以《礼部韵略》为准。如：

《附》嚣(下平声·六豪·牛刀切)：人名。

《押》嚣(平声下·六豪·牛刀切)：见宵字内此字下注，即《汉书》“隗嚣”字，然合依韵上写。

又如：

《附》华(下平声·九麻)：胡瓜切。

《押》华(平声下·九麻)：胡瓜切，班固《宾戏》“摛藻如春華”，此華字韵中无，《汉书》此样古字不一，如以蓋为益、以墬为地之类，《礼韵》皆无之，押韵时须依《监韵》上字。

上述例子都表明，作为程试指导书，《押韵释疑》有其明确的倾向性，在韵字的书写方面要以《礼部韵略》为准，严格按照《礼部韵略》要求使用。

②“两害相权取其轻”。

《礼部韵略》对科场用韵规定明确，但在实际运用中仍无法面面俱到。当举子面临一些无法避免的用韵问题时，欧阳德隆的建议是“两害相权取其轻”。如：

《附》斋(上平声·十四皆)：庄皆切。

《押》斋(平声上·十四皆)：庄皆切，注：亦作齐。按，“亦作齐”三字旧大版《监韵》与《释韵》皆无此，只省场中俵与士人小板《礼韵》者“斋”字下有之，如“有齐季女”与“思齐”皆此“齐”字，若疑似，只得写此“斋”字，况“思齐”、“有齐季女”下注俱“亦作斋”云，纵曰差误，卷子上不过一点尔。

科举诗赋考试对押韵要求严格，与落韵相比，笔误的危害要轻些。此处“斋”字与“齐”字之间的关系存在争议，欧阳德隆认为，在没有办法得出明确结论的情况下，宁可出现笔误，也不能承担落韵的风险。

③合理利用“上请”的权利。

《绍兴重修贡举式》规定“韵有疑混者，许上请”。这就赋予考生“上请”的权利，但何时何处应该“上请”，则又是考生面对的一大难题。对此，欧阳德隆凭借自身知识和经验予以提示和指点，以使考生合理利用“上请”的权利。如：

《附》夤(上平声·十八谆·夷真切)：恭也，又延知切，见脂字韵。

《押》夤(平声上·十八谆·夷真切)：《监韵》六脂内“寅”字下注云：东方之辰也。又于六脂内“夤”字下注云：恭也。至此韵内“寅”字下无注，于此“夤”字下注同。《尚书》“寅宾出日”，又“夙夜惟寅”亦恭敬也，两“寅”字上皆无“夕”字，若用“寅宾”、“惟寅”只得依《书》正经字，但从来无有押“寅恭”之“寅”在六脂内者，若“寅卯”之“寅”以六脂内其下注云“东方之辰”，则在彼不在此，国学解试《股肱日月献纳赋》林子升于其字官韵内押“甲寅”者正据此。然《广韵》乃于此韵内此字下注云：辰名。《尔雅》“太岁在寅曰摄提”。万一疑此韵内“寅卯”字难用，只得阙之或临期上请。……

此处指出“夤”、“寅”二字分别收于六脂和十八谆两个韵部，意义又有相通之处，很难区分。尤其是“寅卯”一词，《监韵》与《广韵》《尔雅》不一致，若有疑，只得阙之或者临期上请。也就是说可以利用“上请”的权利，借助考官的帮助来解决问题。

(4)指明处理避讳问题的策略。

历朝历代都有讳字，这也是科举考试中的一大雷区，举子在押用时尤其要谨慎对待。欧阳德隆除了在全书正文之前列有《监韵条式节要》，罗列了宋代帝王的明讳、旧讳，今上御名、旧名以及暗讳之外，在各韵字下也有具体的说明，提出了一套针对科举的行之有效的处理方法。

首先，除了对明确规定不可用的讳字申明不可押用外，对许多并不是明确规定为讳字，但仍有“犯讳嫌疑”的韵字，欧阳德隆也有自己的一套处理方法。如：

《附》畜(入声·一屋·许六切)：许六切。养也。又许救、勑六二切，见宥字韵及本韵。

《押》畜(入声·一屋·许六切)：许六切。养也。《监韵》前载云：“孟子称‘俯足以畜妻子’、‘畜君何尤’并独音许六切。其字义虽不合回避，然释音与庙讳‘吁玉切’者相近，不可用。”

例子中“畜”字本非讳字，但其与宋哲宗赵煦名讳“煦”字读音非常相近，要避嫌名，因而欧阳德隆告诫举子此字也不可押用。

其次，对于有押用例证但仍有犯讳风险的韵字进行权宜处理。如：

《附》屬(入声·三烛·殊玉切)：类也。附也。俗作属。……又朱欲切，见本韵。

《押》屬(入声·三烛·殊玉切)：附也。音蜀。此字虽与英庙旁讳在十遇内者同，然在此入声者赋家用多，今述一二……此可无疑。万一过虑，则省文写此“属”字亦得，但押韵无此“属”字尔。

例子中“屬”字虽是讳字，但也有押用的实例，可见是准许押用的，但如果举子对此有疑虑的话，欧阳德隆的建议是将“屬”写为“属”，不失为一种有效的处理方式。此类例子书中还有许多，如将“徵”写为“祉”。

再次，对已经发生变化的讳字进行提醒。如：

《附》烜(上声·二十阮·况远切)：《诗》“赫兮烜兮”。

《押》烜(上声·二十阮·况远切)：引“赫兮烜兮”。昔太学私试魁冯炎《天秉阳垂日星赋》云：“日晕烜赫。”又太学公试《天子当阳赋》李宏父云：“不有重明之烜赫。”皆此“烜”字。又《易》：“系日以烜之。”注：况晚反。亦同此。然自嘉定十五年(1222)臣僚言乞回避，“亶”、“烜”二字并系钦宗旧讳，今则不可用矣。所以先述上项赋者，恐援此以为不讳，则误也……

例子中欧阳德隆指出“烜”字在之前的考试中有押用的实例，因为当时不合回避，但自嘉定十五年定为讳字后，则不可再用。这是由非讳字变为讳字的变化。

又如：

《附》弘（平声下·十七登·胡肱切）：胡肱切。大也。

《押》弘（平声下·十六蒸·胡肱切）：胡肱切。国子监申请“弘”字系祧庙讳，许与“登”字内收入。上舍魁《仁知合内外道赋》云：“亦知为任之弘”与太学《听言弘接下之规赋》是也。

例子中“弘”本来是讳字，但随着时代变迁，成为已祧庙讳，可以不用回避，因而在考试中可以押用。这是由讳字变为非讳字的变化。

（5）对《礼部韵略》规定不明或有异议处进行释疑。

《礼部韵略》虽然经过多次的增补，但其中仍有许多地方含混不清，举子如果不能了然于胸，稍有不慎，就会撞上雷区，出现落韵的情况。对《礼部韵略》规定不明之处，欧阳德隆尝试“以管见指定”。这当然是其自谦之言，作为一位被郭守正评价为“研精声律，卓为儒宗”的学者①，欧阳德隆凭其自身的学识及其在书中处处体现出来的尊重经典、旁征博引、折中众家的客观态度，纵是“管见”，亦足以为广大举子拨云见日。

①对《礼部韵略》的注释加以补充说明。

《礼部韵略》作为官韵，主要作用在于指导士子诗赋应试审音定韵，书中的释义只是分辨字音的辅助工具，因而书中的注释从略从简，许多常用字根本不予注释。作为《礼部韵略》的增修注释本，《押韵释疑》对此多有增补。如：

《附》潺（下平声·二僊）：锄连切，水声。又锄山切，见山字韵。

《押》潺（平声下·二僊）：锄连切，水声。如二十八山亦有此字，下无注，“潺湲”当在此押。

此处韵字“潺”在《礼部韵略》中分别收于二僊和二十八山两个韵部，其中二十八山下此字无注。为免混淆，《押韵释疑》特别指出较为常用的表示“潺湲”的“潺”应押在二僊韵。

又如：

《附》苛（平声下·七歌·寒歌切）：小草。

《押》苛（平声下·七歌·寒歌切）：《监韵》注：小草也。上声此字下注云：苛，急也。或以为烦苛字，不可押在此，不然，如《诗序》：“哀刑政之苛。”注：本作荷，音何。《记》：“苛政猛于虎。”注：音何，本亦作荷。《汉·高纪》：“苦秦苛法。”注：颜曰：苛，细也。音何。当在此押。太学《王者之法犹江河赋》破云：“王非尚苛。”尤可为据。

“苛”在《礼部韵略》中有两音两义，但常用的“苛细；烦苛”义则无着落，容易引发误解。欧阳德隆根据考证得出表“苛细；烦苛”之“苛”当押在平声，补充了《礼部韵略》

---

① （宋）郭守正：《紫云先生增修校正押韵释疑·原序》（附《韵字沿革》），景印文渊阁四库全书本，第237册。

没有的义项。

②对“无通押明文者”细加判定。

《礼部韵略》虽然经过多次增补，但依然存在可以通押而未有明文标示之处，《押韵释疑》对此详细地进行判定。如：

《附》灑(上声·十二蟹)：所蟹切，洒也。又所尒、沙下、所寄、所买四切，见纸、马、置、卦四韵。

《押》灑(上声·十二蟹)：所蟹切，洒也。《内则》“灑掃堂室”注：灑，本作洒。所买反，又所卖反。扫，素报反。此字凡五见，如四纸、三十五马、五寘、十五卦者皆注云：汛也。然无通押明文。

此处指出“灑”被收于五个韵部，但根据注释可知五个“灑”字同义(“汛”有“灑水”之义)，故虽然《礼部韵略》中没有明确指出五个“灑”可以通押，但考生在考试中仍然可以在五个韵部分别押用。

③对实际使用中语言的变化加以解释说明。

《礼部韵略》作为官方发布的科举诗赋用韵标准，虽然屡经修订，但语言在实际应用中常常会发生变化，而这些变化往往不能在《礼部韵略》中及时地反映出来，对此，欧阳德隆也多加以说明。如：

《附》源(上平声·二十二元·愚袁切)

《押》源(平声上·二十二元·愚袁切)：此与“原”字本不通，然近太学解试《人主积美之源赋》，考官云：“源流”之“源”亦不过有所本原，其义同，不许重押，故此赋既印行，皆无押“原”字者，此见吾郡在学试者说。又《记》“或源也”。注：本又作“原”。是二字同矣。

此处“源”本与“原”字不通，两字相押本无不可，但由于有考官曾从词源的角度，断定二字同义，故而举子遵以为例，在诗赋押韵中不重押，这样的变化在《礼部韵略》中并没有反映出来，《押韵释疑》的解释可以很好地指导举子避开雷区。

④对与《礼部韵略》有异议处加以说明。

《礼部韵略》虽然是官方颁布的标准，但其某些内容仍然让人无法信服，故而欧阳德隆保留了许多自己的意见，如：

《附》视(上声·五旨)：善旨切，瞻也，亦作眂、视。又时利切，见至字韵。

《押》视(上声·五旨)：善旨切，瞻也，亦作眂、视。许与去声至字韵内“视”字通押。贾山《至言》：“尊养三老，视孝也。”注：视，读曰示。董策“视大始而正本也”。注：视，读曰示。如以“视”字许与去声“视”字通押而言，则两处皆可，然以“示”字言只合在去声押，宜审。

《礼部韵略》明确指出上声与去声中的“视”可通押，但欧阳德隆通过引经据典提出异议，认为《礼部韵略》中笼统的说法不甚准确，应视具体情况一分为二，具体情况具体分析。对像“视孝”这样在经典中有出处且其本身有注音的情况，应遵照经典原注音押用。

5.《押韵释疑》中记载的宋代科举试赋命题

(1)宋代试赋命题范围的变化。

唐至宋初，科考律赋的命题范围非常广泛，如刘挚《忠肃集》就提到："诗赋命题，杂出于六经、诸子、历代史记。"①洪迈的《容斋随笔》也说："国朝淳化三年，太宗试进士，出《卮言日出赋》题，孙何等不知所出，相率扣殿槛乞上指示之，上为陈大义。景德二年(1005)，御试《天道犹张弓赋》。后礼部贡院言，近年进士惟钞略古今文赋，怀挟入试，昨者御试以正经命题，多懵所出，则知题目不示以出处也。大中祥符元年(1008)，试礼部进士，内出《清明象天赋》等题，仍录题解，摹印以示之，至景祐元年(1034)，始诏御药院，御试日进士题目，具经史所出，摹印给之，更不许上请。"②这里详细记载了科考中的请题现象，这一现象的产生正是由于宋初科考律赋出题的范围太广，导致考生面对科考题目时竟然不知其所出。

景祐五年(1038)正月八日，知制诰李淑上言："切见今日发解进士，多取别书、小说、古人文集，或移和经注以为题目，竞务新奥。……有《国语》、《荀子》、《文中子》，儒学所宗，六典通贯，尝于此出题，只是国庠未有印本。欲望取上件三书差官校勘刻板，撰定音义，付国子监施行。自今应考试进士，须只于国子监有印本书内出题。"③这一要求以立法形式规定出题范围的请示得到了皇帝的许可，故而此后的律赋出题范围限定于经过国子监挑选且有印本的书目。

庆历四年(1044)宋祁详定《贡举条制》时规定："诗、赋、论于九经、诸子、史内出题……"④这一规定也是对上述李淑观点的重申，虽然并未施行，但印证了此后宋代的律赋确是以经义为中心，命题范围限定于经、子、史。

可见，随着宋代科举考试制度的成熟和儒家学说的发展，科考律赋的命题范围由宽趋窄，日渐明确，从而为举子划定了清晰的目标，可以有效避免上述请题等现象的发生。同时，国家的这些规定也落实到了地方的发解试。

(2)《押韵释疑》中记载的宋代科举试赋命题出处分析。

科举考试采取命题作文的形式，要求考生根据给定的题目进行诗赋创作。所给试题皆有出处，命题方式也有规律可循。其中国家组织的省试和上舍试，其题目多见记载。但地方州府试的命题情况，各种志书、史册中却很少记载。幸赖像《押韵释疑》这样的书籍在记载省试和太学试题目的同时，也记载保留了大量州府试的题目。根据《押韵释疑》的记载，现将《押韵释疑》正文及拾遗部分记载的有关宋代省试、太学试及州府试的材料中出现的试赋题目及其出处统计如下(见表1-1)：

① (宋)刘挚：《忠肃集》卷四《论取士并复贤良科疏》，中华书局2002年版。
② (宋)洪迈：《容斋随笔》卷三，吉林文史出版社1994年版，第23~24页。
③ (清)徐松：《宋会要辑稿》选举三之一四，中华书局1997年版。
④ (清)徐松：《宋会要辑稿》选举三之二五，中华书局1997年版，第4274页。

表 1-1

出处	数量	试赋题目
《易》	8	圣人以仁守位、圣人接三才之奥、王日中照天下、正秋万物所说、易简天下之理得、太守以虚受为理本、天地节而四时成、天行健
《尚书》	12	尧以知人安民为难、文谟武烈启后人、舜明四目达四聪、在璇玑齐七政、宵中星虚殷仲秋、教官纳言喉舌官、王省惟岁、吉士用相国家、王能祈天永命、勑命惟时几、官师相规、圣武威天下君
《尚书正义》	1	养民之本在六府
《诗经》	2	文王之典靖四方、帝祉施孙子
《周礼》	3	师氏以嬍诏王、有功铭太常、日月为常
《礼记》	19	善问如攻坚木、儒有澡身浴德、仁之为器重、夏弦、周道四达礼乐通、仁知合内外道、能儒席珍待聘、舜乐歌咏五常言、豊芑数世之仁、大明生于东、民以君为心、在明明德、天秉阳垂日星、君子之道简而文、舜执两端用其中、小人揜其不善而着其善、聪明圣知达天德、王戴冕十二旒、天子与日月并明
《左传》	5	民受天地中以生、舞节八音行八风、天子当阳、人受天地中以生、宗子赋朝以听政
《论语》	1	乐则韶舞
《孟子》	2	形色天性、多助之至天下顺
《尔雅》	1	春为青阳
朱熹《四书或问》	1	圣贤言如天地
《国语》	1	宝玉展亲
《史记》	8	汉斵琱为璞、贤主观万化原、郊雍出宝璧玉、明堂图、中国有至仁、文帝止辇受言、受计甘泉、郊雍出宝玉器
《汉书》	24	明王广开忠直之路、殷尚质、孝文有刑错之风、元气转三统、五常五行之行气、炎帝执衡司夏、春日下宽大书、金城上方略、陶成天下之化、人主之势重万钧、秋夕月、高祖天性明达、贤人在上引其类、三圣守一道、直路、文帝敬贤如大宾、汉斵琱为朴、黄唐疆理南北、从谏转圜、孝文身衣弋绨、金城上方略、春者天之所为、典谟深润扬鸿烈、天子明哲且仁
《后汉书》	5	云台诏讲书传、明君膺五福之庆、王者之法犹江河、汉收功道德之林、君德缉熙康乂
《隋书》	1	经籍仁义之陶钧

续表

出处	数量	试赋题目
《新唐书》	3	金銮论当世事、唐文法度轧汉周、教官羲和出纳日月
《老子》	1	天地犹橐钥
《荀子》	4	人主积美之源、君子道法揔要、善日者王、仁人有四海之听
《孔子家语》	1	御天下正六官
蔡邕《明堂月令论》	1	辟雍水环如璧
《文选》	2	股肱日月献纳、文章与三代同风
陆贽《翰苑集》	2	听言弘接下之规、圣王宣明典章

根据上述统计，题目出自儒家经典的有55篇，出自史书的有42篇，出自诸子作品的有6篇，出自别集的有5篇。其中经书以《礼记》为重，史书以《汉书》为重，分别有19篇和24篇。可见宋代科举试赋的选题虽然遍及经、史、子、集，但仍有偏重，其中儒家典籍和史书在科举试赋命题中的占据着主体地位。这一统计结果与上述宋代试赋命题范围的变化趋向一致。

宋代科举试赋在命题上以经史为重，学生的经史功力就是考查的重点，因而考生在考场上自我发挥的空间不大，只能严格按照经史典籍来“代圣人立言”，不论是主题思想还是援引的材料例证，都必须与经史保持一致。如此一来，通过科举考试命题的方式，儒家的道德思想和封建伦理、纲常、礼教等种种观念在士子中得到大力普及，逐渐渗透人心，从而对全社会都产生了深远的影响。

6.《押韵释疑》的研究现状

相较于《礼部韵略》及其主要增修本，《押韵释疑》的研究更为薄弱，至今少有论及是书的书籍或文章，相关的专门性论著几不可见。虽然一些重要的藏书书目和韵书介绍中或有提及，但均非研究。今人论文少见专门性研究，最多是在介绍《礼部韵略》或《增修校正押韵释疑》时提及。例如，高淑贤《〈礼部韵略〉研究》一文第二章第三节介绍《礼部韵略》相关韵书提及《增修校正押韵释疑》，其中涉及《押韵释疑》的相关背景资料介绍；杨春俏的《增修校正〈押韵释疑〉研究》在介绍《增修校正押韵释疑》成书过程的同时也顺带介绍了《押韵释疑》的成书过程。显而易见，上述文章对《押韵释疑》的介绍都非常简略，缺乏深入系统的研究。福建师范大学陈婷婷的《〈礼部韵略〉系列韵书之“又某韵”体例初探》一文根据《增修校正押韵释疑》的相关记载推断《押韵释疑》一书也应采用了“又某韵”这一编撰体例，作者的推断方法和结果不无道理，但正如其在文中所说，作者并未见欧阳德隆《押韵释疑》本书。陈婷婷的硕士学位论文《〈增修校正押韵释疑〉研究》对《押韵释疑》的介绍相对而言最为详尽，主要涉及了撰著者简介、版本以及与内容编排相关的问题。

对《增修校正押韵释疑》的研究主要是杨春俏的《增修校正〈押韵释疑〉研究》和福建

师范大学陈婷婷硕士学位论文《〈增修校正押韵释疑〉研究》。前者突出分析了《增修校正押韵释疑》的特点，但作者将其与《押韵释疑》视同一书，不符合事实；后者详细对比了《增修校正押韵释疑》及其他相关韵书，明确该书在《礼部韵略》系列韵书中的重要地位及其在韵书史上的特殊位置，并对《增修校正押韵释疑》中"又某韵"的体例、切语以及增补字作了重点分析，该文对《礼部韵略》系列韵书"又某韵"这一特殊的体例的探讨尚属首例，极具创见，为我们了解该体例的起源、发展、意义和局限等提供了重要的参考。

二、《增修校正押韵释疑》

1.《增修校正押韵释疑》的成书过程

《增修校正押韵释疑》成书于宋景定五年(1264)，作者郭守正，字正己，自号紫云山民，故又名《紫云先生增修校正押韵释疑》或《紫云增修校正礼部韵略释疑》，《永乐大典》所引《增修校正押韵释疑》则简称为《紫云韵》。

《增修校正押韵释疑》是在欧阳德隆的《押韵释疑》基础之上成书。因为《押韵释疑》帮助举子解决了许多科场诗赋押韵的实际问题，故而广受欢迎，因而"书肆版行，漫者凡几，一漫则一新，必增数注释，易一标题，以快先睹，是非可否，不暇计焉"①。正是因为书肆多番刊刻《押韵释疑》，刊刻过程中又不负责任地对书中内容多加改易，衍误颇多，故郭守正以《押韵释疑》原本为主，以若干书肆刊刻本进行参校，对《押韵释疑》进行增修校正，删削增益，历三年而后成，是为《增修校正押韵释疑》。

2.《增修校正押韵释疑》的版本

《增修校正押韵释疑》目前较为可靠的版本有三：一是影元写本，该版本见于《藏园群书经眼录》中，其书目下注明为"影元写本，题'庐陵进士欧阳德隆释疑'，'紫云山民郭正己校正'"。② 二是文渊阁《四库全书》所收本，此本是江苏巡抚采进本。许嘉璐《传统语言学辞典》说道："书收入《四库全书》经部小学类，一般能见到的是《四库全书珍本初集》所收本。"③三是嘉熙小抄本，关于此本的论述见于李春光《古籍丛书述论》，书中论述嘉熙小抄本是《增修校正押韵释疑》的"最佳本"④，但该版本目前尚未可见，故而无从考证。

3.《增修校正押韵释疑》的内容编排

本书研究所选取的版本为文渊阁《四库全书》所收《增修校正押韵释疑》，其正文之前依例有一篇提要，主要介绍了《增修校正押韵释疑》与欧阳德隆《押韵释疑》的渊源关系、《增修校正押韵释疑》的成书过程和全书的内容编排。

---

① (宋)郭守正：《紫云先生增修校正押韵释疑 · 自序》(附《韵字沿革》)，景印文渊阁四库全书本，第237册。

② 傅增湘：《藏园群书经眼录》，中华书局1983年版，第155页。

③ 许嘉璐：《传统语言学辞典》，河北教育出版社1990年版，第560页。

④ 李春光：《古籍丛书述论》，辽沈书社1991年版，第561页。

提要之后是两篇序，一篇是《增修校正押韵释疑原序》，作者是绍定时期的袁文焴，序文主要肯定了欧阳德隆《押韵释疑》的作用和价值，应该是《押韵释疑》原序；另一篇是著者郭守正自序，序文主要介绍了其对《押韵释疑》一书进行增修校正的原由及其在增修校正《押韵释疑》时所做的主要工作。

序后是《校正条例》，是郭守正增修校正《押韵释疑》的总纲领。《校正条例》之后附有《绍兴新制》(节文)和《韵字沿革》，然后依次罗列了科场诗赋中较为常见的疑难问题，包括前代名姓有无音释之疑、《韵略》音释与经史子音释异同之疑、《韵略》字义与经史子字义异同之疑、经史子训释音义异同之疑、本韵字异义异经史子合而一之之疑、两韵字同义同而无通押明文者、押韵经前史后之疑、经史用古字今字之疑、有司去取之疑、世俗相传之误、赋家用韵之疑、疑字、字同义异、正误、俗字。

最后便是正文，正文分为五卷，依次为上平声、下平声、上声、去声、入声，与《礼部韵略》和《押韵释疑》对应，收字亦以《礼部韵略》为基准，具体韵字的编排方式是首先列监本《礼部韵略》的原文，其次是增补注释，再次是韵字互见情况和音义点画的异同辨析，最后是韵字的具体押用分析，包括韵字的重押通用情况和具体诗赋程文押用的例证等。

此外，该书还在每韵的末尾，罗列绍兴中黄启宗和淳熙中张贵谟等奏请添入的韵字以及虽然常用然而官韵不收的韵字。

4. 学界对《押韵释疑》与《增修校正押韵释疑》的误解

《押韵释疑》是欧阳德隆对监本《礼部韵略》进行释疑解惑的著作，《增修校正押韵释疑》则是郭守正对欧阳德隆《押韵释疑》进行增修和校正的著作，二者都由监本《礼部韵略》衍生而来，同属《礼部韵略》的增修注释本，从分卷、分韵到收字，整个音韵系统一脉相承，关系不可谓不密切。

但正如前文所言，《押韵释疑》和《增修校正押韵释疑》长期以来未能引起音韵学家的重视，故一直未能吸引学者研究的目光。况且，《押韵释疑》目前存世版本仅宋嘉熙三年(1239)禾兴郡斋刻本，《中华再造善本丛书》虽然收入此书，然起先仅藏于中国国家图书馆，寻常难得一见；《增修校正押韵释疑》虽有三个版本，然所谓的嘉熙小抄本只见于记载，现实中尚无人得见，较为易得的也只有文渊阁《四库全书》所收本。更重要的是，郭守正在对《押韵释疑》原书进行增修和校正的工作时，对原书的注文内容进行了重新的编排和组合，例如：

《押韵释疑》衷(平声上·一东·陟隆切)：诚也。一曰折衷，平也。《书》："和衷"、"降衷"，皆音中，皆训善也，与"中"字义本不相干，但《后汉·梁统传》引"士制百姓于刑之中"作"爰制百姓于刑之衷"，又引《语》"刑罚不衷"，亦以"中"为"衷"，二字恐古通用。若已押降衷，又押中道之中，更在审订，如"楚子衷甲"，音衷。衷，怀也。"服之不衷"，音同衷，适也。及"丹衷"，与"中"字不同，然《民受天地中以生赋》却连押"衷"、"中"二字。

《增修校正押韵释疑》衷(上平声·一东·陟隆切)：诚也。一曰折衷，平也。字从衣，从中，俗衷，非。又一送，《书》“和衷”“降衷”皆训善也。《左》：“楚子衷甲。”注：懷也。此是。又“服之不衷”，注：适也。平、去二音。《后汉·梁统传》引“士制百姓于刑之中”及《语》“刑罚不中”，并作“衷”字。二字恐古通用，当知。已押降衷，又押中道之中，更在审订。

对比可见，在《增修校正押韵释疑》一书中，欧阳德隆原注与郭守正重修的内容已经糅合在一起，浑融为一，书中没有任何的标示和记号以助区分，在没有《押韵释疑》原书比照的情况下，世人完全无法分辨。

正是因为二者版本稀少，世人罕有能见其真面目者，且在《增修校正押韵释疑》一书中原注与增修内容已然混淆不可辨，故而学界对于《押韵释疑》和《增修校正押韵释疑》两本韵书尚有误解。典型的如四库全书本《增修校正押韵释疑》正文前袁文焴的序当是《押韵释疑》原序，但在流传过程中则被误以为是《增修校正押韵释疑》一书的原序。又如高尚榘《汉语言文字文献学》在介绍音韵学专著文献时便列举：“欧阳德隆《押韵释疑》(又名《紫云韵》)。”①《紫云韵》得名源于郭守正“紫云山民”之号，实为《增修校正押韵释疑》，而高将其误认为是《押韵释疑》。再如杨春俏在《历史文献研究》中发表的论文《增修校正〈押韵释疑〉研究》全文研究的是《增修校正押韵释疑》一书，然从其标题而言，作者显然并未将《增修校正押韵释疑》归为独立的一本韵书，不可谓不是另外的一种误解。

三、《押韵释疑》与《增修校正押韵释疑》的关系梳理

(一)《押韵释疑》与《增修校正押韵释疑》收字情况对比

《增修校正押韵释疑》全书共五卷，上平声、下平声、上声、去声、入声各一卷，共分206韵，其中上平声28韵，下平声29韵，上声55韵，去声60韵，入声34韵，在分韵和韵部的排列次序上与《押韵释疑》基本一致。

据统计，《增修校正押韵释疑》共计收字9978字，其卷首附文标明“黄积厚补韵共二字”“黄启宗补韵共二百四十五字”，“张贵谟补韵共一百三十四字”，“吴杜补韵三字”，合计当为384字。陈婷婷《〈增修校正押韵释疑〉研究》一文经过统计得出的数据是“黄补248字，张补137字，吴补3字，合计288字”②，统计结果虽然与卷首所标略有出入，但《增修校正押韵释疑》收字多于《押韵释疑》仍是不争的事实。

(二)《增修校正押韵释疑》对《押韵释疑》的“增修”和“校正”

《增修校正押韵释疑》是《押韵释疑》的增修本，郭守正对欧阳德隆《押韵释疑》一书进行重修所做的主要工作从其《校正条例》可见一斑：

---

① 高尚榘：《汉语言文字文献学》，社会科学文献出版社2007年版，第55页。

② 陈婷婷：《〈增修校正押韵释疑〉研究》，福建师范大学硕士学位论文，2012年。

(1)在韵字编排次序方面，《增修校正押韵释疑》将同音韵字以字画编类，即在一韵之中不同小韵的同部首字靠近排列，同一小韵内同部首字居前，检索方便。

(2)《增修校正押韵释疑》的韵字注释内容在编排上井然有序，一般情况下其排列顺序是：亦作、音切、监注、释文、互注、经史异同、科举时文押用实例，这七个部分内容详实地严格按照该次序排列，若内容不完备则阙之。试比较《押韵释疑》、《增修校正押韵释疑》(下文举例时简称《增押》)：

《押》咻(平声下·十八尤·虚尤切)：痛念声也。《孟子》："楚人咻之。"注：音休。讙也。戊子科臣僚奏"咻"字有三音：呼句者，庙讳也，释云"日以温之"。一音况羽切者，释云噢咻也。一音虚尤切者，释云噢咻，痛念声也。按：《孟子》"咻"字注：讙也。音休。依旨挥，庙讳不同音，不合回避。乞下国子监合与不合，附入韵，颁行后不许回避。然不押此字为上。

《增押》咻(下平声·十八尤·虚尤切)：噢咻，痛念声。又虞、遇韵。绍定元年(1228)六月指挥节文：咻字有三音，虚尤反，释噢咻，痛念声。况羽反，释噢咻。吁句反，释气以温之。按《孟》"众楚人咻之"，注：讙也。音休。

从内容和引证来看，上述两条材料大同小异，但后者的注文按形、音、义、互注、书证、押用实例的次序排列，且全书的训释次序保持一致，条理更加清晰。可以说郭守正对《押韵释疑》的"增修"和"校正"正是这样在按照自己的逻辑对《押韵释疑》进行改写时实现的。但在严格遵守自身条例的时候，郭守正不可避免地删掉了《押韵释疑》一书本身所有的一些宝贵资料，如上述材料中《增修校正押韵释疑》就省去了关于"咻"相关规定，不得不说这是另一种损失了。

(3)虽然《押韵释疑》对《礼部韵略》无注的很多韵字进行了释义，但有些常用字仍然注释不明。《增修校正押韵释疑》则对无注或注释散见于注文中的韵字都注明字义，并以一"释"字冠于上，以区别监注和新注。如：

《押》美(上声·五旨)：母鄙切。亦作"媺"。下从"大"字，"羙"非，乃"羔"字。《记》："朝廷之美，济济翔翔。"注：音仪。然韵内不收，"杜子美"同。

《增押》美(上声·五旨)：亦作媺，母鄙切。释好也，甘也。"美"下从"大"，俗"羙"字乃"羔"字。《礼》"以媺诏王"，此是。《记》"朝廷之美，济济翔翔"，"美"音仪，韵不收。

《押韵释疑》对"美"的字义没有解释，而《增修校正押韵释疑》则给出了"好"、"甘"两个义项，以"释"字进行标注，清晰明了。

(4)在字形方面，《增修校正押韵释疑》以监本的书写为准，同时以许慎《说文》为参考，力求分毫不误，尤其要杜绝世俗常见的省笔形式，为此书中特意在各韵字之下先列正体，次列俗体，以示警醒。有时还在韵字之下明确注明"从某从某"，使其流传久远而不致出现讹误。

《押》冰(下平声·十六蒸)：亦作仌。悲陵切。

《增押》冰(下平声·十六蒸)：亦作仌。悲陵切。释水冻。或作氷，非，乃省笔。

与《押韵释疑》相比，《增修校正押韵释疑》对韵字的字形更加重视，除了对正体、俗体有区分外，对于常见的省笔更是特别加以提醒。

(5)在标注方面，《增修校正押韵释疑》韵字下有“亦作”、“或作”、“一作”、“古作”、“通作”等多种不同的标示，其作用不尽相同，如“通作”的标注是为了避免重押。但《押韵释疑》各本的标注内容随意性大，很难看出有统一的体例，郭守正对此逐一进行订正并在韵字之下、监注音切之上进行说明，无一遗漏。

(6)在对增补韵字的处理方面，《增修校正押韵释疑》对于刊版难以即刻添入的，则列别项刊具；当时新制明确规定“当于某字下亦作某”的，根据规定将增补韵字散附在各韵字之末，注明“某补某补”，并在每一韵部之末，总结性地注明“某补若干字”，这就比《押韵释疑》等书简单地将大部分增补韵字附于逐韵之末而只以“新制”作为标志更具史料价值。《押韵释疑》参照省场《礼韵》不曾收入张贵谟增补字，而《增修校正押韵释疑》则进行增收，原因在于张贵谟所补虽不及黄启宗所补之精切，然一直未有非议。

(7)《增修校正押韵释疑》逐一参订改正了监本韵字的注释和书写有误之处以补韵误植之处。

(8)《增修校正押韵释疑》对欧本《押韵释疑》一书讹误之处以编者自身所学进行辨释。书肆本将欧本《押韵释疑》拾遗部分的内容附入正文各韵之下，但刊刻时未加删削，故而部分内容语句重复，即使《押韵释疑》参照监本未作注释的韵字，也旁征博引，使字句冗长，郭守正对此进行逐一订正、删润并重新编排，具体做法是：

第一，对于没有疑误的单音字，删去其过多的引文和注释，使其内容文从字顺，简洁明了，如：

《押》鳣(下平声·二僊·张连切)：鱼名。《后汉·杨震》：“冠雀三鳣鱼集堂前。”注：冠，去声。鳣音善，似蛇。郭璞云：“鳣，音知然反。”礼韵此字只二僊韵内有，善字韵内无，只合从郭音。贾谊赋：“横江湖之鳣鲸兮。”注：竹连反。同。

《增押》鳣(平声下·二僊·张连切)：鱼名。释《诗》“鳣鲔”。《扬震》“三鳣鱼”音善，善内不收。璞云知然反，在此。

韵字“鳣”的词义单一，关于其读音虽然存在争议但已有定论，故而不同于《押韵释疑》详细记录字音争议及结论并广泛征引的做法，《增修校正押韵释疑》对该字的音义给出了明确的定论。

第二，对多音字只在前一音进行详细注释，后一音则只简单地标注“又某韵”，以免累赘。韵字之间的互注，尤为关键，韵字的又音就是通过互注标示出来，但《押韵释疑》诸本在这一方面颇多遗漏，《增修校正押韵释疑》对此也逐一进行订正。对于“亦作”和“补韵”的情况，则通过“又某韵”这一形式作出标示。如：

《押》涯(平声上·五支·鱼奇切)：水际。亦作厓。此字又见十三佳、九麻韵内，皆注云：水际也。虽无通押明文，然寻常程文三处俱有人押。如《微子》：“其无津涯。”注：五佳反，又宜雏反。《庄子》云：“吾生也有涯。”注：本又作崖，鱼佳反。各常随出处本文音用。

《增押》涯(上平声·五支·鱼奇切)：亦作厓，水际。又佳、麻二韵，皆注"水际"。无通押明文，然程文皆有人押。厓又佳韵。相如赋"察之无涯"，音宜。《书》"其无津涯"，五佳、宜骓二反。《庄》"吾生也有涯"，注：本作崖，鱼佳反。韩文"浑浑无涯"，在九麻。

《增押》涯(上平声·十三佳·宜佳切)：水际。又支、麻二韵。《庄》"吾生也有涯"，余见五支韵。

《增押》涯(下平声·九麻)：水际。释涯也。又支、佳韵，详支内注。

根据《押韵释疑》的注释，"涯"有三音，当分别见于平声上五支、十三佳和平声下九麻。但实际上书中仅平声上五支韵下列有"涯"字，而平声上十三佳和平声下九麻下均不可见。此类缺漏在该书中非常常见。《增修校正押韵释疑》中"涯"亦有三音，分别见于平声上五支、十三佳和平声下九麻韵下，其中五支韵内"涯"字注释详细，其他两处则标明"详见五支"，注文非常简省，但重要信息也予以提示，如在十三佳中提示了《庄子》"吾生也有涯"这一语例。

(9)《增修校正押韵释疑》相对于《押韵释疑》后出，故而在《押韵释疑》的基础上又增加了部分科举考试的实例。

《押》枝(平声上·五支)

《增押》枝(上平声·五支)：释木别生条，一曰枝梧。小枝为枝，邪为梧。《史》司马相如《上林赋》："楷棵荔支。"《汉书》《文选》作"荅沓离支"。若用《上林赋》押"离枝"韵，便不当重押"枝叶"之"枝"。若《文王本支百世赋》已押"支"字，更不重押"枝"字。

《押韵释疑》对"枝"没有任何注释，《增修校正押韵释疑》不仅增加了注释，而且增加科举押用实例。

(10)有关科举考试适应《礼部韵略》及其所附《贡举条式》的相关心得，郭守正也在《增修校正押韵释疑》一书中表述出来。例如，《绍兴贡举式》中提到了许多可以通押的情况，郭守正认为这体现了《礼部韵略》的灵活性，即既不过于宽泛，也不过分拘束，使得真正有学问的人不至于因为押韵的限制而被埋没。《绍兴贡举式》又指出押韵有疑混之处准许考生上请，郭守正认为这也是利在举子的一项规定。

(三)《押韵释疑》与《增修校正押韵释疑》关系总结

《增修校正押韵释疑》是《押韵释疑》的增修本，是在将《押韵释疑》原本和书肆刊刻本对校的基础上进行增修校正和删削增益而成的著作，但两书编者不同，两书问世时间亦有先有后。从内容上看，二者更是各有侧重，因而互有差异；从内容编排上看，二者不尽相同；从版本上看，二者各有其独立的版本系统。

《增修校正押韵释疑》一书有其独特的编撰体例，郭守正不仅对《押韵释疑》全书的内容进行有选择性的删削增补并进行重新编排，对《押韵释疑》一书的讹误之处进行辨释，而且书中还融入了其对《礼部韵略》和《押韵释疑》的一些心得体会，堪称其自身的再创造，用力颇深，故而《增修校正押韵释疑》和《押韵释疑》两书面貌不同，应作区别对待。

由此可见，《增修校正押韵释疑》和《押韵释疑》是相对独立的两本著作。虽然学界对《增修校正押韵释疑》和《押韵释疑》的误解由来已久，且事出有因，但综合以上研究发现，《增修校正押韵释疑》和《押韵释疑》各有千秋，各具特色，各有价值，值得深入研究。

第二章 《礼部韵略》的收字及其修订

第一节 敕准增补字及《礼部韵略》的历次修订

《礼韵》最初收字 9590 字①，以常见、实用为要，参照诗赋常用的字及其音义项编纂而成，与繁杂的《广韵》、《集韵》相比，简洁了很多，在两宋实行诗赋考试的各朝，《礼韵》及其增订本备受青睐，是场屋必备的工具书，并在使用中不断得到增修和完善。官方和私人编纂了一大批《礼韵》增订本，以备士子科举参考，“宋省监申明，儒绅论下，《韵略》集注，殆且五十余家”②。与《礼韵》相关的考试韵书不仅多，而且刊印频繁。宁忌浮统计，文献著录的南宋这类著作就有十多种③。

《礼韵》各本的增修主要有两种形式，即官方增修、私人增修。私人增修主要是指毛氏父子的《增韵》，前面已有介绍，此不再赘述，此处主要探讨几次官方增修行为。关于《礼韵》官方修订情况，《附韵》所附《韵略条式》历年牒文均有详细记载，只有绍兴十一年(1141)黄启宗增补 245 字无载，但可据《增修校正押韵释疑》卷首之“韵字沿革”补充。杨春俏有专文作详细考述④，但其所据文献主要是《增押》，而《附韵》与《增押》记载有出入，当以《附韵》所附《韵略条式》为一手材料，参对《押韵释疑》。因后文多音字涉及所增之字，故此处不厌其烦仍旧列出，尤其是涉及重要韵字处，以便后文分析。

有文献记载的经礼部审查准许增补的官方增修行为有 7 次，有时增加韵字数量很大，但也有为确保《礼韵》特色尽量不收偏僻和不紧要之字的。几次影响很大的修订情况如下：

---

① 《古今韵会举要凡例》云：“《礼部韵略》元收字九千五百九十字。”宁忌浮据曹本《附释文互注礼部韵略》统计的是 9564 字，少的 26 字，可能与避讳有关。见宁忌浮：《古今韵会举要及相关韵书》，中华书局 1997 年版，第 81 页。

② 熊忠：《古今韵会举要·自序》，中华书局 2000 年版。

③ 宁忌浮：《古今韵会举要及相关韵书》，中华书局 1997 年版，第 77~80 页。

④ 杨春俏：《宋代礼部韵略官方修订史考述》，《古代汉语》2010 年第 1 期。

一、元祐五年(1090)孙谔订补52字

神宗朝熙宁年间(1068—1077)王安石罢诗赋，以经义取士，经义成为进士科首试内容，士人不复注意诗赋和官韵。二十余年后的哲宗朝实施元祐新法，于元祐四年(1089)立经义、诗赋两科。诗赋主题主要取材于经典，而经典音义本身具有极大的复杂性，"经传音释与《礼部韵》间有不同，及自来传袭，又多讹谬"。一时间，举子和考官都无所适从，"举子初习声律，动多疑虑"，"虽主司考校，亦无定论，临时率以私意去取"，"虽有程文优长，用字偶涉疑似，主司无以商较，又仓卒无所检据，狃于畏谨，或至阁行黜落。往往收平凡而退优异，深可悯惜"①。如此乱象，对科举极其不利。元祐五年(1090)太学博士孙谔等递状乞请订补《礼韵》，共52个韵字。此次修订对后来的《礼韵》影响甚大，此后历次重刊《礼韵》各本均是在元祐修订本基础上继续修订的。

绍定本《附韵》后附的《韵略条式》有"元祐五年(1090)七月十六日戌时准"的牒文，详细列举了孙谔此处增订韵字情况，主要涉及以下几个方面：

(1)"一字同义而有两音者"，即纯多音，包括"攻、訚、垠"等29个字②。礼部看详后，此类字"许随本韵同押。其经传内有独音者，不从本音③。如主司所出诗赋题韵脚内有如此两音者，欲乞随题目告示，指从一处令举人押用"。

(2)"字义不同而经传多误用者"，如"猒—厭—饜、否补靡切—否俯九切、厲—礪—勵"三组8个字。此类"各随意义音释使用，韵内互相附入"。

(3)"经传正文内字，举人所常用而见行礼部韵有不收者"，即《礼韵》失收的经典常用音义，包括"鳌、徕"等10字。

(4)不当回避的字5个，"许随所出释音用之"。

二、绍兴十一年(1141)年黄启宗增补245字

福州进士黄启宗一共增补245字。《增修校正押韵释疑》"韵字沿革"载有黄启宗上表："臣谨采摭经传诸常用字与夫同类，皆韵所不载者，缮写上进。"国子监看详后云："黄启宗所类，皆系经传诸史所常用者，实有可采。见行礼部韵累经校对，奉行日久，难以遽添，使举人用押。今欲将黄启宗所类字于礼部韵后别项刊具，使士人通知。"④

---

① 《附释文互注礼部韵略·韵略条式》，商务印书馆1934年版。

② 杨春俏《宋代礼部韵略官方修订史考述》中据《附释文互注礼部韵略》和《增修校正押韵释疑》作28字。绍定本《附释文互注礼部韵略》实为29字，《增修校正押韵释疑》少了"蹇"字实为28字。检杨所列之字，少了"蹇"字，且说《附释文互注礼部韵略》无"假"字而据《增修校正押韵释疑》补充，从其文后文献看所据本义为四部丛刊本，可能漏看"假"、"蹇"，且其引用文献主要依据《增修校正押韵释疑》，故有此言。

③ "不从本音"，《增修校正押韵释疑》作"只从本音"，杨春俏认为当为"只"。此说"字同义异"字押用情况，据文义来看，当从《增修校正押韵释疑》作"只从本音"。

④ 《增修校正押韵释疑·韵字沿革》，景印文渊阁四库全书本。

三、绍兴十三年(1143)年黄积厚增补2字

据绍兴十三年二月十二日牒文所载，左朝散大夫黄积厚乞增的都是联绵字，上下字皆收者117连、只收一字者185连，共计302连，礼部看详后认为黄氏“今所乞添一百八十五字多是僻字，难可两押”，并申明《礼韵》收字原则云：“礼部韵专谓约束举人程文，只得押韵内字，庶几便于考校，名《礼部韵略》，若广引训释及添入不紧要字，即与《广韵》无异。”最后只批准添入了2字，即“倥侗”之“倥”和“螳螂”之“螳”。

四、淳熙二年(1175)张贵谟上表补134字

淳熙二年闰九月，迪功郎、平江府吴县主簿张贵谟上表乞补字，“摭六经子传之余，稽诸家训注之旧，以陆德明而为正”，增补134字。

五、乾道八年(1172)增补“岐”字义项

据绍定本《附释文互注礼部韵略·韵略条式》“乾道八年牒文”记载：乾道八年，四川类省试试院点有举人赋内有押“歧”字，而《礼部韵略》支、脂、之韵只收“岐”字，注云“山名”。“据国子监刊行《集韵》内‘歧’字注：‘或从山，因岐山以为名。一曰旁通道。’即系两意，许行通用。又元祐间太学《博习不与师说赋》第一人沈回小赋押‘惧惑多歧’，已曾经取放合格。又准建炎二年五月四日敕节文，但系国子监刊行经书内所有音义并许通用。……《集韵》音义自合通用，似无可疑，却缘《玉篇》山字部内收岐字，又于止字部内别收歧字，并张孟押韵所引经语如‘导岍及岐’及‘麦秀两歧’，亦作两字收入，致得考官疑惑，将押‘歧’字韵赋不敢取放，暗行黜落。缘其间颇有文理优长之人，一例被黜，恐未副朝廷搜广人才之意。欲祈备申朝廷，乞下国子监详定，若许通用即于‘岐’字注‘山名’之下添入‘一曰旁通道’五字。或文意偏旁各别，即乞添收从止‘歧’字，庶使承学之士得以遵用。”国子监综合考察字形、字义后，据《集韵》的义项在“岐”字“山名”后增补义项云：“一曰旁出道。《列子》‘大道以多岐亡羊’之‘岐’同。通作歧。新制于上平声支字韵内添入。”郭守正《增修校正押韵释疑·韵字沿革》亦载有此条。

“岐”字“一曰旁出道”义项的增加，起因是科场赋中用韵有疑惑，导致点检官员上报朝廷请求讨论明确规定。上述材料也表明了在科举中，倘若《礼韵》规定不够明确或者不够清晰合理时，可以参考国子监颁布的《集韵》和国子监刊发的经书。

六、嘉泰四年(1204)增补“原委”

嘉泰元年(1201)广西刘崇锡、嘉泰四年(1204)成都张简赋押“源委”均押在上声，与《礼韵》规定不符。礼部看详后补充规定道：“自今已后如连押源委字，合从《礼记释文》音义，于去声寘字韵内押。若于上声纸字韵内押，即为失韵，合从不考。”详见

后文。

七、嘉定十六年(1223)吴杜增补3字

嘉定十六年(1223)十一月文林郎、嘉兴府教授吴杜乞增"词赋中引用者六十七字",最后采纳的只有"会"、"知"、"道"三字。

以上是《礼韵》修订史上有记载的几次修订,最初以附加的形式附于五卷之后,后来,各本(除真福寺本《礼韵》)都将上述增订附入正文各韵字下,《增修校正押韵释疑》还在每韵之末注明某人增某字,使得所增字一目了然。虽然总的来说,所增字比例不是很大,但通过历次增字,我们可以看出《礼韵》有以下几大特点:第一,《礼韵》作为官方韵书,被奉为绝对的标准。第二,《礼韵》不断受到增补。第三,《礼韵》收字严格遵守只收常用字、实用的原则。以上特点是《礼韵》的最基本特征。

以上几次增补均为奏请后经官方看详乃准许增入,均为经典中常用音义项。对于学者乞增的韵字,官方看详后坚持维护《礼韵》收字从简的特点,有选择地准许增入。以上所增字中如"歧"字、"原委"之类的韵字均在科举中出现过纠纷,朝廷意识到《礼韵》未涉及这些韵字的规定从而导致举子误用,便增入《礼韵》作为今后举子必须遵守的规定,以减少类似的纠纷。关于《礼韵》与科举纠纷的关系,将在后文详细探讨。

第二节 《押韵释疑》对"新制添入字"的编排处理

《礼部韵略》自颁行之日开始,就不断得到增修,许多科场实践中出现较多或儒家经典中常用而《礼部韵略》未收的韵字不断地被补充进去,《礼部韵略》一书由此不断完善且日趋完备。

在此,笔者对《四部丛刊》所收的《附释文互注礼部韵略》和《押韵释疑》两书收入的增补字进行整理,并将其列表表示如下(见表2-1~表2-4),以便对比①。

表2-1 **《附释文互注礼部韵略》上平声第一与《押韵释疑》平声上增补字**

	《附释文互注礼部韵略》上平声第一	《押韵释疑》平声上
一东	倥攻潆梦逢鄸蠓	倥攻潆梦逢蠓
二冬	攻	攻
三钟	蜂从	蜂从
五支	岐猗隋篪歈	岐
六脂	尼蓰桋怌虆	

① 因《押韵释疑》去声部分散失,故此处主要对比两书平声、上声、入声部分的增补字。

续表

	《附释文互注礼部韵略》上平声第一	《押韵释疑》平声上
七之	鳌鲕诎棋	鳌荙椟鲕诎怌槼笸歙棋隋
九鱼	邪	邪
十虞	尃	
十一模	捈摹粗	捈摹尃粗
十二齐	题折齐	折齐
十五灰	肔栝敦	
十六咍	垓徕畡每菑	徕肔栝敦畡每菑
十七真	甄填信磶	
十八谆	洵廵誾垠肫麕	誾垠
十九臻		填信麕磶
二十文	賁	
二十一欣	垠誾	垠誾
二十三魂	芚唔麇	
二十四痕		芚唔麇
二十五寒	单	
二十六欢	胖弁墁	弁墁
二十七删	关	
二十八山	矜	关矜

表 2-2　　**《附释文互注礼部韵略》下平声第二与《押韵释疑》平声下增补字**

	《附释文互注礼部韵略》下平声第二	《押韵释疑》平声下
一先	瘨碵蜎咽	瘨碵隕廵蜎惓咽鱻
二僊	陨巡惓鱻	
三萧		嗤憔骄骄招
四宵	哨嗤憔骄骄招	哨
五爻	硗	硗
六豪	挑尻嶅	挑尻嶅
七歌	它	它
九麻	侉华	侉华
十阳	防痒将鸧鲙	防痒将鸧鲙彭芒雱

续表

	《附释文互注礼部韵略》下平声第二	《押韵释疑》平声下
十一唐	螗彭芒雱	
十二庚	旁傍	搒撄旁傍
十三耕	訁亡	
十四清	撄	
十五青	廷令	廷令
十六蒸	疑	棱疑
十七登	棱	
十八尤	绸蹂蜉妯调叟游	绸妯叟蹂蜉髦髳调游捄
十九侯	髦髳	
二十幽	捄	
二十一侵	僣	僣
二十二覃	探	探
二十四盐	餍奄	餍
二十六严		奄
二十七咸	儳	
二十八衔	渐	
二十九凡		渐儳

表 2-3　　　　**《附释文互注礼部韵略》上声第三与《押韵释疑》上声增补字**

	《附释文互注礼部韵略》上声第三	《押韵释疑》上声
一董	唪鞛	唪鞛
二肿	共	共
四纸	被	被猗底
五旨	视否	视否
六止	猗底	
八语	杼且	且
九麌	取聚吁楰娄椇噳	取聚
十姥	许	许吁楰娄椇噳
十一荠	洒柢悌泲	柢悌泲
十二蟹		駴
十三骇	駴	

续表

	《附释文互注礼部韵略》上声第三	《押韵释疑》上声
十四贿	悔镦队洒	悔洒岂
十五海	在逮	在逮
十六轸	紾瞖	紾瞖
十七准	纯	
十八吻	蕴缊愠抎刎赟	蕴缊愠
十九隐		抎刎赟
二十阮	蹇	蹇
二十一混	敦纯卷	
二十二很		敦纯卷
二十三旱	亶	
二十四缓	算	算单
二十五潸	反戬	
二十六产		衍蹇谳惮抟连填
二十七铣	填	
二十八狝	衍蹇谳惮抟连	
二十九筱	僚	敿僚莩
三十小	敿莩	
三十一巧	巧	巧
三十二晧	暭璪皓皜槁	暭璪皓皜槁
三十四果	惰	惰
三十五马	贾假	假
三十六养	恍印	恍
三十七荡		印
四十一迥	订	订
四十四有	否寿輶	否寿
四十五厚	后取娄	后取
四十六黝		輶娄
四十七寝	甚	甚
四十八感	阘	
四十九敢	喊	喊阘
五十琰	驔	
五十二广		驔

表 2-4　　《附释文互注礼部韵略》入声第五与《押韵释疑》入声增补字

	《附释文互注礼部韵略》入声第五	《押韵释疑》入声
一屋	槅皾摝缪蓫奥穋	槅皾摝缪蓫奥穋
四觉	朴篧驳	朴篧驳
五质	怭尼	怭尼
八勿	貀菀绋掘芾	
九迄		貀菀绋掘芾
十月	蹷阙揭	
十一没	諄	蹷阙揭諄
十二曷	害	跋害佸说
十三末	跋佸说	
十四黠	扴鞂	
十五辖	鞷	扴鞷鞂
十六屑	漆	
十七薛	说潵瞥绁泄	说潵漆瞥绁泄
十八药	照勺焫	
十九铎	膊拍薄	膊拍薄照勺
二十陌	柞莫百格	
二十一麦	啯	
二十二昔	席泽額辟	柞莫百格席嚍泽額辟
二十三锡	趹逿幭	趹逿幭
二十四职	犆踾	冒犆踾
二十五德	冒	
二十六缉	苙揖湿蛰	苙揖湿蛰
二十七合	内	
二十八盍		内
三十二洽	陿	
三十四乏	瀀	瀀陿

对比以上《附释文互注礼部韵略》与《押韵释疑》中收入的增补字，发现二者略有差异，《押韵释疑》对增补字处理稍欠妥当，具体表现如下：

第一，《押韵释疑》收录的增补字不全，存在缺漏情况：平声上一东韵下缺漏了“鄸”这个增补韵字；上声二十五潸下缺“反、羰”两个增补韵字，但“潸”与“产”可通用，而《押韵释疑》上声部分正好散失了二十六产末到二十八狝始的内容，故虽然二十五潸韵下无“反、豜”，但二十六产部分内容不完整，因而不能确定“反、豜”是否确为缺漏。

第二，许多增补字在《押韵释疑》中漏掉了“新制”二字的标记。平声上部分漏掉“新制”二字的韵字：猗、尼、题、垓、甄、洵、廵、肫、贲、单、胖。平声下部分漏掉“新制”二字的韵字：螗。上声部分漏掉“新制”二字的韵字：杼、洒、镦、队、纯、亹、贾。

第三，收录的增补字所用字形与《附释文互注礼部韵略》不同。《押韵释疑》平声上十九臻中收录的“磘”与《附释文互注礼部韵略》十七真收录的“磘”注释完全相同，但字形不同。

第四，增补字归韵不明确，主要表现在《押韵释疑》将同用韵之间所增补的韵字有的都列在前一韵末，有的都列在后一韵末，也有的分别列于各韵之末，如平声中“五支”、“六脂”、“七之”为同用韵，《附释文互注礼部韵略》中“五支”下附增补字“岐、猗、隋、笸、歙”，“六脂”下附增补字“尼、蓰、桋、怌、纍”，“七之”下附增补字“鳌、鲕、诎、棋”；《押韵释疑》“五支”下附增补字“岐”，“六脂”下无增补字，“七之”下附增补字“鳌、蓰、桋、鲕、诎、怌、纍、笸、歙、棋、隋”。类似的情况比较常见，而增补字所附位置的不明确，容易导致韵字难寻等问题。

第五，《押韵释疑》中标注了《附释文互注礼部韵略》没有的增补韵字，有两种情况：一是两本书中都有该韵字，且注释完全相同，但《附释文互注礼部韵略》没有标注为“新制”而《押韵释疑》标注为“新制”，如上声十四贿韵下的“岂”；二是《附释文互注礼部韵略》中没有收录的韵字在《押韵释疑》中出现且被标注为“新制”，如上声二十四缓韵下的“单”在《附释文互注礼部韵略》中未收，《押韵释疑》收入并标为“新制”，但实际上“单”的注释与“亶”相同。

第三节　对“新制添入字”的分类分析

以下新制添入字据《附释文互注礼部韵略》归纳。

一、异体

上平声

一东　独用

蝾，《公羊传》：“灾异蝾。”与螽同。【新制】添入（下文省略“【新制】添入”）。

三钟

蜂，与蠭同。《诗》：“莫予荓蜂。”当于蠭字下亦作蜂。

五支　与脂之通

隋，与随同，国名。史传多用此隋字，如隋文帝是也。当于随字下亦作隋。

箎，与篪同。《礼》：“命乐师调笙竽箎簧。”当于篪字下亦作箎。

歈，与吹同。《礼》：“钥章歈豳雅。”当于吹字下亦作歈。

六脂

纍，与絫同。《礼》：“纍纍乎端如贯珠。”当于絫字下亦作纍。

七之

棋，与棊同。《春秋传》：“不如弈棋。”当于棊字下亦作棋。

十虞　与模通

旉，与敷同。《易·系辞》：“震为旉。”当于敷字下亦作旉。

十一模

摹，与模同。《汉书》：“高祖规摹弘远。”当于模字下亦作摹。

粗，与麤同。《礼》：“其器高以粗。”当于麤字下亦作粗。

十六咍

畡，与垓同。《国语》：“王者举九畡之田。”当于垓字下亦作畡。

菑，与灾同。《礼》：“能御大菑。”《孟子》：“安其危而利其菑。”当于灾字下亦作菑。

十七真　与谆臻通

碈，与珉同。《礼》：“君子贵玉而贱碈。”当于珉字下亦作碈。

十八谆

麕，与麇同。《诗》：“野有死麕。”当于麇字下亦作麕。

二十三魂

穈，音门，与虋同，赤苗也。《诗》：“惟穈惟芑。”当于虋字下亦作穈。

二十六欢

墁，与槾同。《孟子》：“毁瓦画墁。”当于槾字下亦作墁。

下平声

一先　与僊通

咽，与鼘同。《诗》：“鼓咽咽。”当于鼘字下亦作咽。

二僊

惓，与拳同。《汉书》：“虽在畎亩，犹不忘君，惓惓之义也。”当于拳字下亦作惓。

鱻，与鲜同。《礼》：“凡其死生鱻薨之物。”当于鲜字下亦作鱻。

五爻　独用

硗，与垚同。《孟子》：“地有肥垚。”当于垚字下亦作硗。

六豪　独用

嗸，与嗷同。《诗》：“鸣雁于飞，哀鸣嗸嗸。”当于嗷字下亦作嗸。

七歌　与戈通

它，与他同。《易》：“终来有它，吉。”当于他字下亦作它。

九麻　独用

侉，与誇同。《书》：“骄淫矜侉。”当于誇字下亦作侉。

十一唐

雱，与霶同。《诗》：“雨雪其雱。”当于霶字下亦作雱。

十七登

稜，与棱同。《汉书·李广传》：“威稜憺乎邻国。”当于棱字下亦作稜。

上声

一董　独用

鞛，与琫同。《春秋传》：“藻率鞞鞛。”当于琫字下亦作鞛。

九麌　与姥通

噳，与麌同。《诗》：“鹿噳噳。”当于麌字下亦作噳。

十六轸　与准通

暋，与敃同。《书》：“暋不畏死”。当于敃字下亦作暋。

三十二晧　独用

槁，与槀同。《孟子》：“则苗槁矣。”当于槀字下亦作槁。

皜，与暠同。《孟子》：“皜皜乎不可尚已。”当于暠字下亦作皜。

四十五厚

娄，与塿同。《春秋传》：“部娄无松栢。”当于塿字下亦作娄。

去声

六至

懥，与懫同。《礼》：“有所忿懥，则不得其正。”当于懫字下亦作懥。

七志

菑，与椔同，木死曰菑。《诗》：“其翳其菑。”当于椔字下亦作菑。

十三祭

晢，与晣同。《诗》：“明星晢晢。”当于晣字下亦作晢。

十九代

鐓，与錞同。《礼》：“进戈矛者前其鐓。”当于錞字下亦作鐓。

憞，与憝同。《扬子》：“楚憞群策。”当于憝字下亦作憞。

二十九换

算，与筭同。《语》曰：“斗筲之人，何足算也。”当于筭字下亦作算。

五十二沁　独用

酖，与鸩同。《春秋传》：“宴安酖毒，不可怀也。”当于鸩字下亦作酖。

五十九鑑

鉴，与鑑同。《诗》：“我心匪鉴。”当于鑑字下亦作鉴。

入声

一屋　独用

穋，与稑同。《诗》：“黍稷重穋。”当于稑字下亦作穋。

八勿　与迄通

芾，与韨同。《诗》："三百赤芾。"当于韨字下亦作芾。

十四黠　与辖通

秣，与秸同。《礼》："藁秣之安。"当于秸字下亦作秣。

十五辖

羍，与辖同。《诗》："载脂载羍。"当于辖字下亦作羍。

十七薛

说，释云：礼韵本无此字，据《诗》："说以使民。"《易》："民说无疆。"《语》："不亦说乎？"《书》："高宗梦得说。"并音悦，新制许附入此韵，不许连押。如押傅说、张说之类，即许别押言说之说字。又输芮、输爇二切，及新制二韵本韵。

暬，与媟同。《诗》："曾我暬御。"《国语》："居寝有暬御之箴。"当于媟字下亦作暬。

絏，与绁同。《春秋传》："臣负羁絏。"当于绁字下亦作絏。

洩，与泄同。《春秋传》："言语漏洩。"当于泄字下亦作洩。

二十二昔

頟，与额同。《书》："罔昼夜頟頟。"当于额字下亦作頟。

二十三锡　独用

逷，与逖同。《尔雅》曰："远也。"《春秋传》："岂敢离逷。"当于逖字下亦作逷。

幭，与幂同。《诗》云："浅幭。"当于幂字下亦作幭。

二十四职　与德通

厢，与昃同。《礼》："日厢而市。"当于昃字下亦作厢。

三十二洽　与狎乏通

陿，与陕同。《诗》："魏地陿隘。"当于陕字下亦作陿。

三十四乏

灋，与法同。《周礼》："以八灋治官府。"当于法字下亦作灋。

二、因假借和古今字而形成貌似异体者

上平声

三钟

从，与纵同。《诗》："蓺麻如之何？衡从其亩。"当于纵字下亦作从。

十二齐　独用

齐，子兮切，与跻同，升也。《礼》："地气上齐，天气下降。"当于跻字下亦作齐。

十七真　与谆臻通

信，与伸同。《春秋传》："勿使能殖，则善者信矣。"当于伸字下亦作信。

十八谆

肫，之淳切，与谆同，恳诚皃也。《礼》："肫肫其仁。"当于谆字下亦作肫。

二十七删　与山通

关，与弯同。《孟子》：“越人关弓而射之。”当于弯字下亦作关。

二十八山

矜，与鳏同。《诗》：“至于矜寡。”当于鳏字下亦作矜。

下平声

二僊

陨，音员，周也。《诗》：“幅陨既长。”

四宵

招，与韶同。《孟子》：“盖祉招角招是也。”当于韶字下亦作招。

十一唐

芒，与忙同。《孟子》：“芒芒然归。”当于忙字下亦作芒。

十六蒸　与登通

疑，鱼陵切，与凝同，定也。《诗》：“靡所止疑。”当于凝字下亦作疑。

十八尤　与侯幽通

游，与旒同，旌旗旒也。《春秋传》：“鞶厉游缨。”当于旒字下亦作游。

二十幽

捄，与觓同。《诗》：“有捄其角。”当于觓字下亦作捄。

二十四盐　与添严通

奄，音淹，久观也。《诗》：“奄观铚艾。”见琰艳二韵。

上声

二肿　独用

共，与拱同。《语》曰：“居其所而众星共之。”当于拱字下亦作共。（按，共、拱古今字）

六止

底，与砥同。《孟子》：“周道如底。”当于砥字下亦作底。

二十一混

卷，与衮同。《礼》：“三公，一命卷。”当于衮字下亦作卷。

三十小

莩，与殍同。《孟子》：“野有饿莩。”当于殍字下亦作莩。

三十六养　与荡通

卬，与仰同。《诗》：“瞻卬昊天。”当于仰字下亦作卬。

去声

五寘　与至志通

辟，与避同。《孟子》：“伯夷辟纣。”当于避字下亦作辟。

六至

归，音馈，与馈同。《语》曰：“阳货归孔子豚。”当于馈字下亦作归。

耆，与嗜同。《孟子》：“耆秦人之炙。”当于嗜字下亦作耆。

队，与坠同。《诗·南山有台》：“废，则为国之基队矣。”当于坠字下亦作队。（按，队、坠古今字）

十遇与暮通

取，与娶同。《诗》：“韩侯取妻。”当于娶字下亦作取。（按，取、娶古今字）

十二霁　与祭通

离，与俪同，音俪，偶也。《礼》：“日月星辰之行，宿离不贷。”当于俪字下亦作离。

十四泰独用

脱，与娧同。《诗》：“舒而脱脱兮。”当于娧字下亦作脱。

二十二稕

骏，音峻，与峻同。《诗》：“崧高维岳，骏极于天。”当于峻字下亦作骏。

三十谏　与裥通

贯，与惯同。《孟子》：“我不贯与小人乘。”当于惯字下亦作贯。（按，贯、惯古今字）

三十五笑

乐，音疗，治也。《诗》：“泌之洋洋，可以乐饥。”与㽲同，当于㽲字下亦作乐。

三十六效　独用

窌，与窖同。《礼》：“囷窌仓城，逆墙六分。”当于窖字下亦作窌。

四十祃　独用

御，与迓同。《诗》：“百两御之。”当于迓字下亦作御。

贾，与价同。《语》：“求善贾而沽诸。”《礼》：“展成奠贾。”当于价字下亦作贾。

伯，与霸同。《国语》：“若入，必伯诸侯。”《汉书》：“号为伯王。”当于霸字下亦作伯。

四十一漾　与宕通

兄，音况，滋也。《诗》：“仓兄填兮。”

入声

一屋　独用

奥，与澳同，限也。《诗》：“有淇奥章。”当于澳字下亦作奥。

四觉　独用

驳，与驳同。《诗》：“皇驳其马。”《易·系辞》：“乾为驳马。”当于驳字下亦作驳。

十一没

誖，与悖同。《扬子》：“微而见之明，其誖乎。”当于悖字下通作誖。

十三末

说，与脱同。《易》：“用说桎梏。”当于脱字下亦作说。

十八药　与铎通

勺，与杓同。《礼》：“梓人为饮器勺一升。”当于杓字下亦作勺。

二十二昔

辟，与僻同。《孟子》：“放辟邪侈。”当于僻字下亦作辟。

二十七合　与盍通

内，与纳同。《孟子》：“若己推而内之沟中。”当于纳字下亦作内。（按，内、纳古今字）

三、增异义，音仍同

上平声

六脂

蓰，音师，物数也。《孟子》：“或相倍蓰。”又见纸字韵。

九鱼　独用

邪，音徐，威仪虚徐。《诗》：“其虚其邪。”

去声

十九代

萃，七内切，副也。《周官》：“车仆，掌戎路广车之萃。”

四、增异音，义仍同

去声

十三祭

栵，音例，栭也。《诗》：“其灌其栵。”（按，此所添义，原来正文中已有，不过是在入声十七薛，则此所加者仅为音耳）

入声

八勿　与迄通

掘，衢物切。《孟子》：“有为者辟若掘井。”

五、异义异音

上平声

一东　独用

鄸，莫红切。《左》：“曹公孙会自鄸。”

潨，在公切，水会也。《诗》：“凫鹥在潨。”

二冬　与钟通

攻，姑宗切，治也，击也。又古红切，见东字韵。新制字同义同，许与上韵通用。

十二齐　独用

折，徒兮切，安舒皃。《礼》：“吉事欲其折折尔。”见薛字韵。

十五灰　与咍通

敦，都回切。《诗》："敦琢其旅。"又曰："敦彼独宿。"

虺，呼回切。《尔雅》曰："病也。"《诗》："我马虺隤。"

十七真　与谆臻通

填，音尘，久也。《诗》："仓兄填兮。"见弥字韵，又一先寘字注。

二十六欢

弁，蒲官切，乐也。《诗》有《小弁》章。

下平声

二僊

巡，音沿。《礼》："阴阳长短，终始相巡。"

四宵

骄，起乔切，壮皃。《诗》："四牡有骄。"

骄，许乔切，犬也。《诗》："载猃歇骄。"

六豪　独用

挑，他刀切，往来相见皃。《诗》："挑兮达兮。"

九麻　独用

华，苦蛙切，不正也。《周官》："形方氏，常正封疆无有华离之地。"

十阳　与唐通

痒，音羊。《尔雅》："病也。"《诗》："稼穑卒痒。"

将，七羊切。《诗》："应门将将。"又见同韵。

鸧，七羊切，声和也。《诗》："八鸾鸧鸧。"

十一唐

彭，蒲光切，旁也。《易》："匪其彭，无咎。"

十二庚　与耕清通

旁，补彭切。《诗》："驷介旁旁。"又上韵。

傍，布彭切，不得已之皃。《诗》："王事傍傍。"又上韵。

十八尤　与侯幽通

绸，直留切，缠绵也。《诗》："绸缪束薪。"又六豪。

蹂，音柔，蹂黍也。《诗》："或簸或蹂。"又四十四有。

妯，敕留切，动也。《诗》："忧心且妯。"

调，张留切，朝也。《诗》："惄如调饥。"又三萧。

叟，音搜，淅声。《诗》："释之叟叟。"又见厚字韵。

十九侯

髦，莫侯切，夷髦。《诗》："如蛮如髦。"又六豪。

髳，茂侯切，国在巴蜀。《书》："庸蜀羌髳。"

二十七咸　与衔凡通

儳，士咸切，儳岩，未整阵也。《春秋传》：“声盛致志，鼓儳可也。”

二十八衔

漸，士衔切，高峻也。《诗》：“漸漸之石。”见盐字韵。

上声

六止

猗，于绮切，依也。《诗》：“猗重较兮。”支韵。

八语　独用

且，七序切，恭谨皃。《诗》：“有萋有且。”

九麌　与姥通

吁，况甫切，大也。《诗》：“川泽吁吁。”

椇，音庾，梓也。《诗》：“北山有椇。”

娄，力主切，系马曰维，絷牛曰娄。《春秋传》：“牛马维娄。”

十四贿　与海通

洒，七罪切，高峻也。《诗》：“新台有洒。”

十八吻　与隐通

贲，音愤，怒声也。《礼》：“广贲之音作而民刚毅。”

二十一混

敦，徒本切。《左传》谓之浑敦。

纯，徒本切，束也。《诗》：“白茅纯束。”

二十七铣　与猕通

填，徒典切，尽也。《诗》：“哀我填寡。”

二十八猕

惮，尺善切，敝皃。《诗》：“檀车惮惮。”

连，力展切，蹇难也。《易》：“往蹇来连。”

抟，除转切，羽数也。《礼》：“百羽为抟。”

二十九筱　与小通

僚，音了，舒迟皃。《诗》：“佼人僚兮。”

三十二晧　独用

皓，古老切，洁白也。《诗》：“白石皓皓。”

三十五马　独用

贾，举下切，姓也。释云：出河东，本自周贾伯之后。又公土切，见姥字韵。新补。见祃字韵。

四十四有　与厚黝通

輶，音酉，轻也。《诗》：“德輶如毛。”

五十琰　与忝广通

驔，音覃，骊马黄脊也。《诗》："有驔有鱼。"

去声

五寘　与至志通

委，释云：委积，牢米薪刍之总名。《周礼》："宰夫掌牢礼委积。"《学记》："或原也，或委也。"并皆於伪反。新制添入此韵用。又於危、於诡二切，见支、纸二韵。

柴，子智切，积也。《诗》："助我举柴。"

六至

出，尺类切。《诗》："匪舌是出。"释云：自中而外也。又尺律切，见术字韵。

七志

置，音值，贯而立也。《诗》："置我鼗鼓。"

十遇　与暮通

傅，音附。《春秋传》："皮之不存，毛将安傅。"

属，音注，甲礼之数。《礼》："犀甲七属。"

十一暮

获，音护，周地也。《诗》："玁狁匪茹，整居焦获。"

十二霁　与祭通

题，大计切，视也。《诗》："题彼脊令。"

十四泰　独用

会，按《孟子》"会计当而已矣"，孙奭音募，古外切。又《周礼·天官》："司会，大计也。"陆德明释文：古外反。凡要会会计之字皆放此。

兑，吐外切，成蹊也。《诗》："行道兑矣。"

十九代

䡮，音对，立曰䡮，横曰轵。《礼》云："一以为䡮围。"

二十一震　与稕同

甀，音震，棹也。《礼》："薄声甀。"

二十六慁

顿，音钝。《汉书》："屠牛坦一朝解十二牛，而芒刃不顿。"又《左传》："甲兵不顿。"

二十九换

胖，普半切，牲之半体。《礼》："掌共修刑膴胖。"

三十二霰　与线通

荐，徂殿切，重也。《诗》："天方荐瘥。"

駽，呼县切，青骊曰駽。《诗》："駜彼乘駽。"

洵，呼县切，远也。《诗》："于嗟洵兮。"（按，《十八谆》：洵，水名。水在晋阳。新补。见霰字韵）

三十五笑

约，于妙切，信也。《礼》："司约，掌邦国及万民之约剂。"

三十六效　独用

削，所教切，家田也。《礼》：“家削之赋。”

三十七号　独用

陶，徒报切，驱驰之皃。《诗》：“驷介陶陶。”

四十祃　独用

吴，胡化切，哗也。《诗》：“不吴不敖。”

假，音暇，加也。《诗》：“假乐成王。”

擭，胡化切。《书》：“杜乃擭。”《礼》：“纳诸罟擭陷阱之中。”

四十七证　与嶝通

甸，绳证切，四丘地也。《礼》：“四丘为甸。”

四十八感　与敢通

闇，于感切，《礼》：“君子之道，闇然而日章。”

五十琰　与忝广通

驔，音覃，骊马黄脊也。《诗》：“有驔有鱼。”

五十四阚

三，息暂切。《语》曰：“南容三复白圭。”

入声

一屋　独用

缪，音穆。《孟子》云：“鲁缪公。”

楅，音福，束牛角也。《诗》：“夏而楅衡。”

五质　与术栉通

尼，女乙切，止也。《孟子》：“止，或尼之。”

八勿　与迄通

貍，音郁，臭也。《礼》：“鸟皫色而沙鸣，貍。”

十月　与没通

阙，其月切。《春秋传》：“若阙地及泉。”

揭，鱼竭切，长也。《诗》：“葭菼揭揭。”

十二曷　与末通

害，音曷，何也。《诗》：“害澣害否。”

十六屑　与薛通

漆，音切，《礼》：“子之言祭济济漆漆。”

十九铎

泊，白各切。释云：止也。扬雄草玄，自守泊如也。又普各切，礼韵不收。

拍，音膊，肩也。《礼》：“馈食之豆，豚拍鱼醢。”

薄，普各切，疾驱声也。《诗》：“载驱薄薄。”

二十陌　与麦昔通

莫，音陌，《春秋传》：“德正应和曰莫。”

百，音陌，励也。《春秋传》：“距跃三百。”

格，胡客切，坚不可入也。《礼》：“发然后禁，则扞格而不胜。”

柞，侧伯切，除木也。《周官》：“柞氏，掌攻草木。”《诗》：“载芟载柞。”

二十三锡　独用

趯，他历切，狡兔之皃。《诗》：“趯趯毚兔。”

二十五德

冒，七北切，贪也。《春秋传》：“贪冒之民将致力焉。”

二十六缉　独用

揖，子入切，会聚也。《诗》：“螽斯羽揖揖兮。”

湿，始立切，耳动也。《诗》：“其耳湿湿。”

蛰，尺十切，和集也。《诗》：“宜尔子孙蛰蛰兮。”

叠音

上平声

一东　独用

梦，莫红切，梦梦然也。《诗》：“视天梦梦。”

逢，薄红切，和也。《诗》：“鼍鼓逢逢。”

下平声

六豪　独用

嗸，与嗷同。《诗》：“鸣雁于飞，哀鸣嗸嗸。”当于嗷字下亦作嗸。

十阳　与唐通

将，七羊切。《诗》：“应门将将。”又见同韵。

鸧，七羊切，声和也。《诗》：“八鸾鸧鸧。”

十一唐

芒，与忙同。《孟子》：“芒芒然归。”当于忙字下亦作芒。

十二庚　与耕清通

旁，补彭切。《诗》：“驷介旁旁。”又上韵。

傍，布彭切，不得已之皃。《诗》：“王事傍傍。”又上韵。

十五青　独用

令，音零，缨环声。《诗》：“卢令令。”

上声

十姥

许，呼古切，柹皃。《诗》：“伐木许许。”

九麌　与姥通

吁，况甫切，大也。《诗》：“川泽吁吁。”

嚔，与麌同。《诗》："鹿嚔嚔。"当于麌字下亦作嚔。

十一荠　独用

沵，乃礼切，众也。《诗》："垂辔沵沵。"（上声纸韵收有弥，亦作沵）

二十五潸　与产通

反，蒲版切，顺习皃。《诗》："威仪反反。"

狠，则版切，暴也。《扬子》："鹰隼狠狠。"

二十八狝

惮，尺善切，敝皃。《诗》："檀车惮惮。"

三十二晧　独用

皓，古老切，洁白也。《诗》："白石皓皓。"

三十七号　独用

陶，徒报切，驱驰之皃。《诗》："驷介陶陶。"

入声

五质　与術栉通

怭，毗必切，媟慢也。《诗》："威仪怭怭。"

十月　与没通

揭，鱼竭切，长也。《诗》："葭菼揭揭。"

十六屑　与薛通

漆，音切。《礼》："子之言祭，济济漆漆。"

十九铎

薄，普各切，疾驱声也。《诗》："载驱薄薄。"

二十二昔

泽，音释，解散也。《诗》："其耕泽泽。"

頟，与额同。《书》："罔昼夜頟頟。"当于额字下亦作頟。

二十六缉　独用

揖，子入切，会聚也。《诗》："螽斯羽，揖揖兮。"

湿，始立切，耳动也。《诗》："其耳湿湿。"

蛰，尺十切，和集也。《诗》："宜尔子孙，蛰蛰兮。"

联绵

下平声

四宵

憔，音樵。《国语》："日以憔悴。"

二十七咸　与衔凡通

儳，士咸切，儳岩，未整阵也。《春秋传》："声盛致志，鼓儳可也。"

上声

四十五厚

娄，与塿同。《春秋传》："部娄无松柏。"当于塿字下亦作娄。

去声

二十八翰　与换通

喭，五旦切，畔喭也。《语》曰："由也喭。"

入声

二十陌　与麦昔通

格，胡客切，坚不可入也。《礼》："发然后禁，则扞格而不胜。"

以上叠音、联绵，基本上属于异义异音。

以上异体、假借、异义同音三类均未增加字头，而同义异音、异义异音，这个异音会在同韵的另一小韵、或另一韵中以字头的形式体现，但如果以字典的视角观察，这基本上还是同一字头，比如《集韵》中原有不少这样的分立各韵或各小韵的相同字头字，但在《类篇》中都归到了同一字头下。可见按字典的标准看，这两类还是没有增加字头。

六、增未收之字头及其义项

上平声

六脂

伾，音丕，慢也。《杨子》："刚则䩕，柔则伾。"

七之

鲕，音而，未成鱼也。《国语》："鱼禁鲲鲕。"

訑，音怡，拒人皃。《孟子》："訑訑之声音颜色。"

十一模

捈，同卢切，引也。《扬子》："捈中心之所欲。"

十五灰　与咍通

桮，音杯，素也。《孟子》："义犹桮棬。"又姓，《汉·律历志》有"桮育"。

二十三魂

芚，徒浑切，芚然而盛也。《扬子》："春木之芚兮。"

啍，呼昆切，喋喋之言也。《扬子》："着古昔之啍啍。"

下平声

一先　与僊通

瘨，都田切，病也。《诗》："瘨我饥馑。"

磌，音田，响声也。《春秋传》："霣石，记闻，其磌然。"

蜎，音渊，蠋行皃也。《诗》："蜎蜎者蠋。"

四宵

噍，子遥切，杀声也。《礼》："其声噍以杀。"

憔，音樵。《国语》："日以憔悴。"

六豪　独用

尻，苦刀切，《说文》曰：“脽也。《礼》：‘兔去尻。’”
十阳　与唐通
鲿，音尝，鱼名。《诗》：“鲦鲿鰋鲤。”
十三耕
讵，女耕切，小也。《扬子》：“讵言败俗。”
十四清
撄，于盈切，迫近也。《孟子》：“虎负嵎，莫之敢撄。”
十八尤　与侯幽通
蜉，音浮，大蚁。《诗》：“蜉蝣掘阅。”
上声
一董　独用
唪，布孔切，多实也。《诗》：“瓜瓞唪唪。”
九麌　与姥通
椇，俱雨切，枳也。《礼》：“妇人之贽，椇榛脯修枣栗。”
十三骇
駴，胡楷切，击鼓曰駴。《礼》：“鼓皆駴，车徒皆噪。”
十六轸　与准通
紾，音轸，戾也。《孟子》：“是犹或紾其兄之臂。”
十八吻　与隐通
抎，云粉切，声也。《扬子》：“钟鼓不抎。”
刎，音吻，《礼》：“不至者刎其人，刎颈也。”
二十五潸　与产通
𤟹，则版切，暴也。《扬子》：“鹰隼𤟹𤟹。”
三十小
敿，居表切，击也。《书》：“敿乃干。”
三十二皓　独用
璪，音早，玉名。《礼》：“戴冕璪十有二旒。”
四十九敢
㘎，呼览切，声也。《扬子》：“狄牙能㘎。”
去声
五寘　与至志通
翨，音翅，攻猛兽也。《周官》：“有翨氏。”
鞁，平义切，能止马徐行。《国语》：“吾两鞁将绝。”
六至
蒉，音匮，土笼也。《书》：“功亏一蒉。”

十三祭

淠，匹世切，舟行皃。《诗》："淠彼泾舟。"

十四泰　独用

脍，古外切。《说文》曰："细切肉也。"《礼》："脍炙处外。"

二十八翰　与换通

嗲，五旦切，畔嗲也。《语》曰："由也嗲。"（按，去声三十三线："唁，吊生。亦作嗲。"）

三十六效　独用

恔，音效，快也。《孟子》："于人心独无恔乎。"

三十七號　独用

趮，音躁，疾也。《礼》："羽丰则迟，羽杀则趮。"

入声

一屋　独用

顣，子六切，不悦之皃。《孟子》："有馈其兄生鹅者，已频顣曰。"

摝，音鹿。郑康成曰："掩，上振之为摝。"《礼》："三鼓摝铎。"

蓫，直六切，恶菜也。《诗》言："采其蓫。"

四觉　独用

籊，敷角切，取鱼箔也。《礼》："以时籊鱼鳖龟蜃。"

八勿　与迄通

菀，音郁，茂也。《诗》："菀彼柳斯。"又曰："有菀其特。"

绋，音弗，綷也。《诗》："绋缅维之。"

十月　与没通

蹷，其月切，拔也。《春秋传》："是谓蹷其本必不有其宗。"（按，原已收"蹶"字，但未言"亦作蹷"）

十三末

佸，户括切，会也。《诗》："曷其有佸。"

十四黠　与辖通

恝，古黠切，无愁之皃。《孟子》："公明高以孝子之心为不若是恝。"

十八药　与铎通

炤，音灼，炤炤易见也。《诗》："潜虽伏矣，亦孔之炤。"

二十一麦

嚅，呼陌切，声也。《扬子》："通诸人之嚅嚅。"

二十二昔

席，音席。《尔雅》曰："大也。"《诗》："缁衣之席兮。"

二十六缉　独用

苙，音立，阑也。《孟子》："如追放豚。既入其苙。"

专名

上平声

六脂

桋，音夷，木名。《诗》："隰有杞桋。"

下平声

十阳　与唐通

鲿，音尝，鱼名。《诗》："鲦鲿鰋鲤。"

上声

九麌　与姥通

椇，俱雨切，枳也。《礼》："妇人之贽，椇榛脯修枣栗。"

柭，蒲贝切，生柯叶也。《诗》："柞棫柭矣。"

入声

一屋　独用

蓫，直六切，恶菜也。《诗》："言采其蓫。"

七、许与某字或某韵某字通押

上平声

二冬　与钟通

攻，姑宗切，治也，击也。又古红切，见东字韵。新制字同义同，许与上韵通用。

十八谆

訚，和悦而诤。又鱼巾切，见欣字韵。新制许与欣字韵内訚字通押……

垠，地垿也；岸也。又鱼巾切，见欣字韵。新制许与欣字韵内垠字通押。贾谊赋："块圠无垠。"扬雄赋："还九垠兮。"注："九垓也。"又，"天阃决兮地垠开"。

二十一欣

垠，岸也。亦作圻。又鱼巾切，见谆字韵。新制许与谆字韵内垠字通押。

訚，和悦而诤也。又鱼巾切，见谆字韵。新制许与谆字韵内訚字通押。

下平声

十阳　与唐通

防，亦作坊。释云：防御也；堤防也。又符访切，见漾字韵。新制许与漾字韵内防字通押。

二十二覃　与谈通

探，亦作撢。《周礼》："有撢人。"释云：远取也。《穀梁》："探先君之邪志。"又试也，《语》："如探汤。"又他绀切，见勘字韵。新制许依经史释文押，如释文无明音，即许与勘字韵内探字通押。

上声

四纸　与旨止通

被，部靡切。及也；亦寝衣。又平义切，见寘字韵。新制许与寘字韵内被字通押。

五旨

视，善旨切，瞻也。亦作视视。又时利切，见至字韵。新制许与至字韵内视字通押。

九麌　与姥通

取，此主切，获也。又此苟切，见厚字韵。新制许与厚字韵内取字通押。

聚，慈庾切，会也。又从遇切，见遇字韵。新制许与遇字韵内聚字通押。

十一荠　独用

柢，根柢。释云：根千本也。又丁计切，见霁字韵。新制许与霁字韵内柢字通押。

悌，恺悌。释：按毛苌云："恺，乐也；悌，易也。"又大计切，见霁字韵。新制许与霁字韵内悌字通押。

十五海

在，尽亥切。所也，存也，察也。又昨代切，见代字韵。新制许与代字韵内在字通押。

逮，及也。又大计、徒耐二切，见霁、代二韵。新制许与代字韵内逮字通押。

十八吻　与隐通

蕴，积也。亦作薀。《左传》："薀藻。"又于问切，见问字韵。新制许与问字韵内蕴字通押。

缊，枲也；绋也；《玉藻》："缊为袍。"注："今纩及旧絮。"《蒯通传》："束缊乞火，乱麻也。"新制许与去声问字韵内缊字通押。

愠，心所愠积。又于问切，见问字韵。新制许与问字韵内愠字通押。

二十阮　与混很通

纪偃切。蹇，跛蹇。又九辇切，见狝字韵。新制许与狝字韵内蹇字通押。

二十八狝

谳，议罪也。又鱼战、鱼列二切，见线薛二韵。新制许与线字薛字韵内谳字通押。

衍，《周礼》："衍注下平曰衍。"又广也；一曰水溢也。又延面切，见线字韵。新制许与线字韵内衍字通押。

蹇，九辇切，跛也。《易》："卦难也。"又姓，又语偃切，见阮字韵。新制许与阮字韵内蹇字通押。

三十四果

惰，不恭也。又徒卧切，见过字韵。新制许与过字韵惰字通押。

三十五马　独用

假，大也。《诗》："汤孙奏假。""假哉天命。"亦曰非真。又居讶切，见祃字韵。新制许与祃字韵内假字通押。

四十一迥　独用

订，平议也。又丁定切，见径字韵。新制许与径字韵内订字通押。

四十四有　与厚黝通

寿，《说文》：“久也。”又承呪切，见宥字韵。新制许与宥字韵内寿字通押。

四十五厚

取(此苟切)，获也。又此主切，见麌字韵。新制许与麌字韵内取字通押。

后(很口切)，君也。释云：继体君也，施令以告四方。《礼》：“天子之妃曰后。”又胡遘切，见候字韵。新制许与候字韵内后字通押。

四十七寝　独用

甚，食荏切，过也。又持鸩切，见沁字韵。新制许与沁字韵内甚字通押。

去声

五寘　与至志通

被，平义切，及也；亦寝衣。又部鄙切，见纸字韵。新制许与纸字韵内被字通押。

六至

视，瞻也。亦作视、视。又善旨切，见旨字韵。新制许与旨字韵内视字通押。

十遇　与暮通

聚，从遇切，会也。又慈庾切，见麌字韵。新制许与麌字韵内聚字通押。

十二霁　与祭通

柢，根柢。《邹阳传》：“蟠于根柢。”又典礼切，见荠字韵。新制许与荠字韵柢字通押。

悌，恺悌。又待礼切，见荠字韵。新制许与荠字韵内悌字通押。

十三祭

励，勉也。新制云：厉砺励三字音同义异，并合分押。如《荀子》云“钝金必待砻厉然后利”，梅福云“厉世摩钝”，即厉与励同义，不得双押。

十四泰　独用

赉，赐也。又落代切，见代字韵。新制许与代字韵内赉字通押。

十八队　与代废通

悔，恨也。又呼罪切，见贿字韵。按新制云：《易》《书》《语》中释文并无正音，许与贿字韵内悔字通。

十九代

逮，及也。又荡亥、大计二切，见海霁二韵。新制许与海字韵内逮字通押。

赉，赐也。又落盖切，见泰字韵。新制许与泰字韵内赉字通押。

在，昨代切。所也；存也；察也。又尽亥切，见海字韵。新制许与海字韵内在字通押。

二十三问　与焮通

愠，心所愠积。又委粉切，见吻字韵。新制许与吻字韵内愠字通押。

蕴，积也。亦作蕴。又委粉切，见吻字韵。新制许与吻字韵内蕴字通押。

组，枲也；绋也。又乌昆、委粉二切，见魂吻二字韵。新制许与吻字韵内缊字通押。

三十三线

衍，延面切，水溢。一曰广也。又以浅切，见狝字韵。新制许与狝字韵内衍字通押。

谳，议罪也。又语蹇、鱼列二切，见狝薛二字韵。新制许与狝薛字韵内谳字通押。

三十六效　独用

效，释云：言可法效也。按《诗》："是则是效。"《易》："效法。"《孟子》："效死。"此二字合作两声使，新制许添入此韵下双押。

巧，技巧。新制云：机巧字，释文音如字，徐音苦孝切。今看详，此字许与巧字韵内巧字通押。

三十九过

惰，徒卧切，不恭也。亦作媠。又徒果切，见果字韵。新制许与果字韵内惰字通押。

四十祃　独用

假，休假。又以物贷人也。《左传》："不以礼假人。"疏云："假、借同义，取者假为上声，借为入声，与者假、借皆为去声。"又举下切，见马字韵。新制许与马字韵内假字通押。

四十一漾　与宕通

防，符访切，堤也。又符方切，阳字韵。新制许与阳字韵内防字通押。

四十六径　独用

订，平议也。又待鼎切，见迥字韵。新制许与迥字韵内订字通押。

廷，朝位。又唐丁切，青字韵。新制许与青字韵内廷字同义，许通用。

四十九宥　与候幼通

寿，寿考也。又是酉切，见有字韵。新制许与有字韵内寿字通押。

五十候

后，君也。又很口切，见厚字韵。新制许与厚字韵内后字通押。

五十二沁　独用

甚，时鸩切，过也。又食荏切，见寝字韵。新制许与寝字韵甚字通押。

五十三勘　与阚通

探，他绀切，亦作撢。释云：探取也。又他含切，见覃字韵。新制许依经史释文押，如释文无明音即许与覃字韵内探字通押。

五十五豔　与㮇酽通

餍，饫也。又于盐切，见盐字韵。新制，厌、猒、餍三字礼部韵训解不同，今许于经传中《释文》有明音者，即依本音押；如《释文》中无明音者，即许于平声、侧声通使。

入声

四觉　独用

朴，释：按《说文》：“木皮也。”汉文敦朴，为天下先。新制许附入此韵，仍不许与朴字双押。

十七薛

说，释云：礼韵本无此字，据《诗》“说以使民。”《易》：“民说无疆。”《语》：“不亦说乎？”《书》：“高宗梦得说。”并音悦。新制许附入此韵，不许连押，如押傅说、张说之类，即许别押言说之说字。又输芮、输爇二切及新制二韵本韵。

谳，议罪也。按《礼记》：“有司谳于公。”《汉·景纪》：“辄谳之。”又语蹇、鱼战二切，见狝、线二字韵。新制许与狝、线字韵内谳字通押。

得到的几点体会：

第一，源于《诗经》中的字增添得最多，估计宋代中枢部门是按照顾大经的原则来拣择、采纳学者的增字要求的。

第二，源于《扬子》中的僻字增了不少，这说明扬雄的著作在宋代影响很大。

第三，新制很少为同一音增义项，哪怕科举诗赋中事实上经常用某一义（此义《礼韵》未载），也不增。大概古人认为多义可自然推出，不如多音之紧要，特别是在科举衡文场合。

尚未归类者：

去声

十三祭

甈，《周官》：“牧人毁事用庬。”注云：“故书毁为甈。”《释文》：丘例切。《扬子》：“刚则甈。”五计切。

入声

十三末

跋，卜末切，蹸也。《诗》：“狼跋其胡。”

十九铎

膊，普各切，磔也。《春秋传》：“杀而膊诸城上。”

第三章 《礼部韵略》的又音

第一节 又音情况介绍

一、又音

又音，又称异读，指一字有多个音切。《经典释文》不厌其烦地多次为有异读音的字注音，各韵书在收录音义时也格外注意异读音。《礼韵》对前代、同时代的音书的异读既有继承又有整理取舍，反映了它作为科举韵书的简明、实用、规范的特点。但异读的存在也给举子考试用韵带来麻烦，清人吴省在《官韵考异》序言中说道："今《佩文诗韵》犹唐《广韵》、宋《集韵》、《礼部韵略》、明《正韵》，颁在学官，为集试所用，虽《音韵阐微》述未能埒焉，二百六部中惟一字一读者不患误押，若二三读或数读异同纷沓，摈黜易于蜀之士，殆其甚矣。"①吴氏所言主要是说多音容易引起误押，这也是科举中经常遇到的问题。

《集韵》有一字音切多达 14 个者，如"辟"字。《集韵》又删去注解中的又音互见提示，给翻检字音带来麻烦，尤其是复杂众多的异读检索尤其麻烦，"至谓兼载他切，徒酿细文，因并删其字下之互注，则音义俱别与义同音异之字难以遽明，殊为省所不当省"②。此外，《集韵》对于异体字只是并列并不辨析形体，有不少异读字是异体关系。《礼韵》以《集韵》为底本，对其所收异读字的读音进行简化，并加圈互注，检用极其方便，对古今字、通假字、异体字等进行了辨析，用"某通作某"、"某与某通"、"某与某同"、"某亦作某"来区分。

需要特别说明的是，本书研究《礼韵》多音字主要以《附韵》为底本。《礼韵》只收经典中常用字和音切，其注音、释义都比较简略，部分常用字无注，而《附韵》不仅给无注字增加注释，也给注释简单者注明出处，而诗赋用韵涉及具体音义项的出处，且贯穿有宋整个朝代，《附韵》中历次增修的字及音义项均比较清晰，可以与最初的《礼韵》明

---

① (清)吴省：《官韵考异》，丛书集成初编本。

② 见《四库全书总目提要·经部·集韵》。

显区分开来。故本书依常例，以《附韵》各本为主要参考底本，必要时引用真福寺本和《增韵》，对于音切有异文者先出校勘。

《附韵》对多音字加圈以示区别，但部分多音字缺圈，少数字有圈却缺少又音，或者有又音但相应韵下无收。去除误收多音字，算入缺圈多音字，绍定本《附韵》约有异读字字头1346个，异读音约有2700个。① 其中，从义上来说，义有全部不同者，全部相同或相近者，部分相同或相近者，义有包含、分化关系者，每种类型的分布是不均等的。

义项全然不同者，音异义也异，即同形异词。同形异词因音别意，音随义转，主要是专名音变和音变构词，以声调变换、清浊声母变换、变韵等形式区别意义。四声别义，由词性的不同而改变声调形成异读，这类现象在《礼韵》中很普遍，如：瓦、磨、广、高、深、长、膏、含。

义项全部相同或相近者，义同音异，即同义异音。以两音义同数量最多，三音稍多，四音、五音相对较少。

不完全相同或相近者，即说有几个义项相同或相近，其余的义项不同。如"轲"字：

丘何切。车接轴。(歌韵平)
口我切②。轗轲，不得志。(哿韵上)
口个切。轗轲，不得志。(箇韵去)

只我切与口个切义项相同，不区别意义。"丘何—口个—口我"三切同为溪母，平、上、去变调构词。

又有一义项分列两韵之内，其中一韵还有其他义项，以"包含—分化"的形式呈现，其实际关系要复杂得多。如"要"字，宵韵伊消切释云"要约也。又姓"，笑韵一笑切注云"约也"。"约"义有两音，同时，宵韵伊消切还兼有"姓"的义项。

此外，还有大量的古今字、通假字也可以形成异读。《集韵》收字原则是"务从该广"，一字多体的情况很多，而《附韵》互注中辨音明义的同时，又考订某词又用某形，辨析古今字、通假字和异体字。

二、又音分类分析

《礼韵》的又音可以分为以下几种：一字同义多音(即纯多音字)和一字多义多音(即同形异词)。下面将作具体分析：

1. 同义多音字

同义多音字，即同义异音，是指义项完全相同或注解略异但义实同的字，或称纯多

---

① 李子君先生统计《附韵》有异读字1331个，约有异读字音2687个，见《〈礼部韵略〉异读研究》(《齐齐哈尔大学学报》2004年第11期)。万献初先生据曹本《附韵》统计全书共有1419个字头，3048圈，见《〈附释文互注礼部韵略〉互注异音考析》(《中国语文》2008年第1期)。

② 绍定本原作"只我切"，反切上字误，当为"口我"。

音字，同义多音字不辨义，主要起保留读音的作用。万献初先生说“异音”是义同音异、“异读”是音义都有不同①，这样较好地分清了纯多音字和同形异音字，此处引用这个说法。同义异音的来源和层次不同，反映了不同音系的同源音类的叠置。② 这部分所占比例较大，有两音同义者(数量最多，500多组)、三音同义者(36组)、四音同义者(6组，如“瞢”、“惷”等)、五音同义者(如“灑”字)。如：

盥：“古缓切。澡也。(缓韵上)”“古玩切。澡也。释按：《易》：盥而不荐。《春秋传》：奉匜沃盥。(换韵去)”

攻：“古红切。治也。击也。又姑宗切，见冬字韵。新制：字同义同，许与下韵通押。(东韵平)”“姑宗切。治也。击也。又古红切，见东字韵。新制：字同义同，许与上韵通用。(冬韵平)”

灑：“所尒切。汛也。(纸韵上)”“所寄切。汛也。亦作洒。(寘韵去)”“所卖切。汛也。亦作洒。(卦韵去)”“所蟹切。洒也。(蟹韵上)”“沙下切。汛也。(马韵上)”

“盥”字两个音切同注为“澡也”，古玩切比古缓切多了出处和例证。“古缓—古玩”两切，声母同为见母，韵部有上、去之别。“古缓切”同《集韵》，《广韵》作“古满切”，音同。“攻”字两训释同，韵有“东—冬”之别。此同义异音例，“新制”规定两韵攻字许通用，为元祐五年(1090)太学博士孙谔等提议修订后看详所补。“古红切”同《广韵》，《集韵》反切上字“古”为“沽”，使上字与被切字“攻”同声调，拼切更和谐。“姑宗切”，《广韵》作古冬切，《集韵》改反切下字作“古宗切”，《附韵》“姑宗切”上字“姑”和下字“宗”都是平声合口一等字，比《集韵》更和谐。“灑”字五个音项，除所蟹切作“洒也”外，其他韵均释作“汛也”，《说文》：“汛，洒也。”故以上5个音项意义相同。其5个音切声母同为生母，“所尒—所寄”、“所蟹—所卖”均为上、去之别。所蟹切、所绮切、所寄切三切《广韵》、《集韵》同，沙下切同《广韵》，《集韵》所下切《广韵》无收。

此类多音字较多，且无辨义作用，《礼韵》却大量保留，探讨其原因，大约有两点：

一是保留经典古音。经典中不同出处音有不同，或者同一出处同时注有两音或多音，《礼韵》保留其音项是尊重经典、尊重历史的表现。

二是为诗赋押韵提供方便。此类字多注明“许与某字韵内某字通押”、“字同义同，许与某韵通押”等。元祐五年孙谔乞请增加字中有一类是“字同义而有两音者”，“乞许随本韵通押，其经传内有独音者只从本音”，看详后准依。经传出处注有两音者，可以两韵内通押；只注有一音者，原则上，即使两韵内该字同义也不可通押，但实际上这点没有严格执行，详见后文分析。

2. 多义多音词

同形词(或者说同形异词)是存在于不同的词与词之间的关系，有广义和狭义之分，广义同形词指所有书写形式相同的词，包括读音相同和读音不同的，狭义同形词指形体

---

① 万献初：《〈经典释文〉音切类目研究》，中华书局2004年版。

② 张渭毅：《〈集韵〉异读研究》，《中古音论》，河南大学出版社2006年版，第69页。

相同而音、义不同的词，即同形异义异音。同形异义异音字有两种情况，第一种是因词义引申分化、音随义转而产生的同形异音字。第二种是因不同意义恰好都用了(或者都造出了)同一个字形而产生的同形字。这种同形字与词义引申无关。我们这里重点谈第一种。

为了更好地区别同形词的音和义，多使用音变的方式对词的不同意义进行区分，音随义转，然后约定俗成。这种音变方式主要有专名音变和音变构词两种形式。专名音变主要是指借用某字字形和音来表义、原字本义发生历史音变而形成一组词。音变构词主要有叠音构词、变声构词、变韵构词和变调构词四类，以去声变换、清浊声母变换居多。其中，变调构词是主要形式，但经常是一组词内几种构词方式共同参与。

(1)专名音变。

专有名词，即专用名称，是用来记录专用名称的字，包括地名音、国名、人名音、谥号、器物名音等，由当时的社会和个人的读音习惯造成的。《经典释文》收录有较多专用名用字，其《序录》云："春秋人名字、氏族及地名，或前后互见，或经传更见，如此之类，不可具举。"一般是先有其音，后借用已有的字形来表示自己的音和义，其音义相对稳定保守，部分分化出新字形，长久而稳定地保持所借汉字早期的读音，而被借字本音则会顺应历史语音的发展变化，发生音变，新旧音切表现为专名音变。专有名词的异音是特殊的音切现象，只借音，不涉义。

地名。如"兹"："津之切。释云此也。按《说文》：黑色也。《春秋传》：何故使吾水兹。又墙之切，见本韵。(之韵平)""墙之切。龟兹，国名。释云西域国，龟音丘。又津之切，见本韵。(之韵平)"

案："龟兹"为国名，并注"龟音丘"，此处用直音法注明"龟"在此专有名词中的音读。"津之—墙之"为"精—从"二母清浊之别。

物名。如"裯"："重株切。床帐。又都高、除留二切，见豪尤二韵。(虞韵平)""都高切。袛裯，衣袂。亦汗襦。又重株、除留二切，见虞尤二韵。(豪韵平)""除留切。注单被。又重株、都高二切，见虞豪二韵。(尤韵平)"

案：裯字三切均表示物品名称。《说文》：衣袂，袛裯。"都高切"为初音，表本义。声母有"端—澄"之别，韵有"豪—虞—尤"之别。

剂："遵为切。券书也。《周礼》：听买卖以质剂。释云：两书一札，同而别之，长曰质，短曰剂。又才诣切，见霁字韵。(支韵平)""才诣切。《说文》：齐也。又遵为切，见支字韵。(霁韵去)"

案："遵为切"表券书名，它与表"齐"义的才诣切声母有"精—从"清浊之别，韵有"支—霁"之别。

州名。如：雍："於容切。和也。又於用切，见用字韵。亦作雝。"(钟韵平)。"於用切。州名。释云：古雍州也。雍，拥也……又於容切，见钟字韵。(用韵去)"

案："於用切"表州名。它与於容切有"用—钟"去、上之别。

星宿名。如：觜："即移切。星名。释：按《尔雅》：娵觜之口，营室东壁。又即委切，见纸字韵。(支韵平)”“即委切。释云：嘴也。又即移切，见支字韵。(纸韵上)”

案：一专名表示星宿名，另一专名表示鸟的嘴。声母同，调有平、上之别。

还有些专有名词都借用一个形体，一字兼数义。如：

蠡：“邻知切。谷蠡，匈奴王。一曰瓠勺。又怜题、卢戈、里弟、鲁果四切，见齐、戈、荠、果四韵。(支韵平)”“怜题切。瓠瓢也。《东方朔传》：以蠡测海。又邻知、卢戈、里弟、鲁果四切，见支、戈、荠、果四韵。(齐韵平)”“鲁果切。疥病。《春秋传》：谓其不疾瘯蠡。又隣知、怜题、卢戈、里弟四切，见支、齐、戈、荠四韵。(果韵上)”“里弟切。释云：彭蠡，泽名。按张勃《吴录》：今古洞庭湖，在九江郡界。”《孟子》“追蠡”，追，钟钮。蠡，欲绝之貌。又邻知、怜题、卢戈、鲁果，四切见支、齐、戈、果四韵。(荠韵上)“蠃：卢戈切。蚌属。亦作蠡。释云：大者如斗出日南涨海中。又鲁果切，见果字韵。(戈韵平)”

案：“蠡”身兼数任，“匈奴王名”、“瓠勺”、“疥病”、“泽名”、“蚌属”，以“里弟切”为本义，与《集韵》同。都是来母字，“怜题—里弟”，调有“齐—荠”平、上之别，“鲁果—卢戈”，韵有“果—戈”上、平之别。

(2)音变构词。

音变构词主要有叠音式音变构词、变声构词、变韵构词、变调构词等形式，变异音切与本读音切(异读音切中最常用的音义项)相对形成音变构词。以音别义，特别是用声调区别字义即四声别义，是汉语的一大特色。如：“好、衣、食、饮、钉、扇、难”等，名词、数词与动词、形容词之间通过改变声调实现互相转换，用音变来区别词性，形成异读。

音变构词在魏晋六朝时期处于蓬勃发展时期，陆德明的《经典释文》全书 7371 个字头，共注音切 48238 次，反映音变构词的音切有 21889 次，占总音切的 45.4%。① 以变调构词为多，而变调构词中的去声具有很大的能产性和活跃性，与其他三声变换构词比例很大，成为音变构词中语音转换的枢纽，历来研究音变构词的学者都很重视这一点。变声构词中清、浊声母的互相转换占主导地位。

到宋代，音变构词已基本稳定下来，《集韵》、《礼韵》的编纂者之一贾昌朝编纂了《群经音辨》，它是辨析音变构词类别义异读的专门著作，辨字同音异、字音清浊、彼此异音等几个门类，集中系统地辨析了《释文》中存录的经典传注中的 1105 组音变构词材料。《附韵》也辨析了一部分经典常见及当时常用字，涉及 700 多组词，其中去声变换、清浊声母变换居多。

音变构词以变调构词为主，主要是去声与平、上、入三声，尤其是去—入变调。其次是变声构词，以清浊声母变换为主，而变韵构词到宋代已经呈现衰微趋势。

A. 叠音式音变构词。

叠音式音变构词包括单音重叠式、双声式和叠韵式，其中单音重叠式音变最多。下

---

① 万献初：《〈经典释文〉音切类目研究》，商务印书馆 2004 年版，第 174 页。

举三组例字加以说明。

"汤汤"之"汤"："尸羊切。《诗》：淮水汤汤。汤汤，流貌。又他郎切，见唐字韵。(阳韵平)""他郎切。释云：热水。又尸羊切，见阳字韵。(唐韵平)"

案："汤汤"是纯单音字重叠，重叠后，本读由定母阳韵的"他郎切"音变为书母唐韵的"尸羊切"，本读由名词音变为形容词。叠音式音变构词主要是音变成形容词。

"倥侗"之侗："他红切。《说文》：大貌。《论语》：侗而不愿。未成器之人。又徒红切，见本韵。(东韵平)""徒红切。扬子：倥侗，颛蒙。又他红切，见本韵。(东韵平)"

案："倥"为"苦红切"，"倥侗"为叠韵联绵词，联绵词中"侗"由本读"他红切"音变为"徒红切"，声母为"透—定"之别。名词音变为形容词。两音同《广韵》，《集韵》作他东切、徒东切，改动了反切下字，音同。

"参差"之"差"："叉宜切。参差，不齐。又初皆、初加、楚懈三切，见佳、麻、卦三韵。(支韵平)""初皆切。择也。又叉宜、初加、楚懈三切，见支、麻、卦三韵。(皆韵平)""初加切。舛也。择也。《诗》：既差我马。又义宜、初皆、楚懈三切，见支、皆、卦三韵。(麻韵平)"

案：《附韵》"楚懈切"卦韵未收，《集韵》作"愈也"义。"初皆"、"初加"均有"择"义，声同，韵有"皆—麻"之别。音变为形容词"参差"后，声母仍同，韵部发生变化，是双声式构词。

关于联绵词，《礼韵》有收但不多，官方有增修。绍兴十三年(1143)左朝散大夫黄积厚乞增联绵字302连，但只被采纳"倥侗"之"倥"和"螳螂"之"螳"二字。

B. 变声构词。

变声构词主要是清音声母和浊音声母之间的转换，清音转换成浊音，或者浊音转换成清音，也可以是同组间送气与不送气声母的转换，还可以是不同组之间清音与清音声母、浊音与浊音声母的互相转换。如：

凿："即各切。鲜明貌。《诗》：白石凿凿。一曰精也。《左传》：粢食不凿。释：按《字林》：粝米一斛舂八斗曰凿。(铎韵入)""疾各切。释云錾也，穿也。《离骚》：不量凿而正枘。(铎韵入)"

案："疾各切"是"凿"字本义。"即各切"两义一为叠音构词，一为假借。"鲜明貌"义之"凿凿"是单音词重叠构成，形容词；"精米"义，《附韵》注云："一曰精也。《左传》：'粢食不凿'。"在此义上与"糳"通，是假借义，属于音近假借。"即各—疾各"声母有精、从母的清、浊之别，变声构词参与其音变。"即各切"、"疾各切"与《集韵》同，《广韵》分别作"则落切"、"在各切"，切上字都是一等字，《集韵》、《礼韵》都改为三等字。

C. 变韵构词。

变韵构词中同声母同声调的纯粹变韵构词不如其他几种方式常见，往往夹杂着声母、声调的变化。如：

借："子夜切。释云贷取。又资昔切，见昔字韵。(祃韵去)""资昔切。取于人曰借。《说文》：假也。《左传》：寡君是以愿借助焉。取者入声，与者去声。又子夜切，见祃字韵。（昔韵入）”

案：两读同为精母，韵有“祃—昔”之别，“取者入声，与者去声”，即说同一行为的主客体音读不同，甲从乙处取得帮助或物品，甲对乙进行的行为读为入声的“资昔切”，乙对甲提供帮助或物品的行为读为去声的“子夜切”，提供方读入声，获得方读去声。假与借同义。《左传》：“不以礼假人。”疏云：“假、借同义。取者，假为上声，借为入声；与者，假、借皆为去声。”

卒：“节律切。终也。又仓没、臧没二切，并见没字韵。（术韵入）”“苍没切。忽也。释云忽遽之貌。又即律、臧没二切，见术字韵及本韵。（没韵入）”“臧没切。兵卒。又即律、苍没二切，见术字韵及本韵。（没韵入）”

案：“卒”字三切均为入声，“臧没切”的“兵卒”义为本义，精母没韵。“节律切”，精母术韵，“终止”义。“臧没切”到“节律切”是“没—术”的变韵构词。“卒”之“苍没切”注云“忽也。释云：忽遽之貌”。此“卒”与“猝”通，“突然、急猝”义，为假借义，音近通假。

D. 变调构词。

变调构词是音变构词的主体部分，以去声与其他平、上、入三声的变换为主。平、上、入三声破读为去声，构词量最大。关于原因，周法高曾说：“这种以去声为枢纽的现象，在上古音中也可以得到解释，上古音中，和入声字相谐声或谐韵的非入声字，大都是去声字。”①黄侃：“平声音变者，至去声而止，下不及于入声。入声音变者，至上声而止，上不及于平声。此音变之大界，不期其然而然。”如“平—上”的变调构词例很少，“入—去”、“上—去”稍多，“平—去”最多，而入声仅与去声互为破读。何九盈认为《切三》、《王三》、《广韵》中入声和去声相交叉的情形特别严重。去声韵有很多是上古入声丢失塞音韵尾形成的，如广韵的祭、泰、夬、废四个独立去声很可能是最早脱落入声韵尾而成为独立的去声的。入声与平、上两声关系较远不容易破读。

以声调的变化区别词义和词性是汉语发展史上的一大特色。四声别义可以显示词性的区别，如“好”字有“许晧切”、“虚到切”两切，词性上有形容词、动词之别，声调有上、去之别。

弹：“唐干切。射也。又徒案切，见翰字韵。（寒韵平）”“徒案切。行丸。《庄子》：见弹而求鸮炙。又唐干切，见寒字韵。（翰韵去）”。

藏：“徂郎切。释：按《说文》：匿也。又才浪切见宕字韵。（唐韵平）”“才浪切。物所畜也。又徂郎切，见唐字韵。（宕韵去）”

两字均是一为动词，一为名词，义有关联。“弹”字两音声母同为定母，韵为“寒—翰”平、去之别。“藏”字两音声母都为从母，韵为“唐—宕”平、去之别。

---

① 周法高：《中国语法札记·语音区别词类说》，《中央研究院历史语言研究所集刊》第22本，1950年，第211页。

E. 几种音变形式共同参与。

音变构词中常常是几种音变形式共同参与，如变调加变声、变声加变韵、变声加变调等，或者都具备。复杂的音变组合，或有先有后，或同时进行。如上述例子中"卒"字，有变声构词和变韵构词共同参与。

F. 音变构词形成大量的古今字。

音变构词是形成古今字的最大推动力。音变构词是由一个字形靠音变来区分意义，词义分化促使音变，原词的音义变化造成新词，新词在音义上与原词有区别，为避免混淆，便产生了一些新造字，形成古今字。古今字是汉字孳乳发展的产物，古今字意义上多有联系。新词字形的分化减轻了原词的负担，分担原字的部分义项，或改变或不改变原词的读音，它是音变构词在字形上的表现形式。由音变构词形成的古今字占古今字数量的90%以上，形成古今字的音变构词应更准确地称为"音变形变构词"。①

《附韵》中有150多组古今字，用"某与某同"、"某亦作某"、"某并音某"等来标注，主要是由变声构词和变调构词形成的古今字，纯变韵构词形成的古今字极少。变声构词形成古今字，如："说—悦"、"辟—僻"、"女—汝"、"景—影"、"见—现"、"果—裸"等；由变调构词形成古今字，如："取—娶"、"费—鄪"、"道—导"、"竟—境"、"知—智"、"中—仲"、"左—佐"、"莫—暮"、"共—供"等。

如"说"字："输芮切。说诱也。又输热、欲雪二切，并见薛字韵。(祭韵去)""输热切。释按《说文》：释也。一曰谈说。又曰告也。又输芮、欲雪二切，见祭字韵及本韵。(薛韵入)""欲雪切。释云：礼韵本无此字。据《诗》'说以使民'、《易》'民说无疆'、'语不亦说乎'，《书》'高宗梦得说'，并音悦。新制许附入此韵，不许连押。如押'傅说'、'张说'之类，即许别押'言说'之'说'字。又输芮、输爇二切，见祭韵及本韵。(薛韵入)"

案："输热切"之"言说"为本义，书母薛韵入声，"输芮—输热"为变韵构词。"输热—欲雪(以母薛韵入声)"是"书—以"母变声构词，"并音悦"标记"说—悦"是古今字。"说"字先后形成了"说—悦、说—脱"两组由假借而形成的古今字。"说"字义项较多，在"悦"从"兑"字中分化出来专门表示"愉悦"义之前，常借"说"来表示"愉悦"义。经典中常见此用法，如《诗·东山序》"说以使民"、《易·益卦》"民说无疆"、《论语·学而》"不亦说乎"、《书·说命》"高宗梦得说"，均注音悦。《礼韵》薛韵欲雪切原不收"说"字，后据经典多处注"音悦"而增补附在薛韵下，但不许与他韵"说"字连押，云"如押'傅说'、'张说'之类，即许别押'言说'之'说'字"。"说"之"悦"义的用法主要是汉以前经典中常用，为士子耳熟能详。后世中"说"、"悦"字、义分明后，借"说"来表示"悦"义的用法用得很少，《礼韵》单列"说"字字头云"音悦"，使之以经典之音的形式得以保存。"说—脱"，在"脱"字承担"解脱"义前，"说"字借来表示"解脱"义，如《易·

① 万献初：《〈经典释文〉音切类目研究》，商务印书馆2005年版，第73页。

蒙卦》“用说桎梏”、《小畜》“舆说辐，夫妻反目”、《大畜》“舆说辐”，音义均注吐活反，“解也”义。《群经音辨》据经典中此用法注“说”字的“解”义为“吐活反”。后因“说”字义项偏多，便由“脱”字承担此义。《礼韵》“说”字下不注此用法，但末韵他括切“脱”字注云：“黄补：亦作说。《易》：‘用说桎梏。’”黄启宗据《易》的用法，在“脱”字下补“亦作说”，增补了“说—脱”一组由假借而形成的古今字。

如“荷”字：“荷，居何切。水名。《书》：‘导荷泽。’亦作菏。又寒歌下可二切见本韵及哿字韵。(歌韵平)”“荷：寒歌切。释云芙蕖叶。又居何下可二切见本韵及哿字韵。(歌韵平)”“荷：下可切。《春秋传》：‘弗克负荷。’亦作何。释云儋也。又居何寒歌二切并见歌字韵。(哿韵上)”“何：寒歌切。释云辞也。说文儋也。借为谁何之字。又下可切见哿字韵。(歌韵平)”

案：“何”的本义是“担、挑”，借为疑问代词“谁何”之“何”，是本无其字的假借，久借不归。“担、挑”义则由新增加义符的“荷”字来承担，在“担、挑”义上，“何—荷”是一组古今字，本无其字的假借产生出一组古今字。“荷”字本义为“芙蕖”或者“芙蕖叶”，动词义“担、挑”则分化出一个音“下可切”专门表示此义。水名“荷泽”之“荷”“亦作菏”，段氏云“古《尚书》、《史记》、《汉书》、《水经注》皆作荷，或是假借，或是字误，不可定”。

(3)兼项音变(复合型)。

兼项音变主要存在于有三个及三个以上音的词内部，可以有专名音变、音变构词等各种形式参与。如：

辟：“必郢切。除也。《庄子》：至信辟金。又必益、毗亦二切，并见昔字韵(静韵上)”四库本、曹本又音后有新补：“又必益、毗亦二切及新补与避、僻同，见寘、昔二韵。”“必益切。君也。一曰除也。又必郢、毗亦二切，见静字韵及本韵(昔韵入)”“毗亦切。法也。又必郢、必益二切，见静字韵及本韵。(昔韵入)”

案：“法也”义的“毗亦切”为本读，与表“君也”的名词称谓的“必益切”是声母“並—帮”母清、浊之别。“除也”义新增“必郢切”，音、义项均承自《集韵》。新补“与避、僻同”，形成两组古今字。“辟”本义为“法”，假借为“避”，借来表示“回避、躲避”义，后来增加义符分化出“避”字形体专表“回避、躲避”义。假借为“僻”，“偏僻、邪僻”义，后增加义符分化出“僻”字形体专表“偏僻、邪僻”义。“辟”字本有3个音切，加上“新补与避、僻同”的两音，则有5个音切，是比较复杂的构成形式，既有专名音变，又有清、浊声母变声构词和两组古今字共同参与。

贲：“符分切。大也。《书》：用宏兹贲。新补。(文韵平)”“逋昆切。虎贲，勇士。释云：勇而疾走也。(魂韵平)”“彼义切。饰也。(寘韵去)”

案：“贲”字三读中，注为“饰也”的“彼义切”为本读，专有名词。“彼义切—逋昆切”是声母“非—帮”轻、重唇的区别，韵有“寘—魂”之别。“逋昆切—符分切”两音为引申义，中古音声母有帮、並母清、浊的之别，韵部临近，但上古音中同属于文部，韵部相同，属于变声构词。这组三个音义中既有专有名词，又有声母发生清、浊变换的变声构词。

3. 因通假等原因造成的多音多义

文字的通假可以形成异读。“诒”字有两音，“羊吏切”、“荡亥切”，两音异义，分别通假，“通作给”、“亦作贻”。通假主要分两种，一种是同音借用，音同义不同，是本有其字的假借，不写本字而用音同或音近字代替，不涉义；第二种是同源通用，指同源分化出来的新旧字混用，音同义同或相关。宋代假借现象已经不如汉以前那么多了，大大减少，所以因假借现象而产生的异读也就大大减少了。

雇：“侯古切。九雇，农桑候鸟。亦作鳸。释云禁民不婬者。又古慕切见慕字韵。(姥韵上)”“雇：古慕切。佣也。释云本音户，侯古切，九雇鸟也，相承借为雇赁字。(暮韵去)”

案：“雇”本义为“九雇鸟”，或写作“鳸”，“佣”义为假借义，借“雇”字形来表示，后来反倒是假借义占据主导地位，本义用得少了。

通假因涉及用字规范问题，后文在谈及《礼韵》与科举关系时将会详细探讨《礼韵》的通假字问题，故此处从略。

4. 碰巧字形相同形成的同形词

因不同的词在造字时碰巧都选择了相同的部件与结构而造成的同形字。如“姥”字，“天姥山”之“姥”亲属称谓“姥姥”之“姥”音、义上皆无关系，只是字形相同而已。又如“柚”字：“余疚切。似橙而酢。释：按《说文》：条也。《吕氏春秋》：果之美者有云梦之橘柚。《书》：厥包橘柚。孔安国：大曰橘，小曰柚。”(宥韵)“仲六切。《诗》：杼柚其空。释云：织具。”(屋韵)

案：屋韵“织具”的“柚”指织机上用来绕经纱的圆轴，即“轴”。古时用“杼柚”指织布机。其与“橘柚”的“柚”无引申关系，也不是假借关系。两字只是偶然都用了“柚”这个字形。

以上分类探讨了《附韵》多音字的音义关系，我们发现，同义异音字较多，但异义多音字所占比例居大。《礼韵》异义多音字的音项之间多是音变构词的关系，这应当是继承前代大量音变构词的结果。多音字音项和义项匹配关系分明，一音对一义者居多。部分多音字的义项有不同程度的交叉，盖因经典出处注音有不同，义同义近而注音有异，《礼韵》因专为科举诗赋而设，而诗赋押韵具有特殊性，必定以尊经为前提，故对出处独音亦予以收录，归在不同韵下。这部分字在科举诗赋押用中应当尤其注意，也是举子容易犯错、出现纠纷的地方。后文将会专门讨论。

第二节　本章所讨论的多音字范围说明

前面一个章节主要分析了《礼韵》多音字的类型，可以看出，《礼韵》多音字比较复杂，本节主要是对本章考察多音字范围加以说明，主要有以下四条。

一、主要讨论的多音字以《附释文互注礼部韵略》为底本

原则上，主要讨论的多音字当以初版①为准，但因日本真福寺本《礼部韵略》释义简单，我们便只能以《附释文互注礼部韵略》为底本。将真福寺本和《附释文互注礼部韵略》进行多方面比较后发现，《附释文互注礼部韵略》比真福寺本多了增补的释文或增加义项、新制增入字（标明“添入”）和部分避讳字（北宋英宗至南宋理宗的名讳及其同小韵的字），两本在收字顺序、反切、注释上基本相同，少数反切略有不同的引用时加以说明，且《附释文互注礼部韵略》大部分多音字的释义中均标注了异读音出处（占异读字音的70%左右），是考察异读来源、语音层次以及辨析音义及出处的主要依据，故本章主要依据《附释文互注礼部韵略》来考察多音字。

二、和初版字无关的纯增字不在讨论范围

即说后来历代增补的与原书中字无音义关系的纯单音字不在考察范围内。文献记载的经礼部审查准许增补的官方增修行为有五次，元祐五年（1090）太学博士孙谔、绍兴十一年（1141）黄启宗、绍兴十三年（1143）二月黄积厚、淳熙二年（1175）张贵谟、嘉定十六年（1223）吴杜，共计435字，其中增加的单字不在讨论范围。如元祐五年太学博士孙谔等提议修订《礼韵》，看详后准许添入的“徕”、“哨”、“暤”、“甎”、“儌”、“朴”、“扩”等“经传正文内字，举人所常用，而见行礼部韵有不收者”。又如与避讳相关的字。如元祐五年太学博士孙谔等提议的不合回避的“杍机杍”、“畜”等字。

三、新制所增与初版某字音义有关的字纳入讨论范围

即说《礼韵》原本有收录，又增加新的音义项的字纳入考察范围。

如部分义同的纯多音增加“（字同义同）许与某韵通押”等新制。元祐五年（1090）太学博士孙谔等提议添入的“攻”、“阊”、“垠”等字，如“攻”字：“古红切”、“姑宗切”义同，均注云：“治也。击也。”新制云：“字同义同，许与下韵通押。”“字同义同，许与上韵通用。”

又如《礼韵》本有一音或多音，后官方又增加一常用音义，使之构成多音多义字。如“厘”字。“厘”本有“陵之切”一音，义为“理也，福也”。元祐五年太学博士孙谔等增加“虚其切”音项，“释云祭余肉也。《汉纪》：祠官受厘，音僖。新制：看详添入此韵。又陵之切见本韵”，又如“委”字。“委”本有于危切、于诡切两音，新制又增加“于伪切”，“释云：委积，牢米薪刍之总名。《周礼》：宰夫掌牢礼委积。《学记》：或原也或委也。并皆于伪反。新制添入此韵用”。此为经典中常用音项，且有多个音项，礼部看详又添入一常用音项。又如“尼”字，脂字韵本有“女夷切”一音，“释云和也”，为单音

① 此处“初版”指目前存世流传的最早版本，或者说最接近原版的版本，即日本真福寺本《礼部韵略》。下同。

字，其后又云“新补女乙切，见术字韵”。① 质字韵“女乙切”为黄启宗奏请所添，“止也。《孟子》：之或尼之”，标记有“新制添入”，“尼”变成多音字。

四、私增字如果与上述论题有关亦纳入讨论范围

即说在《礼韵》某字是多音字的基础上增加新的音义项。如毛氏父子的《增韵》增加4166个字，增补多音字又音互见并加圈(“又某韵”、“今圈”)。如：“逢”字，钟韵有符容切一音，新制于东字韵增补“薄红切”一音构成多音字，《增韵》于四江庞小韵皮江切下增补“逢”字，“逢”字便有了三个音切，且义各有别。如此之类，亦纳入考察范围。

第三节　又音部分校勘

《礼韵》作为宋代诗赋用韵的主要工具书，其切语应当是规范、标准的，且多为读书音。国子监原刊本已亡佚，日本真福寺本等均出于坊刻，故使用前需要先比对校勘。《礼韵》及其增修各本亦存在缺衍讹夺现象，反切、又音的差异，给我们的研究带来了不便，所以订补纠误的工作很有必要，使用前需先比对校勘正误。

绍定本《附释文互注礼部韵略》是宋刊本足刻，但讹误衍夺情况较多，然因收入《四部丛刊》和《续古逸丛书》较易获得，多被研究《礼韵》的学者作为研究底本。本章主要采用绍定本为底本，先比较绍定本内部反切异同，找出异文，再比对其他各本如清初影宋钞本、曹本、姚刻本和四库本的反切又音，参校真福寺残本《礼部韵略》(简称真福寺本)、《广韵》、《集韵》、《增修互注礼部韵略》、《押韵释疑》、《增修校正押韵释疑》等，最后下案语。本节旨在校勘绍定本异读异文，采用本校、对校、理校等方法。行文次序为：列举多音字，括号内为《附韵》所属韵部；先列绍定本异文，次列其他诸本异文，最后案语。异文有180余处，此处捡取部分按异文类别列举如下：

一、反切上字或下字不同

此类反切上字或者下字不同，或者上、下字均不同，但被切字的音韵地位未发生变化，切出来的音相同。此类又音较多，仅列举几例如下：

(1)重(钟、肿、用)：用韵“重”字反切作“储用切”，肿韵又音作“又传容、诸用二切，见钟、用二韵”，钟韵作“又直陇、储用二切，见肿、用二韵”。四库本、姚本作肿韵又音作“又传容、储用二切，见钟、用二韵”，钟、用韵与绍定本同。案：诸用—储用，反切上字不同，音韵地位同。

(2)騩(微、脂、至)：脂韵又音作“又居韦、九位二切，见微至二韵”，微韵作“又居逵九位二切，见脂至二韵”，至韵“騩”字反切作“几位切”。四库本、姚本脂韵又音作

① 术：当为“质”。

“又居韦几位二切，见微至二韵”，微、至韵与绍定本同。《广韵》作俱位切，《集韵》作基位切。案：九位—几位，反切上字不同，音韵地位同。或云“九位”当为“几位切”。

(3)嘽(寒、狝)：寒韵又音作“又昌善切见狝字韵”，狝韵作“齿善切”。清初影宋钞本同，曹本、姚本和四库本寒韵又音作“又齿善切”。《广韵》作昌善切，《集韵》作齿善切。案：昌善—齿善，昌、齿均为昌母，反切上字不同，读音相同。“昌善切”是沿袭《广韵》的切语，“齿善切”则是承《集韵》而改。

(4)曼(欢、愿)：绍定本欢韵作“谟官切”，愿韵又音作“又模官切”。四库本、姚本与此同。《集韵》作谟官切。案：谟官—模官，谟、模均为明母，反切上字不同，读音相同。

(5)针(侵、盐)：侵韵作“诸深切”，盐韵又音作“朱深切”。四库本、姚本盐韵又音作“诸深切”。《集韵》诸深切。案：诸深—朱深，朱、诸同为章母，反切上字不同，读音相同。

(6)屯(谆、魂)：谆韵又音作“又徒魂切，见魂字韵”，魂字韵作“徒浑切”。四库本、姚本与此同。案：徒魂—徒浑，反切下字不同，魂、浑均为匣母魂韵合口一等字，音同。

(7)咽(先、屑、霰)：先韵又音作“又伊甸、一结二切，见霰屑二韵”，屑韵又音作“又因肩、伊佃二切，见先、霰二字韵”，霰韵“咽”字作“伊甸切”。四库本、姚本屑字韵又音作“又因肩、伊甸二切，见先、霰二字韵”。《广韵》作于甸切，《集韵》作伊甸切。案：伊甸—伊佃，甸、佃同为霰韵定母开口四等字，音同。

(8)夭(宵、小、晧)：绍定本宵韵“夭”字作“于骄切”，小韵又音作“又于乔、乌浩二切”，晧字韵又音作“又于乔、于兆二切”。四库本、姚本小字韵作“又于骄、乌浩二切”。案：于骄—于乔，反切下字不同，骄、乔同为宵韵见母开口三等字，音同。

(9)咬(爻)：绍定本爻韵作“居肴切”，同韵“于交切”的又音作“又居爻切”。四库本、姚本同。《广韵》古肴切，《集韵》居肴切。案：居肴—居爻，反切下字不同，肴、爻同为肴韵匣母开口二等，音同。

(10)阚(敢、赚、阚、鉴)：绍定本敢字韵又音作“又火斩、苦滥、苦监三切，见谦①、阚、鉴三韵”，四库本作“又火斩、苦滥、胡监三切，见赚、阚、鉴三韵”。绍定本赚字韵又音作“又虎览、苦滥、胡鉴三切，见敢、阚、鉴三韵”，四库本、姚本作“又虎览、苦滥、胡监三切，见敢、阚、鉴三韵”。《广韵》《集韵》作许鉴切，《正韵》作胡监切。案：苦监—胡监—胡鉴，切下字监、鉴同为鉴韵见母开苦二等字，音同；苦为溪母字，胡为匣母字。

二、又音反切字形讹误

反切上字或下字音同、形近而讹误，使得被切字音韵地位发生改变。

---

① “谦”当为“赚”。

(1)騃(止、骇)：止字韵作林史切，骇字韵又音作“又牀史切，见止字韵”。案：林史—牀史，反切上字不同。“騃”收在止字韵俟小韵下，俟字反切注“林史切”，字形误，当为“牀史切”。四库本、姚本、《广韵》、《集韵》止字韵俟小韵反切作牀史切。绍定本林史切误，盖因形近而误作“林”。

(2)拒(语、麌)：语字韵作臼许切，麌字韵又音作“又臼许切，见语字韵”。案：臼许—曰许，切上字不同。四库本、姚本、《集韵》均作臼许切。绍定本曰许切当为臼许切，反切下字形近而误。

(3)撰(潸、狝)：潸字韵作離睆切，狝字韵又音作“又雏睆切”。案：離睆—雏睆，切上字不同。四库本、姚本潸字韵作雏睆切。《广韵》作雏鯇切，《集韵》作雏绾切，《五音集韵》作雏睆切。“離睆切”反切上字形近而误，当为雏。

(4)枕(寝、沁)：寝字韵作章荏切，沁字韵又音作“意荏切，见寝字韵”。案：章荏—意荏，切上字不同。四库本、姚本沁字韵又音作“章荏切”。《广韵》、《集韵》作章荏切。“意荏切”切上字形近而误，当为“章”。

(5)爆(效、觉)：效字韵又音作“又比角切，见觉字韵”，觉字韵作“北角切”。案：比角—北角，切上字不同。四库本、姚本效字韵又音作“北角切”。《广韵》、《集韵》作北角切。“比角切”反切上字形近而误，当为“北”。

(6)嗃：觉字韵作“黑角切”，铎字韵作“黑各切”，又音作“黑各切，见觉字韵”。四库本、姚本觉字韵又音作黑角切。绍定本铎字韵又音“黑各切”当为“黑角”，反切下字误写。不过宋代觉韵开口二等和铎韵开、合口一等有混用现象，以铎韵字叶觉韵字、以觉韵字叶铎韵字的现象是存在的。①

(7)孱(山、仙)：山字韵作“锄山切”，仙字韵又音作“锄内切，见山字韵”。案：锄山—锄内，反切下字不同。四库本、姚本仙字韵又音作锄山切。“锄内切”反切下字误。

(8)坷(哿、箇)：哿字韵作“只我切”，箇字韵又音作“口我切，见哿字韵”。案：只我—口我，切上字不同。四库本可小韵作“口我切”，《集韵》亦作口我切。“只我切”反切上字误，当为“口”，形近而误。哿字韵“轲”字与此同。

(9)浥(缉、业)：缉字韵又音作“乙业切”，业字韵作“巳业切”。案：乙业—巳业，切上字不同。四库本、姚本业字韵作乙业切。《广韵》作于业切，《集韵》作乙业切。“巳业切”反切上字误，当为“乙”，形近而误。浥、裛同小韵，业韵反切同。

(10)冠：(欢、换)绍定本欢字韵又音作“吉玩切，见换字韵”，换字韵作“古玩切”。案：吉玩—古玩，切上字不同。四库本、姚本、《广韵》、《集韵》均作“古玩切”。“吉玩切”当为“古玩切”，形近而误。

(11)烧(宵、笑)：宵字韵作“尸昭切”，笑字韵又音作“户昭切”。案：尸昭—户昭，切上字不同。四库本、姚本笑字韵又音均作“尸昭切”。“户昭切”反切上字误，当

① 王力：《汉语语音史》，商务印书馆2008年版，第304页。

为“尸”，形近而误。

(12)监(衔、鉴)：衔字韵作“古衔切”，又音作“居陷切见鉴字韵”；鉴字韵作“居陷切”，又音作“苦衔切见衔字韵”。案：古衔—苦衔，切上字不同。嘉定本、清初影宋钞本鉴字韵又音作“又苦衔切”，曹本、四库本、《广韵》均作古衔切，《集韵》作居衔切。绍定本鉴字韵又音苦衔切误，盖因形近而误。居陷—居陷。四库本作居陷切，姚本衔字韵又音作居陷切，鉴字韵作居陷切。

(13)第(止、寘)：止字韵又音作“又争义切，见志字韵”，“志字韵”当为“寘字韵”。

(14)厌(艳、叶)：艳字韵又音作“于盐、益涉二切，见盐、业二韵”，“业”当为“叶”。

(15)参(侵、覃、勘)：侵韵作“梳簪切”，勘字韵又音作“踈簪、仓含二切”，覃韵又音作“踈簪、七绀二切”。四库本三韵均作“疎簪切”。《集韵》疏簪切。梳簪—踈簪，“踈簪”当为“疎簪”，梳、疏(疎)同为生母。《正字通》：“踈，疎字之讹。本从疋。”《玉篇》：“踈，误从足。”

三、又音反切用俗体代替正体

异体、或体、通假、正俗体等经过礼部看详准许通押者，会在注中标明“亦作某”、“或作某”、“通作某”等。如：“豔”字，注云：“亦作艷。”“猒”字於盐切的又音作“又於艷切，见豔字韵”。

若《礼韵》未明确规定，则不可混用。如“羣”字，《礼韵》注云：“渠云切，辈也。释：一曰兽三为羣。”对“羣”、“群”形体无规定。欧阳德隆《押韵释疑》“羣”字注云：“俗‘群’字非。”并列举同郡甲午科《圣武为天下君赋》，“是年场中小赋多有人押‘羣’而写此‘群’字者，文理虽优皆不取”。对考生要求尽管很严格，但《礼韵》本身的行文却并不一定严格按照这些规定办，比如，《礼韵》在举又音的反切时，有时会以俗体代替正体。还有一种可能就是《礼韵》在坊间刊刻时出现以俗代正的现象。

(1)蠡(支、齐、荠、果)：支字韵作“鄰知切”，齐、荠字韵又音作“鄰知切”，果字韵又音作“隣知切”。四库本、姚本与绍定本同：支、齐、荠字韵均作“鄰知切”，果字韵又音作“隣知切”。案：鄰—隣，《广韵》“隣，俗鄰字”。

(2)氂(之、豪)：之字韵又音作“莫褒切”，豪字韵作“莫裦切”。案：裦—褒，《说文》：裦，俗作褒。“芼”字反切作“莫裦切”、“莫褒切”同此。

(3)圃(暮、姥)：暮字韵又音作愽故切，姥字韵又音作愽故切。案：愽—博，《正字通》“愽，俗博字”。

四、反映实际语音变化的又音反切

一般来说，《礼韵》作为官方考试工具用书，应当忠实地恪守传统正音规范。但事实上并非如此，某些特殊反切，不管是什么原因造成的差异，都或多或少地反映了一些实际语音情况。语音发展到宋代，某些语音现象已完成或者正在进行中，已和前代部分韵书发生偏离，居于强势的时音音系对相对偏于保守音系产生了部分影响，反映在反切的改易上。

1. 全浊声母清化

宋代很多韵书韵图看不出全浊声母消失的痕迹，主要反映当时的读书音(《增韵》中有个别端知类隔切，可能是受毛氏吴音的影响)。王力据朱熹《诗集传》、《楚辞集注》的反切认为宋代全浊声母全部清化。邵雍《皇极经世·声音唱和图》以浊音仄声字配不送气清音，平声字配送气清音，也反映了全浊声母的清化。全浊声母字分送气和不送气两类，可能是全浊声母消变的前奏。平声字消变为送气清音，仄声字中仍保留全浊音。

(1)僎：狝韵作"雏免切"，谆韵又音作"邹免切"。四库本、姚本谆韵又音作"雏免切"。雏为崇母，全浊音；邹为庄母，全清音，此例异文反映了当时全浊声母清化的语音情况。

(2)杖：养韵作"除两切"，漾韵又音作"陟两切"。真福寺本作"陟两切"，四库本、姚本漾韵又音作除两切，《集韵》作雉两切。除两—陟两，切上字不同。除为全浊澄母字，陟为全清知母字，"陟两切"到"除两切"，切上字由澄母改为知母字，反映当时全浊声母清化的语言事实。

《押韵释疑》在解说韵字读音时记载了许多语音材料，也有一些反映了全浊声母清化，如：

上声

袒(二十三旱·徒旱切)：但人自循习呼作去声。

绍(三十小·市沼切)：俗呼作去声。

仗(三十六养·除两切)：则押"依仗"字于去声者，落韵明矣。

荡(三十七荡·徒沆切)：但人循习呼作去声。

渐(五十琰·疾染切)：今循习呼作去声。

湛(五十三豏·丈减切)：俗循习呼作去声。

如原本为上声的袒、绍、仗、荡、渐、湛等韵字，因其声纽为浊声，在南宋以后多变读去声，是近代汉语"浊上变去"规律的体现。虽然在科举考试中不准考生按去声押用，但口语中语音发生了变化却是事实。欧阳德隆记下了这个事实，作为一种实际存在的语音现象，仍然能够反映当时人们的语音状况。

2. 声母混同

(1)费：未韵作"芳未切"，同韵"父沸切"又音作"兵媚、方未二切"。四库本、姚本未韵"父沸切"又音"兵媚、芳未二切"。《广韵》、《集韵》作芳未切。芳未—方未，反切上字不同。芳为滂母(敷)字，方为帮母(非)字，都属唇音声母字。此例说明滂母和帮母有混同现象，且轻、重唇已经分化。

(2)覆：宥韵又音作"敷救、方六二切"，屋字韵作"芳六切"。绍定本又音作"又扶富、方六二切"，嘉定本、清初影宋钞本同，楝亭本和四库本作"又扶富、芳六二切"。

《集韵》芳六切。方六—芳六，反切上字不同。方为帮母字，芳为滂母字，反映了帮母、滂母混同。

(3)茷：绍定本泰字韵又音作“芳废切”，废字韵作“房废切”。嘉定本、清初影宋钞本、广东本、楝亭本和四库本泰字韵又音作“芳废切”，《广韵》作符废切，《集韵》作房废切。芳废—房废，反切上字不同。芳为滂母(敷)合口三等字，房中古为並母(奉)合口三等字。此例反映了滂、並母混同的语音现象。

3. 韵部混并

(1)迎：庚韵作“鱼巾切”，映字韵又音作“鱼京切”。日本真福寺、四库本、姚本庚韵作“鱼京切”。《广韵》语京切，《集韵》鱼京切。鱼巾—鱼京，反切下字不同。“巾”字，《广韵》在真部，《礼韵》和《集韵》都归入谆部。绍定本以谆韵字作为庚韵字的反切下字，反映了当时谆韵开口三等字与庚韵开口三等存在混并的现象，鼻音韵尾有相混的情况。

(2)禔：支字韵又音作“田梨切”，齐字韵作“田黎切”。四库本、姚本支字韵又音作“田棃切”，齐字韵作“田黎切”。棃，同梨。《集韵》作田黎切。田梨—田黎，反切下字不同。梨为脂韵来母开口三等字，黎为齐韵来母开口四等字。“田梨/棃切”是用脂韵字来切齐韵字，被切字与切字韵部不同，“田黎切”改反切下字为同韵字。这说明当时脂、齐已有混同。

(3)䔀：佳韵作“蒲皆切”，在簰小韵，耿韵又音作“蒲佳切”。四库本、姚本与此同。《增韵》作蒲皆切。《广韵》薄佳切，《集韵》蒲街切。蒲皆—蒲佳，切下字不同。佳、皆均为开口二等字，“蒲皆切”是以皆韵字切佳韵字，可见当时佳韵、皆韵字已部分混同。《礼韵》佳韵、皆韵同用，故在选择切下字时更容易混同。

(4)涯：佳韵作“宜佳切”，支字韵又音作“宜佳、牛加二切”，麻字韵又音作“鱼奇鱼加二切”，嘉定本、清初影宋钞本麻字韵又音作“又鱼奇、鱼加二切”；楝亭本和四库本作“鱼奇、宜佳二切”。《广韵》五加切，《集韵》宜佳切。鱼加—宜佳，上字下字均不同。加是麻韵见母开口二等字，佳韵见母开口二等字，“鱼加”是以麻韵字切佳韵字，说明佳韵、麻韵的开口二等有混并现象。王力据朱熹音切认为切韵麻韵二等与佳韵二等有混并现象。

(5)獾：谆韵“渠巾切”，又音作“又渠巾切，见欣字(韵)”，欣字韵渠斤切又音作“又渠巾切，见谆字韵”。四库本、姚本谆韵又音作“渠斤切”。《广韵》作巨巾切，在真韵。《集韵》谆韵堇小韵、欣韵勤小韵均作渠巾切，欣韵反切当作“渠斤切”。渠巾—渠斤，切下字不同。“巾”为见母谆韵开口三等字，“斤”为见母欣韵开口三等字。《礼韵》中欣韵“欣”字作“许巾反”，“斤”字作“举斤反”，“巾”为谆韵字①。以谆韵字作为欣韵

① 《礼韵》和《集韵》的归部与《广韵》不同，因(伊真反)、寅(夷真反)、巾(居银切)、墐(渠巾切)、银(鱼巾切)等小韵《广韵》在真韵，而《礼韵》、《集韵》都归入谆韵。

字的反切下字，说明当时欣韵开口三等字与谆韵开口三等字有相混现象①。真、谆、臻、欣韵在唐代就有相混的迹象，《经典释文》、玄应《一切经音义》的反切、宋代汴洛语音、《切韵指掌图》等都反映了这一现象。当然，谆韵“殣”作渠巾切，又音亦出现渠巾切，明显是错讹。但之所以出现这样的错讹，说明当时语音中“巾”、“斤”同音。补案：此字涉及转移小韵问题。针对《广韵》真谆韵系开合混置的问题，《集韵》将《广韵》中开合归字不合理的小韵做出了转移和调整，《礼韵》真谆、文欣小韵也有转移，各版本均有11个开合韵之间的转移小韵。《广韵》真韵的见溪群疑(牙音)和影鱼匣以(喉音)小韵，《集韵》向谆韵转移。殣为三等韵牙音群母字，被转移到谆韵了。

(6)被：纸韵作“部靡切”，寘韵又音作“部鄙切”。四库本、姚本同。《广韵》作皮彼切，《集韵》作部靡切。部靡—部鄙，切下字不同。靡为纸韵开口三等字，鄙为旨韵开口三等字，以旨韵字为纸韵字的切下字，说明当时纸、旨韵已混。《礼韵》中纸旨止三韵同用，也可能对反切下字的相互为用有助推作用。

(7)纛：沃韵作“徒沃切”，晧韵又音作“徒屋切”，号韵又音作“徒沃切”。四库本、姚本作晧韵又音作“徒沃切”。《广韵》、《集韵》作徒沃切。徒屋—徒沃，切下字不同。屋为屋韵影母合口一等字，沃为沃韵影母合口一等字。“徒屋切”是以屋韵字切沃韵字，反映了当时屋韵合口一等与沃韵合口一等有相混现象。王力《汉语语音史》据朱熹音切有“以沃叶屋”的例子，认为屋韵、沃韵合口一等有相混的现象。②

(8)乐：觉韵作“逆角切”，效韵又音作“逆角、历各二切”，铎韵又音作“鱼教、逆各二切”。四库本、姚本铎字韵又音作鱼教、逆角二切，并有新补“音疗”。《广韵》作“五角切”，《集韵》作“逆角切”。铎韵又音“逆各”当为“逆角”，可能是因“历各”而误写。“角”觉韵见母开口二等字，“各”为铎韵见母开口一等字。此例反映了宋代实际语音中部分觉韵字与铎韵字有合流的现象。在宋代实际语音中，觉韵的开口二等字、铎韵的开合口一等字和药韵的开合口三等有合流现象，共同构成宋代的觉药部。③

4.“劣”字至少已经有开口、合口两种异读

茁：质韵又音作“侧滑、侧劣二切”，黠韵又音作“厥笔、侧列二切”，薛韵作“侧劣切”。清初影宋钞本黠韵又音作“厥笔、侧列二切”，曹本和四库本作“厥笔、侧劣二切”。侧列—侧劣，切下字不同。中古韵书中，“列”为来母薛韵开口三等字，“劣”为来母薛韵合口三等字，两字有开合之别。用此例说明当时“列”、“劣”已经同音，开合一致，说明“劣”字宋代已经有了开口音。徐朝东先生对《唐韵》研究证实“在唐天宝以前或者更早的时间，‘劣’字至少已经有开口、合口两种异读”。④

---

① 邵荣芬：《〈集韵〉韵系特点记要》，《语言研究》1994年增刊(上)。

② 王力：《汉语语音史》，中华书局2008年版，第299页。

③ 王力：《汉语语音史》，中华书局2008年版，第304页。

④ 徐朝东：《蒋藏本〈唐韵〉研究》，第九章第二节“劣”字开口音读考，南京大学2002年博士论文。

五、误注多音字

《礼韵》偶有误注多音字的情况，此以“逄”字为例：

逄：钟韵符容切有“逢”字，与江韵皮江切“逄”字互注。绍定本东韵作：“逢，薄红切。和也。《诗》鼓逢逢。新制添入。”四库本、姚本东韵均作：“逢，薄红切。和也。《诗》：‘鼍鼓逢逢。’新制添入。又符容切，见钟字韵。”四库本、姚本钟韵作：“逢，符容切。释云遇也，迎也，值也。又新补：薄红切，见东字韵。”四库本、姚本江韵庞小韵皮江切“逄”字作“逢”，音切和注与绍定本“逄”字同，“姓也。释云：《左传》：齐有逄丑父”。无多音字圈、无又音。《押韵释疑》作“逄”。则绍定本误将东韵“逢”与江韵“逄”互注又音。四库本、姚觐本江韵“逢”字误，当作“逄”。

《增韵》四江庞小韵皮江切下同时收有“逄”、“逢”字。“逄”字注：“姓，《左传》：‘齐有逄丑父。’亦作蠭、逢。元有圈，今正。”“逢”字下注云：“《孟子》：‘逢蒙学射于羿。’《扬子》：‘羿逢蒙分其弓。’又东韵。毛晃案语曰：颜之推《刊谬正俗》曰：‘逄姓之逄，与逢遇之逢要为别字，释训无别。’又曰：‘逄、逢文别，岂可雷同？’寻颜氏之言，逢逄固异，然《孟子》、《杨子》传写作逢，后人因而不改，今亦收入，以示传疑。增入。”毛晃认为“逄”、“逢”文别，应当区别开来，并在“皮江切”下增入“逢”字，释义有别，则“逢”有三音互见。

以上我们讨论了《礼韵》的异文，或因改易切上字、下字而造成，或因字形讹误、正俗、或体而造成，或因语音发生改变而自觉或不自觉地据时音改变反切而造成，因时音而改变的反切对研究宋代语音具有重要意义。同时，对我们观察宋代科举诗赋中贯彻《礼韵》的情况也有参考作用。试想，编《礼韵》的人有时候都不坚守“屋韵独用，不与沃韵通押”的规定，那么，考诗赋的考生和非考律赋、试律诗作者，他们是否能够时时坚守，处处遵守屋韵、沃韵不相通押的这种与时音不一致的规定呢？还有，在上文的分析中，我们看到《礼韵》编纂者有时也不免受到时音影响，混淆觉韵开口二等字和铎韵开口一等字，那么律赋、试律诗的考生、作者是否能够时时、处处都不混淆呢？总之，《礼韵》中的这些受时音影响的片段，为我们研究宋代科举诗赋的用韵提供了一些新的观察视角。

第四节　异读来源

中古以来的音韵学著作，完全记录时音的音韵学著作较少，宋元的韵书、韵图所反映的往往不是单一的语音系统，它囊括了不同语音系统里的语音材料，兼顾方言和古今音，形成古今南北杂糅的综合体，呈现出既分又合的叠置关系。把各个音系从中剥离、复原，再现音系原貌，寻找其中蕴涵的具有语音价值的材料，是处理近代音韵材料的常用方法，这就涉及语音层次分析的问题。目前的语音层次分析的方法论主要有词汇扩散理论①、叠置式音变理论②、离散式音变③、剥离法④等，在语音层次分析中应用渐广。而异读来源是划分异读层次的重要参考。

关于《礼韵》的异读来源及层次，目前还少有学者进行详细研究。李子君探讨了《礼韵》异读研究的方法，并对《礼韵》的异读语音层次进行了分析，将其分为前代经典的读书音、前代字书韵书的音切和反映宋代时音的音切三类，进而认为反映时音的音切表明了居于强势的口语音系对保守性很强的《礼韵》产生了一定的影响。⑤

与《礼韵》关系最为密切的是《集韵》，关于《集韵》的音系特点、异读层次及异读来源，已有较多学者进行了研究。张渭毅先生对《集韵》的异读进行了详细研究⑥，揭示了《集韵》异读来源的复杂性，进而认为《集韵》是叠置了多种音系成分的综合音系。他认为只有弄清楚了异读的来源，才能弄清楚异读的演变层次。⑦《礼韵》与《集韵》有着非常密切的关系，故此分析亦实用于《礼韵》，但《礼韵》是有选择地收录常用音义项，故又呈现出其独特的特点。

一、《礼部韵略》音义项初设时的依据

《集韵》的又音非常丰富，多者可达十几个，极其复杂。《礼韵》主要用于科场，故其权威性、工具性、实用性是其有别于其他韵书的最大特点。其音义项初设时的主要尺度是常用，后期因科场用韵事件又奏准增添了一些音义项或是补充说明，不过只是很小一部分，部分奏请添入的字因是偏僻字或者少用字，礼部看详后未准添入，也是为了维持《礼韵》简洁、实用的特征。

关于《礼韵》只收常用音义项的特征，通过与《礼韵》关系最为紧密的《集韵》进行比较，便显而易见。如“车”字，《礼韵》收有“斤於切”、“昌遮切”两音，经典中多注此两音。《集韵》除此两音外，尚收有“丘於切”，注云：“车也。《老子》：‘有车之用。’”此音为先儒之音，《经典释文·老子音义》：“无有车⑧，音居，又去於反”。“去於反”与“丘於反”音同。《释文》“车”字共注 26 次，只此一处注“去於反”，本着只收经典常用

① 王士元：《相互竞争的变化产生剩余》、《语言的探索——王士元语言学论文选译》（石峰等译，北京大学出版社 2000 年版）、《王士元语言学论文集》（商务印书馆 2002 年版）。

② 参见王洪君 1986 年硕士论文《文白异读与叠置式音变》（徐通锵先生指导），后收入《语言学论丛》（第十七辑，商务印书馆 1992 年版）。

③ 徐通锵：《历史语言学》，商务印书馆 1991 年版。

④ 参见杨耐思《音韵学的研究方法》（《语文导报》1987 年第 3 期）以及《近代汉语语音研究中的三个问题》（《中国语文研究四十年纪念文集》，北京语言学院出版社 1993 年版）。

⑤ 李子君：《〈礼部韵略〉异读研究》，《齐齐哈尔大学学报》2004 年第 11 期。

⑥ 张渭毅：《集韵异读研究》，《中古音论》，河南大学出版社 2006 年版，第 39~72 页。

⑦ 张渭毅：《关于〈集韵〉异读的层次分析问题》，《中古音论》，河南大学出版社 2006 年版，第 73~83 页。

⑧ 此因为《老子》第十一章内容，讲“无”与“有”的辩证关系，涉及断句问题。原文为：“三十辐共一毂，当其无，有车之用也；埏埴以为器，当其无，有器之用也；凿户牖以为室，当其无，有室之用也；故有之以为利，无之以为用。”

音义的原则，《礼韵》不收"去/丘於反"。

《礼韵》因是急备考试之用，因《集韵》未定稿仓促而就，故其保留音义项基本上都是承《集韵》而来，少数音切承《广韵》而不改，或者在《集韵》基础上进一步改进；义项上，主要是删节，亦有改动之处。

尚有部分经典常用但《礼韵》收录未备者，部分常用而见行字在《礼韵》的增修过程中得以增添。如"说"字，《礼韵》最开始只收"输芮切"、"输热切"，义分别为"说诱也"、"释也，一曰谈说，又曰告也"，不收"欲雪切"。绍定本薛字韵欲雪切"说"字下注云："礼韵本无此字。"元祐五年(1090)孙谔等奏添"经传正文内字、举人所常用而见行礼部韵有不收者"，即《礼韵》未收之经典常用字类有此"说"字，增补音为"欲雪切"，其云："礼部薛字韵悦字音欲雪切无此说字，据《诗》'说以使民'、《易》'民说无疆'、《语》'不亦说乎'、《书》'高宗梦得说'，并音悦，今乞收说字附入薛字韵，不许连押。如押'傅说'、'张说'之类即许别押'言说'之'说'字。"可见，"说"字亦为经典中常用音义，举子经常会用到，理当收入。《集韵》薛韵欲雪切将"悦、说、兑"收在同一个字头下，注云："喜也，乐也，服也，或作说、兑。"《集韵》未注明经典音义出处，《礼韵》据《集韵》未定本截取修改之时剔除此音义项也是很正常的。

二、异读的语音层次

异读的来源是分析异读语音层次的重要依据，来源的不同反映出其语音层次的不同。本小节通过分析《礼韵》异读的来源，来探讨其异读的语音层次，总结《礼韵》不同层次异读的规律和语音特征，同时还可以印证对《集韵》异读的认识。徐通锵认为《集韵》音系是叠置多种音系成分于一部韵书的综合音系①，以《广韵》为基本框架，容纳来自多个不同音系的音类成分，增收先儒之音，吸收大量北宋时音，并且为适应实际语音变化而在《广韵》基础上做出适当的调整和创新。同样，《礼韵》虽因为科举服务而主要收录经典的读书音，但它仍然是把远自先秦近至北宋的不同时期、不同地域形成的不同层次的字音压缩在了同一个异读泛时平面上。很有意思的是，《礼韵》后来微调的方向并不是向现实语音靠拢，而是维持既有格局，尽量反映经典中的读音。之所以要维持从《广韵》、《集韵》继承来的基本格局，一个重要的原因乃是，这种与时音有距离的韵部划分，独用、同用规定和一些字的读音规定，正好可以增加考试的难度，提高录取门槛。

《礼韵》异读来源主要分为以下几个层次：

1. 前代经典中的读书音(旧音)

《礼韵》在引用前代经典中的读书音时，一般是在释义中注明经典出处原文，或者是引用先儒注语、音切，以此来表明异读的来源。经典中的先儒所注音义保存了从汉代到中唐以前的学者经传注释中的音义，《礼韵》在引用时一般会标注出处以明示举子、

---

① 徐通锵：《历史语言学》，商务印书馆 1991 年版。

考官。

“柚”字，《礼韵》收有两项音义，宥韵“余疚切”释云：“似橙而酢。释按《说文》：条也。《吕氏春秋》：‘果之美者有云梦之橘柚。’《书》：‘厥包橘柚。’孔安国：‘大曰橘，小曰柚。’”即“橘柚”之“柚”。屋韵“仲六切”为“《诗》：‘杼柚其空。’释云织具”。两义均为专有名词。《经典释文》一共为“柚”注音 8 次，“橘柚”之“柚”注有由究反、余救反、徐以救反、羊救反、羊受反、羊又反 6 个音切，音均同，《礼韵》“余疚切”由此而来，《广韵》、《集韵》均作余救切，与余疚切音同。唯独《诗·小雅·大东》“杼柚其空”注云：“音逐，本又作轴”，《广韵》作直六切、《集韵》作佇六切，切上字均为开口字，《礼韵》作仲六切，改切上字为合口，拼合更和谐。

如“敦”字，《礼韵》有 7 音，其中欢韵徒官切、队韵都内切、恩韵都困切 3 音为《礼韵》原本所有，灰韵都回切、混韵徒本切 2 音为黄启宗增补，萧韵丁聊切为假借，魂韵都昆切是庙讳同音字。徒官切释作“聚貌”；都内切为“器名”；都困切释云“太岁在子曰困敦。又丘名”；徒本切，《增押》注云“不开通之貌”；都昆切《增韵》注云“系庙讳同音，合当回避”；“弴”字丁聊切注云：“亦作敦。释云天子之弓。”《段注·弓部》“弴”下注云：“敦弓者，弴之假借字。”

《释文》共为“敦”字注音 30 次，主要有以下几种音注：A.《诗·豳风·东山》：“有敦瓜苦。”《释文》：徒端反，专专也。《大雅·行苇》：“敦彼行苇。”《释文》：徒端反，聚貌。此是《礼韵》“徒官切”的来源。B.《周礼》：“玉府珠槃玉敦。”《礼记》：“敦、牟、卮、匜。”音义均注：音对，徐丁雷反。此是“都内切”的来源。C.《尔雅·释天》：“太岁……在午曰敦，在子曰困敦。”《释文》：敦，都钝反。困敦，如字，韦昭音顿。《释丘》：“丘一成为敦丘。”《释文》：郭云音顿，或丁回反。谢如字。读注并如后二音。“如覆敦者，敦丘。”注丁回反。① 此是“都困切”的来源。D.《左传·文公十八年》：“谓之浑敦。”《释文》：徒本反。此是新增“徒本切”的来源。E.《诗·豳风·东山》：“敦彼独宿。”《释文》：敦，都回反。《周颂·有客》：“敦琢其旅。”《释文》：敦，都回反，徐又音彫。此是新增“都回切”的来源。F.《诗·大雅·行苇》：“敦弓既坚。”毛传：敦弓，画弓也。郑注：敦：音彫。注及下同。徐又都雷反。疏云：敦与彫，古今之异。此是“丁聊切”音的来源。G.《大雅·常武》：“铺敦淮渍。”《释文》：王申毛如字，厚也。韩诗云迫也，郑作屯，徒门反。“都昆切”当是从此而来。以上音切均源自经典，有具体的出处可考。新增的“徒本切”、“都回切”两音来自经典原注，为常见音切，其他音切虽也源自经典但均有折合改良。《广韵》、《集韵》都收有都回、都昆、都困三切，《礼韵》丁聊切与《集韵》同。《礼韵》、《集韵》改《广韵》度官切为徒官切。《礼韵》徒本切，《集韵》作杜本切，《集韵》切上字改为同调字。《礼韵》都昆切，《集韵》作徒浑切，切上字有端、定母清浊之别，《礼韵》改为清声母字，《集韵》反倒不改。

---

① 此句注当与前面“敦”音义同。

关于经典的读书音，国子监在刊布官方韵书的同时，也刊布监本儒家经典定本来标注音义，以示规范，主要以《经典释文》的音义为典范。科举中出现疑惑、分歧之处，先拿《礼韵》来判断，《礼韵》不能断定者，再拿汇集保存了各种来源的先儒音切《经典释文》具体出处来断定。《礼韵》异读除了引《经典释文》音义外，还引《说文》、《博雅音》4次，郭璞《方言注》6次，颜师古《汉书音义》2次，但多数是直引其义，而省略其音，我们可以通过查找原书来看音义是否对应，既有音义对应，也有所引音义不一致的情况。

如："湓"字蒲闷切引《汉·沟洫志》："河水湓溢，水声。"

如"涷"字，德红切引郭璞注《尔雅·释天》"暴雨谓之涷"云："今江东呼夏月暴雨为涷雨"，并引《楚辞》"使涷雨兮洒尘"。又引《说文》云："水，出发鸠山，入于河。"案：《尔雅》注中"涷"无音注，《说文》注音"德红切"，与《礼韵》所引音义一致。《王三》亦作"德红反"。

又如"玷"字，他念切引颜师古《汉书注》云："玉缺曰玷。"案：《汉书·韦贤传》："自着复玷缺之艱难。"颜师古注云："玉缺曰玷。复音房目反。艱，古艱字。玷音丁念反。"则《礼韵》所引音义相吻合。

《集韵》音切中有部分先儒记录的先秦古音，《礼韵》也或多或少地继承或者折合。

2. 前代韵书、字书的音切

隋唐及北宋前期编的一些韵书、字书是《礼韵》所参考或依据的书，故《礼韵》有一部分异读字不注出处，《礼韵》采用照抄、折合等方式予以存留。

《礼韵》引用的韵书、字书主要有《集韵》、《广韵》、《经典释文》、徐铉本《说文解字》注音、徐锴《说文解字系传》、孙缅《唐韵》、《玉篇》、《切三》、《王一》、王仁昫《刊谬补缺切韵》(《王三》)等。

如《附韵·歌韵》："磋，仓何切。磨也。通作瑳。释云：治象曰磋。"《过韵》："磋，千个切。磨磋，治象牙。"《广韵·歌韵》七何切："磋，治象牙曰磋。"过韵七过切："蹉，磨蹉，治象牙。"《集韵·戈韵》仓何切："磋，《博雅》：磨也。"《箇韵》千个切："磋，磨，治也。"《附韵》两切与《集韵》同，与《广韵》不同。"七何切"与"仓何切"音同；"七过切"《广韵》在合口过韵，"千个切"当在开口箇韵，有开合之别。"磋"字两切在《广韵》、《礼韵》和《集韵》分别属于不同的韵部，《广韵》、《附韵》一在歌韵一在过韵，《集韵》一在戈韵一在箇韵，《集韵》中都属于转移小韵字。《集韵》分开合口将开口"千个切"转移到箇韵，《附韵》分部遵从《广韵》无转移。

《经典释文》中"磋"字共注8次，4次注七何反，2次注七河反，2次七多反，音同，无有注"七箇反"、"千个切"者。《王三》歌韵作"七河反"，注云"治象(牙)"①；箇韵作"七箇反"，注云"磨也"②。长孙讷言注本《刊谬补缺切韵》歌韵作"七何反，理象

---

① 王仁昫：《刊谬补缺切韵》卷二，《续修四库全书》经部。

② 王仁昫：《刊谬补缺切韵》卷四，《续修四库全书》经部。

牙”①，箇韵无收去声“磋”字。《玉篇·石部》：“磋，且何反。《毛诗》：如切如磋。传曰：治象曰磋……”《篆隶万象名义·石部》亦作且何反。《王三》中箇、过韵尚未分，到《广韵》时分为两部，《集韵》又细分开合。“七河反”、“七何反”、“仓何切”音同。“七箇反”、“千个切”与“七过切”，在《切韵》时代音同，到《广韵》、《集韵》时则有开合之别，分居两韵。由以上音切可见，《附韵》的“千个切”应当是从《王三》的“七箇反”而来。

3. 反映宋代时音的音切

《礼韵》是一部专门为科举而设，作为考官、士子共同遵守的审音定韵标准的韵书，一般来说，作为官韵范本，《礼韵》应当是严格遵守传统正音规范的，分韵、归字的语音标准，应该严守唐代以来所形成的“官韵”规范。《集韵》不拘泥前代韵书而大量收录时音，作为《集韵》未定稿的简缩以及读书音规范的《礼韵》亦有一定程度上的反映。仔细研究《礼韵》反切会发现，它在一定程度上吸收了宋初时音，主要通过部分反切切语的改动、各本反切存在异文以及部分小韵的转移等形式表现出来。《礼韵》反映的时音主要有以下方面：

(1)全浊声母清化。

如“僎”字，《附韵》“僎”字有谆韵、狝韵两音，狝韵作“雏免切”与《集韵》同，崇母字；《广韵》作“仕免切”，崇母字；谆韵又音作“邹免切”，庄母字。由“雏免切”到“邹免切”，反映了浊音清化的现象。此外还有“杖”字等。全浊声母清化的现象，在唐代一些音义书切语已有迹象。《经典释文》、《汉书音义》、《文选音义》、《史记索隐》、《史记正义》、《五经文字》等音义材料中都存在清浊音声母互混的现象。全浊声母清化的过程到宋代已经完成。邵雍《声音唱和图》以浊音仄声字配不送气清音，平声字配送气清音，也反映全浊声母清化的现象。王力先生根据朱熹《诗集传》、《楚辞集注》的反切断定宋代全浊声母已经全部清化②。

(2)韵部分化、合并。

①庚、耕韵有合并。

如“枪”字，阳韵收有“千羊切”、庚韵收有“楚耕切”两个音切，义有不同。庚韵鎗小韵“枪”字作“楚耕切”，与《集韵》相同，《经典释文》作“初庚反”，《玉篇》、《广韵》作“楚庚切”，《礼韵》、《集韵》改“初庚反”、“楚庚切”为“楚耕切”，“枪”字《广韵》中是初母庚韵开口二等字，《礼韵》、《集韵》则用耕韵字作为庚韵字的切下字，反映了宋代实际语音中庚韵二等字和耕韵字有混并的现象。王力先生认为：“宋代庚青部发生了分化，二等字独立出来成为庚生部，包括《切韵》庚韵二等字和耕韵字；三四等字分成京青部，包括《切韵》庚韵三等字和清青韵字。”③

---

① 长孙讷言注本《刊谬补缺切韵》，《续修四库全书》经部。

② 王力：《汉语语音史》，商务印书馆2008年版，第292页。

③ 王力：《汉语语音史》，商务印书馆2008年版，第340页。

②陌韵有分化。

如“索”字，有铎韵“昔各切”、陌韵“色窄切”两切，义有不同。陌韵“色窄切”，《玉篇》作“所格反”，《广韵》作“山戟切”，《礼韵》、《集韵》改“山戟切”为“色窄切”，切上字由“山”改为“色”，使得切上字与被切字的等相同，切下字由“戟”改为“窄”，由陌韵开口三等字改为陌韵开口二等字，反映了宋代陌韵有分化现象。王力先生认为，“宋代职陌部发生了分化：一二等字独立出来成为麦德部，包括《切韵》麦德两韵字和陌韵二等字；三四等字并入质韵，这就是说，梗曾两摄三四等入声字脱离了平声对应关系，转入了臻摄入声去了”①。

③脂、齐已混同。

如“禔”字：支字韵又音作“田梨切”，齐字韵作“田黎切”。《集韵》作田黎切。“田梨/黎切”是用脂韵字来切齐韵字，说明当时脂、齐已混同。《切韵指掌图》中齐韵配支、脂、之，混列于四等，《皇极经世起数诀》与此同。王力认为宋代齐、祭、废并入脂、微，合成支齐部，即蟹摄三四等字转入止摄。②

④佳、皆相混；佳、麻相混。

如“䨦”字：佳韵作“蒲皆切”，耿韵又音作“蒲佳切”。《广韵》薄佳切，《集韵》蒲街切。“蒲皆切”是以皆韵字切佳韵字，可见当时佳、皆两韵已部分混同。再如《附韵》佳韵柴小韵作“锄佳切”，《增韵》以皆韵字切佳韵字作“锄皆反”；去声卦韵画小韵作“胡卦反”，《增韵》作“胡界反”，都反映了佳、皆相混的现象。李子君说：“我们还发现元刻诸本有不少非常一致的讹误，这些讹误都很明显，稍有音韵学常识的人一眼便可识别。”他所举两例中即有“佳—皆”例：“上平声十三佳柴小韵，《礼部韵略》系统的韵书如《礼部韵略》……均音‘锄佳切’，是。元本《增韵》均作‘锄皆切’，误。”③此说似可商榷，存在异文不一定非得断定孰对孰误，尤其是出现部分一致性的问题，需要放在当时的语言环境中来考察，看是否顺应了当时的语音发展情况。宁忌浮亦简单讨论过《增韵》中佳皆相混的问题④。王力认为咍韵与佳、皆合并成为皆来部。⑤ 到元代，以佳切皆、以皆切佳更普遍了。

又如“涯”字：佳韵作“宜佳切”，麻韵又音作“牛加切”。“牛加切”是以麻韵字切佳韵字，说明佳韵、麻韵的开口二等有混并现象。

⑤纸、旨相混。

如“被”字：纸韵作“部靡切”，寘韵又音作“部鄙切”。《广韵》作皮彼切，《集韵》作部靡切。部鄙切是以旨韵字为纸韵字的切下字，纸、旨韵相混。真福寺本支韵“鈹”字

---

① 王力：《汉语语音史》，商务印书馆 2008 年版，第 340 页。

② 王力：《汉语语音史》，商务印书馆 2008 年版，第 340 页。

③ 李子君：《〈增修互注礼部韵略〉版本考述——兼释元代屡刊〈增修互注礼部韵略〉的原因》，《文献季刊》2010 年第 1 期，第 26~27 页。

④ 宁继福：《〈增修互注礼部韵略〉研究》，《社会科学战线》1996 年第 2 期，第 263~264 页。

⑤ 王力：《汉语语音史》，商务印书馆 2008 年版，第 340 页。

反切作“攀糜切”，而绍定本、四库本等作“攀縻切”，真福寺本用脂韵字作支韵字的反切下字。又如真福寺本支字韵“皮”字反切作“蒲糜切”，四库本、四部丛刊等作“蒲縻切”，真福寺本亦是用脂韵字作支韵字的反切下字。此两例亦说明了宋代支、脂韵已混。王力认为：“支、脂、之、微四韵合一，陌、麦、昔、锡合一，至少在第八世纪以前就完成了。”①

通过以上对异读来源的探讨，我们发现，《礼韵》反映的时音成分很少，后期增补的也主要是读书音，不是向现实语音靠拢，而是尽量维持《广韵》、《集韵》既有格局，以反映经典中的读音为主，这与《礼韵》书专为科举而设、作为科举工具的性质是紧密相关的。

本章主要介绍了《礼韵》多音字情况，对其又音进行分类分析，对本书所讨论的多音字范围进行说明，对又音异文进行分类校勘，并分析异读的来源。我们发现，《礼韵》所收录的不辨义的同义异音字较多，但异义多音字所占比例也很大，音项之间多是音变构词的关系，这应当是继承前代大量音变构词的结果。总体上来说，多音字音项和义项匹配关系分明，一音对一义者居多。部分多音字的义项有不同程度的交叉，这与经典出处注音义同义近而注音有异有很大关系，且《礼韵》因专为科举诗赋而设，而诗赋押韵具有押出处的特殊性，必定以尊经为前提，故对出处独音亦多予以收录，归在不同韵下。这部分字在科举诗赋押用中应当尤其注意，也是举子容易犯错、出现纠纷的地方。我们讨论分析了《礼韵》的又音异文，或因改易切上字、下字而造成，或因字形讹误、正俗、或体而造成，或因语音发生改变而自觉或不自觉地据时音改变反切而造成，因时音而改变的反切对研究宋代语音具有重要意义，也对我们观察宋代科举诗赋中贯彻《礼韵》的情况有参考作用，为我们研究宋代科举诗赋的用韵提供了一些新的观察视角。通过对异读来源的探讨，我们发现《礼韵》不是向现实语音靠拢，而是维持《广韵》、《集韵》既有格局，尽量反映经典中的读音，这与《礼韵》专为科举而设的性质是密切相关的。可见《礼韵》音义项的设立以及后期的增补都是围绕科举的特点来进行的，整个过程中，《礼韵》严格坚守自己只收经典常用音义项的收字特点。

---

① 王力：《汉语史稿》(上)，中华书局1980年版，第163页。

第四章　宋代科举及科举诗赋的评判标准

第一节　宋代科举中的各级各类考试及考试的内容

“以进士得人为盛”①是宋代科举的最大特色，进士科是统治者选拔人才的重要手段。宋人说“本朝取士之路多矣，得人之盛，无如进士。盖有一榜有宰相数人者，古无有也”②。宋代118次科举，录取正奏名进士42588人(缺太祖朝11榜)以及少量特奏名进士。③

进士科是宋代科举科目中设置最稳定的，从太祖建隆元年(960)年进士科起，到南宋度宗咸淳十年(1274)止，除徽宗崇宁兴学一度以学校贡士代贡举以及钦宗靖康间因金军入侵未开贡举试外，其余时间均未断辍。宋初年间，进士科两科间隔时间不稳定，英宗治平三年(1066)始定三年一次。神宗熙宁四年(1071)罢诗赋及明经、诸科，专以经义、论、策试进士。南宋分经义进士、诗赋进士，两途并取。进士科作为文举常科独一无二的地位已经确立。

1. 进士科诗赋时兴时废

进士科担负着为国家培养、选拔高级人才的重任。诗赋是进士科主要内容，但统治集团内部对进士科考试的内容有极大的争议，经义和诗赋之争一直不断，诗赋时兴时废。具体说来，两宋进士科考试科目可分为四个阶段：

(1)宋前朝(太祖至英宗)沿袭旧制。

北宋前期主要是沿袭唐五代旧制连试四场：进士试诗赋、论各一首，策五道，帖《论语》十帖，对《春秋》或《礼记》墨义十条。以诗赋为重，赋是决科关键。太宗朝王世则御试赋题《六合为家》，以“构尽乾坤，作我之龙楼凤阁；开穷日月，为君之玉户金关”令帝大悦，擢为第一人。④

---

① 《宋史·选举志》一《科目》上。

② 马永卿：《懒真子》卷三，稗海本。

③ 太祖朝15榜存4榜，乾德四年(966)进士6人，开宝五年(972)进士11人，开宝六年(973)进士26人，开宝八年(975)进士31人。

④ 吴处厚：《青箱杂记》卷二。

(2)神宗朝改革期间进士科罢诗赋。

神宗熙宁元年(1068)王安石上书云："今以少壮时，正当讲求天下正理，乃闭门学做诗赋，及其入官，世事皆所不习，此科法败坏人才，致不如古。"①主张罢诗赋，以经义取士。熙宁四年(1071)正式颁行新制废明经、诸科，进士科则罢诗赋，改试经义、论、策，经义成为进士科首试内容。

(3)元祐新法与绍圣新政期间，进士科加试诗赋，后分两科开考，后又复罢诗赋。

哲宗元祐年间，反对变法的司马光为宰相，实施新法，罢试经义而加试诗赋。元祐二年(1087)规定进士科分四场，第二场试律赋、律诗各一首。北方士子适应考经义，南方士子适应考诗赋，元祐四年(1089)分为经义兼诗赋进士和经义进士两科，诏云："进士不兼诗赋人，于本经外增治一经、增试一场，与兼诗赋人，各解五分。"哲宗绍圣间复罢试诗赋专治经术。绍圣元年(1094)哲宗亲政，复罢进士科诗赋，创宏词科②。

(4)南宋。

钦宗靖康元年(1126)"科举复用诗赋"，但未及施行北宋即亡。高宗继统后，于建炎二年(1128)"定诗赋、经义取士，第一场诗赋各一首，习经义者本经义三道，语孟义各一道……自绍圣后，举天不习诗赋，至是始复，遂除《政和令》命官私相传习诗赋之禁"③。复以经义、诗赋两科取士，但试诗赋不复兼试经义。绍兴十三年(1143)合经义、诗赋进士为一科，仍试三场，第二场诗、赋各一首。绍兴十五年(1145)又分为两科，考试内容同建炎，进士科仍加试诗、赋各一首。绍兴三十一年(1161)礼部侍郎金安节上书高宗"请复立两科，永为成宪"。诗赋、经义分立，习者各得所专。

除进士试外，官员铨选之试、童子科亦考诗赋。童子科始设时间争论较多④，作为科举科目，童子"能通经作诗赋，州升诸朝，而天子亲试之"⑤，期间反反复复罢黜、恢复，且录取人数不多。"自宁宗嘉定十四年童子科岁取三人之制，至是罢。"⑥

2. 进士科三级考试

从开宝六年(973)太祖创立殿试制度后，宋代进士科实行三级考试，即发解试、

---

① 《宋史·选举志》一。

② 宏词科、词学兼茂科、博学宏词科，总称词科。

③ 《宋史·选举志》二。

④ 有谓真宗景德二年(1005)："真宗景德二年，抚州晏殊、大名府姜盖始以童子召试诗赋，赐殊进士出身。"(《宋史·选举志》二)或谓始于太宗雍熙元年召试七岁童子杨亿："太宗雍熙元年(984)，十一岁的杨亿以童子召试中格。"《宋登科记考》认为值得商榷，依据：王应麟《玉海》把太宗淳化二年(991)召试泰州谭儒卿定为宋代童子科始设时间比较合理，"淳化二年十月十日，赐泰州童子谭儒卿出身。雍熙得杨亿，咸平得宋绶，景德得晏殊，详符得李淑。自淳化至嘉祐三年二十七人"(宋王应麟《玉海》卷一一六《淳化童子科》)。淳化童子科名下统计"自淳化至嘉祐三年"童子科登科人为二十七人，未将雍熙元年杨亿统计在内。(可能是把太宗自上而下召试杨亿作为一个特例，不意味着其时已立童子科科目)《宋会要选举》九之二一《童子出身》亦未将杨亿列入，而将淳化二年谭儒卿列为宋代童子登科第一人。

⑤ 《宋史·选举志》二《科目》。

⑥ 赵升：《朝野类要》卷二《童子科》。

省试和殿试。一般是八月取解，次年正月省试，三月殿试，各级考试诗赋用韵均需遵循官韵。发解试、省试两级均要试诗赋，殿试在神宗前亦试诗赋，神宗之后罢诗赋。

发解试，又称解试，多在秋天举行，故又叫“秋闱”，主要沿袭唐代。由国家政府和教育机构如国子监、开封府、州郡、转运司、太学等操作，主要对象是欲攻举业以得科名的考生。主要由各路州府举办发解试，国子监举办乡试、监试，各路转运司举办漕试如“别头试”、“锁厅试”。解试级别最低，是举子应战第一个回合，优秀者才能参加省试。

省试。省试是第二级考试，由尚书省礼部主持，故又叫礼部试、南省试①，简称省试，时间在第二年春天，故又叫春闱、春试。“科举之设，实用人材之根本，而省试最为重事。”②还有一种类省试，其目的、功效和国子监、州郡、太学举办的发解试、礼部试相同，故称“类试”，主要是南宋时期朝廷将本应在京都举行的省试考试权下放给统治区内各州路(南宋初前两科)，后来只有四川、陕西地区得以保留。

开宝六年(973)下第进士徐士廉伐鼓诉讼，太祖殿试自此始，前三榜皆试诗、赋各一，太宗太平兴国三年(978)诗、赋、论各一，此后二十九次殿试至英宗治平二年(1065)不变。神宗熙宁三年(1070)殿试罢试诗赋论改试策。此后，无论解试、省试如何变化，殿试一直只试策，不再试诗赋。

第二节　现存宋代律赋和试律诗概况

宋代诗赋、经义之争贯穿整个朝代，但诗赋仍旧占据重要位置。进士试诗赋，“诗赋纯正者置之前例”③。但实际考试中，多偏重于赋，头场诗赋考试中赋是决定成绩的关键。欧阳修《六一诗话》：“科场用赋取人，进士不复留意于诗，故绝无可称者。”④“唐世以赋诗设科，然去取予夺一决于诗，故唐人诗工而赋拙……本朝亦以诗赋设科，然去取予夺一决于赋，故本朝赋工而诗拙。今之律赋，往往造微入神，温飞卿、李义山之徒未必能仿佛也。”⑤

宋代省试考五言六韵“省题诗”，或称“试帖诗”⑥，但关于“省题诗”的记载很少，律赋的相对较多。现存有作者、科举年代科考的省题诗和律赋并不多见。

---

① 唐代尚书省在大明宫之南故称南省，宋沿用此称。南省试在唐代是最高级别考试。

② 绍兴三年(1133)十月二十七日臣僚言。见《宋会要辑稿·选举》二〇之三。

③ 《宋史·选举志》二。

④ 欧阳修：《六一诗话》，人民文学出版社1983年版。

⑤ 刘克庄：《后村先生大全集》卷九十八《李耘子诗卷》，四部丛刊本，商务印书馆1957年版。

⑥ 清人梁章钜认为“试帖诗”的称谓不妥。见《试律从话》卷一，上海古籍出版社2001年版，第511页。

一、省题诗

省题诗是专用于科举考试的诗体，包括殿试、省试、发解试等正式考场所作和符合这些考试要求的场外拟作。一般是五言六韵排律，但与一般排律不同的是，它是指定押某字韵的。因其专用于礼部考试的诗，故唐宋人多以其用途称之为“省题诗”，亦有称之为“进士诗”、“试帖诗”的。此外，体制与省题相同的诗，不管是否用于科场，宋人都称之为“省题诗”，如吏部铨选所试诗。

省题诗有严格的规定，不仅要求讲平仄、粘对、拗救、避重韵、忌复字等，还有不同于律诗的程式，即起承转合，这种程式化沿自唐代。阮阅《诗话总龟》引《丹阳集》云：“省题诗自成一家，非他诗比也。音韵拘于见题，则易于牵合；中联缚于法律，则易于骈对……王昌龄、钱起、孟浩然、李商隐辈，皆有诗名，至于作省题诗则疏矣。”首先是限韵数，《文苑英华》卷一八〇到一八九“省试(州府试附入)”载有四百五十八首，六韵、八韵为常式。其次是限韵字，晚唐限韵，规定用诗题中的某一字为韵，或自选题中某平声字为韵。

宋人省题诗的专辑不但少见，而且多为拟作。宋人省题诗的专辑有刘辰翁《须溪四景诗集》四卷、林希逸的《省题诗》二卷和《万宝诗山》。刘辰翁《须溪四景诗集》共有151题167首诗，《四库提要》云：“辰翁生于宋末，故是集各以四时写景之句命题……所作皆气韵生动，无堆排涂饰之习，在程试诗中最为高格……此集殆亦授刘之子备科举之用者。”林希逸的《省题诗》有135题138首诗，绝大多数是拟作。周子益《训蒙省题诗》皆是宋人拟科场所作，惜已亡佚不可见。《四库全书总目·须溪四景诗集提要》说：“沿及唐宋科举，始专以古句命题。其程试之作，唐莫详于《文苑英华》，宋莫详于《万宝诗山》，大抵以刻画为工，转相效仿。”《万宝诗山》全名《选编省监新奇万宝诗山》，共三十八卷，分四百数十类，一万六千余首，陆心源《皕宋楼藏书志》卷一一五《集部总集类四》案曰“宋时兔园册也”。“兔园册”指浅近的书籍，可见《万宝诗山》不太获得认可。宋省监考试皆用五言六韵诗，建阳书贾叶景达汇为此书，以备场屋之用。“太岁在戊曰箸雍，在酉曰作噩，戊与酉不相值，非戊戌即己酉之讹，盖理宗淳祐末年刊本。”①莫友芝述云：“悉取宋代省监所试五言六韵诗分类编录，如今坊间《褒珍试律大观》之比……宋人贴体，亦搜罗殆尽矣。”②每一诗题下附诗一首或多首，被场屋应试用，诗题以唐诗句为多，不注作诗者姓名。遇宋讳无一缺笔，字多俗写。“盖当时坊估射利之所为，不足与于大雅之列。”③

《宋会要》只载有北宋大部分殿试诗的题目，没有省试、发解试诗题的记载。现存

---

① 祝尚书：《宋人总集叙录》卷八，中华书局2004年版，第391页。岛田翰、叶德辉“箸雍”“作噩”为“屠维”“作噩”。

② (清)莫友芝《宋元旧本书经眼录》卷一著录“宋巾箱本”。

③ 叶德辉：《书林清话》卷四。

的宋人署名的作于科场的省题诗非常少，散见于各种文献，需要仔细搜罗。现存文献可考见的宋代留下来的完整的殿试诗有：

(1)田锡《御试二仪合德诗》(七言六韵，用“心”字为韵)，太平兴国三年(978)戊寅科御试(宋田锡《咸平集》卷十五)。

(2)文彦博《天圣五年春省试献羔开冰》，天圣五年(1027)省试①(《文潞公集》卷三)。

(3)欧阳修《翠旌诗》，天圣八年(1030)庚午科②(《欧阳文忠公集》外集卷第二十四)。

(4)裴湘《和气致祥诗》，景祐元年(1034)③(吴处厚《青箱杂记》卷十)。

(5)刘敞《形盐象虎》，庆历六年(1046)丙戌科(《公是集》卷二十六)。

(6)范祖禹《乐通神明》，嘉祐八年(1063)(《范太史集》卷一)。

(7)杨杰《求遗书于天下》，嘉祐四年(1059)(《无为集》卷五)

现存省试、解试诗完整的有：

(1)苏轼：【省试】《丰年有高廪诗》，嘉祐二年(1057)(《补注东坡编年诗》卷四十八)。

(2)吕颐浩：【省试】《元祐甲戌二月省试夜分论经理诗》，下注为“以题中平声字为韵”，元祐九年(1094，四月改元为绍圣元年)。

(3)陈渊：【省试】《省题笔谏诗》，约高宗年间某次省试。

(4)范祖禹：【锡庆院试】《春鲔初登》，嘉祐八年(1063)登进士甲科(宋范祖禹《范太史集》卷一)。

(5)苏颂：【解试】《省题诗象载瑜》，仁宗庆历元年(1041)(《苏魏公集》卷七十二)。

(6)王洋：【省试】《省题泰帝鼓瑟》，徽宗宣和六年(1124)(《东牟集》卷三)。周兴禄认为王洋此诗在高宗年间④，此说是不对的。王洋为徽宗宣和六年(1124)进士，以省试第二人高中一甲二名进士，钦赐榜眼及第。又于高宗绍兴元年(1131)召为秘书省正字。此省题诗当是其宣和六年省试之作。

(7)吴吉甫：【解试】《捣药兔长生诗》，约宁宗年间(王应麟《困学纪闻》卷十八)。案：据宋王应麟说，吴吉甫此诗是他“以晚科试漕闱”所作。⑤ 文献记载只有两联四句：“真水黄芽长，香风玉杵鸣。不为三窟计，永伴一轮明”，皆是对偶句，按常规应该还有四联。有学者认为地方发解试往往不如省试、殿试严格，亦可能只有四句，且此四句

---

① 此年以省试代殿试。

② 《宋会要·选举志》七之一五《亲试》记载，本科试题为《溥爱无私诗》。

③ 《宋朝事实类苑》卷三八：明道中，仁宗御便殿试进士，房心为明堂赋和气致祥诗，亦命湘赋之。湘舞蹈再拜，数刻而成，仁宗嗟赏，左右中人为之动色。

④ 周兴禄：《宋代科举解试、省试诗文献考论》，《贵州大学学报》2010年第3期。

⑤ 王应麟：《困学纪闻》卷十八。

诗文意已较完整，《全宋诗》收编亦作整首诗。

省题诗实题拟作：

(1)刘敞：《拟御试求遗书于天下》，此诗题是嘉祐四年(1059)殿试诗题，刘敞于庆历六年(1046)丙戌科登进士第(《公是集》卷二十六)。

(2)宋庠：《崇政殿试御试贡士中昃不暇食因私赋》，宋庠于天圣二年(1024)甲子科登进士，皇祐元年(1049)己丑科冯京榜殿试诗为《日昃不暇食诗》(《元宪集》卷七)。

(3)宋庠：《求遗书》，原题下注云："崇政殿御试贡士，求遗书于天下，因私赋。"此诗题为嘉祐四年(1059)殿试诗题(《元宪集》卷九)。

(4)文彦博：《省试蒲车诗》(《文潞公集》卷三)，此诗题为天圣八年(1030)省试诗诗题，文彦博于天圣五年(1027)登进士。案：文彦博《潞公文集》收录有《省试献羔开冰》、《省试蒲车诗》两首标注"省试"的诗，《献羔开冰》题下注明"天圣五年春省试"，文彦博恰好又于天圣五年及第，故《献羔开冰》当是他省试所作。《省试蒲车诗》为何年所作无说明，宋阮阅有云："如梓州进士杨谔，天圣八年省试《蒲车诗》云：'草未惊皇辙，山能护帝舆。'"则《蒲车诗》是天圣八年省试诗题，此诗时间在文彦博及第后，当是拟作。《蒲车诗》限韵字未知，杨谔诗中"舆"字为鱼韵。文彦博《省试蒲车诗》韵脚为：殊、蒲、涂、符、敷、图，为虞、模通押。宋代科举诗一般以诗题中的字为韵，如"以诗中平声字为韵"之类。"蒲"在模韵，"车"有麻、鱼两韵，杨谔用的鱼韵。"车"字，《附韵》鱼韵注云"轮舆之总名"，麻韵注云"舍也。黄帝作车引重致远，少昊氏时加牛，禹时奚仲加马。又《左传》'辅车相依'、'牙车'。又姓"。宋人诗赋中"车"多用在鱼韵。据此推测，此诗诗题下极有可能注明"以诗中平声字为韵"字样，故出现杨谔押在鱼韵，文彦博押在模韵的现象。又，题中注明是"省试"，文彦博之弟文彦若正好在天圣八年及第，故也有可能是文彦若当年省试之作，被后人误收入其他兄之文集中。

(5)黄庭坚：《款塞来享》，元祐三年(1089)十二月二十八日御试，黄效进士作此诗，黄庭坚治平四年(1067)进士①。

(6)苏轼：《款塞来享》元祐三年十二月二十八日御试，苏轼原题原韵和黄庭坚诗，苏轼嘉祐二年(1057)登进士。

(7)杨万里：《拟吉州解试秋风楚竹冷诗》，绍兴二十四年(1154)进士。

(8)王珪：《采藻为旒》，注明是"皇祐五年(1053)南省拟试"。案：王珪是仁宗庆历二年(1042)进士(《华阳集》卷一)。皇祐五年(1053)他已是同知贡举官了，该题可能就是他们出的省试诗题。

(9)王珪：《拟试置章御座诗二首》(《华阳集》卷一)。

观以上省题诗，一般是五言六韵，只有田锡殿试诗《御试二仪合德诗》是七言。

"自科场用赋取人，进士不复留意于诗，故绝无可称者。"虽然总体质量不如唐代，但宋人也有能诗者，进士诗亦不乏佳句，如宋祁天圣二年(1024)省试《采侯诗》"色映堋

---

① 《山谷年谱》卷二十五引《东坡杂记》。

云烂，声迎羽月迟”为京师传诵。杨谔景祐元年(1034)省试诗《宣室受厘》末句云：“愿前明主席，一问洛阳人。”滕甫皇祐元年(1049)省试诗《西旅来王》云：“寒日边声断，春风塞草长。传闻汉都护，归奉万年觞。”

二、科举赋

唐、宋科举考试律赋。律赋比骈赋限制更严，既要骈偶，又要限韵，故历来为文学史家所不取，认为没有什么文学价值。王安石因不满“圣世选才终用赋”①，主张废除诗赋考试。吴讷《文章辨体·赋》云：“隋唐宋取士限韵之制，但以音律谐协、对偶精切为工，而情与辞皆置弗论，呜呼，极矣。”其实对律赋不可一概否定。孙何《论诗赋取士》云：“诗赋之制，非学优才高不能当也。”②诗与赋相较，宋人更看重赋。赋写得好，被擢甲科的例子很多，如王世则《六合为家赋》极其雄壮，其赋云：“搆尽乾坤，作我之龙楼凤阁；开穷日月，为君之玉户金关。”帝览之大悦，遂擢为第一人。③ 徐奭《铸鼎象物赋》云：“足惟下止，讵闻公悚之欹倾；铉乃上居，实取王臣之威重。”遂以为第一。④王沂公《有物混成赋》云：“不缩不盈，赋象宁穷于广狭；匪彫匪斫，流形罔滞于盈虚。”又云：“得我之小者，散而为草木；得我之大者，聚而为山川。”时人称之有宰相之才也。⑤亦有赋写得不好被黜落的，乖崖公张咏太平兴国三年(978)科场试《不阵成功赋》云“包戈卧鼓，岂烦师旅之威；雷动风行，举顺乾坤之德”。有司认为此赋对偶显失，黜之。⑥

宋代有不少教人作场屋程式赋的“赋谱”、“赋格”类著作，如宋祁《赋诀》二卷、马偁《赋门鱼钥》十五卷、吴处厚《赋评》一卷、南宋郑起潜《声律关键》等。《声律关键》是目前仅存的有关宋代科举考试“赋格”的著作，在理宗淳祐初呈尚书省推广，作为指导举子场屋八韵律赋作法指南，主要取材《三元衡鉴》和乾淳以来诸老作品，以证场屋律赋作法。以“八韵”构篇，讨论律赋技法程式时引用了宋人赋例1600余首(去除同题还有1200多题)，经义题占绝大多数，即使是史论题，也反映了宋代经义和诗赋考试之争。其立题方式，往往出自经史但非原典成句，多是考官从当世学术中摘取而来。嘉祐以后经史出赋题。“景祐中，稍厌其(即上请)烦渎，诏御药院具试题，书经史所出，模印给之，遂罢上请之制。”⑦《声律关键》被奉为国家考试赋的蓝本，充分显示了南宋科举考赋的普遍性。考赋与儒学并行不悖，是南宋科举的主流意识。⑧ 所收北宋赋多于

---

① 《临川先生文集》卷30《试院中》，《四部丛刊初编》本。

② 沈作喆：《寓简》卷五引，丛书集成初编本。

③ 吴处厚：《青箱杂记》卷二。

④ 蒋一葵：《尧山堂偶隽》卷四。

⑤ 吴处厚：《青箱杂记》卷十。

⑥ 文莹：《湘山野录》卷上。

⑦ 叶梦得：《石林燕语》卷八。

⑧ 许结：《郑起潜〈声律关键〉与宋代科举八韵律赋叙论》，《中华文史论丛》第七十四辑，上海古籍出版社2004年版，第77页。

南宋。

宋代科举诗赋作品保留不如唐代完整，现存的多散落在各文集中，《历代赋汇》、《全宋诗》、《全宋文》中多有记录。现将整理所得的完整留存的宋代科举诗赋作品列罗如下。

现存完整的殿试赋有9篇，实题拟作3首：

(1)田锡《御试不阵而成功赋》(以“功德双美威震寰海”为韵)，太平兴国三年(978)(宋田锡《咸平集》卷九)。

(2)王曾《有物混成赋》(以“虚象生在天地之始”为韵)，咸平五年(1002)(宋吕祖谦编《宋文鉴》卷十一)。

(3)宋庠:《德车结旌赋》(以“车结旌者，昭德之美”为韵)，天圣二年(1024)。

(4)宋祁:《德车结旌赋》(以“车结旌者，昭德之美”为韵)，天圣二年(1024)。

(5)欧阳修《殿试藏珠于渊赋》(以“君子非贵难得之物”为韵)，天圣八年(1030)(宋欧阳修《文忠集》卷七十四)。

(6)金君卿《应天以实不以文赋》(以“推诚在天岂尚文饰”为韵)，庆历二年(1042)(宋金君卿《金氏文集》卷上)。案：《全宋文》第六韵：“由是虑善乾乾，饬躬亹亹，思正直以无贰，逞浮夸而失则。岂期灵贶之鉴祐，保珍图于盛伟。”当为“由是，虑善乾乾，饬躬亹亹。思正直以无贰，逞浮夸而失则；岂期灵贶之鉴祐，保珍图于盛伟?”否则，韵脚不协。改了标点后韵协，文意也通顺。

(7)刘敞《戎祀国之大事赋》庆历六年(1046)借以取得进士第一。

(8)郑獬《圜丘象天赋》(以“圜丘就阳上宪天体”为韵)，皇祐五年(1053)(宋郑獬《郧溪集》卷十五)。案：第二韵押“上”字，《全宋文》标点后韵脚为：唱、贶、上、成、尚，“成”字不入韵。《全宋文》此处标点错误，此处当是长句，正确标点为：“谓丘也其形特异，我所以贵其自成；盖天也其体亦圆，我所以法之相尚。”

(9)范祖禹《寅畏以飨福赋(御试)》(以“祇畏天道能飨隆福”为韵)，嘉祐八年(1063)(范祖禹《范太史集》卷三十五)。

(10)王禹偁拟御试《卮言日出赋》(以“盈侧空仰随变和美”为韵)(宋王禹偁《小畜集》卷二)。案：王禹偁是太平兴国八年(983)癸未科进士，《卮言日出赋》是淳化三年(992)殿试赋题。《小畜集》卷二《律赋》序云：“淳化中谪官上洛，明年太宗试进士，其题曰《卮言日出》有传至商山者，骇其题之异且难也，因赋一篇。”故此赋当是王氏拟作。

(11)王禹偁拟御试《天道如张弓赋》(以“王者喻身，则此宜施”为韵)。案：《天道如张弓赋》乃景德二年(1005)殿试赋题。

(12)欧阳修《进拟御试应天以实不以文赋(并引状)》(以“推诚应天岂尚文饰”为韵)(宋欧阳修《文忠集》卷七十四)。

现存解试、省试、国学试赋作共17篇，如下(拟试1篇附后)：

(1)田锡：【开封府试】《人文化成天下赋》(以“焕乎人文，化成天下”为韵)，田锡为太平兴国三年(978)进士。

(2)田锡：【南省试】《圣人并用三代礼乐赋》(以"皇猷昭宣，礼乐备举"为韵)，太平兴国三年(978)进士及第。

(3)范仲淹：【省试】《自诚而明谓之性赋》(以"诚发为德，彰彼天性"为韵)，大中祥符八年(1015)进士及第。

(4)文彦博：【省试】《青圭礼东方赋》(以"修举春祀，崇尚圭荐"为韵)，天圣五年(1027)进士。案：最后一句《全宋文》作"盖有(由)以方圭□翠之美，欤青郊而可薦"，韵脚字作"薦"，义不通，且最后一韵押"荐"字，"薦"字不合。"薦"当为"薦(荐)"，形近而误。十万卷楼本《潞公集》、《历代赋汇》卷四九亦作"薦"。

(5)文彦博：【省试】《诸侯春入贡赋》(以"天下侯国，春入方物"为韵)，天圣五年(1027)进士。

(6)欧阳修：【监试】《玉不琢不成器赋》(以"良玉非琢，安得成器"为韵)，天圣七年(1029)。

(7)欧阳修：【国学试】《人主之尊如堂赋》(以"堂陛隆峻，人主尊矣"为韵)，天圣七年(1029)。

(8)欧阳修：【省试】《司空掌舆地图赋》(平土之职，图掌舆地)，天圣八年(1030)。

(9)宋祁：【学士院】《琬圭赋》(以"王赐之节，修德崇好"为韵)明道元年(1032)召试学士院所作，祁即直史馆，见《东原录》。

(10)范祖禹：【锡庆院试】《天子龙衮赋》(以"天子龙衮，文以为贵"为韵)嘉祐八年(1063)进士及第。

(11)许安世：【省试】《公生明赋》(以"公不偏党，明则生矣"为韵)，治平四年(1067)进士及第。案：此年神宗即位守丧，以省试代替殿试。此年赋题有二说，一作"赋题以刚中正履帝位"，又称其试《公生明赋》(以"公不偏党，明则生矣"为韵)，前者不存后者存，故以后者作省试赋。

(12)沈初：【国学试】《周以宗强赋》(以"周以同姓，强固王室"为韵)，熙宁六年(1073)进士及第。

(13)黄公度：【省试】《天子以德为车赋》，绍兴八年(1138)进士及第。

(14)黄公度：【解试】《和戎国之福赋》。

(15)黄公度：【解试】《贤人国家之利器赋》。

(16)王之望：【省试】《以德为车赋》，绍兴八年(1138)登进士第。案：王之望《以德为车赋》当为省试之作。考王此赋用韵与黄公度《天子以德为车赋》同，用韵次序略异[黄赋押韵次序为：鱼、止(纸)、先(仙)、旨(止纸)、支(脂)、德、侵、御；王赋押韵次序为：鱼、职(德)、仙(先)、止(支旨)、之(支)、御(遇)、侵、止(荠)，当为同题同韵]。王之望与黄公度同年登进士，黄公度《天子以德为车赋》注云"省试"，故此篇当为省试之作。

(17)方大琮：【甲子乡试】《文武之道同于伏羲赋》(以"文武之道，上同伏戏"为韵)，嘉泰四年(1204)。《全宋文》第六韵押“上”字，断句为：“故尝以精微授受之时，想朴略鸿荒之上，不见其异，乌见其合？既无所述，亦无所创。”当为“故尝以精微授受之时，想朴略鸿荒之上。不见其异，乌见其合？既无所述，亦无所创”。

(18)方大琮：【乙丑省试】《太宗得至治之礼赋》(以“唐治之盛，实由于此”为韵)，开禧元年(1205)。案：第二韵押“治”字，《全宋文》作：“昔太宗起百年颓弊之风，植一代根本之地；立国规模，屹若素具。措世宁谧，循之可致。方其兴也，太体已定于初心；及既得之，当世果跻于至治。”按《全宋文》的标点，则韵脚字不对。观此段，“起百年颓弊之风”与“植一代根本之地”对举，当为完整的一组对句。“立国规模，屹若素具”与“措世宁谧，循之可致”两句意义联系相对较紧，当为长对句，不当标为句号。这段标点当为：“昔太宗起百年颓弊之风，植一代根本之地。立国规模，屹若素具；措世宁谧，循之可致。方其兴也，太体已定于初心；及既得之，当世果跻于至治。”“素具”为佛教名词，预先备办的道具称为素具。《大日经疏》卷四(大三九·六二四中)：“思惟众缘支分，皆令素具，勿得临事缺乏而生疑惑也。”

(19)李荐，【拟试】《车服以庸赋》(以“臣有功者，锡之车服”为韵)。

以上我们讨论了宋代科举的重要性，探讨了宋初韵书更迭频繁的原因以及科举与韵书的关系，分析了科举中诗赋用韵的重要性以及犯官韵的类型、后果，介绍了宋代科举考试的类型以及进士科诗赋时兴时废的过程。最后，对科举诗赋情况进行了描述，并梳理了宋代科举考场诗赋以及实题拟作的篇目，数量可谓少之又少，长久以来少有人进行全面统计和研究。但这些诗赋中涉及的多音字还是较多的，多是一些常用多音字，我们将在下一章多音字个案中选择一部分进行具体分析。另外，《押韵释疑》、《增修校正押韵释疑》中有部分科场诗赋用例、纠纷的记载，在一定程度上补充了宋代科举诗赋数量偏少的不足。

第三节　《礼部韵略》是科举考试各文体在程式、避忌和用韵上的标准

程式、避讳等规定，主要存在于《礼部韵略》后附的《韵略条式》或《贡举条式》中。

程式稍有不合要求者，便会犯“不考”，即被一票否决。《附释文互注礼部韵略》后附《条式》引《绍兴重修御试贡举式》“试卷犯不考”条，凡漏写官题，策、义写问目或不写道数及不依次；论题全漏写“限五百字以上”；赋少 20 字；论少 50 字；书试卷不写“奉试”及“对”、“谨对”、“论曰”或“谨论”，及涂注、反乙若干却未标“涂”、“注”、“乙”字等，均在“不考”之列。

而文中未遵守避讳规定者，则更是要入“不考”，被直接刷落。如果是在覆阅中发现，也要被追究。景德条制即开始为《礼部韵》制定庙讳之避。按规定，凡在策论诗赋中，触犯庙讳和当时御名，便入不考式。一直到南宋，庙讳和当时皇帝的名讳都有变化，总的趋势是增多、增繁。南宋出版的《押韵释疑》之后还有不少的违碍字词需要避

用。《四库全书总目·〈大全赋会〉提要》概括了宋代场屋律赋中的各种禁忌(包括犯讳),说举子"在下笔之时,先有三四百字禁不得用"。

《条式》中也有关于《礼部韵略》敕准增字、增音义的原始文件,不过,这些内容随后也被融入新版的《礼部韵略》正文中去了。

《礼部韵略》正文主要承袭、删减《广韵》、《集韵》而成,称为官韵。这部官韵虽然也像《广韵》、《集韵》一样,将一些韵窄的韵进行了归并,有了"同用"、"独用"之规定,表面上看是方便了考生,但是,也有不当合而合者,如"元魂痕"三韵的合并等,这些不是依据实际语音而作的合并,给考生造成了新的麻烦,还有,一些按实际语音当合的却不合,有的可能是在官韵韵目中隔得太远而无法合用的,如江韵与阳韵,有的隔得近也不合,如东韵与冬韵,清韵与青韵,真韵与文韵。一方面可能是要遵循传统,另一方面,可能就是要留一些难题,为难考生,给其增加记忆的负担,以便淘汰汹涌而至的科举考生。

《礼部韵略》既然"定则定矣",那么考生就只有遵守的份了。对于《礼部韵略》中明确的音义规定的违反,那就也要入"不考式",这条原则,真宗时就确定了,仁宗庆历四年(1044)详定贡举条式,更明确规定,凡诗赋脱官韵,诗赋落韵,诗中平仄有不合处,重叠用韵等,都在"不考式"之内。这样一来,《礼部韵略》便更被当作金科玉律了,考生考场所作试律诗、律赋,其押韵、平仄要以它的规定为准,考官评卷,在格律上也要以它为准。

当然,《礼部韵略》中有些规定与经典本文的注音(主要是指陆德明《经典释文》的注音)有矛盾,这时,也只能采取"分别特殊与一般"的处理办法,即:如考生诗文中明显是针对经典本文的用典,则依经典原注音,而非这种情况的,则一依《礼部韵略》规定。具体处理办法详见第六章第四节。

第四节　宋代科举考试中考官对诗赋作品的评判

一、宋代科举考试中考官对诗赋作品的评判标准和取向

《押韵释疑》所录的相关科举材料很多都有考官对于诗赋作品的评判,从中可以窥见宋代科举考试的评判标准和取向特点。

(1)对于有文献出处的韵字,根据出处判定字音、字形的正误。有文献出处的韵字,须"各随出处本文用"。即一般情况下可以按韵书在不同的韵中押,但是如涉及用典、有文献出处,则要严格按出处文献及其权威注释所阐明的形、音、义来押。可以分为如下两种情况:

第一,同一韵字在不同典籍中有不同字形,根据出处判定字形正误。有文献出处的韵字,即使在不同典籍中有不同写法,在押用时仍须依出处本文写。如《押韵释疑》:

廱(平声上·三钟·于容切)：辟廱也。《诗·灵台》："于乐辟廱。"又《文王有声》："镐京辟廱。"《记·王制》："天子曰辟廱。"《汉·平帝纪》："诏：刘歆治辟廱"皆此"廱"字。然《文选·班固〈东都赋〉》云"乃临辟雍"，又"三雍之盛仪"，注：应劭曰："三雍：辟雍、明堂、灵台也。"又"辟雍海流，道德之富"。又《辟雍诗》："乃流辟雍。"张平子《东京赋》云："左制辟雍。"《唐·归崇敬传》："天子学曰辟雍。"止是此"雍"字。又如近年太学补试《辟雍水环如璧赋》魁李端三韵押官韵云："会搢绅之肃雍。"亦是此"雍"字。然则有所引援，押韵须详细依出处本文写，若押时雍，可再押辟廱，如已押此辟雍字韵，则不可双押矣。

周天子所设太学称辟廱(抑或单称"廱")，后世国子学、国子监沿其称，本来"廱"为正字，但典籍中多借"雍"写之。而"雍"除了指太学、国子监外，它还有和谐、和睦等意思。所以，"辟雍"或表示辟雍义的"雍"，不能与"辟廱"双押。但当"雍"表示其他意思时，则与"廱"双押无妨。虽然从意义上可以将二者进行区分，但在具体押用的时候，必须选用与出处相同的韵字。

第二，同一韵字在不同典籍中有不同读音，根据出处判定用韵正误。有文献出处的韵字，押韵要"各随出处本文用"。如《押韵释疑》：

涯(平声上·五支·鱼奇切)：水际。亦作厓。此字又见十三佳、九麻韵内，皆注云"水际也"。虽无通押明文，然寻常程文三处俱有人押。如《微子》："其无津涯。"注：五佳反，又宜雏反。《庄子》云："吾生也有涯。"注：本又作崖，鱼佳反。各常随出处本文音用。

"涯"在《尚书·微子》、《庄子》中的注音与五支中的"涯"不同，具体押用时随出处音押。如明显可看出出自《庄子》，则"涯"读为鱼佳反，押入佳韵。

(2)根据《礼部韵略》的用字判定字形正误。在韵字的字形方面，大部分情况都需要写作《礼部韵略》中有的字形。最突出的表现便是前文提到的要写《礼部韵略》中规定的正体，否定世俗常见的俗体。

(3)对义项有重合的韵字，根据意义来评判字音、字形的正误。有些韵字之间义项有重合的部分，但又不是完全相同，往往只能根据具体语境中的词义来判定字音和字形，确定该如何押用。

第一，在经典中写法不同的韵字意义有重合，根据意义判定能否双押。如《押韵释疑》：

惟(平声上·六脂)：夷唯切。《尚书》此"惟"字。《诗》此"维"字。《易》此"唯"字。然"唯"字，此韵内不收，只五旨内有如"惟"、"维"字。吾郡解试《尧以知人安民为难赋》，有既押"永惟"，又押"不易之维"者，乃中次榜。考官批草册云："本取中解额，不应押两惟、维字，系犯重，姑置次榜之右。"以此言之，不可连押。盖"不易之维"，即此"惟"字。如押四维、纲维、八维、圣贤相维、国维字实者，又押永惟、载惟却可。

材料中"惟"在《尚书》、《诗》和《易》中有不同的写法，但"惟"、"维"、"唯"三字之间只是部分义项有重合，并不是完全等同。《王力古汉语字典》辨析道："'维'的本义是'绳子'；'惟'的本义是'思'；'唯'的本义是'答应'，各不相同。在'思'的意义上，'惟'与'维'通用；在'只'的意义上，'惟'与'唯'通用；在语气词上，三个字都通用。"①"不易之维"中的"维"表"思"义，与"惟"字通用，故《尧以知人安民为难赋》既押"永惟"，又押"不易之维"被考官判定犯重。而四维、纲维、八维、圣贤相维、国维等词中的"维"的意义从其本义"绳子"引申而来，永惟、载惟等词中的"惟"表"思"义，二者意义不同，故可以连押。

第二，异体字之间义项有重合，根据意义判定能否双押。如《押韵释疑》：

考(上声·三十二晧)：苦浩切。老也。成也。亦通作"攷"。与"攷"字固不可双押。如既押"祖考"，又押"稽攷"、"可攷"，则无妨。故郑斗祥《三圣守一道赋》八押"本原可攷"，又押"文考"是也。盖此韵内自有一"攷"字。

材料中说明"考"与"攷"为异体字，一般情况下不可双押。但《王力古汉语字典》指出："攷核的'攷'通作'考'；惟寿考的'考'不通作'攷'。"②可见"考"、"攷"二字也不能完全等同，从意义上可以进行区分。如"祖考"之"考"表示"已死的父亲"，"稽攷"、"可攷"表示"考察"，两种语境下"考"、"攷"意义不同，可以双押。又如周文王死后，武王颂之为文考，后用"文考"作为帝王亡父的尊称。故"文考"之"考"表示"亡父"，与"本原可攷"之"攷"不可通用，因而《三圣守一道赋》既押"本原可攷"，又押"文考"，不算犯重。

第三，多音字与其他韵字之间根据意义判定能否双押。如《押韵释疑》：

釐(平声上·七之·虚其切)：《汉纪》："祠官受釐。"音僖。此是绍兴中国子监看详，云："今后如押'受釐'、'祝釐'，不许更押禧字。如押'允釐百工'、'王釐尔成'之'釐'，合更押'受釐'字。"

材料中"釐"是多音字。其中"祠官受釐"之"釐"是"福，祥"之义，音义均同"禧"（清代朱骏声以为此"釐"即是"禧"字之借），故国子监裁定不能更押"禧"，否则有犯重

---

① 王力：《王力古汉语字典》，中华书局2000年版，第931页。
② 王力：《王力古汉语字典》，中华书局2000年版，第407页。

之嫌。而《尚书·尧典》"允釐百工"、《诗·周颂·臣工》"王釐尔成"之"釐"，均是"治理"义，音 lí，与"受釐"之"釐"意义不同，故可以双押。

(4)当经典注音与《礼部韵略》不一致时，根据出处判定是否可以泛押。如果明显为用典或者有文献出处，则只能按照经典音来押用；如果没有明显的文献出处，则可以泛押《礼部韵略》中的规定读音。如《押韵释疑》：

> 裁(平声上·十六咍)：墙来切。《监韵》下无注，十九代此字下注云：制也。《唐·杜如晦传》云："宪物容典，率二人讨裁。"《唐书》正本元无音注。然有印本《新唐书释音文》，是嘉祐中将仕郎、前权书学博士臣董冲上进本，于"裁"字下注云：昨再切。制裁也。又《王珪传》："有鉴裁"，下亦注"昨代切，制裁也"，合在去声。然太学《明王广开忠直之路赋》王度七押"开"字云："公是公非，系吾剸裁。"太学毛谔《圣人接三才之奥赋》七押"才"字云："祧庙祔庙，是非孰裁?"又张盘押"四圭两圭，玉殊所裁"。又舍试《云台诏讲书传赋》杨梦高七押"台"字云："诏奉常而讨裁"，又高士龙亦此韵押云"相为讨裁"，并系在平声，然则引《唐书》本文合作去声押，若泛押讨裁、剸裁、裁度之类自无妨。

材料中指出，"裁"在《唐书》中用作"制裁"义时须作去声，但《明王广开忠直之路赋》、《圣人接三才之奥赋》、《云台诏讲书传赋》等将"裁"押作平声，却并没有被判落韵，就是因为上述赋作中并没有明显的用典或者引用《唐书》原文，故而可以泛押作平声。

(5)《礼部韵略》与经典对韵字的注释相矛盾，根据具体情况来判定是否可自由选择依官韵或经典音，即是否可以通押。如《押韵释疑》：

> 酂(平声上·二十六欢·徂丸切)：百家为酂。然《周礼》："酂长。"注：作管反。《遂人》："四里为酂。"亦作管反。云：后同。则此字当在上声押。然近时《师氏以媺诏王赋》私魁谢履谦七押"官"字韵云："均人以上，有党有族；司救而下，掌邻掌酂。"次名郑安礼亦押于此，云："邻曰酂。"与《周礼》音注相反者，正以《监韵》于此平声注曰"百家为酂"，故得押在此。计二韵皆可通押。

《礼部韵略》规定"酂"在平声，而《周礼》之音注确定为上声，并且二者注释互相矛盾，可以视同"义异"，故可以通押，二种押法均不为错，故《师氏以媺诏王赋》未被判为落韵。

但如果经典只有一音，须依经典音押，不得通押，如《押韵释疑》：

> 被(上声·四纸)：部靡切。及也，亦寝衣。新制许与去声寘字韵内被字通押。《诗》"纯被文王之化"，又《书》"东渐西被"，注：皮义反。皆在去声。虽韵许与去

声被字通押，《礼韵》云：经书只一音者，合从本文音，则纯被、渐被不在此。昔年省试《陶成天下之化》，近时《人主积美之源赋》，场中多押纯被字在上声。其时考官多欲以落韵黜之，赖其中有引“许与通押”之说以为解，幸免黜落。此事尝亲闻登科及上庠人说，当知。兼闻诸长上如“被”字、“□”字、“在”字之类在官韵者，且当从本来声韵内押，不可遽以有新制遂押在通用韵内，恐不便。若非官韵，泛用泛押乃可。

材料中“被”本在上声，但许与去声通押。然而《礼部韵略》规定：经书只一音者，合从本文音。“纯被”、“渐被”之“被”在《诗》《书》只音皮义反，在去声，则不可押入上声。《陶成天下之化》、《人主积美之源赋》等将“纯被”押在上声，本当被判黜落，虽然因有通押之说而幸免，但仍不可效仿，而应严格按照经典音押。

二、考官判定与学理性之间的关系分析

虽说《押韵释疑》中记录的考场纠纷基本都有确定的处理，但这并不代表考官对考场纠纷的政策性处理就符合学理性的判断。《押韵释疑》中有些材料就表明考官的评判与学理性有相悖之处。如：

衷(平声上·一东·陟隆切)：诚也。一曰折衷，平也。《书》：“和衷”、“降衷”，皆音中，皆训善也，与“中”字义本不相干，但《后汉·梁统传》引“士制百姓于刑之中”作“爰制百姓于刑之衷”，又引《语》“刑罚不衷”，亦以“中”为“衷”，二字恐古通用。若已押降衷，又押中道之中，更在审订，如“楚子衷甲”，音衷，衷怀也。“服之不衷”，音同衷，适也。及“丹衷”，与“中”字不同，然《民受天地中以生赋》却连押“衷”、“中”二字。

材料中的《民受天地中以生赋》连押“衷”、“中”二字未被视为落韵，而实际上，“折衷”之“衷”，在宋代律赋中均押作去声，如李纲《梁溪集》卷四《乘桴浮于海赋》(以“凤也有时，乘桴浮海”为韵)：“盖以道大不容，材高难送，历聘而无所钩说，立言而徒焉折衷。长沮问而知津，接舆过而歌凤。”①“衷”与“凤”相押。又如楼钥《攻媿集》卷八十《修身以为弓赋》(以“修身为弓，发必中矣”为韵)：“学贵务本，志当适中。惟修身而由道，遂取喻以为弓。正以不他，曲尽饬躬之术；张而弗弛，自成中的之功。士有该百行以研穷，端一心而折衷。谓存于吾者苟不知审，则发于外者何以示众。今也见圣师而由圣，当明四重以四轻；犹弓人之为弓，要在百发而百中。”②此段前半“中”、“弓”、“功”相押；后半则“衷”、“众”和“百发而百中”的“中”相押。

---

① (宋)李纲：《梁溪集》卷四《乘桴浮于海赋》，景印文渊阁四库全书本，第1125册。

② (宋)楼钥：《攻媿集》卷八十《修身以为弓赋》，景印文渊阁四库全书本，第1152册。

至于平声之“衷”能否与平声“中”连押，则要作一番考察。我们从经典中的例句入手加以讨论。《尚书·皋陶谟》：“同寅协恭和衷哉。”旧题孔安国传（下文简称孔传）：“衷，善也。以五礼正诸侯，使同敬合恭而和善。”《经典释文·尚书音义》：“衷，音中。”《尚书·汤诰》：“惟皇上帝降衷于下民。”孔传：“衷，善也。”《经典释文》无音，但可依类推知此处亦读如平声“中”。此二“衷”本训善，与“中”之义不同。《左传·襄公二十七年》：“辛巳，将盟于宋西门之外，楚人衷甲。”杜预注：“甲在衣中，欲因会击晋。”《经典释文·春秋左氏音义》：“衷音忠，徐丁仲反。”按徐邈音则在去声，但“衷”本指贴身内衣，《说文》：“衷，里亵衣。”而由贴身内衣引申为“穿在里面”义，极为自然，故陆德明从众，仍以为此“衷”音忠，在平声，是也。关于两部《押韵释疑》提到的“服之不衷”例，《左传·僖公二十四年》：“郑子华之弟子臧出奔宋，好聚鹬冠。郑伯闻而恶之，使盗诱之，八月盗杀之于陈宋之间。君子曰：‘服之不衷，身之灾也。’”杜预注：“衷犹适也。”《经典释文·春秋左氏音义》：“衷音忠，一音丁仲反。”此处之“衷”亦是适当义，故亦当取去声。

《后汉书》卷三十四《梁统传》：“统复上言曰：……经曰：‘天讨有罪，五刑五庸哉。’又曰：‘爰制百姓于刑之衷。’（《尚书·吕刑》云：士制百姓于刑之中。孔安国注云：咎繇作‘士制百官于刑之中’，此作爰，爰，于也。义亦通。衷音丁仲反，下同也。）孔子曰：‘刑罚不衷，则人无所厝手足。’衷之为言不轻不重之谓也。”按，《尚书·吕刑》：“士制百姓于刑之中，以教祗德。”孔传：“言伯夷道民典礼，断之以法，皋陶作士，制百官于刑之中，助成道化，以教民为敬德。”《经典释文》此处无音。《梁统传》下文又引“孔子曰”云云，查《论语·子路》：“名不正则言不顺，言不顺则事不成，事不成则礼乐不兴，礼乐不兴则刑罚不中（孔曰：‘礼以安上，乐以移风。二者不行，则有淫刑滥罚’），刑罚不中则民无所措手足。”此“中”是适当、恰当的意思，当读去声，故《经典释文·论语音义》：“不中，丁仲反。下同。”依此类推，则《尚书·吕刑》之“中”，亦当读如“仲”。尽管依《后汉书·梁统传》，此“中”可写作“衷”，但这并不能改变其音义，故严格说来，刑罚衷与不衷之“衷”是不能与平声“中”相押的。上述《押韵释疑》又说道：“若已押降衷，又押中道之中，更在审订。”所谓“中道”之“中”，系指《论语·雍也》：“冉求曰：‘非不说子之道，力不足也。’子曰：‘力不足者中道而废，今女画。’”此处《经典释文》曰：“中道，如字，一音丁仲反。”但中道犹半道，半道处道途之中间，故当如字作平声，不当读去声。

以上均是经过学术探讨才能得出的结论，而当时的场屋中出现的纷争，需要很快定夺，事实上来不及作这种探讨，故有时考官的裁断或中枢部门的指挥便会与学理相矛盾。

又如《押韵释疑》：

> 藏（平声下·十一唐）：徂郎切。无注。《广韵》此字下注云：隐也，匿也，徂郎切。去声此字下《监韵》注云：物所畜也。三易《归藏》。又“显诸仁，藏诸用”之

类，在此平声。如《易》“慢藏”，《中庸》“宝藏兴焉”，皆才浪反，此非。据此言之，“山海天地之藏”正是“藏畜”之义，本不当押作平声，一时主司不照尔。虽□书出处无明音，今则不可承讹，若有此韵，当上请。

材料中“藏”有平去二声，读平声时为“隐匿”义，读去声时表“物所畜”。“山海天地之藏”中“藏”表“藏畜”义，当读为去声，但考官并没有将押作平声的试赋判为落韵，以至于积久成讹，与学理性明显相悖。

总而言之，在宋代科举考试中，考官的评判有一定的标准可循，但这并不意味着考官所做的一切评判都与学理性相符。

第五节 《押韵释疑》中所见科举诗赋押韵宜忌及考场纠纷

一、资料列举

《押韵释疑》现存四册，下边数字标识中“-”号前数字即册数，“-”号后的数字表示该册页码。

1-25 平声上一东陟隆切

衷

诚也。一曰折衷，平也。《书》：“和衷”、“降衷”，皆音中，皆训善也，与“中”字义本不相干，但《后汉·梁统传》引“士制百姓于刑之中”作“爰制百姓于刑之衷”，又引《语》“刑罚不衷”，亦以“中”为“衷”，二字恐古通用。若已押降衷，又押中道之中，更在审订，如“楚子衷甲”，音衷，衷怀也。“服之不衷”，音同衷，适也。及“丹衷”，与“中”字不同，然《民受天地中以生赋》却连押“衷”、“中”二字。

1-28 平声上三钟余封切

容

余封切。《周礼·地官·乡大夫》：“以五物询众庶：一曰和，二曰容，三曰主皮，四曰和容。”注读和容曰和颂，谓能为乐也。是为去声，此不可押。又《汉书·儒林传》：“鲁徐生善为颂。”注：“盘辟为礼容。”读与容同。“容”、“颂”二字，古盖通用，今无申明互换，疑误不可押。

1-29 平声上三钟於容切

廱

辟廱也。《诗·灵台》：“于乐辟廱。”又《文王有声》：“镐京辟廱。”《记·王制》：“天子曰辟廱。”《汉·平帝纪》：“诏：刘歆……治辟廱。”皆此“廱”字。然《文选·班固〈东都赋〉》云“乃临辟雍”，又“三雍之盛仪”，注：应劭曰：“三雍：辟雍、明堂、灵台也。”又“辟雍海流，道德之富”。又《辟雍诗》：“乃流辟雍。”张平子《东京赋》云：“左制辟雍。”《唐·归崇敬传》：“天子学曰辟雍。”止是此“雍”字。又如近年太学补试《辟雍水环如璧》赋魁李煸三韵押官韵云："会搢绅之肃雍。"亦是此"雍"字。然则有所引援，押韵须详细依出处本文写，若押时雍，可再押辟廱，如已押此辟雍字韵，则不可双押矣。

1-37　平声上五支鱼奇切

涯

水际。亦作厓。此字又见十三佳、九麻韵内，皆注云："水际也。"虽无通押明文，然寻常程文三处俱有人押。如《微子》："其无津涯。"注：五佳反，又宜雏反。《庄子》云："吾生也有涯。"注：本又作崖，鱼佳反。各常随出处本文音用。

1-38　平声上六脂宣雏切

绥

宣雏切。《记》："武车绥旌。"注：垂也。耳佳反。监韵不收。《王制》："天子杀则下大绥。"注：绥当为緌。若依注字，当于"緌"字下押"緌"。若依经正文，则韵不收。《左传》："交绥。"注：古名退军曰绥。秦晋本致争而两退，故曰交绥。注无别音，却在此。

1-40　平声上六脂夷唯切

惟

夷唯切。《尚书》此"惟"字。《诗》此"维"字。《易》此"唯"字。然"唯"字，此韵内不收，只五旨内有如"惟"、"维"字。吾郡解试《尧以知人安民为难赋》有既押永惟，又押不易之维者，乃中次榜。考官批草册云："本取中解额，不应押两惟、维字，系犯重，姑置次榜之右。"以此言之，不可连押。盖不易之维，即此"惟"字。如押四维、纲维、八维、圣贤相维、国维字实者，又押永惟、载惟却可。

1-43　平声上七之详兹切

辭

讼也。监韵如此写，若押此，切不可写俗"辞"字。近年瑞州科试《舜明四目达四聪》赋已取中一本拟魁，第五韵却押此"辞"字，别位考官争以为"辞"字礼韵无，系落韵，拟取魁者争不胜，遂置在次榜亚魁。不可不知。

1-44　平声上七之盈之切

诒

欺。已上二字义本不同。如《书》："贻厥子孙。"注：遗也。则与上"贻"字固无可疑，如《诗》："诒厥孙谋。"注：传也。曰遗，曰传，其义则同，恐不可双押。

1-48　平声上八微於希切

衣

於希切。《书·武成》："一戎衣。"注：衣，服也。一着戎服而灭纣。《中庸》篇曰："壹戎衣，有天下。"注：衣读如殷，声之误也。壹戎殷者，壹用兵伐殷也。又曰："壹戎衣。""衣"字于巾反。《尚书》依字读，谓"一着戎衣而天下大定"云。如"衣"字音殷者，二十文韵内即无，只《书》"一戎衣"字可押，是此一字。

1-49　平声上九鱼休居切

虚

休居切。贾《策》："社稷为虚。"注：读曰墟，谓丘墟也。又《庄子》："舜……至邓之虚。"注：音墟，本作墟。《左传》多用此字，但韵内"墟"字丘于切尔。古人于村墟字间用单虚字，如押"海内虚耗腹空虚"之"虚"，却可与"墟"字双押。

1-50　平声上九鱼于余切

狙

猿属。《庄子》："狙公赋芧，曰：'朝三暮四'。"云云。注：猴也。在此七徐反。《扬子》："狙诈咸作使。"注："光曰：七余切，又千预切。"公试《御天下正六官赋》魁许应龙六押"下"字云："举亡作敌之狙，自蔑骇舆之马。"又南省《圣人以仁守位》魁陈垓押"居"字云："力穷诈狙。"正在此。或谓此不可押，非也。如张良(博)狼狙击秦皇，"狙"音去声，与"觑"字同，却不在此韵。

1-54　平声上十虞风无切

枹

击鼓杖。《叔孙通赞》："舍枹鼓，立一王之仪。"又《张敞》："枹鼓稀鸣。"注：颜俱音桴。云其字从木，在此。《左传》："右援枹而鼓。"注："音浮，鼓槌也。"然浮字内即无，只五爻内亦有此"枹"字。乃《诗》"棫朴"注："下枹木字，必茅反。"于此义不相干，合依《汉书》颜注，在此押。

1-59　平声上十一模汪胡切

洿

浊水不流。又窳下。亦作污，音乌。此"污"字三见，但九麻内"汙"字从于，音蛙。注云：凿地为尊也。十一暮内"汙"字注云：秽也，亦作洿。经、子中所用少此"污"字，皆此"汙"字。而音亦不一，如《书》："旧染汙俗，咸与惟新。"注：乌故反。又音乌，又乌卧反。《孟子》："知足以知圣人汙。"注音蛙。又"同乎流俗，合乎汙世"。注：音乌，又乌故反。《礼》："器汙尊而抔饮。"注：乌华反，又音乌。《左传》："潢汙行潦之水。"注：音乌。以上经、子音乌字者，乃皆此"汙"字。又太学刘允成《儒有澡身浴德赋》一押儒字云："能澡身而浴德，不同流而合汙。"依《孟子》本文注音乌，固当在此，然礼韵平声即无此"汙"字。又《左传》："川泽纳汙。"注：音乌。如《孟子》："数罟不入洿池。"注：音乌。在此。然"柳下惠不羞污君"，是此韵内"污"字，然注乌路反。此三字考之《玉篇》，从亏者，古文也；从于者，今文也。要之"污"、"汙"，只是一字，但经、子以今文书之，监韵乃从古字，所以字体不一。又《礼记》："道污则从而污。"亦音乌。若欲稳当，遇押"汙"字，只得写此"污"字，纵所引出处不是此"污"字，韵中却有之，卷子上不过一点尔，系笔误也。《汉·薛广德》"污轮"，此"污"字。《春秋》："尽而不汙。"注：忧于反。乃音纡，然监韵不收。

1-61　平声上十二齐田黎切

提

此提携、提挈字。《扬子》："槌提仁义。"注：光曰："槌，都回切，掷也。"又曰：

《汉书》云："以傅扁提月太子。"《汉书》注：提，携也。徒计反。此非。然"计"字韵内无。又袁行之太学补试《仁之为器重赋》六蔺云："若谓槌提堪笑老聃之陋。"又黄恭《经籍仁义之陶钧赋》六蔺云："因杜槌提之害。"蔡挺秀七韵云："入佛入老，而槌提之患形。"皆作平声字用，但决不可押作平声。

1-63 平声上十二齐言奚切

霓

屈虹。《孟子》："望云霓。"注：五奚反。在此霓裳同，如十六屑、二十三锡者非。其余"霓"字出处，更宜详审。昔范镇蜀公召试学士院诗，用彩霓字，学士以沈约《郊居赋》"雌霓连蜷"，读"霓"为入声，误以公落韵，详载《言行录》。

1-66 平声上十四皆庄皆切

斋

庄皆切。注：亦作齐。按："亦作齐"三字，旧大版监韵与释韵皆无此，只省场中俵与士人，小板礼韵者"斋"字下有之。如"有齐季女"与"思齐"，皆此"齐"字。若疑似，只得写此"斋"字，况"思齐"、"有齐季女"下注俱亦作"斋"云，纵曰差误，卷子上不过一点尔。

1-70 平声上十六咍墙来切

裁

墙来切。监韵下无注，十九代此字下注云："制也。"《唐·杜如晦传》云："宪物容典，率二人讨裁。"《唐书》正本元无音注。然有印本《新唐书》释音文，是嘉祐中将仕郎、前权书学博士臣董冲上进本，于"裁"字下注云："昨再切，制裁也。"又《王珪传》："有鉴裁"，下亦注：昨代切，制裁也。合在去声。然太学《明王广开忠直之路赋》王度七押"开"字云："公是公非，系吾剸裁。"太学毛谓《圣人接三才之奥赋》七押"才"字云："祧庙祔庙，是非孰裁。"又张盘押"四圭两圭，玉殊所裁"。又舍试《云台诏讲书传赋》杨梦高七押"台"字云："诏奉常而讨裁。"又高士龙亦此韵押云："相为讨裁。"并系在平声。然则引《唐书》本文合作去声押，若泛押讨裁、剸裁、裁度之类自无妨。又《〈穀梁传〉序》"准裁靡定"，又曰"《公羊》辩而裁，其失也俗。若……裁而不俗"。皆音在代反，合在去声，或曰讨裁字，纵泛押于此亦不可。

1-70 平声上十六咍墙来切

财

《易》："后以财成天地之道。"注：财音才。苟作裁，不可又押裁字。《孟子》："有达财者。"古注无解，别本集注云："达财，陆曰：谓周恤之。一本作才，以有善才就开其性理也。"若引此，则不可又押"才"字。

1-74 平声上十八谆夷真切

夤

监韵六脂内"寅"字下注云："东方之辰也。"又于六脂内"夤"字下注云："恭也。"至此韵内"寅"字下无注，于此"夤"字下注同。《尚书》："寅宾出日。"又"夙夜惟寅"，亦恭敬也。两“寅”字上皆无夕字。若用寅宾、惟寅，只得依书正经字，但从来无有押寅恭之寅在六脂内者，若寅卯之寅，以六脂内其下注云：“东方之辰。”则在彼不在此。国学解试《股肱日月献纳赋》林子升于其字官韵内押甲寅者，正据此。然《广韵》乃于此韵内此字下注云：“辰名。”《尔雅》：“太岁在寅曰摄提。”万一疑此韵内寅卯字难用，只得阙之，或临期上请。《易·艮卦》：“艮其限，列其夤。”注：引真反。马云：夹脊肉也。

1-76　平声上十九臻与“伸”同

信

与“伸”同。引《左传》：“勿使能殖，则善者信矣。”又如贾《策》：“不可屈信”、《宣帝》：“信威北夷”之类，皆读曰伸，不可双押。然《春官》：“侯执信圭。”注：信当为身。声之误也。盖象以人形为瑑饰尔。欲其谨行保身，圭长七寸，又注曰：信音身。不可与“身”字双押，亦不可与“信威”字双押。新制《易·系》：“尺蠖求信。”音伸。

1-76　平声上二十文无分切

闻

《礼记》：“谀闻。”上音小，下音问。此非。《书·君奭》：“迪见，冒闻于上帝。”注：音问，或如字。《康诰》：“西土，惟时怙冒闻于上帝。”注：如字，或音问。南省《圣人冠群伦赋》次名孙梦观四云：“广而区夏，尽入冒闻之域。”又《文王之典靖四方赋》魁四起云：“彝教迪而德乃冒闻，人伦正而化斯纯被。”以此见平仄不拘。

1-78　平声上二十一欣於斤切

殷

于斤切。国子监申请“殷”字系祧庙，于平声二十一欣内收押。故太学私试命题有《殷尚质》，又《宵中星虚殷仲秋》俱押“殷”字，在此。如“左轮朱殷”，於奸切，此非。然“奸”字内无。又《诗》：“殷其靁。”注：音隐。然“隐”字内不收。

1-79　平声上二十二元愚袁切

源

此与“原”字本不通，然近太学解试《人主积美之源赋》，考官云：“源流之源亦不过有所本原，其义同，不许重押。”故此赋既印行，皆无押“原”字者。此见吾郡在学试者说。又《记》：“或源也。”注：本又作原。是二字同矣。

1-81　平声上二十三魂胡昆切

浑

流声。一曰洿下。《扬子》：“合则浑，离则散。”注：户昆反。在此。二十一混者非。又“或问浑天”。注：胡本反。然《赋经》载叶重开《天行健赋》五押“之”字云：“故令平子妙制作于浑仪。”如此则为平声矣。又《商书》：“浑浑尔。”注亦胡本反。又详见上声此字注。郭璞《江赋》：“肧浑。”亦点水傍。监元陈传良《汉斫琱为朴赋》云：“见涵养肧浑之至。”上舍魁徐浩《元气转三统赋》三押“元”字云：“氤氲之表，莫究于肧浑。”是也。如近年《五常五行之形气赋》彭爚云：“肧浑脉络之相因。”又王九万《夏弦赋》“肧腪长育之事”，又叶明《形色天性赋》“肧腪未凿之前”，乃皆此“腪”字，捡礼韵即无，只

《玉篇》有此，于运切。宜知。

1-83　平声上二十三魂卢昆切

论

卢昆切。《记·王制》："凡制五刑，必即天论。"注："伦"字。此非。然十八谆内不收。《文王世子》："大司成论，说在东序。"力门反，在此。又力顿反，如"讨论坟典"，考论之义，亦在此。

1-84　平声上二十五寒河干切

翰

羽也。翰非。《扬子》："凤鸣而鸷翰。"注：胡安反。在此。去声者非。张翰之翰，人多循习呼作去声，不知张字季鹰，则翰为羽翰明矣。此周益公说，又见去声此字下详注。

1-86　平声上二十六欢沽丸切

观

贾谊赋："达人大观。"注无别音。太学陈焕《贤主观万化原赋》七押观字云："符达人大观。"在此。如《周礼》"以观四国"，《汉书》"纵观秦皇"，皆工唤反，在去声。《诗》："遹观厥成。"注：古乱反。此非。余见去声此字下注。

1-87　平声上二十六欢徂丸切

酇

百家为酇。然《周礼》："酇长。"注：作管反。《遂人》："四里为酇。"亦作管反。云：后同。则此字当在上声押。然近时《师氏以孅诏王赋》私魁谢履谦七押"官"字韵云："均人以上，有党有族，司救而下，堂邻掌酇。"次名郑安礼亦押于此云：邻曰酇。与《周礼》音注相反者，正以监韵于此平声注曰"百家为酇"，故得押在此。计二韵皆可通押。

1-88　平声上二十六欢卢丸切

銮

无注。《广韵》注云："銮铃。"崔豹《古今注》曰："五辂衡上金雀者，朱鸟也。口衔铃，铃谓之銮，或谓朱鸟銮也。銮(当为'鸾')口衔铃，故谓之銮。"又郭璞注云："在轨曰銮，在轼曰和。"故太学楼矿《金銮论当世事赋》七押"步迎遽息于和銮"是也。然《诗》："鸾声哕哕。"《左传》："锡鸾和铃。"乃此"鸾"字，不可重押。若押金銮，又押指鸟为鸾乃可，自宜以意晓。

2-5　平声下二仙时连切

埏

此字韵内凡二音羶者，注已见上。此音蝉者，监韵注："地之际。"相如《封禅书》："下泝八埏。"注：埏，地之八际。当在此押。颜注：埏，本音延。合韵音弋战反。又去声。然去声"战"字内无。

2-6　平声下二仙张连切

鳣

鱼名。《后汉·杨震》："冠雀嗡三鳣鱼集堂前。"注：冠，去声。鳣音善，似蛇。郭璞云："鳣，音知然反。"礼韵此字只二僊韵内有，善字韵内无，只合从郭音。贾谊赋："横江湖之鳣鲸兮。"注：竹连反。同。

2-11　平声下三萧与"韶"同

招

与韶同。《孟子》："盖祉招、角招是也。"注：乐章名，音韶。当于"韶"字下亦作"招"。又《春秋》："祭公谋父作祈招之诗，以止王心。"此是。如《过秦论》："招八州，朝同列。"注：招，举也。音翘。监韵中无，不可押。

2-13　平声下四宵时遥切

佋

庙佋穆，亦作昭，音韶。如《记·大传》："序以昭穆。"又《王制》："三昭三穆。""昭"字皆无明音。如《周礼》："呼昭穆而进之。"注：上招反。多是此"昭"字。盖昭穆合从本音，正取昭明之义。因避晋讳，音上招反。朱晦庵《经解》并读如字。若押此，与昭明之昭即不同。

2-15　平声下五爻何交切

殽

杂也。《史记·秦纪》"殽涵"字在此。上舍《郊雍出宝璧玉器赋》郭沚押"郊"字云："宜开祥瑞于函殽。"又国子监魁郑浚《周道四达礼乐通赋》七押"交"字云："宴承士会，享莫下于烝殽。"亦在此。如《记》："礼，本于天，殽于地。"注：户改反。在去声。此非。又如《书·秦誓》："败诸崤。"注：户交反。晋要塞也。与秦殽字不同。

2-20　平声下七歌寒歌切

苛

监韵注：小草也。上声此字下注云："苛，急也。"或以为烦苛字，不可押，在此不然，如《诗序》："哀刑政之苛。"注：本作荷，音何。《记》："苛政猛于虎。"注：音何，本亦作荷。《汉·高纪》："苦秦苛法。"注：颜曰：苛，细也。音何。当在此押。太学《王者之法犹江河赋》破云："王非尚苛。"尤可为据。

2-21　平声下七歌桑何切

牺

酒尊。亦作献。《庄子》："百年之木，破为牺樽，青黄而文之。"注：音羲，又素何反。又"纯朴不残，孰为牺牺；白玉不毁，孰为珪璋"。注：音羲。画牺牛象以饰尊也。郑元云："画凤羽饰樽，婆娑然也。"音先何反。《诗·閟宫》："牺樽将将。"注：素何反。

2-24　平声下九麻呼瓜切

花

呼瓜切。亦作华。《月令》"桃始华，鞠有黄华"是也。然皆无明音，又无解注。学者每疑之。如“始华”云者犹可以为“荣华”，至“鞠有黄华”，则为黄花明矣。曹子建诗云：“朱华冒绿池。”亦此类也。顾可解为黄而荣华乎？朱而荣华乎？况此诗题乃太学私试周梓，一篇内更不复押“花”字，次名闻人模破题押“池”字，直云：“荷华一望奇。”又如《诗》：“隰有荷华。”注：荷华，扶渠也。云其华菡萏，此尤为分明。又“皇皇者华”，注：能光君命，无远近，如华不以高下易其色。又“棠棣之华，鄂不韡韡”，注：承华者鄂，鄂，足也。鄂足得华之光明，则韡韡然盛。以至《语》：“唐棣之华，偏其反而。”注：华反而后合。凡此数端，如华者，如花也，非荣华也。承华者鄂，华下既有鄂，则为花，明矣。兼监韵“柎”字下注云：华下萼。此尤晓然是花字也。“华反而后合”者若解曰：“荣华而后合”，则理短矣。若“苕之华”，又“白华”，注明音曰“花”字。场屋中如已押上项“华”字，不可又押“花”字，恐考官疑犯重。若泛用此二字，则犹可。又《易》：“枯杨生华。”注：如字。又音花。

2-25　平声下九麻乌瓜切

蛙

水虫。亦作鼃。《孟子》“谓蚳鼃曰”，注：乌瓜反。在此。又乌蜗反。《王莽赞》：“紫色蝇声。”注无明音。又与韵上鼃字不同，但颜注云：蝇，邪音。又云：乐之淫声。近世学者谓蝇之鸣，失其义矣。据此批注，是与此“哇”字同义。

2-29　平声下十阳如羊切

攘

监韵此下无注。但云亦作纕。三十六养韵内“攘”字下注云：扰也。恐此处不可押扰攘字。贾谊《策》：“国势抢攘。”上士庚反，下女庚反。此非。然十二庚内即无，如《书》：“夺攘矫虔”，又“无敢冦攘”，注俱如羊反。《诗》：“外攘”，《语》：“攘羊”同。

2-32　平声下十一唐徂郎切

藏

徂郎切。无注。《广韵》此字下注云：隐也，匿也，徂郎切。去声此字下监韵注云：物所畜也。三易《归藏》，又“显诸仁，藏诸用”之类，在此平声。如《易》：“慢藏”，《中庸》：“宝藏兴焉”，皆才浪反，此非。据此言之，山海天地之藏正是藏畜之义，本不当押作平声，一时主司不照尔。虽□书出处无明音，今则不可承讹，若有此韵，当上请。

2-33　平声下十一唐胡光切

皇

《孟子》曰：“孔子三月无君，则皇皇如也。”注：如有所求而不得。又《扬子》：“四海皇皇，奠枕于京。”注：“四海盛美，安枕无虞。”字同，音同，义不同。如《诗》：“不遑启处。”乃此“遑”字训暇。《汉书·贾谊传》：“文帝谦逊未皇。”又《儒林传序》：“未皇庠序之事。”皆注云：“皇，暇也。”则“遑”、“皇”二字意义同，不可双押。若押三皇之皇，又押遑暇之遑，不犯重。

2-34　平声下十二庚古衡切

更

改也，歷也，偿也。《汉书》：“卒更、践更、过更。”颜注：工行反。在此。古者正卒无常人，皆迭为之，一月一更，此卒更也。富者雇贫者，月二千，此践更也。天下皆直戍边三日，虽丞相子亦在调，不可人人往，又行者不可三日便还，因一岁一更，诸不行者出三百钱入官，官以给戍者，此过更也。在此。

2-35　平声下十二庚普庚切

烹

普庚切。亦作亨。《易》：“以木巽火，亨饪也。圣人亨以享上帝，鼎大亨以养圣贤。”注皆普庚反。注：煑也。即“烹”字。若引此，又押泰亨、亨通之类，则不妨。盖此韵内明有两亨字。

2-35　平声下十二庚蒲庚切

彭

蒲庚切。《诗·出车篇》：“出车彭彭，旗旐央央。”注：彭彭，四马皃。即无别音。央央，本亦作英同，于京反。又《大明》：“驷骠彭彭。”注云：“马强也。”下无别音。又《烝民》：“四牡彭彭。”注：行皃。同上如字，当在此。独《易·大有》：“匪其彭。”注：步郎反。满皃。又作旁，却在十阳，此非。

2-39　平声下十四清诸成切

正

岁之首月也。《书》：“怠弃三正。”注：天、地、人正，如字。又音征。建子、丑、寅三正也。又“正月上曰”，注：音政。又音征。“正月朔旦”，注同。《汉书》：“改正朔。”师古注曰：“之成反。”亦在此韵。以秦皇讳“政”字，故后读为征。《中庸》：“失诸正鹄。”注：音征。“正画曰正”，“栖皮曰鹄”，皆鸟名也。《诗》：“不出正兮。”又《周礼》：“国子若有甲兵之事，司马弗正。”注：音征。皆在此。董《策》：“求王道之端，得之于正，正次王”云云。颜注曰：谓正月也。之盛反。只去声。又《左传》序：“所用之历，即周正也。”注：正音政。读者多音征，后皆放此云。

2-42　平声下十五青卢经切

鸰

鹏鸰。《诗》：“脊令在原。”注：脊，井益反。亦作即，又作鷶，皆同。令音零，本亦作鸰，同。如用此，不可押单令字，单令字在十四清。此韵内虽有新制添入令字者，但其下注引《诗》云：“卢令令”尔。音零字，非脊令也。如杜诗：“抛书示鹡鸰。”又“沙晚鹡鸰寒”，“深负鹡鸰诗”，皆此鹡鸰字。若引毛诗，只得依诗注下“鸰”字，纵曰笔误，当一点尔。况注下有此“鸰”字。

2-47　平声下十八尤虚九切

咻

痛念声也。《孟子》：“楚人咻之。”注：音休谨也。戊子科臣僚奏“咻”字有三音：呼句者，庙讳也，释云日以温之。一音况羽切者，释云噢咻也。一音虚尤切者，释云“噢咻，痛念声”也。按：《孟子》“咻”字注：谨也。音休。依旨挥，庙讳不同音，不合回避。乞下国子监合与不合，附入韵，颁行后不许回避。然不押此字为上。

2-51　平声下十九侯乌侯切

瓯

《史记》：“淳于髡曰：道傍有禳田者，操一豚蹄、酒一盂而祝曰：‘瓯窭满篝，污邪满车。五谷蕃熟，穰穰满家。’”注：正义曰：窭音楼，篝音沟，笼也。瓯楼谓高地狭小之区得满篝笼也。汙邪，下地田也。汙音乌，邪字无明音。“瓯”字、“篝”字皆在此韵内。如窭音楼，则此内不收。

2-54　平声下二十一侵如深切

任

保也，胜也，又堪也。《王制》：“论辨，然后使之；任事，然后爵之。”注：而鸩反。同此篇后又云：“任官，然后爵之。”注：任，而金反。异同如此，当知。《书》：“令色孔壬。”注：甚佞也。又“而难任人”，注：音壬。又而鸩反。任，佞也。是与上孔壬字义同，不可双押。《周礼・司徒》：“睦婣任恤。”无明音。但注云：任者，信于友道。又“不任之刑”，亦无明音。止注云：任谓朋友相任。窃详两注是信任、委任，当在去声无疑。若以为平声，则是训保也，胜也，与注下意不类矣。疑混不可押。又《月令》：“孟冬之月，其日壬癸。”注：壬之言任也。癸之言揆也。日行北道，闭藏万物，月为之佐，时万物怀任于下，揆然萌芽，因以为日名。又《汉・律历志》：“怀任于壬。”“任”字两处注下皆无明音。

2-55　平声下二十一侵持林切

沈

持林切。亦作湛，俗“沉”字，非。又实沈，星名。《月令》：“注：孟夏者，日月会于实沈，斗建巳之辰。”司马相如《难蜀》文“湛恩”，江瀛注：湛读曰沈。又《封禅书》：“湛恩厖洪。”颜注：湛读曰沈。沈，深也。在此。去声者非。此“湛”字凡四见：二十四盐者，湛渍也；二十二覃者，湛乐也；五十三豏者，清湛也。各不同。

2-57　平声下二十二覃他含切

探

亦作撢。新制许依经、史注押。如释文无明音，即许与去声此字通押。《易・系》：“探赜索引。”注：探，吐南反。《中庸》：“曰知微之显。”下注言其睹末察本，探端知绪也。探音贪。《穀梁》：“探先君之志。”《语》：“见不善如探汤。”皆音贪。《书》：“探天之威。”音同。故上庠私魁陈王《圣人接三才奥赋》三押“三”字云：“颐岂难探。”在此。如仲舒“深探其本”，太史公“探禹穴”，却无明音。《周礼》：“撢人。”注：他南切。与探同。“主序王意以告天下”，亦同。

2-58　平声下二十二覃胡南切

函

容也。非函谷字。如《礼记》：“席间函文。”注：函，容也。《周礼》：“函钟。”注皆胡南反。《汉·律历志》："太极函三为一。"注：与含同。皆在此。又《礼乐志》："人函阴阳之气。"注：含同。"含"、"函"二字通用，不可双押。

2-59　平声下二十四盐余廉切

檐

梍也。亦作檐、櫩。《汉文纪》："方春，人，或阽于死亡。"注：服虔曰：阽音反坫之坫。孟康曰：阽音屋檐之檐。如淳曰：阽，近边欲堕之意。师古曰：服、孟二音皆通，皆可押。

2-59　平声下二十四盐於盐切

餍

《左传》："贪惏无餍。"本作厌。于盐切。新制云："猒"、"厌"、"餍"三字，礼部韵训解不同，今许于经传释文中有明音者即本音押，如无明音即许于平仄声通使。如《〈春秋〉序》："餍而饫之。"注：于艳切。只一音。《孟子》："不夺不餍。"注：一盐切。又於黡切。《贾山》云："天子学问至刍荛，求善无餍也。"无音注。

2-63　平声下二十七咸胡嵒切

函

匮也。亦作椷。此函谷关名。《过秦论》："秦据殽函之固。"注：殽谓殽山，谷谓函函(后"函"字当为"谷")。太学私试《多助之至天下顺赋》第七押"咸"字，孙宗楚云："李郭勉忠，地复收于河朔；陈吴首难，险莫恃于殽函。"

2-64　平声下二十八衔鱼衔切

岩

鱼衔切。岸也。《公羊传》："殽之嵚岩。"杜诗："重岩细菊斑传岩。"同。与上"嵒"字下注云"山岩"义同，不可双押。晋顾恺之有问其会稽山水，对曰："千岩竞秀，万壑交流。"

3-4　上声一董作孔切

緫

作孔切。聚也，皆也。亦作"揔"。《书》："汝惟不怠揔朕师。"注无明音。《诗》："百禄是緫。"注：子孔反。太学私试魁徐汝能《儒席珍待聘赋》八押"动"字，云"宝异商臣之緫"，押在此。《书》出处无明音。《书》："百里赋纳緫。"注：音揔。在此。又惟《说命》："緫百官"，注：音揔，同。《周礼》："肆长敛其緫布。"注："緫"当为"儳"。此非押"揔"字者。又见下"偬"字下注。赋韵所押如"铨综"之"综"，固在去声，然《唐书·选举志》云："铨緫之法密矣。"乃此"緫"字，宜知，《宋璟传》亦同。

3-8　上声四纸诸氏切

砥

音止。《孟子》："周道如底。"乃此"底"字。监韵续降引此注云："亦作底。"梅福："爵禄，天下底石。"注：之履反，同。《儒行》："砥砺廉隅。"注：底音脂。然脂字内不收，次音旨，却在此内。

3-11 上声四纸於诡切

委

於诡切。如《周礼》："委积"，《礼记》："源委"，皆音去声，此不可押。若"端委"之"委"则在此。《左·昭元年》："刘定公曰：'吾与子弁冕端委以治民，禹之功也。'"注：端委，礼衣身服也。又《孟子》："委而去之，是地利不如人和也。"又贾《策》："朝委裘而天下不乱。"注：朝委裘，未有所知也。又曰：委裘，若容衣，天子未坐朝事先帝。裘，衣也。在此。

3-12 上声四纸部靡切

被

部靡切。及也，亦寝衣。新制许与去声寘字韵内被字通押。《诗》："纯被文王之化"，又《书》："东渐西被"，注：皮义反。皆在去声。虽韵许与去声被字通押，礼韵云：经书只一音者，合从本文音，则纯被、渐被不在此。昔年省试《陶成天下之化》，近时《人主积美之源赋》，场中多押纯被字，在上声。其时考官多欲以落韵黜之。赖其中有引许与通押之说以为解，幸免黜落。此事尝亲闻登科及上庠人说，当知。兼闻诸长上，如"被"字、"取"字、"在"字之类在官韵者，且当从本来声韵内押，不可遽以有新制遂押在通用韵内，恐不便，若非官韵，泛用泛押乃可。

3-15 上声五旨补靡切

否

臧否也。新制云：按《诗》："未知臧否。"《释文》音鄙。字如此之类，全使经传文，即只许从独音于此韵内押。如泛押"臧否"之类，即许与"有"字内否字通押云。《诗》："邦国若否。"注：音鄙，旧方九反。若，顺也。顺否犹臧否也。《书》："否德忝帝位。"注：方九反，又音鄙。似此类多宜审。

3-15 上声五旨母鄙切

美

母鄙切。亦作"媺"。下从"大"字。"美"非，乃"羔"字。《记》："朝廷之美，济济翔翔。"注：音仪。然韵内不收，"杜子美"同。

3-17 上声六止展里切

徵

展里切。宫音所生也。然犯庙讳，如押宫商角徵羽字，人每以"祉"字代。《汉·律志》："徵，祉也。物盛大而緐祉也。"又云："夫声者，中于宫，触于角，祉于徵，章于商，宇于羽。"故昔年太学上舍魁张正子《舜乐歌咏五常言赋》八韵云："招弟详于祉角"，用此"祉"字是也。

3-17 上声六止良士切

李

牛李郭李。"李"、"理"二字义本不同，然又有同者，亦在所宜知。洪氏《随笔》云：《汉书·胡建传》："黄帝李法。"注：狱官名也。又《天文志》："左角曰李，右角曰将。”注：李者，法官号。其书曰《李法》，云：“《唐世系表》：‘李氏，自皋陶为尧大理，世作此官，以官命族为理氏。至纣时逃难，食木子得全，遂改理为李。’”今本《汉书·天文志》：“骑官左角曰理”，乃用此“理”字。而《史记·天官书》则为“李”，然则“李”、“理”一尔。又《左传》：“行李往来。”至郑子产与晋盟于平丘，则曰：“行理之命”，皆注云：“使人也。”其义益明，若引此，则二字难双押。

3-22 上声八语忍与切

茹

饮也。亦曰菜茹。注：与去声者同。《诗》：“柔则茹之。”注：音汝，又如庶反。《礼运》：“饮血茹毛。”注：音汝。又《孟子》：“饭糗茹草。”注：音汝。董《策》：“食于舍而茹葵。”音同上。其他更宜审，如《易》：“连茹。”音去声。又《诗》：“玁狁匪茹。”注：如豫切，在去声，此则非。

3-24 上声儿麌王矩切

羽

王矩切。《广韵》此下注云：聚也，舒也，亦鸟长毛也。监韵于此下无注。十遇内羽字下注云：翼毛也。旧有押羽毛字在此上声韵内者多黜落，宜审。如羽翼字以监韵去声下注释而言，则断在十遇无疑。今谩录其余诸羽字一二，庶可类推。如宫商角祉羽者，《月令》：“其音羽。”《乐记》：“羽为物。”皆无音解。《乐记》疏云：羽为物者，羽属冬，物聚则成财用，冬则物皆藏聚，与财相类也。《周礼》：“南吕为羽。”注云：凡五声，宫之所生，浊者为角，清者为祉羽。《汉·律历志》云：“羽，宇也。物聚藏，宇覆之也。”皆无明音。《晋书·乐志》云：宫之为言中也，中和之道，无往不理焉。商之为言强也。谓金性坚强也。角之为言触也，谓象阳气触物而生也。祉之为言止也，物盛则止也。羽为物，羽之为言舒也。言阳气将复，万物孳育而舒生也。舞干羽者，《书》注：干，楯也。羽，翳也。皆舞者所执。疏云：干，扞也。以楯自蔽扞也。又云：纛翳也。舞者以自蔽翳也。故干戚、羽旄，皆舞者所执，修文教而不复征伐也。又《乐记》：“干戚、羽旄谓之乐。”注：干，盾也。戚，斧也。武舞所执也。羽，翟羽也。旄，旄牛尾也。文舞所执也。《周礼》：“有帗舞，有羽舞，有皇舞，有旄舞，有干舞。”注：帗舞者，全羽。羽舞者，析羽。皇舞者，以羽覆头上，衣饰翡翠之羽。旄舞者，牛之尾。干舞者，兵舞也。羽林者，《汉》官仪曰：“羽林者，言其为国羽翼，如林之盛也。”又《汉·宣帝纪》：“羽林孤儿。”注：林，若林木之盛。羽，羽翼鸷击之意也。学者以《广韵》、监韵注及经史注疏参之，自可知矣。今并录前辈赋，如太学林之蒙《舞节八音行八风赋》四押舞字，云：“不出一时之干羽。”又陈舜耕《乐则韶舞》六押舞字，云：“仪亦先于干羽。”却在此上声。又《人主之势重万钧赋》次方岩起四押主字鬲，云：“以此驭轻，何翅乎钩金舆羽。”皆在上声，何也？恐不可以为法。

3-33 上声十一荠待礼切

悌

恺悌。新制许与去声霁字韵内悌字通押，注同，但经书之中多是单“岂弟”字。故

《诗》云："岂弟君子"，又"孔燕岂弟"，与夫"干禄岂弟"是也。下注云：弟亦作悌。然韵中无单岂弟之弟字，此上声单弟字注云：兄弟也。去声单弟字注云：孝弟也。故押岂弟须依《诗》注云"亦作悌字"从竖心旁者为当，否则系落韵。又《诗·旱麓》云："干禄岂弟。"注：乐易也。止徒礼反，无别音，且云后岂弟同。只合在上声押，盖新制云：经传释文中有明音者即依本音押云。

3-36　上声十五海此宰切

采

此宰切。取也。亦作採。乑非。又见十九代此字下注云：臣下之邑。《书》："畴若予采。"注：七在反，采，官也，事也。又"百里曰采"，又"男邦采卫"，又"载采采"，皆无明音。止注云：事也，某事某事也。又"服休服采"，无明音。注云：服事，治民也。《明堂位》："九采之国，应门之外，北面东上。"注：七在反。又《王制》："千里之外曰采。"注：音仓改反。《周礼》："采服。"无明音。如其间七在反者，"在"字虽去声，亦有义合在上声押。又按本韵内一寀字注云"官寀"者，意义同，不可双押。如食采地之采，不在此，在去声。盖去声者注曰：臣下之邑故也。

3-37　上声十五海尽亥切

在

尽亥切。所也，存也，察也。新制许与去声代字韵内在字通押。太学夏私试《中国有至仁赋》韵脚云：仁人在上，夫既同是题、又同是日而中榜者，或押在上声或在去声。谩录一二，以见不拘，庶就试或韵脚或官题有在字免疑惑。魁徐明叔四押在字云：乐汉恩之。汪瀛、汪寅押在字云：波澄淮海。杨梦高亦押上声在字。又太学《在明明德赋》魁杨岘押在字云：想遗风于千载。次杨瑱押在字，云：当求诸内。其不拘如此。

3-49　上声二十五潸雏晥切

撰

雏晥切。撰述也。《语》："异乎三子者之撰。"注：士免切。具也。不在此。洪氏《容斋随笔》云："'撰'字列在二韵中，仍义训不一。"顷绍兴三十年（1160），省闱举子兼经出《易简天下之理得》赋，内有考官云："'简'字韵狭，如'撰'字在所必用，然唯'撰述'之'撰'可押，如'杂物撰德'、'体天地之撰'、'异乎三子之撰'、'欠伸撰杖屦'之类，皆不可用。"遂揭示。众士子纷拏上请，予为逐一剖析，方退去。

3-59　上声三十二晧子晧切

藻

水草。《诗》鱼藻。《玉藻》篇："天子玉藻十二旒。"注：藻本又作璪，音早。《郊特牲》："王戴冕，璪十二旒。"二字通用，不可双押。此璪字新制添入，虽无明文云与藻字同，然即上两项出处参之，其义同。班固《宾戏》云："摛藻如春华。"此藻字韵中不收，宜知。

3-65　上声三十五马亥雅切

夏

大也。中国之人，正华夏、夏商周字，又游夏同。如春夏，在去声。《左·襄四年》："穆叔如晋，报聘，金奏《肆夏》之三。"注：《肆夏》，乐曲名。《周礼》："奏九夏：二曰《肆夏》，一名《樊》；三《韶夏》，一名《遏》；四《纳夏》，一名《渠》。"夏，户雅反。在此。又云："九夏：一《王》，二《肆》，三《韶》，四《纳》，五《章》，六《齐》，七《族》，八《陔》，九《鹜》。"又云："《肆夏》，《时迈》也。《樊遏》，《执竞》也。《渠》，《思文》也。"韶，上招反。遏，于葛反。渠，其居反。齐，反(及)皆反。陔，读曰祴，古哀反。鹜，五羔反。今详述于此，是亦一便，如《学记》："夏楚二物。"注：古雅反。然此韵内不收，合押此榎字。

3-65　上声三十五马举下切

假

大也。亦曰非真。新制许与去声祃字韵内假字通押。"汤昭假迟迟。"注：古雅反。在此。又毛音格字，"以其德聪明宽假天下之人迟迟然。言急于己而缓于人也"。又《易》："王假有庙之类。"注音古白反。此非。然假字音格者，入声无。又《诗》："四海来假"、"天监有周，昭假于下"。皆音入声，不可押。《文帝赞》，假借字，此非。见去声此字下注。

3-66　上声三十五马语下切

雅

语下切。楚鸟名。一曰正也。如《记·缁衣》："《君雅》曰"，注：雅作牙，借字也。《礼记》似此类甚多。又如《尹诰》则曰《尹告》，其余所引借字者不一，皆不可押，只得依本文出处字用，如《隋·音乐志》："上寿酒，奏《介雅》，取《诗》：'君子万年，介尔景福'也。"又"君食举，奏《需雅》，取《易》'云上于天，《需》，君子以饮食宴乐'也"。俱在此。

3-68　上声三十六养除两切

仗

兵器。一曰凭也。去声者止注曰：兵器也。旧吾郡补试《吉士用相国家赋》，相字韵内，人多押倚仗字，考官谓落韵。正以在此上声者仗字下注云："凭也"，则押倚仗字于去声者，落韵明矣。

3-69　上声三十六养文纺切

罔

文纺切。《尔雅》云："无也。"然《孟子》："求龙断而登之，以左右望而罔市利。"又"然后从而刑之，是罔民也"。注：由张罗网以罔民也。监韵网字下注亦云："通作罔"，则二字不可双押，若押禁网字，又押"学而不思则罔"、"罔克有终"，即不系犯重。《汉》："禁罔疏阔"、"罔漏于楚"，皆单罔字。

3-73　上声三十八梗居影切

景

居影切。光也。景、影二字本不同，然子、史中多以景为影，如《荀子》：“君者，仪也。仪正则景正。”《过秦论》：“天下云合响应而景从。”董仲舒《策》：“善恶相从，如景乡之应形声。”注：乡读曰响。《伍被传》：“下之应上，犹景向也。”注：如影之随形，响之应声。向读曰响。《刘向传》：“神明之应，应若景向。”注：向音响。《陆贽传》：“上行而下从，若景附形，若响应声。”是皆以景为影，则二字义通，不可双押，须依本文所书之字。

3-78　上声四十四有以九切

槱

积木燎以祭天也。亦作梄。《诗》：“薪之槱之。”注：音酉，弋九反。积木烧也。亦作梄。音同。然监韵于去声此字下注云：积火以燎，且引《诗》“薪之槱之”。作赋者若依《诗》注在上声，若依韵注则在去声，合上请。如《周礼·大宗伯》：“以槱燎祀司中、司命、飌师、雨师。”下注云：羊九反，本亦作梄，音同。却在此。

3-79　上声四十四有始九切

守

此下无注，去声守字下注曰：“诸侯为天子守土，曰守。则郡守、太守，合在去声。”此非。试举一二，如《汉高纪》：“乃闭城城守。”注：守音狩，又云：他皆类此。《记》：“某土之守臣某。”注：手又反。《书》：“谨固封守。”注：始救反。皆去声。昔吾郡解试《文帝敬贤如大宾赋》，既揭榜，所是卷子送郡教点对，内有一本于有字韵内押“云中太守”，练广文谓有碍，自与改作“云中之能守”，不可不知。又清江解试《太守以虚受为理本》赋，取中数名，皆于受字内押太守之守，临申号皆黜去，可以为戒。如何休作《公羊墨守》注：“言公羊之义，不可攻，如墨翟之守城。”却在此。

3-81　上声四十五厚很口切

後

迟後也。即前後之後。去声此下注曰：相导前後为先後。如《易》：“先天而天弗违，後天而奉天时。”注：先，音線。後，胡豆反，在去声。《诗》：“予曰有先後。”同此字。凡作赋者多押在上声，今随所见并录于此。皆是省试太学文，庶可凭据。省魁三杰《文帝止辇受言》二押受字云：“则容纳斯须而敢後。”上庠私试《受计甘泉赋》魁二押受字云：“则听纳之地，于予敢後。”太学公试《黄唐疆理南北赋》韵脚云：“奄有天下。”张自朋六押有字云：“南交朔易，而定人时之先後。”郑泽远六押有字云：“釜山未至也，北迁而恐後。”郭岳四押有字云：“水土既平之後。”太学夏私试《人受天地中以生赋》，邓景辉一押受字云：“有众成形之後。”别院省试魁王从龙《舜执两端用其中》韵脚云：“无过不及斯能用”，中六押不字，云：“塈殄行兮，不在立言之後。”太学私试《君德缉熙康乂赋》，韵脚：“明君有德缉熙康乂。”四押有字云：“阐大基于既安之後。”浙漕解《唐文法度轧汉周赋》韵脚：唐文三变之後，如此。魁钱保亦押在此二韵云：“相为前後。”太学私试《有功铭太常赋》，魁吴梦龙六押有字云：“竹帛之书，垂名于後。”林亿《孝文有刑错之风》二押有字云：“上世之俗，复还于後。”总是而观，自可意晓，则去声者，恐不可例押。

3-82　上声四十五厚莫后切

莽

卤莽也。此字凡三见：十姥内注：宿草也。三十七荡内注：草莽也。独此下注：卤莽也。南省《宗子赋朝以听政》魁四押有字云：“吾其闻之心，敢怀于卤莽。”故押在此。《庄子》出处云：“君为政勿卤莽，治民勿灭裂。昔予为禾，耕而卤莽之，则其实亦卤莽而报予；芸而灭裂之，其实亦灭裂而报予。”注：卤，音鲁。莽，莫古反。又如字。恐以韵释为正，兼南省赋亦可据也。今两存之。

3-83　上声四十五厚子口切

走

子口切。无注。《孟子》：“兽之走圹。”注：音奏。又《汉书》：“间道走军。”俱音奏。此非。去声者注：疾趋也。乾道壬辰省试《从谏转圜赋》，场中有用杜牧《注〈孙子〉序》“犹盘中走圜，圜之走盘”之句押走字。在此有字韵内者，其出处无明音。试院申明，凡经传无音释者，并只如字，合从上声，如字押。周益公时看详云：今见行礼部韵如防、探字之类，平反异者，被、视之类，上去异音，在元祐间看详，许随韵通押，若有独音者，方从本音。今走字出处无独音，自合依今礼韵，随韵通押，此出《益公集》云。

4-3　入声一屋古禄切

穀

古禄切。无注。此禾名，本韵内又一榖字，下从木，是木名，与此不同。《语》：“三年学，不至于穀。”注：公豆反。此非。然豆字内无，又系庙讳。前辈尝言：此字与高庙旁讳字相似。场屋中不若写五穀为五谷、公穀为公谷字，若试官点检，不过系笔误，当一点尔，庶稳也。

4-3　入声一屋古禄切

谷

无注。音穀。三烛亦有此字，音欲，俞玉切。注：豀谷也。音切不同。《尚书》：“旸谷。”注：音工木切，又音欲，是两音。《诗》：“谷风。”注：谷音穀。《易·困卦》：“入于幽谷。”注：古木反。《诗》：“出自幽谷”、“进退维谷”。注：穷也。皆无明音。

4-7　入声一屋敕六切

蓄

敕六切。积也。亦作畜。监韵云：畜，傗。按：《易》：《大畜》、《小畜》及《师卦》：“畜众”。注皆赤六反，又许六反。准近条有两音者，从一音，不回避。故太学解试《人主积美之源赋》，储国秀四云：“深有停蓄，浩无涯涘。”太学补试《聪明圣知达天德赋》次名王飞卿云：“允极辉光之蓄。”是榜用蓄字者八九。《易·小畜卦》下注云：

"本又作蓄。"故作赋者类用此蓄字，庶可避嫌。别院试魁邹应博《养民之本在六府赋》，四押六字云："材焉并蓄。"此类多可无疑。

4-9 入声二沃胡沃切

鹄

胡沃切。此鸿鹄字。《周礼·司裘》："设其鹄。"注云："以皮方制之，以为韋，谓之鹄，著于侯中。"鹄，古毒反。《中庸》："失诸正鹄。"注：古毒反。据此音切，则音牿，韵内无。然《射义》鹄字下注：古毒反，又如字，既两音，或可押。

4-11 入声三浊俞玉切

欲

俞玉切。贪也。下慾字注："情也。"二字本不同，但《诗》："文王有声，匪棘其欲。"注：慾音欲，本亦作欲。恐古本字从心，故陆氏音释如此，如"可欲之谓善"、"我欲仁"、"欲仁而得仁"之类，是贪之义；如"惩忿窒欲"、"喜怒爱恶欲"、"欲败度"、"灭天理而穷人欲"之类，是情之义。今所刊经、子，或从心与否，反自无别，韵虽分为二义，恐不可连押。

4-16 入声五质昨悉切

疾

昨悉切。唐·田游岩："烟霞痼疾"。何休作《穀梁废疾》，又如《语》："君子疾没世而名不称"者，病也。《易》："动万物者，莫疾乎雷；挠万物者，莫疾乎风。"又"不行而至，不疾而速"者，急也。《唐书·李林甫》"妒贤疾能"者，嫉也。用时宜详审，不可双押。

4-21 入声八勿文拂切

芴

菲也。《庄子》："芒乎芴乎，无有象乎。"注：造化万物，恍惚芒昧。芒，音荒。芴音忽。无别音。然忽字韵内无，只此韵内有之。芴音勿字，昔上林庠林式之《春者天之所为赋》，四押物字云："运至精于芒芴。"若不明引《庄子》出处，当不妨。

4-21 入声八勿敷勿切

拂

敷勿切。《孟子》："法家拂士。"音弼。此非。然弼字内无。如《诗》："四方以无拂。"注：拂，犹佹也。言无有佹戾者。拂，符弗反。王注：违也。《孟子》："行拂乱其所为。"注：拂戾而乱之也。注音佛。此两处注释与下咈字注曰违者，意义似同，如押时宜审。

4-22 入声八勿曲勿切

诎

喜失节皃。《礼记》："不充诎于富贵。"本文音注一同在此。然萧何曰："诎于一人之下，信于万乘之上者，汤武是也。"注：信，读曰伸。又《扬子》："诎身将以信道。"注：信乃屈伸之伸字。则诎字义与屈同，不可双押。

4-22　入声九迄许讫切

迄

许讫切。至也。按：《诗》："迄用康年。"注：至也。又《维清》："迄用有成。"同。《扬子》："仲尼之后，迄于汉道。"注：迄，至也。光曰：宋本迄作讫。《生民》："以迄于今"，亦此迄字。然《书序》："断自唐、虞以下，讫于周"。《孟子序》："讫今诸经通义"，又此讫字。押韵者宜审，恐不可混然双押。

4-23　入声十月王伐切

越

王伐切。对越二字，据经书越字训于字，然赋家多用两字对。今录一二于此，以表不拘。临安解试郎伟成《王能祈天永命赋》云："凡随地施敬，对越无愧，况在天有命，去留难恃。"国学私试《敕命惟时几赋》，次名程九万云："凡事为皆上之付，与非兢业，有惭于对越。"上舍魁《王戴冕十二旒赋》钱昌言二云："谓首容之庄，与上帝以对越，必物采之备，始耸民之瞻视然。"如《郊雍出宝玉器赋》魁二押此字云："精意对越，休祥萃止。"又《日月为常赋》俞汝谐八云："礼不徒行，君宣对越。"皆用一字对，此则依经书注训也。如越席字在十三末内，此非。又《记》："朱弦疏越。"注：瑟底孔。无别音。又"玉，其声清越以长"，皆在此。《史记》："越王勾践"，《汉书》乃此粤字。

4-25　入声十月其谒切

竭

其谒切。尽也。十七薛者注同。上庠私魁黄登《官师相规》二押阙字云："乐于与人者忠必竭。"押在此。又公试《春为青阳赋》韵脚云："春月气和，是谓青阳。"六押月字云："见造物生生而不竭。"同。如《语》："能竭其力。""既竭其才。"《孟子》："既竭目力心思耳力焉。"皆注云：尽也。俱无明音，或可通押。

4-25　入声十月其谒切

揭

担也。十七薛者注云：举也。又同薛字韵者注云：负也。《庄子》："昭昭然，若揭日月而行。"注疏云："昭昭明白，如担揭日月而行于世。"注：其列反，又其竭反。公试魁《典谟深润扬鸿烈赋》，陈高子二押烈字云："书冠百篇，昭昭若揭。"以次徐灼皆然，此则押在十七薛。近南省《天子与日月并明赋》魁袁文焴二押月字云："昭然若揭。"以次莫应龙、陈霆炎具柎皆然，此则押在十月。闻登科者云：是年帘前上请，许在此押，二处当通用。

4-38　入声十七薛鱼列切

谳

议罪也。新制与上声狝字韵内谳字、去声线字韵内谳字通押，三处注释皆同。虽许通押，然监韵云："经、史只一音者，止合从本文音。"桉《文王世子》："狱成，有司谳于公。"注：鱼列反，言也。无别音。《汉·景纪》："谳诸狱疑若文致于法而于人心不厌者辄谳之。”注：厌，服也。厌，一瞻反。谳，平议也。鱼列反。《于定国传》：“冬月治请谳”，音同鱼列反，在此，泛用则通。

4-42　入声十九铎挞各切

魄

音拓。注：落魄不检然。《郦食其传》：“家贫落魄。”注：师古曰：失业无次，乃音薄。《庄子》：“轮扁斫轮曰：君所读，古人糟魄。”注：渍糟曰粕。夫醇酎此(比)乎道德，糟粕方之仁义。注文是此粕字，正文乃此魄字，韵内无此魄字音粕者。相如《封禅书》：“大汉之德，旁魄四塞。”注：广被。亦布各反，音薄。

4-43　入声十九铎白各切

薄

监韵注：林薄也。《广韵》注：厚薄。《说文》：“林薄。”又姓，文帝母曰薄氏。以上《广韵》注。如《易·系》：“雷风相薄。”注：旁各反，相附薄也。又郑云：薄，入也。《书》：“外薄四海。”注：薄各反，徐扶各反。薄，迫也。言至海也。《孟子》：“薄夫厚。”下无音注。《谢灵运传论》：“英辞润金石，高义薄云天。”注下无音解。《周勃传》：“织薄曲。”注：颜注：苇薄为曲。无明音切。又本韵续降一薄字普各切者，下引《诗》：“载驱薄薄。”疾驱声也。音注与《诗》同。此与林薄、厚薄、薄迫之义虽不同，然音切疑混，不宜双押。

4-50　入声二十一麦下革切

覈

下革切。实也。班固《典引》云：“圣上谕咨故老云云，肴覈仁义林薮。”注：谕，告也。咨，谟也。林薮喻深邃也。谕咨即非俞咨。又引《诗》：“肴核惟旅”，覈亦核也，谓果实之属，与核字不可双押。若用《典引》“肴覈”又押“综核”，乃可。

以下出此书后附《押韵释疑拾遗》：

4-72

荷

《韵语阳秋》云：“近世作文者，多以紫荷囊作侍从事用，如宋景文诗‘赋笔助荷囊’，承误罔觉。按：《晋·舆服志》云：‘文武官皆有囊缀绶，八坐尚书则荷紫，以生紫为袷囊，缀之服外，加于左肩。’所谓荷紫者，非芰荷之荷，乃负荷之荷。”泛用尚可，切不可押作平声荷字也。

4-73

醇淳

醇，注：醇酒。淳，注：质也。二字本不同。然孟氏“醇乎醇”，《文景赞》：“黎民醇厚。”注：不浇杂。又《贾山》：“不能为醇儒。”注：不杂也。“石庆醇谨”，注：专厚也。恐与此淳字意义相类，押者宜审。如押真淳、还淳，又押曹参饮醇酒之醇，似此意义分晓者，方可双押。　○　十八谆

4-74

烦繁

上注：劳也。下注：多也。此二字本不同。然《汉景帝赞》："□□烦苛"。此烦字。《晋·刑法志》："法繁于秋荼，密于凝脂"。又曰："夏商繁帝者之法。"此繁字曰烦苛者，繁密也。二字意义相近，宜审。如别押不惮烦，又押繁芜之繁，则不妨。 ○ 二十二元

4-74

缙绅

《前·郊祀志》："缙绅者弗道。"李奇曰："缙，插也。插笏于绅。"臣瓒曰："缙，赤白色也。绅，大带也。"颜曰："李云缙绅是也。"字本作搢绅，或作荐绅者，亦谓荐笏于绅带间也。如《周礼》："王晋大圭"字已。注见本韵。缙、晋、搢三字宜审。若押国名晋、人名唐工缙，自与搢插之义不犯重。 ○ 在二十一震

4-75

掩揜

上无注，下注谓取曰揜。《书·盘庚》："予不掩尔善。"注：本亦作弇，此弇字韵注曰："盖也。"《孟子》："使浚井，出，从而揜之。"下注：揜与掩同，与《太学》："小人揜其不善。"《聘义》："瑕不揜瑜，瑜不揜瑕。"音掩者，是亦掩盖、掩蔽之义。二字恐难连押。 ○ 五十琰

4-75

摩磨

监韵无注。《广韵》注曰："研摩。又灭也，隐也，迫也。"此磨字下监韵注：治石也。《广韵》下注曰："磨砺也。"然《学记》："相观而善之谓摩。"郑注："摩，相切磋也。"又董《策》："摩民以义。"注：摩谓砥砺之也。则与磨字意义同，宜审。如别押抚摩、摩顶放踵、摩抄之摩，又押可磨可镌、切瑳琢磨之磨，不系犯重。又《周礼·冬官》："刮摩之工五。"注：谓玉工也。此摩字。韩愈《进学解》："刮垢磨光。"此磨字。 ○ 在八戈

4-76

茕惸嬛

上注：回疾也。中注：忧也。亦作茕。下注：独也。通作茕。如《书》："无虐茕独。"《孟子》引《诗》："哀此茕独。"皆此茕字。《周礼》："肺石达穷民。凡惸独有弗达者，立于肺石。"又《诗·正月》："哿矣富人，哀此惸独。"又"忧心惸惸"。注：本又作茕，皆此惸字。各照出处用此三字，难双押。 ○ 十四清

4-77

炜

《王莽传》："青炜登平。"服虔曰："炜，音晖。"然晖字内不收。如淳曰："青气之光辉也。"下文"赤炜"、"白炜"云云，皆同音。今监韵止七尾内有此字，音羽鬼反。如

时文作四时事使，不可押在上声。今人多误读故也。吾郡近时堂试《春为青阳赋》所取中者有引赤炜作上声用，误也，宜知。

4-77

皞

《孟子》：“皞皞如也。”古注音胡老反。川本古注《孟子》此下注：张云皞与昊同。《说文》：胡老反。义与浩同。古字通用，则不可与浩字连押。又《记·月令》：“其帝太皞”。注：皞亦作昊，胡老反。则皞与昊同，但监韵字从日，《孟子》、《礼记》字皆从白，押时宜审。　○　三十二皓

4-78

儆警

儆，注：戒也。警，注：言之戒也。《书》“儆戒无虞”。又“降水儆予”。《国语》：“卫武公年九十有五，犹箴儆于国。”皆此儆字。《诗·鸡鸣》：“夙夜警戒，相成之道焉。”《抑》诗：“亦以自警也。”《孟子》引《书》曰：“洚水警余。”皆此警字。二字恐通，不可犯重。　○　三十八梗

4-78

诒贻

此二字已注，见本韵。又《孟子题辞》：“垂宪言以诒后人。”注：诒，丁云音义与贻字同。《诗·雄雉》：“自诒伊阻。”《天保》：“诒尔多福。”《谷风》：“既诒我肄。”皆注曰：遗音唯季反。《丘中有麻》：“贻我琼玖。”《思文》：“贻我来牟。”《书》：“公乃为诗以贻王。”亦皆注曰遗。则二字同，不可双押，但各照出处字面。　○　在七之

4-79

静靖

静，监韵无注。靖，监韵注：靖，安也。《玉篇》注：谋也。《诗》：“日靖四方。”注：谋也。又笺云：治也。“肆其靖之”注：靖，和也。“靖共尔位”注：靖，谋也。共具也。“曷予靖之”注：谋也。《昭公二十六年》：“成王靖四方，康王息民。”下无注。《书》：“嘉靖殷邦。”注：嘉，善也。靖，谋也。上庠私魁《文王之典靖四方赋》，林士奇六韵云：“主乎安静。”又曰：“何异殷宗之嘉靖”，次名亦同，次富皋二韵云：“治惟贵静。”又曰：“四方日靖。”连押二字者，盖靖训谋字，故不系犯重，若已押清静、安静，又押画一之歌载其清靖，则意义一同，不可双押，须更详各处本文训释。　○　三十九耿

4-79

尚父亚父

甫、父二字已见本韵注，如《诗·大明》：“维师尚父。”注：可尚可父。又《高祖纪》：“亚父范增”，如淳曰：“亚，次也。敬之次父，犹管仲为仲父。”二父字疑与父母之父同义，如仲山甫、尹吉甫即是。韵注所谓父，男子美称，通作甫者，与父母义别。然场屋中要连押尚父、仲山甫，亦必上请，恐考官有考订不到者。　○　九虞

4-80

楫辑集

《兒寬传》：“统楫黎元”，张晏注：“楫，聚也。当作辑。”师古曰：“楫、辑、集三字并同”，然韵中即无楫字音辑者。又《周亚夫传》：“赵涉曰：‘怀辑死士久矣。’”注：颜曰：“辑与集同。”然如《书》：“辑宁”、《诗》：“思辑用光”，又“辑柔尔颜”，皆音集，又七人反。《诗》注：辑，和也。如押辑宁、辑和之辑，又押会集、聚集、论集之集，义自不同，但《书》“辑五瑞”之辑，注曰：敛也。却与此集字意义相犯，不可双押集、辑二字，宜审。　○　在二十六缉

4-81

擿

《扬子·修身》：“擿埴索涂，冥行而已。”注：以杖擿地而求路。光曰：它历切。挑也。又《赵广汉》：“发奸擿伏如神。”颜注：擿谓动发之也。音它狄反。然锡字内无。本韵内止有摘字，音他历切。注：指近也。按：《广韵》擿字音掷。皆不可押。

4-84

旨指

监韵俱无注。《孝经序》：“会五经之旨趣。”《孟子题辞》：“旨意合同”，皆此旨字。又《孟子题辞》：“章别其指”，又“言近而指远者，善言也”。《康衡传》：“审六艺之指，则天人之理可得而和。”《司马迁传》：“乃论六家之要指。”《终军传》：“《诗》颂君德，《乐》舞后功，异经而同指。”《张汤传》：“汤承上指”，皆此指字，二字或通用，押韵者宜知。如旨酒、甘物其旨矣之旨，与十手所指、养其一指、颐指气使却不相干。　○

在五旨

4-86

悔䀲

《书·洪范》：“七、稽疑：曰正、曰悔。”注：“内卦曰正，外卦曰悔。”此即本韵内䀲字，下注曰：“易卦上体之䀲。”但字面不同尔，与悔吝之悔义异而字同，与此䀲字义同而字异，皆不可连押。　○　在十八队

4-86

防

韵注亦作坊。虽许与去声者通押，然《月令》：“季春修利堤防。”音房。“孟秋全堤防”，本又作坊，音房，《经解》：“犹坊止水所自来”，音房，本又作防，注：止一音，当在平声押。如董策：“教化堤防。”《刑法志》：“礼之制刑，犹堤之防水。”《杨终传》：“尧舜堤防”之类，皆无明音。

4-86

二贰

此本疑贰字，然《诗·都人士》：“古者长民，衣服不贰。”注：变易无常谓之贰。音二。《孟子·滕文公上》：“市贾不贰。”注：市无二贾。本文大贰字，注小二字，则二、

貳字同。若引此，不可又押二字。《诗》："无貳尔心。"《书》："任贤勿貳。"注：貳，疑也。"貳公弘化"，貳，副也。义却不同。　〇　在六至

4-86

参伍

《易·系》："参天两地而倚数。"注：参，七南反，如字，音三。又"参伍以变，错综其数"，参，七南反。《礼·天官》："设其参，傅其伍。"注：参，七南反。于云三公也。又注：参谓卿三人，伍谓大夫五人，则参与三，伍与五字通用。若引此，则不可连押，如别押参赞、参配之参，军伍、行伍之伍，义却不□□。　〇　二十二覃

4-87

宄轨

《书》："蛮夷猾夏，寇贼奸宄。"《吕刑》："罔不寇贼，鸱义奸宄。"此宄字。《前汉·循吏传序》："孝武之世，民用雕敝，奸轨不禁。"《后汉》崔寔《政论》："孝宣严刑峻法，破奸轨之胆。"此轨字。二字古通用，若引此，不可连押。如别押轨则、轨范之类，自不相妨。　〇　五旨

二、《押韵释疑》中记载的科考史料类型分析

宋代承袭唐五代之制，除了庆历新政、熙宁变法、绍圣时期和崇宁废科举的数十年，主要是采取诗赋取士的方式。诗赋重在押韵，而韵书作为审音定韵的标准，其重要性不言而喻。宋代科考诗赋用韵的参照标准是官韵，景祐四年(1037)以后根据《礼部韵略》进行判定。但《礼部韵略》承袭《切韵》、《广韵》音系，与宋代实际语音颇多不合。在具体到某字的音义关系中，亦颇多古今杂陈，混淆不清。在所谓可否双押、通押等方面，亦多语焉不详。如何适用，如何趋利避害，非常需要切实可靠的指引。欧阳德隆在对《礼部韵略》进行增补之时，于《押韵释疑》(现存)中收入了80余条科考实例的材料，具体地为考生指出了在实际用韵中需要注意之处，体现出更强的指导性。

对这些材料进行整理分析，不难发现，《押韵释疑》中记载的科考史料基本可以分为四大类。

1. 充当注释例证

在对韵字进行解释时，欧阳德隆常援引考场诗赋中具体的押用例子进行论证。这种例子又可分为两种情况，一种情况是正面的例子，即所援引的例子与韵字的注释内容相符，援引的目的在于支持前面的注释内容。如：

说(上声·三十七荡·多曩切)：善言也。去声此字下注云：言中也。则"忠说"在此押。故太学补魁王度《明王开忠直路赋》四押"广"字云"乐尔臣之忠说"是也。在此。

"说"读上声表示"正直的言论"，读去声表示"说话中理"。故而"忠说"之"说"当读为上声。材料中《明王开忠直路赋》就是正确押用的例证。

另一种情况是反面的例子，即所援引的例子与韵字的注释内容不符，援引的目的是提醒考生注意，从而避免同样的错误。如：

仗(上声·三十六养·除两切)：兵器。一曰凭也。去声者止注曰：兵器也。旧吾郡补试《吉士用相国家赋》，“相”字韵内，人多押“倚仗”字，考官谓落韵。正以在此上声者“仗”字下注云：凭也。则押倚仗字于去声者，落韵明矣。

材料中说明“仗”读上声义为“凭”，读去声表“兵器”。“倚仗”之“仗”表示“凭借；依靠”，当为上声，而考生多押为去声，则明显是落韵。

2. 记录考场争议

《押韵释疑》中所录的科考史料有些是存在争议的，即考生和考官或不同考官之间对于某个韵字的书写或押用有不同的看法，从而引发纷争。如：

辭(平声上·七之·详兹切)：讼也。监韵如此写，若押此，切不可写俗“辤”字。近年瑞州科试《舜明四目达四聪赋》已取中一本拟魁，第五韵却押此“辤”字，别位考官争以为“辤”字礼韵无，系落韵，拟取魁者争不胜，遂置在次榜亚魁，不可不知。

材料中不同考官对于把“辭”写成“辤”态度不一，其中不赞同的态度占上风，故用了“辤”字的瑞州科试《舜明四目达四聪赋》便被裁定为次榜亚魁。

又如：

收(平声下·十八尤)：尸周切。収非。旧临川试《汉収功道德之林赋》，因此字士子大喧争。当知《易》：“井収勿幕。”在去声内①，此非。

科考历来要求写《礼部韵略》中规定的正体字，但在某次临川试中出现了《汉収功道德之林赋》的题目，题目中用了俗体的“収”字，故而在士子中引发争议。

再如：

撰(上声·二十五潸)：雏晥切。撰述也。《语》：“异乎三子者之撰。”注：士免切。具也。不在此。洪氏《容斋随笔》云：“撰字列在二韵中，仍义训不一。顷绍兴三十年，省闱举子兼经出《易简天下之理得赋》，内有考官云：‘简字韵狭，如撰字在所必用，然唯“撰述”之“撰”可押，如“杂物撰德”、“体天地之撰”、“异乎三子之撰”、“欠伸撰杖屦”之类，皆不可用。’遂揭示。众士子纷拏上请，予为逐一剖

① 陆德明《经典释文·周易音义》：“井収，徐诗救反。又如字。马云：‘汲也。’陆云：‘井幹也。’荀作‘甃’。”“甃”指用砖砌的井壁，亦活用为动词。此字音侧救切，则《易》中之“収”为假借字，读去声。

析，方退去。”

材料中士子对于考官对《易简天下之理得赋》的裁定提出异议，在考官洪迈的解释之下，才平息了争议。欧阳德隆这条材料引自宋代洪迈《容斋随笔》五笔卷八《礼部韵略非理》。

3. 因缺乏确切证据而存疑的内容

《押韵释疑条例》中提到“字有三音、两音不同及与经史子集或相抵捂者，辄不揣闲以己意定归一说，否则兼存并录，不敢臆决……”欧阳德隆秉持着审慎的态度，对于自己无法判定的音韵只是进行记录，并不妄加定论。如：

> 莽(上声·四十五厚·莫後切)：卤莽也。此字凡三见，十姥内注：宿草也。三十七荡内注：草莽也。独此下注：卤莽也。南省《宗子赋朝以听政》魁四押有字云：“吾其闻之心，敢怀于卤莽。”故押在此。《庄子》出处云：“君为政勿卤莽，治民勿灭裂。昔予为禾，耕而卤莽之，则其实亦卤莽而报予；芸而灭裂之，其实亦灭裂而报予。”注：卤，音鲁。莽，莫古反。又如字。恐以韵释为正，兼南省赋亦可据也。今两存之。

材料中指出上声“四十五厚”韵下“莽”字音为“莫後切”，注释为“卤莽”，故南省《宗子赋朝以听政》魁押在上声；但《庄子》中“卤莽”的“莽”注音为“莫古反”，当在十姥。《礼部韵略》与《庄子》注音有矛盾，但却没有明确的证据进行判断，欧阳德隆也无法区分正误，故而“两存之”。

第五章　《礼部韵略》又音字和多音多义字规定的执行情况个案分析

本章主要是比对《礼韵》中多音字的音义规定和它们在科举诗赋中的运用情况，以此来探讨《礼韵》多音字音义规定和科举用韵之间的关系。

现就本章使用的体例进行说明：

(1)韵书使用简称，如：

(唐)《经典释文》简称《释文》

(宋)《礼部韵略》简称《礼韵》

(宋)《附释文互注礼部韵略》简称《附韵》

(宋)欧阳德隆撰《押韵释疑》简称《押》

(宋)欧阳德隆撰、郭守正增修《增修校正押韵释疑》简称《增押》

(宋)毛氏父子《增修互注礼部韵略》简称《增韵》

(宋)贾昌朝《群经音辨》简称《音辨》

(2)本章所选用多音字个案范围说明：主要选择科举诗赋中出现过的常用多音字。所选取多音字目录附后。

(3)多音字个案说明：

①多音字下先列出《礼部韵略》音义，若此音义有异文情况，先附加案语进行说明。

②次列《广韵》、《集韵》、《群经音辨》等诸韵书中此词的音义规定，进行比较说明《礼部韵略》音义的承袭及变革。

③分析《礼部韵略》多音字音项义项的关系及分工。

④次列散见于文献中有关多音字意义的例证，引用主要文献来自《经典释文》，同时结合《押》、《增押》中有相关韵字的押用例的看详、黜落等情况，分析官方和考生对韵字音义项的看法(本章所引用科场纠纷、黜落案例未作具体说明者均引自以上两书)。

⑤次列宋代科举考试中诗赋文献，次列宋人日常赋作相关押韵文献以印证、比对。科举诗赋按照考试级别从高到低依次罗列以下信息：作者、考试时间、考试级别、题目、限韵字、所押字韵、多音字所在句、同/通押字；宋人日常诗赋引用次序：大致按照作者生年先后排列，作者、题目、限韵字、所押字韵、多音字所在句、同/通押字及其所在韵部(用括号表示)、特殊用韵情况说明。通押字若亦为多音字，用下标其义项，

如：朴简朴、度究度。

⑥对⑤所列科举诗赋、日常赋作进行说明。分释多音字所在各例中具体音义情况，以及是否符合《礼部韵略》的规定。若多音字音义与限韵字关系紧密，则查找限韵字的经典出处及经典中的音义情况。有与《礼部韵略》音义规定不合、反映宋代实际语音者，予以分析说明。

⑦本章所收多音字字表（按照《礼部韵略》韵部的次序分部列出）：

上平五支（与脂之通）：差

上平七之：釐、思、委

上平九鱼（独用）：车

上平十三佳（与皆通）：涯

上平十六咍：裁

上平二十文（与欣通）：闻

上平二十三魂：论

下平十阳（与唐通）：王、长、当

下平十一唐：行

十四清：正

下平十六蒸（与登通）：胜、应

下平十八尤（与侯幽通）：不

下平二十一侵（独用）：参、任

去声十三祭：说

去声十四泰（独用）：大

去声三十六效（独用）：乐

第一节　韵字分析

差

【支韵平】差：叉宜切。参差，不齐。又初皆、初加、楚懈三切，见佳①、麻、卦三韵。

【皆韵平】差：初皆切。择也。又叉宜、初加、楚懈三切，见支、麻、卦三韵。

【麻韵平】差：初加切。舛也。择也。《诗》：“既差我马。”又叉宜、初皆、楚懈三切，见支、皆、卦三韵。

【卦韵去】瘥：楚懈切。愈也。亦作差。见《左传·襄公十年》注。又才何切，见歌字韵。

① “佳”当为“皆”。或云部分方言里佳、皆两韵有混同现象。

《广韵·支韵》楚宜切："次也，不齐等也。"/《佳韵》楚佳切："差殊。又不齐。"/《皆韵》楚皆切："简也。"/《麻韵》初牙切："择也。又差舛也。"/《卦韵》楚懈切："病除也。"《集韵》收有8个音，比《广韵》多了皆、戈、祃韵三音。《支韵》叉宜切："参差，不齐也。"/《佳韵》初佳切："《说文》：贰也，不相值也。一曰择也。亦姓。"/《麻韵》初加切："《说文》：贰也。一曰：择也。一曰：差不相值。"/《卦韵》楚懈切："瘥差，《说文》：愈也。"/《皆韵》初皆切："贰也。择也。"/《戈韵》仓何切："浙也。通作溠。"/《祃韵》：楚嫁切："瘥，《博雅》：愈也。又差异也。"案："楚宜—叉宜"音同，"初牙—初佳"音同，《集韵》佳、麻、皆韵三字字义大同小异，戈韵为通假，祃韵与卦韵均为分化字形。此外，"差"字"初皆"、"初佳"两切也反映了某些方言里佳韵、皆韵有混同现象。

《音辨》收有6个音："差，择也，尺佳切。《诗》：'谷旦于差。'"/"差，贰也，斥加切，又初佳切。"/"差，等也，楚介切。"/"差，浙也，七何切。《礼》：'御者差沐于堂上。'"/"参差，不齐也，尺脂切，又初佳切。"/"差，咨也，音嗟，《诗》：'谷旦于差。'"案：与《集韵》相比，音义搭配有所不同，且《集韵》反切上字为"初、楚、叉"，《音辨》为"尺、斥"，声母有"初—昌"之别，反映了当时照组二等字与三等字有合流的语音事实。《音辨》改"楚懈切"为"楚介切"，用怪韵字切卦韵字，反映当时卦韵、怪韵有混同的语音事实。

《玉篇》只收两音，《左部》楚宜切："参差，不齐也。又楚佳切。"《经典释文》中为"差"注音78次①涉及多个类：表示人名、官名，如"夫差"②、"差车"；反映假借，借作"嗟"；反映古今字，分化出"瘥"专门用来表示"病愈"义；反映形容词意义，即"不齐"，如联绵词"参差"(除了一处注两音外《诗·周南·关雎》："参差荇菜。"注："初宜反，又初佳反。"其他均注明一音)；反映动词"选择"义，"差舛"义；反映名词意义，即"等级"、"差错"。

由以上对比可知，韵书均认为"参差"、"不齐"义在支韵，作楚宜切、叉宜切、尺脂切；"选择"义则有佳、麻、皆三韵。《附韵》"差"字共有4音，声同韵有别。4音音义与《集韵》同。其中卦韵"楚懈切"之"瘥"与"差"可以说是古今字，"瘥"是分化出来专门表示"病愈"义。"叉宜切"具有形容词词性。

宋代科举李荐《拟试车服以庸赋》(以"臣有功者，锡之车服"为韵)第三韵押"之"字云："金辂象辂兮，功异小大；衮冕毳冕兮，义存等差。"与"仪、施彩施、之、为"相押。"车服以庸"来自《尚书·舜典》。李荐此赋中"等差"与支韵字通押，与上句"小大"对举，《增押·支韵》云："差，插宜切：参差，不齐。又皆、麻、卦三韵。'等差'字在此。余非。"即说"等差"之"差"当为支韵字。戊戌江西漕解试《文帝天覆地载若一家赋》，押"等差"字在麻韵内的士子落韵，一并黜落。

---

① 孙玉文统计为80次，见孙玉文《论"差"字音义》，《湖北大学学报》2002年第1期。

② 《礼记》"夫差"注云：音钗。又初佳反。但主要注在皆韵。

从以上分析可知，“参差”、“不齐”、“等差”字均在支韵，麻、皆韵均为“选择”义，卦韵“楚懈切”之“瘥”，“瘥”是分化出来专门表示“病愈”义。以上义中，“等差”未明文规定，故有举子押在麻韵而落韵被黜。

釐

【之韵平】釐：陵之切。理也。福也。又虚其切，见本韵。

【之韵平】釐：虚其切。释云祭余肉也。《汉纪》祠官受釐，音僖。新制：看详添入此韵。又陵之切，见本韵。

《广韵》只有“里之切”一音，“理也。一曰福也”。“里之切”与“陵之切”音同。《集韵》：陵之切：“《说文》：家福也。一曰理也。”“禧”字虚其切：“《说文》：礼吉也。一曰福也。”“釐”字作为异体字收录在“禧”下。《附韵》承袭《集韵》，虚其切之“祭余肉也”义是礼部据经义所补充。

元祐五年(1090)太学博士孙谔奏请增加失收的经典常用字，“釐、徕、哨、暤、委、甀、儆、朴、说、扩”这10个字即看详后准许添入的。《韵略条式》“经传正文内字，举人所常用而见行，礼部韵有不收音”条云：釐：礼部韵之字韵“釐”字，“陵之切。理也。福也”，无“祝釐”、“受釐”字。按：《汉书·文帝纪》：“吾闻祠官祝釐。”如淳曰：釐，福也。师古曰：音僖，本字作“禧”，假借用耳。又《贾谊传》云：“上方受釐坐宣室。”(徐广曰祭祀福胙也。)应劭曰：釐，祭余肉也。《汉仪注》：祭天地五畤，皇帝不自行祠，远致福釐。音僖。师古曰：禧，福也，借釐字为之耳。今乞附入僖字下。如押“允釐百工”、“王釐尔成”之“釐”，即许别更押“受釐”字。① 此条补充说明承袭颜师古的看法，认为“釐”、“禧”是假借关系，故附入僖字下，义为“福也”。“允釐百工”之“釐”为“治理”义、“王釐尔成”之“釐”为“赐予、给予”义，皆非“福也”。如果押“允釐百工”、“王釐尔成”等之“釐”，则可以再押“受釐”字；如果押了“受釐”、“祝釐”等“福”义之“釐”，便不许再押“禧”字。《增韵·之韵》虚其切毛晃云：“元祐新制禧釐不可双押。”案曰：“釐福”之“釐”与“禧”字不可双押。“鲁釐(即鲁釐公)”、“安釐(即安釐王)”之“釐”则与“僖”同，于“禧”字不妨重押。

关于“釐”与“禧”字关系，《贾谊传》“受釐宣室”，颜师古谓“釐”为“禧”之假借字。但是“禧”《说文》训作“礼吉”。段氏认为“禧”与“釐”虽同在古音第一部，但义有不同。关于“釐”字本义，《说文》：“家福也。从里𠩺声。”段注尊崇《说文》，桂馥《说文解字义证》认为其本义“家福”即是“祭祀余肉”。② 王筠《说文句读》认为“赐予”才是本义。③ 朱骏声《说文通训定声》认为“治理”才是本义，其他义为假借义。④ 甲骨卜辞中“釐”之

① 见《韵略条式》“元祐五年牒文”后孙谔奏请看详后准许添加字。

② 桂馥：《说文解字义证》，中华书局1984年版，第1207页。

③ 王筠：《说文句读》，中国书店1983年版，第27页。

④ 朱骏声：《说文通训定声》，中国书店1984年版，第185页。

初文作"𠦪"、"𢻻"形体，后来加"里"表声。徐中舒《甲骨文字典》云："象手持屏以扑击之而脱粒之形以示有丰收之喜庆，引申为'福祉'之义。"①《甲骨文集释》亦认为"乃获麦之象形字"，解释更为详细②。王建军认为"釐"字义位是引申而非假借，由本义"离析"的词义特征引申为治理、釐正、细微等新义位，由"丰收、喜庆"的词义特征引申为家福、赐予、祭祀余肉等义位。③

此外，"釐"与"氂"字也容易在押韵时混用。"氂"：陵之切，十豪。《礼记·经解》引《易》曰："差若豪氂，缪以千里。"注云："豪，户刀反，依字作毫。氂，李其反，徐音来，本又作釐。"《史记·东方朔传》、《大戴礼记·保傅》引《易》作"失之豪釐"，《汉书·五行志》："天汉三年八月天雨白氂。"颜师古注曰："凡言釐者、毛之强曲者，二书(注：即《史记》、《汉书》)皆借'釐'作'氂'。"即说"氂"、"釐"二字可假借。然而，壬辰太学解试《禹声身为律度赋》，举子押"豪氂"字时，"氂"多写作"釐"，考官认为不对，一并黜落。《增修校正押韵释疑·之韵》："世人之以'釐'为'氂'，自班马始也，然不可承误。"

《韵略条式》载有绍兴十二年(1142)广东举子李杰等人，一起揭发绍兴十年(1140)科举中发解差官营私舞弊的事件。礼部经过详细调查，查看当年科场试卷后断定云：广州乡贡进士李杰等论诉本州发解考校不当等事，除指论梁靖、李登等程文纰缪杂犯及陈告试官等私弊系妄行装点外，其《陶弼亮赋》第三韵连押"釐"、"禧"字云："'罔俟西邻之禴，无烦宣室之釐'，又用'茂介纯禧'，为重叠用韵。"④绍兴四年(1134)国子监勘会旧本《韵略》，基本沿用元祐修订本，按照元祐五年(1090)太学博士孙谔奏请后看详准许添加的"釐"字音义规定来看，"宣室之釐"之"釐"字为"福"义，与"禧"通，不可通押，否则算作重叠用韵，应当被黜落。绍兴四年颁布的《贡举见行条式》亦规定重叠用韵者"犯不考"，所以此赋如此者，合当黜落。

但是广州所委官张抟认为"釐"字实有两义，其《陶弼亮赋》所押"受釐"字系引用《贾谊传》"受釐"事，应劭注："釐，祭余肉也。"其押"禧"字，经传所用"禧"字，皆是训"福"。又《礼部韵》所载不得双押字，如"徕"字与"来"义同，即明言不得双押。"釐"字一项却不曾有不许双押明文，是致本人便行引用，考官因而不敢黜落。今来已行考取合格，欲乞且与收试，如将来过省赴殿试，即乞降甲施行。

考官认为"釐"字本有两义，经史中都能找到依据，虽然认为不能双押，但《礼部韵略》没有"不许双押"的明文规定。最后，朝廷申请国子监看详，在元祐增补的基础上重

---

① 徐中舒：《甲骨文字典》，四川辞书出版社1989年版，第1289页。

② 李孝定：《甲骨文集释》，"中央研究院"历史语言研究所1970年版，第912页。

③ 王建军：《词义引申误为假借的一个很重要原因——以"釐"一词引申系列为例》，《广西师范大学学报》2010年第6期。

④ 《增修校正押韵释疑·之韵》虚其切亦载有《陶弼亮赋》，但作："绍兴十四年广州解试《陶弼亮赋》第三韵连押釐、禧字。"而《韵字沿革》之"釐、禧"注云："绍兴十二年正月，广州进士李杰论《陶弼亮赋》押'宣室之釐'，又押'纯禧'为重用韵。"当为绍兴十二年。

新规定：今后诗赋如押“受釐”字，即不得更押“禧”①字。如押“允釐百工”、“王釐尔成”之“釐”，即合更押“受釐”字。若已押“祠官祝釐”、“上方受釐”，即不得更押“禧”字。《增修校正押韵释疑·韵字沿革》亦载有此事。

这件事暴露了《礼部韵略》的缺陷，官方也不断根据出现的问题来补充完善《礼部韵略》，使得举子在考试中有明文可依以免犯错，同时也反映了朝廷对诗赋用韵规定非常严格。

思

【之韵平】思：新兹切。释云心有所念。又桑才、相吏二切，见咍、志二韵。

【志韵去】思：相吏切。虑也。又新兹、桑才二切，见之、咍二字韵。

【咍韵平】鬛：桑才切。鬃鬛多须。亦作思。《春秋传》：“于思于思。”

《广韵·之韵》思，念也。息兹切。又息吏切。《志韵》相吏切：思，念也。又音司。《集韵·之韵》：新兹切。《说文》：“容也。”一曰念也。一曰“于思”，多须貌。《咍韵》桑才切：鬃鬛，多须貌。或作思。《志韵》相吏切：思，虑也。《音辨》：思，容也，息兹切。思，虑也，息嗣切。思，颊也，塞来切。《春秋传》：“于思于思。”

案：“息兹”、“新兹”音同。《广韵》只有两音，《附韵》三音同于《集韵》，但义项上规定上更简单、清晰。《集韵·之韵》：“《说文》：‘容也。’一曰念也。一曰‘于思’，多须貌。”此为三个义项，都收录在此，只用“一曰”来区别显然是不够的。且《集韵》引用《说文》作“容也”，有失之不考的嫌疑，段氏纠正极是。《说文》：“容也。从心囟声。”段氏认为：“容”字当为“睿”字，注云：“睿也。各本作‘容也’，或以伏生《尚书》‘思心曰容’说之，今正。”《尚书·洪范》：“二，五事。一曰貌，二曰言，三曰视，四曰听，五曰思，貌曰恭，言曰从，视曰明，听曰聪，思曰睿。”孔安国注：“思，心虑所行。”孔颖达注云：“思，如字，徐息吏反，下同。”“睿，悦岁反，马云：通也。”以“睿”释“思”，聪慧、智慧的意思。“思”的小篆字形作“”，上部“囟”即脑，下部为心，是个会意字，古人认为人的思维主要与心、脑有关，尤其是心。故“思”字本义当为动词，即“心有所念”。“睿”当是引申义。

《附韵》“思”字三个音义中，“桑才切”是个通假音，专用来表示“多须貌”，《集韵·咍韵》将“鬛”、“思”作为异体字收在一个字头下，《附韵·咍韵》作为通假收录“鬛”字。《左传·宣公二年》：“于思于思，弃甲复来。”杜注：“于思，多鬓之貌。”孔疏：“于思，如字。又西才反，多须貌。”平声“心有所念”和去声的“虑也”为平、去变调别义，词性有动词、名词之别。王力先生《汉语诗律学》中说，“思”字动词时以平声为正例，名词以仄声为正例；如动词用仄声、名词用平声，都应该认为是例外，而且认为例外情况是晚唐以后才有的。② 但实际上，“例外”应该更早，至少应该晚不过盛唐、

---

① “禧”字《增修校正押韵释疑·之韵》误作“僖”。《韵字沿革》作“禧”。

② 王力：《汉语诗律学》，上海教育出版社 2005 年版，第 136 页。

中唐。一向以严整著称的杜甫便有多首诗中“思”字按照格律却是仄声，如排律《哭韦大夫之晋》：“贡喜音容间，冯招病疾缠。南过骇仓卒，北思悄联绵。鹏鸟长沙讳，犀牛蜀郡怜。”按照格律，此处当为仄声，但“北思”与“南过”相对，当是作为动词，注家亦以动词解之，仇兆鳌《杜诗详注》注作去声。此首排律中，“南过”句当与“冯招”句粘，可见“过”用作平声(《广韵》、《礼韵》“过”字有平声)。同时，此句属“平平仄平仄”，系使用本句自救，其对句当为“仄仄仄平平”，按格律，第2、3字必须为仄声字。杜甫精于律，应不会违反，故此“思”确实用仄声。《释闷》：“天子亦应厌奔走，群公固合思升平。”如果“思”作平声，则最后三字构成了“三平调”，《杜臆》云此诗为“七言排律”，是为大忌。此诗中“思生平”与“厌奔走”对举，“思”当是动词，仇兆鳌注作去声。亦有名词用作平声的情况，但不如动词用作去声多。唐代科举律赋中押“思”有十几例，均押在平声之韵，无有押去声志韵者。

《增押·志韵》相吏切：“思，虑也。又之咍韵。‘教思无穷’、‘忧深思远’、‘哀以思’、《韩文序》‘周情孔思’之类并此是。孙谔申请字有平仄用字不同，如‘储思’者，欲乞依旧许用。如扬赋‘储精垂思’无注。黄庠《天子外屏赋》六入韵：‘游蠖濩(huò hù)以储思，俨清光而齐泰。’作平声。章粢《恭默思道赋》五隔云：‘不敢康宁，第藏神而储思。’作仄声。以见二韵皆可押。”案：《韵略条式》“字有平仄不同”记载与此同。扬雄《甘泉赋》云：“惟夫所以澄心清魂，储精垂思，感动天地，逆厘三神者。”“储精垂思”与“澄心清魂”并列，结构相同，“储精垂思”从构词形式上来说，“思”当为名词，按照《附韵》规定，当为去声。“储思”可以看成是“储精垂思”的简缩形式，章粢《恭默思道赋》作去声正合。而黄庠《天子外屏赋》中的“储思”虽然不在韵脚字上，但此句韵脚“齐泰”为仄声，按照赋内部平仄相间的原则，“储思”当用平声。句式上“储思”与“齐泰”相对，结构应当相同，则“思”亦为名词，名词义却用作了平声，原则上来讲，是不符合《附韵》规定的。可见在宋代，名词的“思”是可以平仄都押的，所以孙谔才会申请“思”字虽“有平仄用字不同如‘储思’者”，“欲乞依旧许用”，而“本部看详欲依孙谔等所乞于贡举格式内添入”，“依旧许用”即说过去“储思”也有平仄都押用的情况存在，只是《礼韵》没有明确规定，看详后规定“储思”可平可仄。《礼韵》虽然经过多次增补，但依然有一些当准许两韵内字通押的而未明确说明者，遇见这种情况，举子们只得小心避开雷区。

还有一个词押用情况也要注意，即“文思”。“文思”，一指功业智慧和道德，一指“文才”、“文章的意境”等有关文章方面的意思，先秦文献以前义为多，后世以后者为多。《尚书·尧典》：“昔在帝尧，聪明文思，光宅天下。”《释文》：“思，息嗣反，又如字，下同。”孔疏解释得更详细：“言昔日在于帝号尧之时也，此尧身智无不知聪也，神无不见明也。以此聪明之神智足可以经纬天地，即‘文’也；又神智之运，深敏于机谋，即‘思’也。”“曰放勋，钦明文思安定。”孔疏：“又申其顺考古道之事曰，此帝尧能放效上世之功而施其教化，心意恒敬，智慧甚明，发举则有文谋，思虑则能通敏，以此四德安天下之当安者。”此用法为前者，陆氏注音有两音，去声在前，如字在后。田锡开封府试《人文化成天下赋》押此出处的“文思”在去声。《后汉纪·顺帝纪上》：“(张)衡精微有文思。”《文心雕龙·神思》：“陶钧文思贵在虚静。”此后者之义。

宋代科举诗赋押“思”的有：

(1)田锡开封府试《人文化成天下赋》①(以“焕乎人文，化成天下”为韵)第四韵云：“是以鲁史述汤之德也，则曰‘齐圣广渊’；《虞书》美尧之仁也，则曰‘聪明文思’。”与“义(寘)、被$_{\text{光被}}$(寘)”通押。

(2)黄公度解试《和戎国之福赋》第七韵云：“前古既远，后王不思。”与“绥(脂)、师(脂)、之(之)、危(支)”同押。

(3)欧阳修庆历二年(1042)进拟御试②《进拟御试应天以实不以文赋》(以“推诚应天，岂尚文饰”为韵)第三韵押“推”字云：“故天象以此告吾君，不谓不至；陛下所宜奉天戒，不可不思。”与“推$_{\text{推测}}$(脂)、知$_{\text{可知}}$(支)、时(之)、垂(支)、枝(支)、为(支)、夷(脂)、宜(支)之(之)”通押。

(4)范仲淹《临川羡鱼赋》(以“嘉鱼可致，何羡之有”为韵)第二韵押“致”字云：“瞻之在前，殊有忘筌之意；求之不得，宁无结网之思。”与“意(志)、遂(至)、类(至)、致(至)、饵(志)、至(至)”通押。

(5)宋祁《志在春秋赋》(以“宣父之志，因史成法”为韵)第三韵押“之”字云：“笔靡藏弃，神无越思。”与“为(支)、之(之)、辞(之)、施(支)”通押。

(6)宋祁《去邪勿疑赋》(以“明后之政，除恶无惑”为韵)第三韵押“之”字云：“锐拨乱之圣功，宁烦顾虑；决擒凶之治典，岂俟沉思?”与“欺(之)、遗(脂)、之(之)”通押。

(7)宋祁《诫覆车赋》(以“前辙之覆，来者为诫”为韵)第七韵押“为”字云：“前瞻泛驾之人，自贻伊感；却视执绥之子，岂不尔思?”与“基(之)、宜(支)、师(脂)、为(支)”通押。

(8)文彦博《中者天下之大本赋》(以“天下之教，由此而出”为韵)第三韵押“之”字云：“始其惟寂惟寞，何虑何思。”与“之(之)、基(之)”同押。

---

① 案：此赋题下注云“焕乎人文，化成天下”，但赋中实际用韵中多了寘韵和阳韵，限韵字中“文”、“成”字未押。考所有科举诗赋，有不按次序押用者，但没有如此作者，当是个特例。但田锡的赋作闻名于时，且是太平兴国三年(978)戊寅科苏易简榜第二人。

② 欧阳修已于天圣八年(1030)庚午科进士及第，此赋作是庆历二年(1042)据殿试赋题所作拟作。此赋前有一个说明写此赋缘由的状引，是了解此赋的重要材料，《全宋文》未收，今补充如下：臣伏睹今月十三日御试《应天以实不以文赋》，题目初出，中外群臣皆欢然，以谓至明至圣，有小心翼翼事天之意。盖自四年来，天灾频见，故陛下欲脩应天以实之事，时谓出题以询多士而求其直言，外议皆称自来科场，只是考试进士文辞，但取空言无益时事，未(原作“亦”，此据文意而改)有人君能上思天戒广求规谏以为试题者，此乃自有殿试以来数百年间景美之事，独见于陛下。然臣窃虑远方贡士乍对天威，又迫三题不能尽其说，以副陛下之意。臣忝列书林，粗知文字学浅文陋，不自揆度，谨拟御题撰成赋一首，不敢广列前事，但直言当今要务，皆陛下所欲闻者。臣闻古者圣帝明王皆不免天降灾异，惟能修德修政则变灾为福，永享无穷之休，臣不胜大愿其赋一首，谨随状上进。

(9)刘敞《化成殿瑞芝赋》(以“天瑞明德，芝秀于殿”为韵)第三韵押“芝”字云：“于是天子怡尔而念，茫然而思。”与“之(之)、夷(脂)、基(之)、祠(之)、芝(之)”通押。

(10)李荐《汤刑劝善赋》(以“汤之用刑，亦能劝善”为韵)第五韵押“之”字云：“然则刑所去者，示之使避；善之取者，道之使思。”与“之(之)、遗(脂)”通押。

案：以上赋作中(1)、(4)押作去声，其余均押作平声。

(1)“焕乎人文，化成天下”当源自《周易·随传》：“观乎人文，以化成天下。”其押韵所用“《虞书》美尧之仁也，则曰‘聪明文思’”源自《尚书·尧典》：“昔在帝尧，聪明文思，光宅天下。”音义注云：“思，息嗣反，又如字，下同。”陆氏两音同注，去声在前，田锡与寘韵字通押，押在去声。(4)“结网之思”与“忘筌之意”均是用典。《汉书·董仲舒传》：“临渊慕鱼，不如退而结网。”《庄子·外物》：“荃者，所以在鱼，得鱼而忘荃。”“结网之思”与“忘筌之意”对举，“思”、“意”均为名词，作去声，与《附韵》的规定相合。

(2)“思”为追思之义，用作动词，义在平声，赋中亦与平声字同押。(3)“不可不思”之“思”为动词，当在平声，赋中与支、脂韵字通押。(5)“越思”与“藏弆(jǔ)”对举，均为动词，平声。赋中与之、支韵字通押。(6)“俟沉思”与“烦顾虑”对举，赋中与之、脂通押。(7)“尔思”与“伊感”对举，“思”当为动词，平声。赋中与之、支、脂通押。(8)“始其惟寂惟寞，何虑何思。道所从而隆矣，人可得而由之。”此讲得道之法，只需要静心，无思无虑。“惟寂惟寞”与“何虑何思”对举，“思”处在句内平声位置上。“惟寂惟寞”即“惟寂寞”，“寂”、“寞”此为同义复用，同样，“虑”、“思”亦是同义复用，动词，当作平声。赋中与平声之韵字押用。(9)“念”与“思”对举，动词，当作平声。赋中与之、脂韵字通押。(10)“避”与“思”对举，作动词用，平声。赋内与之、脂韵字通押。

以上赋作中名词用法押作去声，动词用法押作平声，符合《附韵》的规定，且动词用法较多。唐代科举赋中押“思”的十几例也均押在平声。

至于科场诗，以《万宝诗山》卷六所收诗作一调查，结果如下：

《春风客心碎》：“客食东风久，家书杳万金。伤春思故国，触景碎芳心。”“思”义为想念，为动词，调为平声。相同的有：

《春风啜茗时》：“三篇思陆羽，两腋快卢仝。”

《春风亦似秋》：“人在春风里，翻思隐逸风。”

《春风各自愁》：“河阳思陇首，渭北忆江东。”

《南风阜财》：“薄言思帝世，可阜奏南风。”

《舜琴歌南风》：“时思稽古道，歌奏托南风。”

《解带临清风》：“更思围竹处，高卧放凉侵。”

《昨夜秋风入》：“起视纱窗里，翻思漏箭中。”

《西风满眼愁》：“云白心思舍，月明人倚楼。”

《寒风飐酒旗》："却思花暖日，买醉杏村时。"

《春风花草香》末联："蜂情和蝶思，恼乱任西东。""思"为名词，为仄声。相同者有：

《春风变柳条》末联："雨余看重处，诗思更撩人。"

《春风草又生》："却有窗前思，浑无江上名。"

《春风各自愁》："料应起愁思，各自对春风。"

《东风吹客梦》："掣断家山想，惊回旅枕思。"

《秋风乡思飞》："故乡天共远，归思日如飞。"

《秋风动客愁》："新来动愁思，况又值秋风。"

《西风满眼愁》："见雁添新思，思鲈忆旧游。"

另外，还有两首宋人拟作科举诗，列举如下：

(1)宋庠《崇政殿试御试贡士中昃不暇食因私赋》①首句云："曩圣勤周日，虚怀轸睿思。"此两句格律当为：仄仄平平仄，平平仄仄平。"思"字处在平声字位置上。"周日"为名词，"睿思"亦当是名词，但按照前面的分析，"睿思"亦即"思"也，在平声。诗中与平声之、支、脂韵字通押。

(2)杨万里《拟吉州解试秋风楚竹冷诗》最后一联云："少陵诗思苦，送别更冥搜。"诗押平声。此诗的题目出自杜甫的《送孟十二仓曹赴东京选》，诗云："君行别老亲，此去苦家贫。藻镜留连客，江山憔悴人。秋风楚竹冷，夜雪巩梅春。朝夕高堂念，应宜彩服新。"杨万里上引两句格律为：仄平平仄仄，仄仄仄平平。则"思"处在仄声位置上。严格说来，这两句对仗并不工整。"少陵/诗思//苦，送别/更//冥搜。""诗思苦"为一个语义单位，即说杜甫的《送孟十二仓曹赴东京选》所营造的氛围让人愁苦。"诗思"当指诗的意境、氛围，当为名词，是名词"虑"的引申义。其音义项均符合《附韵》的规定。

委

【支韵平】委：於危切。委委，行委曲也。又於诡、於伪二切，见纸、寘二韵。

【纸韵上】委：於诡切。释云委，曲也。取其禾谷垂穗貌，故字从禾。又於危、於伪二切，见支、寘二韵。

【寘韵去】委：於伪切。释云委积，牢米，薪刍之总名。《周礼》："宰夫掌牢礼委积。"《学记》："或原也，或委也。"并皆於伪反。新制添入此韵用。又於危、於诡二切，见支、纸二韵。

《广韵·支韵》於为切：委，委委佗佗，美也。《纸韵》于诡切：委，委曲也。亦委积。又属也。弃也。随也。任也。又姓。《集韵·支韵》：邕危切：委，委委，行委曲

① 宋庠为天圣二年(1024)进士，皇祐元年(1049)己丑科冯京榜殿试诗为《日昃不暇食诗》。《周易集解》引干宝云："故尧舜一日万机，文王日昃不暇食，仲尼终夜不寝，颜子欲罢不能。""中昃"，日中和日偏斜，即过了中午，与"日昃"义同。

也。《纸韵》邬毁切。《说文》委，随也。一曰弃也。任也。安也。《寘韵》：於伪切。委积，牢米，薪刍之总名。

案：《集韵》改《广韵》"於为切"为"邕危切"，《附韵》则只改切下字，"於危切"同于《广韵》，音同。《集韵》改《广韵》"於诡切"为"邬毁切"上下字均改，《附韵》不改。"於伪切"《广韵》不收，《集韵》据《周礼》出处增补此音义，《礼韵》初无此音，系元祐年间孙谔增补，故有"新制添入此韵用"字样。"委"字三音切是平、上、去之别，以调区别意义，是典型的四声别义类型。

义项上，《附韵》主要承《集韵》，纸韵改为常用动词义"曲"义项。义项上最大的区别是"委积"义项，《广韵》在纸韵，《集韵》在寘韵，《附韵》亦在寘韵，《周礼》"委积"均注作去声"於伪反"，《广韵》当时误收在纸韵。《附韵·寘韵》的《学记》"或原也，或委也"出处是新增加义项。

《礼韵》"委"字原只收在平声支韵和上声纸韵，其去声寘韵为元祐年间孙谔乞请所添入，嘉泰四年(1204)又重申"原委"当在去声寘韵。

元祐五年(1090)，孙谔乞请增加的"经传正文内字，举人所常用而见行，礼部韵有不收者"类有此"委"字，云："按，《学记》：'或原也或委也。'释音於伪切。《周官》：'宰夫掌牢礼委积。'释音上於伪切，下子赐切。此二字相连皆同此音。今礼部韵只於上声有於诡切，去声不收。乞附入寘字韵押。其余各随本出释音使用。"礼部看详后云："本部欲依孙谔等所乞附入逐韵。"案："委积"，《周礼》均注作去声，主要指刍薪米禾之类。而"原委"一词，《礼记·学记》云："三王之祭川也，皆先河而后海，或源也，或委也。"郑注云："源，泉所出也。委，流所聚也。"孔注云："原，本又作源。委，于伪反，注同。"孙谔认为《学记》"或原也，或委也"、《周官》"宰夫掌牢礼委积"的"於伪切"音义项为经典常用音义，"原委"、"委积"两字连用都读在去声，故乞增入去声寘韵。则"原委"、"委积"不得押在上声，否则为落韵。

嘉泰元年(1201)，举子刘崇锡赋押"源委"一词，据《韵略条式》记载，"广西转运司申本司牒试场出《圣人德化自近始赋》，以'德化宣流，由近而始'为韵，赋魁刘崇锡第二韵押'始'字头句云：'治道多端固有后先，人主一身当明源委。'揭榜之后，词讼纷然，考官柳著强辨以为不系引出处，止是泛用。及差官定夺，教官顾棹以为此乃考官之见，无所与决，遂申省部"。刘崇锡赋押"始"字时押用了"源委"一词，"始"在上声止韵，"源委"一词经典中只有《学记》一个出处，作去声，且此"源委"与限韵字"始"意义相关，当为寘韵音义，刘崇锡用在上声纸韵。考官的说法，是将经典出处和泛用对立起来，以"从出处押"和"泛用"不同用韵标准来判定用韵失韵与否。考官认为赋中"源委"不是引用经典出处，无需按照经典音押用，不算落韵，不予以驳放。众人不服，仍觉得当属落韵。

时隔三年，嘉泰四年(1204)科举又有举子"以"字押"源委"一词。《贡居条例》载：成都府路提点刑狱司干办公事度正奏云："点检得第肆韵以字韵内押'源委'字为韵切，详肆纸韵内虽收'委'字却是'委曲'之'委'，有此差误，乞参详。如实差误，乞将榜内第玖人张简驳放。”国子监觉得事关重大，请博士正录苏十能等人聚议看详认为：“张简赋于以字韵押源委字，差误失韵考。宜度正自劾乞先驳放。”“讫今来成都府所申与广西向来事体一同。……赋押韵须有来处，六经它处并无‘源委’两字连附，唯《学记》有之。从释文音义于去声寘字内押，若于上声纸字韵押，安得不谓之失韵？”

但是嘉泰元年刘崇锡未算作失韵，若将张简判作失韵予以驳放的话，则前后两科同一情况处决不一致，恐举子怀疑公正与否，左右为难。礼部多方讨论后又云：“今此一韵，广西成都已两次谬误，若不辩正，诚恐自此递相承袭援。例无已有误，后学实为未便。但广西前举已许作泛用，免行驳放，今若一予一夺，则远方士子必且怀疑不平。”最后补充规定道：“自今已后如连押源委字，合从《礼记》释文音义于去声寘字韵内押，若于上声纸字韵内押，即为失韵，合从不考。”

以上对“源委”之“委”去声押用问题的处理情况，不仅反映了《礼韵》至高无上的权威性，官方处理态度十分慎重，而且反映了《礼韵》在使用过程中暴露出其不足，并且不断完善。

《增修校正押韵释疑·韵字沿革》亦载有此事，其于“委”字下说礼部看详张简“源委”押在上声事云：“监注止引《周官》下不曾引《记》，不为失韵。免驳放。”《增修校正押韵释疑》寘韵云：“于伪反：委，《周礼》：‘掌牢礼委积。’于伪反。新制添入。释：委积，牢米，薪刍之总名。孔子委吏同。又支纸韵。今按绍兴新制孙谔申请《记》‘或源也，或委也’、《周官》‘掌牢礼委积’并于伪反，其余各随本出处释音使用。”案：郭氏云“监注止引《周官》下不曾引《记》，不为失韵”以及寘韵中“委”释义中“新制添入”之前只引用《周礼》出处，不够准确。按其说法，原本监本《礼韵》只引用了《周官》出处，而未引用《礼记》的出处，“源委”一词用韵无明确规定，导致举子误用，不算失韵。但孙谔已于元祐五年(1090)乞请将《周官》及《礼记》两出处一并附入寘韵，礼部已准，此后的《礼韵》当是有两出处，而不是一个。《增修校正礼部韵略》(绍兴三十二年，1162)寘韵亦收有两出处、《押韵释疑》(绍定三年，1230)纸韵亦收此两出处云并在去声，唯《增押》只收一个出处，当是漏收出处。

现存宋人科举诗赋中无有押用“委”字例，日常赋作中有几例，押在上、去的均有，如下：

(1)楼钥《仁孝二致同源赋》(以“仁孝之道二致同源”为韵)第六韵押“致”字云：“重轻非复于铢两，先后岂殊于源委？”与“地(至)、意(志)、二(至)”相押。

(2)王禹偁《日月光天德赋》(以“阳景阴魄，光彼天德”为韵)第六韵押“彼”字云：“兔奔而桂影时摇，蟾跃而露华轻委。”与“始(止)、水(旨)、里(止)、彼(纸)”相押。

案：(1)楼钥此赋中押“源委”在去声，赋中亦与去声至、志韵字押用。关于“源委”押在去声，前文已经探讨得很多，此不累述。(2)王禹偁赋中“轻委”与“时摇”对举，此是一般动词，“委弃”之义，在上声。赋中与上声止、旨韵字通押。

还有“委”字不在韵脚但依然可以判断其音义所在韵部，如：欧阳修《祭先河而后海赋》(以“王者行祭，先务其本”为韵)：“以谓河导其派，本一勺而始矣；海纳其会，实百川之委也。”“外则尽物，中惟告虔，既义取于源委，乃礼分于后先。”江衍《王道正则百川理赋》：“有犹有为，屏邪心于党附；或源或委，畅柔德于灵长。”此三处“委”不在韵脚上，但都是“源委”之委，在去声。王禹偁《尺蠖赋》：“每委顺而守道，不躁进于多岐。”此“委顺”则在上声。

车

【鱼韵平】车：斤于切。释云轮舆之总名。夏后氏奚仲所造。按：《释名》：车声如居，所以居人也。韦昭云：古音昌遮切，由汉以来始有居音。昌遮切见麻字韵。

【麻韵平】车：昌遮切。释云舍也。黄帝作车引重致远，少昊氏时加牛，禹时奚仲加马。又《左传》辅车相依。牙车。又姓，汉车千秋。又斤于切见鱼字韵。

《广韵·鱼韵》：“车，九鱼切，车辂。又昌遮切。”《麻韵》：“车，尺遮切。《古史考》曰：黄帝作车引重致远，少昊氏时加牛，禹时奚仲加马，周公作指南车。又姓。……又音居。”《集韵·鱼韵》斤于切：“轮舆总名。《释名》：今者声如居，所以居人也。古曰车，声近舍。车，舍也。韦昭云：从汉始有居音。”《麻韵》昌遮切：“《说文》舆轮之总名。夏后时奚仲所造。又姓。”《集韵》尚有“丘于切”。《音辨》只收“尺遮切”。原本《玉篇》作齿耶、举鱼二反；《类篇》作昌遮切、斤于切、丘于切。《说文》：“舆轮之总名。夏后时奚仲所造。”大徐本作“尺遮切”，小徐本作“称邪反”。《段注》：浑言之则舆轮之总名，析言之则惟舆称车。……古音居，在五部。”

案：《附韵》二音同于《集韵》，但义有不同。《集韵》两音都引用《说文》之“舆轮之总名”，则两反切义同，只是音有别。《广韵》九鱼切注作“车辂”，即车也。《附韵》的二音将《说文》所引史学家谯周《古史考》关于“车”产生过程的考证分开来说，各引一段，其实同，但容易引起困惑。即说，《附韵》在表示舆、轮工具上，两反切义同但音有古今之别。《押》、《增押》作者均是宋人，也均言两音“似可通押”，然而又要看出处本音，当是觉得大多数时候是可以通押的。

关于“车”字的居音，刘熙《释名·释车》：“车，古者曰车声如居，言行所以居人也。今日车声近舍。车，舍也，行者所处若车舍也。”①三国吴人韦昭《辨释名》：“车，古皆音尺奢反，后汉以来始有居音。”《诗经·邶风·北风》与“狐、乌”叶，《诗经·大雅·韩奕》与“祖、屠、壶、鱼、蒲、且、胥”叶，《易·睽》与“孤、涂、弧”叶，《礼记·礼运》与“御、序”叶，《庄子·山水》与“据、居”叶，《楚辞·离骚》与“疏”叶，都是居音。故韦昭说“汉以来始有居音”不准确。时建国甚至认为“车”字的居音是韦昭错解刘熙“声如居”而“误附”上的读音②，学者多有驳正③。

---

① 刘熙：《释名·释车》，四部丛刊初编本。

② 时建国：《说车字的“居”音》，《语文研究》1997年第4期。

③ 见林亦：《车字古有“居”音》（《古汉语研究》2001年第3期）及孟蓬生：《“车”字古音考——兼与时建国先生商榷》（《古籍整理研究所学刊》2002年第3期）。

《释文》中"车"字有26次注音，13次注"居"音，尺遮、赤奢、尺奢、昌蛇反等齿音有9次，二音同注有3次，《老子》"当其无，有车之用"注"音居，又去于反"。二音同注如《诗经·召南·何彼禯矣》："何彼禯矣？唐棣之华。曷不肃雍？王姬之车。"与"华"相叶。注云："车，协韵，尺奢反，又音居。或云古读'华'为敷，与居为韵。"此处"车"与"华"叶韵，但从其注看，"车"可以作尺奢反与华(本音，中古麻韵，上古属鱼部)叶韵，也被解释为居音与"华"(敷音)叶韵。《庄子·天下》："惠施有方，其书五车。"《释文》："尺蛇反，又音居。"科举中遇见这种出处的，是可以通押的。

然"辅车相依"读昌遮切无疑。《左传·僖公五年》："辅车相依，唇亡齿寒。"杜注云："辅，颊辅。车，牙车。"《释文》："尺奢反，牙车也。"

"车"字斤于切、昌遮切，中古音中一为鱼韵见母三等开口字，一为麻韵昌母三等开口字，而中古的鱼韵、麻韵在上古音中同属鱼部，两音只是声母牙音和齿音的区别。可能"车"字很早便分化为牙音和齿音两读，而上古鱼部开口三等的部分齿音在汉代转入歌部，再到中古的麻韵。在绝大多数方言中，读"尺遮切"成了口语的主流，"九鱼切"则被当做雅音。现代汉语里，"车"的居音只作象棋子的专名得以保存。宋祁《宋景文公笔记》："古今语无雅俗，惟世之罕道者似雅。如古以大为大(音如舟柂之柂)，则言大雅、大夫、大阅、大举类不及今人言大(徒带反)之雅。古以车(音居)为车(昌遮反)，汉以来乃言车(居)，俗语则曰车(昌遮反)，则今语为雅。"宋祁这则笔记说明在宋代多念作居音，"昌遮反"被当做俗音，可能主要是书面语和口语的区别。

"车"音"居"，昌遮切注云"舍也"，"车"与"居"、"舍"上古同在鱼韵，声母有见组、章组之别，而见组和章组关系密切，都是由上古时期的舌根声母分化而来。①

"车"字与"居"、"舆"、"轝"都有通用关系。孟子明轲，字子舆，一说字子车、子居，可见，在战国时期"舆"、"车"、"居"三字音同可通用。文献中，"车"与"居"通用的例子，如《诗·邶风·北风》："惠而好我，携手同车。"阜阳汉简作："惠然好我，携手同居。"《礼记·礼运》："天子以德为车。"注云："车或为居。"《庄子·徐无鬼》："乘日之车。"《释文》："元嘉本车作居。"《尔雅·释草》："望，乘车。"《释文》云："居，本亦作车，音同。""车"与"舆、轝"通用的例子，如《易·大有》："大车以载。"《释文》："车，王肃刚除反。蜀本作舆。"又《贲》："舍车而徒。"《释文》："车，音居，张本作舆。"《诗·小雅·出车》"我出我车"，《荀子·大略》作"我出我舆"；"出车彭彭"《史记·匈奴传》作"出舆彭彭"。《离骚》："畦留夷与揭车兮。"王注："揭车，芳草也。一名揭舆。"《尚书·尧典》："车服以庸。"《春秋繁露·度制》："轝服以庸。"孟蓬生据文献中"车"与"舆、轝"有异文关系，且上古音中部分余纽字与牙音关系密切，认为在见纽"居"音和书纽"舍"音之间存在余纽的过渡音②，可备一说。

宋代试律诗，我们通过调查《万宝诗山》卷一、六、九、十一、十二、十三共6卷，

---

① 张光宇：《东南方言关系综论》，《方言》1999年第1期。

② 孟蓬生：《"车"字古音考——兼与时建国先生商榷》，《古籍整理研究所学刊》2002年第3期。

发现押入鱼韵、押入麻韵者均有，但以押麻韵为常。

押入鱼韵的有2例。

例1：卷九第32页《谷虚云气薄》：舒，虚，初，疏，梳，车。

“车”所在句为：“谅无心出岫，难认砲成车。”

例2：卷十一第13页《暮云藏渔舍》：渔，居，疏，庐，车，鱼。

“车”所在句为：“樵叟琼田路，征夫缟带车。”

押入麻韵的有4例。

例1：卷九第39页《全家寄白云》：砂，家，车，涯，霞，花。

所在句为：“犬吠刘安屋，牛牵老子车。”

例2：卷十一第13页《白雪作飞花》：加，花，车，葩，沙，家。

所在句为：“瑞彩迷银海，寒光沍宝车。”

例3：卷十二第35页《当春天地奢》：车，奢，花，华，家，麻。

所在句为：“盛景夸春好，园林簇宝车。”

例4：卷十三第27页《落花春事晚》：瓜，花，葩，车，家，纱。

所在句为：“秧齐催插水，蚕老趁缫车。”

综观两音的用例，也未看出在意义上有很明显的区分，只是“车砲”的“车”入鱼韵，而“缫车”的车只入麻韵，但由于例子太少，是否普遍如此，不敢断言。

宋代科举赋中押有“车”字的有：

(1)杨杰御试《求遗书于天下诗》押“书”字第四联云：“儒生搜简毕，谒者骛轩车。”与“馀、书、除、渠、庐”通押。

(2)宋庠殿试《德车结旌赋》(以“车结旌者，昭德之美”为韵)第一韵押“车”字云：“君有至德，时乘大车。”与“初、舒”通押。

(3)宋祁殿试《德车结旌赋》(以“车结旌者，昭德之美”为韵)第一韵押“车”字云：“示同轨于函夏，爰敛旌于大车。”与“除戎容外除、初”通押。

(4)方大琮省试《太宗得至治之礼赋》(以“唐治之盛，实由于此”为韵)第七韵押“于”字云：“神疲登岱以告瑞，躬蹈伐辽之覆车。”与“疏、馀、车、于、初”通押。

(5)黄公度省试《天子以德为车赋》第一韵云：“每安行而在德，遂取用以为车。”与“居、舆”通押。

(6)王之望省试《以德为车赋》第一韵云：“运启元后，天临广居，握至权而负扆，恢盛德以为车。”与“居、舆”通押。

(7)李荐《拟试车服以庸赋》(以“臣有功者，锡之车服”为韵)第七韵押“车”字云：“若乃以讼而受服，舐痔而得车，负乘致寇者在是，不衷灾身者有诸。”与“诸、居、虚”通押。

日常律赋押“车”字的有：

(8)王禹偁《黄屋非尧心赋》(以“黄屋车贵，非帝尧意”为韵)第三韵押“车”字云：“盖以乐为御，德为车，欲跻民于仁寿，将纳国于华胥。”与“胥华胥、如、蒢”通押。

(9)范仲淹《临川羡鱼赋》(以“嘉鱼可致，何羡之有”为韵)第七韵押“鱼”字云：“胡不学投竿之术，自取盈车?”与“嘉、鲂、耶”通押，麻韵。

案：以上9例中(1)~(3)为殿试诗赋，(4)~(6)为省试赋，(7)为拟试之作，(8)、(9)为文人律赋，(1)~(8)中“轩车”、“大车”、“覆车”、“用以为车”、“德以为车”均与鱼韵字押，只有(9)“自取盈车”与麻韵字押。但不能说麻韵押得少，相对于诗赋，宋苏轼等四川词人词作中5次押模、鱼韵，4次押麻韵①，可见宋代麻韵口语化的倾向较高。

“大车”即牛车。“轩车”即有屏障的车，古代大夫以上所乘。“覆车”即翻车。“德以为车”、“以德为车”典出《礼记·礼运》：“天子以德为车，以乐为御。”郑注：车或为居。正义云：“‘天子以德为车’，谓用孝悌以自载也。德，孝悌也。‘以乐为御’，谓用要道以行之。乐，要道也。行孝悌之事须礼乐，如车行之须人御也。”“车服”音居，即车舆礼服，是等级、身份的象征。《尚书·尧典》：“明试以功，车服以庸。”孔传：“功成则赐车服以表显其能用。”孔颖达疏：“人以车服为荣，故天子之赏诸侯，皆以车服赐之。”“舐痔而得车”典出《庄子·列御寇》，“秦王有病召医，破痈溃痤者得车一乘；舐痔者得车五乘。所治愈下，得车愈多”。“黄屋非尧心”出自南朝宋范晔《乐游应诏》诗“山梁协孔性，黄屋非尧心”。“黄屋”指帝王的车，“黄屋非尧心”即说尧无意于帝位。

唐代科举赋中，押鱼韵有2次，麻韵有2次。开元十五年(727)王昌龄《灞桥赋》以“水云晖暎，车骑繁杂”为韵，第一韵押“车”字云：“圣人以美利天下，作舟车，禹乃开凿百川纡余。”押鱼韵。唐大历十四年(779)进士科《花发上林苑诗》，王储押“花”字，第二联云：“秾枝藏宿鸟，香蕊拂行车。”同科独孤绶《放驯象赋》第七韵押“家”字云：“奚必充帝庭之实，驾鼓吹之车，然后可以为国华者哉。”独孤良器第七韵押“家”字云：“焚翟头之裘于前殿，却千里之马与后车。”以上三则押麻韵。可见“车”字鱼、麻两韵都押，界限似乎不是很严格。

涯

【支韵平】(鱼奇切)涯，水际。亦作厓。又宜佳、牛加二切，具佳麻二韵。

【佳韵平】(宜佳切)涯，水际也。又鱼奇、牛加二切，见支麻二韵。

【麻韵平】(牛加切)涯，水际。释云：涘也。又鱼奇、鱼加二切，见支佳二韵。

查，《广韵》只收支、佳二韵之音。《广韵·上平·五支》鱼羁切：“涯，水畔也。又五佳切。”《广韵·上平·十三佳》五佳切：“涯，水际。”

《集韵》收有三音。《集韵·平声一·五支》鱼羁切：“厓，水边也。亦作涯。”《集韵·平声一·十三佳》宜佳切：“涯，水畔也。”《集韵·平声三·九麻》牛加切：“涯，涘也。”涘也是水边的意思。《集韵》“牛加切”这个音是后起的，反映了宋代有部分佳韵

---

① 参见鲁国尧《宋代苏轼等四川词人用韵考》一文中的数据(见《语言学论丛》，商务印书馆1981年版)。

字变入麻韵①。换句话说，表示水边这个意思的“涯”古代属佳韵，亦有支韵之又音，而在宋代实际语言中，此字已读入麻韵。《礼部韵略》跟《集韵》一样，让这三个音并存。

让我们看看科举考生是如何使用这三个音的。

“涯”在宋代试律诗中的使用情况，我们对《万宝诗山》作了抽查，得到的情况如下：卷一押入麻韵4例，未见押入别的韵；卷六押入麻韵的1例，另有1例押入佳韵，即《惠风入我怀》：谐，怀，偕，緺，谐，涯。卷九用“涯”作韵脚共7例，其中有3例押入支韵，即《云霄遗暑湿》：宜，遗，涯，垂，肌，咨；《云随钓艇归》：时，随，涯，迟，吹，知。《风云际会期》驰，期，随，时，涯，池。卷十一无用例。卷十二3例，其中2例押入麻韵；另外1例押入佳韵，其韵脚为：皆，佳，街，堦，涯，怀。卷十三共有4首诗的韵脚字中有“涯”，其中有2例押入支韵，即：《始雨水□□》：期，时，涯，滋，枝，池。《花尽失春期》：涯，期，枝，时，诗，蘼。有1例明确地押入麻韵，即《三月桃花浪》：涯，花，鸦，霞，沙，牙。还有1例比较特殊，要专作分析。

此例即《天涯春色暮》，全诗为：“萍梗江湖久，归谩自嗟时。时光虚日度，春色暮天涯。身寄一隅地，心思万里家。飘零感尘迹，荏苒过韶华。触目皆芳草，伤心总落花。劝归怜杜宇，啼断月西斜。”如果只从第二联往后看，则此诗押的是麻韵，换句话说，“涯”被押入了麻韵。但是如果看第一联，会发现它现在的韵脚字是“时”，为支韵字，而我们知道，“涯”也可押入支韵，这样“时”、“涯”便押上了韵。也就是说，这首诗在第三联开始换韵。我们知道，试律诗一般是一韵到底，不换韵的。所以，怀疑“归谩自嗟时”有误，这句话意思不明，更重要的是：它的平仄是“仄仄仄平平”，那么，其出句就只能是“平平平仄仄”，或“平平仄仄平”，现在，“萍梗江湖久”是“仄仄平平仄”，并且它文从字顺，没有错误。那么，它的对句的平仄就只能是“平平仄仄平”这一格式，而如果将“归谩自嗟时”调整为“归时谩自嗟”，就刚好符合了这一格式，并且，“嗟”正好是麻韵字。因此，可以推定，此句是刻印错误所致，应予校正。这首诗中，“涯”押入麻韵。

“涯”在宋代律赋中作韵脚，查到1例。李纲《乘桴浮于海赋》(以“凤也有时，乘桴浮海”为韵)：“若脱此世网，适乎海涯，进退去就之在我，损益盈虚之有时。凌重溟之浩荡，阅万象之瓌奇。廓尔无垠，乍心凝而形释；泛然不系，乃神动而天随。”(见《梁溪集》卷四)这一段押“时”字韵，故“涯”字押入了支韵。

综合上面的情况，我们不难看出，尽管宋代实际语音中，“涯”读为麻韵，但由于《礼部韵略》还存有另外两音，表示的意思一样，所以，考生可以视需要，分别将涯当麻韵字押，当佳韵字押，当支韵字押，这就是《礼部韵略》和《押韵释疑》等书中所说的“通押”。

---

① 参见王力《汉语语音史》，《王力文集》第十卷，山东教育出版社1987年版。

裁

【哈韵平】裁：墙来切。释云：制衣也。又昨代切，见代字韵。

【代韵去】裁：昨代切。制也。"《公羊》辨而裁。"又墙来切，见哈字韵。

《押韵释疑》平声上　十六咍

裁，墙来切。监韵下无注，十九代此字下注云："制也。"《唐·杜如晦传》云："宪物容典，率二人讨裁。"《唐书》正本元无音注。然有印本《新唐书》释音文是嘉祐中将仕郎、前《权书》学博士臣董冲上进本，于"裁"字下注云："昨再切，制裁也。"又《王珪传》："有鉴裁"，下亦注：昨代切，制裁也。合在去声。然太学《明王广开忠直之路》赋王度七押"开"字云："公是公非，系吾剸裁。"太学毛谔《圣人接三才之奥》赋七押"才"字云："祧庙祔庙，是非孰裁。"又张盘押"四圭两圭，玉殊所裁"。又舍试《云台诏讲书传》赋杨梦高七押"台"字云："诏奉常而讨裁。"又高士龙亦此韵押云："相为讨裁。"并系在平声。然则引《唐书》本文合作去声押，若泛押讨裁、剸裁、裁度之类自无妨。又《〈穀梁传〉序》："准裁靡定"，又曰："《公羊》辩而裁，其失也俗。若……裁而不俗"，皆音在代反，合在去声，或曰讨裁字，纵泛押于此亦不可。

《增修校正押韵释疑》一下　上平声十六咍

裁，墙来切。无注。又代韵注："制也。"《唐·杜如晦传》："宪物容典，率二人讨裁。"嘉祐中将仕郎、前权书学博士臣董衡上《进汉书注释音文》于"裁"下注："昨再切，制裁也。"又《王珪传》："有鉴裁。"音同上，并去声。《穀梁传序》："准裁靡定"，又"《公羊》辨而裁，其失也俗。若裁而不俗"，并在代反。然太学《明王广开忠直之路》赋王度七押开字，云："公是公非，系吾剸裁。"《圣人接三才之奥》赋，毛谔七押才字，云："祧庙祔庙，是非孰裁。"张盘云："四圭两圭，玉殊所裁。"舍试《云台诏讲书传》赋，杨梦高七押台字，云："诏太常而讨裁。"高士龙云："相为封裁。"并在此平声。然则引《公》、《穀》本文合押去声。若泛押"诗裁"、"剸裁"、"裁度"之类，自无妨。或曰：讨裁字泛押于此，亦不可。上请也，张补亦作"财"，《易》"财成天地之道"，又本韵《汉书》"军吏过，辄令财取"，又云"陛下幸财"，《太史公传》"不能引决自财"，并与裁同。

《广韵·咍韵》裁，裁衣。昨哉切。《代韵》昨代切：裁，制裁。《集韵·咍韵》裁，墙来切。《说文》：制衣也。《代韵》昨代切：裁，制也。

案：《附韵》两音义项与《集韵》同，且"昨代切"增补了出处。原本《礼韵》墙来切无注，昨代切无出处。《集韵》改《广韵》"昨哉切"为"墙来切"，切上字由一等字改为三等字。由上述音义规定可见，"制衣"在咍韵，"制"在代韵。去声"制"义，"讨裁"、"鉴裁"、"裁断"等皆在此。《穀梁传·序》云："准裁靡定。"注云："裁，在代反。又音才，下同。"则有平、去两音，平声"音才"即说此处"裁"通"才"，"才辨"义。又云"《公羊》辨而裁，其失也俗"、"裁而不俗"，音义均同前。杨世勋疏云："'裁'谓善能裁断。……旧解以为'裁'谓才辨，恐非。"此是认为"裁"为"裁断"义，非"才辨"，当在去声。《新唐书·杜如晦传》："宪物容典，率二人讨裁。"《王珪传》："通儒有鉴裁。"嘉祐中将仕郎前权书学博士董衡上进本均注云："裁，昨再切，制裁也。"故"讨裁"、"鉴裁"等在去声。

宋人诗赋中"裁"字多用作"制"义，如"剸裁"、"裁成"、"裁制"等。黄公度解试《贤人国家之利器赋》第二韵云："国论未当兮断制尔待，政体未善兮剸裁尔专。"赋中"剸裁"、"断制"义同。但宋代科举赋作中有多次押"裁"的"制"义在平声的例子。如王度太学试《明王广开忠直之路赋》第七韵押"开"字云："公是公非，系吾剸裁。"毛谔太学试《圣人接三才之奥赋》第七韵押"才"字云："祧庙祔庙，是非孰裁。"张槊押此韵云："四圭两圭，玉殊所裁。"杨梦高舍试《云台诏讲书传赋》第七韵押"台"字云："诏太常而讨裁。"高士龙押此韵云："相为讨裁。"诸如此类，均未判作落韵。大概是以"泛押"来评判的。《押·咍韵》云："则引《(新)唐书》本文，合作去声押；若泛押'讨裁'、'剸裁'、'裁度'之类，自无妨。"

"裁"可与"财"、"才"、"材"、"纔"通假。若引此类出处，则不可再押"裁"字。《增押·咍韵》"裁"字作墙来切，注云："张补：'亦作财。'……并与裁同。"则张贵谟在"裁"字下补充了"裁—财"的通假用法。这里主要说一下"裁"与"纔"通的用例。"纔"字，《广韵》昨哉切、昨代切两切和《集韵》昨代切均注作"仅也"，用作副词。《附韵》不收"纔"字，"裁"下亦不注通假，唯《增韵·咍韵》"纔"字注云："亦作裁。"则在平声。《汉书·高惠高后文功臣表》："裁什二三。"颜师古曰："裁，与纔同。"《马援传》云"援裁知书"、"裁买城西数亩地"、"裁封数百户"、"但取衣食裁足"，均通作"纔"，用作副词，同音通假。今作"才"。《段注》引江沅曰："今用为才字，乃浅义引伸。"

宋代试律诗押"裁"字的情况：

《万宝诗山》卷十二《尘埃紫陌春》："人逐轮蹄去，春从杖屦来。有花尽红紫，无陌不尘埃。野马团风衮，香囊扑面开。翻阶蒙芍药，着地铺莓苔。老却新诗眼，熏成浊酒杯。马嵬千古恨，罗袜一钩裁。"押在灰咍韵。

王洋徽宗宣和六年(1124)《省题泰帝鼓瑟诗》①为先、仙韵通押，押在平声，其第四韵云："所余裁五五，再续未绵绵。"诗中"裁"在平声字位置上，与"未"均为副词，此处为通假用法，通"纔"。黄庭坚《春秋元气正天端赋》云："裁一字以垂训，惟万世之永赖。"赋中"裁"通作"纔"，与"惟"字对举，都用作副词。

闻

【文韵】闻：无分切。释云：知声也。又文运切，见问字韵。

【问韵】闻：文运切。《诗》："令闻令望。"释云：名达也。《说文》："声所至也。"又

---

① 王洋为徽宗宣和六年(1124)进士，以省试第二名高中一甲二名进士，钦赐榜眼及第。高宗绍兴元年(1131)又召为秘书省正字。此省题诗当是其宣和六年省试之作。周兴禄认为王洋此诗在高宗年间是不对的。周观点详见《宋代科举解试、省试诗文献考论》(《贵州大学学报》2010年第3期)。

无分切，见文字韵。

《增修校正押韵释疑》卷一下　上平声二十文

闻，释知声也。又问韵。《书》“迪见冒闻于上帝”，音问，或如字。又“西土惟时怙冒闻于上帝”，如字，或音问。南省《圣人冠群伦》赋，孙梦观四韵云：“广而区夏，尽入冒闻之域。”又《文王之典靖四方》赋魁四起云：“彝教迪而德乃冒闻，人伦正而化斯纯被。”以此见押者平仄不拘。《书》“腥闻”、“敷闻”，《诗》“声闻”、“令闻”，《记》“谀闻”，《汉·律历志》“闻学褊陋”，并音问。

《增修校正押韵释疑》卷四　去声二十三问

闻，声所至也。《诗》“令闻令望”。又文韵。《书》：“亦有无穷之闻。”注云：“有无穷之名闻于后世。”无音。昔郡学补试《大德必得其名》赋，多有小赋“使无穷之闻”，考官以无音，既揭榜，语众云：“本合黜落。”今后广场中切戒。余音问者，详在文内注。

《集韵》、《韵会》作无分切、文运切。《广韵》作无分切、亡运切。《附韵》反切与《集韵》、《韵会》同。亡、文同为明母字，文运切与亡运切音同。无、文同属明母，“闻”为“平—去”变调构词。《广韵》、《集韵》问韵均释为“声所至”，无“名达”的义项。《音辨》亡分切：“聆声也。”亡运切，“声著于外曰闻。《诗》：‘声闻于天。’又曰‘令闻不已’”。《说文》以“无分切”为本音：“闻，知闻也。”段注：“闻，知声也。往曰听，来曰闻。《大学》曰：‘心不在焉，听而不闻。’引申之为令闻广誉。”

案：从音义关系看，“闻”的“听到声音”义，词性为动词，读“无分切”无疑，如《尚书·仲虺之诰》(卷八第二)“矧予之德言足听闻”。但当指称“所听到的”、“传闻”等义时，如《吕氏春秋·慎行论》“求闻之若此”、《尚书·多方》“乃尔攸闻(所闻)”、《报任安书》“网罗天下放失旧闻”等，是否也读“无分切”，《附韵》没有明文规定，推测亦当为平声。

当作“声所至也”时音问，如《诗经·小雅》“声闻于野”、“声闻于天”、“声闻于外”、《诗经·大雅·崧高》“闻于四国”。《释文》均注“音问”。《尚书·酒诰》：“庶群自酒，腥闻在上，故天降丧于殷，罔爱于殷，惟逸。”孔传：纣众群臣用酒沈荒，腥秽闻在上天，故天下丧亡于殷，无爱于殷，惟以纣奢逸故。《释文》：“腥闻，音问。”《尚书·文侯之命》：“昭升于上，敷闻在下。”孔传：言文王圣德明升于天，而布闻在下居。闻，音问。

当“闻”引申为“名达”，指“名声、名望、声誉”时，此“声闻”具有了名词的性质。《诗经·大雅·卷阿》“令闻令望”，孔疏云：闻音问，本亦作问。《周易》疏云：“鸣谦”者，谓声名也。《释文》：“名者，声名闻之谓也。注云：一读名者声绝句，闻音问。”敦煌石室《经典释文·周易音义》残卷：“名者声名闻之(谓也)，读声绝句，名闻之为二句。闻音问。”即断句为“名者，声，名闻之谓也”。《尚书·毕命》：“公其惟时成周，建无穷之基，亦有无穷之闻。”孔传：“公其惟以是成周之治，为周家立无穷之基业，于公亦有无穷之名，以闻于后世。”《尚书·尧典》孔传：“名闻充溢四方，至于天地。”《释文》："闻，音问，本亦作问。"在此意义上，"闻"与"问"相通，"声誉"义。如：《礼记·学记》"足以谀闻，不足以动众"，疏云："足以谀闻"者，谀之言小。闻，声闻也。……故小有声闻也。《释文》：音问，声问。《墨子·非命下》："遂得光誉令问于天下。"《庄子·庚桑楚》："因失吾问。"《汉书·匡衡传》："淑问扬乎疆外。"颜师古注云：问，名也。《汉书·律历志》"闻学褊陋"亦音问。

亦有存两读者，如《尚书·微子之命》："尔惟践修厥猷，旧有令闻。"注云："令闻，如字。又音问。"《尚书·君奭》："迪见冒闻于上帝。"注云："闻音问，或如字。"《尚书·康诰》："越我一二邦，以修我西土，惟时怙，冒闻于上帝。"注云："闻如字，或音问。"《礼记·杂记下》："母有服，声闻焉不举乐。"《释文》："音问，又如字。"《尚书·吕刑》："上帝监民，罔有馨香德刑，发闻惟腥。"孔传："天视苗民无有馨香之行，其所以为德刑，发闻惟乃腥臭。"注云："闻，音问，又如字，注同。"正义："其所以为德刑者，发闻于外，惟乃皆腥臭，无馨香也。"《韵略条式》云："赋有用字平侧不同。"又云："应押韵及句末所用字，如经子史释文及注有两音者，许通用。"但《尚书》"腥闻"、"敷闻"、《诗经》"声闻"、"令闻"、《礼记》"谀闻"作去声者需得按照出处押用。

据《增押》记载，南省试《圣人冠群伦赋》第二名孙梦观第四韵云："广而区夏，尽人冒闻之域"。赋中"冒闻"不在韵脚。《文王之典靖四方赋》魁首第四韵云："彝教迪而德乃冒闻，人伦正而化斯纯被。"此赋中"冒闻"用在非韵脚处，在整句中处在平声位置，化用《尚书·君奭》"迪见冒闻于上帝"之典故，故音义当从此出处，原注云："音问，或如字。"则此出处即可用押在平声，亦可用作去声，此赋中作平声用，符合其出处音义。以上两例中"冒闻"平仄不拘。《尚书·毕命》"亦有无穷之闻"注云："有无穷之名闻于后世。"但无音。《增押》又载，某年郡学补试《大德必得其名赋》，多有举子用"无穷之闻"，考官认为无音，揭榜后"语众云本合黜落"。从注看，"无穷之闻"当指"名闻"，应该读去声。只是因为所出经典无明音，且此仅为郡学补试，考官才网开一面，但云"今后广场中切戒"。宋人苏象先曾说："祖父(注：苏颂)年六十，省试《斗为天之喉舌赋》。盛文肃(度)主文，见曾祖曰：'贤郎已高中，而点检试卷者谓以'声闻'(注：去声)为'闻'(注：平声)，为不合格，遂黜。'"①苏颂误将"声闻"作平声押用，不符合官韵规定，自然不合格，被黜落在所难免。

宋代科举赋中押"闻"字的有：

(1)欧阳修天圣八年(1030)殿试《藏珠于渊赋》(以"君子非贵难得之物"为韵)押"君"字云："弃于无用，媲还浦以攸闻。"

(2)方大琮嘉泰四年(1204)甲子乡试《文武之道同于伏羲赋》(以"文武之道，上同伏戏"为韵)押"文"字云："而异同之论，判而不闻。"

(3)欧阳修庆历二年(1042)进拟御试《应天以实不以文赋》(以"推诚应天，岂尚文饰"为韵)押"文"字云："愿诏侍臣之讲说，许陈古事于听闻。"

---

① 苏象先：《丞相魏公谭训》卷一。

日常律赋押“闻”字的有：

(4)范仲淹《任官惟贤材赋》(以“分职求理，当任贤者”为韵)押“分”字云：“大则论道经邦，帝赉之犹允著；小则陈力就列，家食之叹无闻。”

(5)文彦博《祭法天道赋》(以“君子之祭，能合天道”为韵)押“君”字云：“承大祭以无忒，法高穹而有闻。”

(6)李荐《仕而优则学赋》(以“君子之仕，优则为学”为韵)押“君”字云：“初委质以在公，有兹余力；宜潜心而师古，益务多闻。”与“君”、“勤”同押，文欣同用。

案：以上6例均押平声。(1)中“攸闻”之“闻”当是由“听见”引申为“所听见的事”，作名词用，为平声。其他各例均为作动词用，“听闻”义。唐代科举诗赋中押有“闻”的有11例，均以平声见押①：“前闻”表示名词外，其他如“稀闻”、“远难闻”、“必闻”、“几处闻”、“雅歌闻”、“次第闻”等都表示动词“听见”意，均未涉及“闻”的名声、名望义。王禹偁《君者以百姓为天赋》(以“君有庶民，如得天也”为韵)有“舆人歌颂，乃大舜之升闻”句，但此“升闻”不在韵脚上。此处“升闻”②当是名词，“名声、名气”的意思，即去声。由此看来，唐、宋人作律赋，似在避免用去声“闻”的“名声”义。但“闻”用作名词表示“名气”的用法在宋代仍然存在，如王安石《伤仲永》“令作诗，不能称前时之闻”③。

论

【魂韵平】论：卢昆切。释云：说也。辨也。又卢困切，见慁字韵。

【慁韵去】论：卢困切。释云：议也。又卢昆切，见魂字韵。

《广韵·魂韵》：“说也。议也。思也。卢昆切。又力旬庐钝二切。”《谆韵》力迍切。“言有理。出字书。又庐昆切。”《慁韵》：“议也。卢困切。又庐昆切。”《集韵·魂韵》卢昆切。《说文》：议也。《谆韵》龙春切。“言有理也。”《恨韵》卢困切。议也。

案：《附韵》“卢昆—卢困”两切属于声母相同的“平—去”变调构词。《广韵》、《集韵》的谆韵音义《附韵》未收，但《押》、《增押》、《增韵》均在注里提到谆韵音义，亦是经典中常见字。

“卢困切”在《广韵》属于慁韵，在《集韵》属于恨韵。《集韵》在编纂的过程中，对《广韵》的部分小韵进行了转移，即转移小韵。相比较而言，《广韵》恨韵字较少，《集韵》则是慁韵字偏少。《集韵》慁韵为牙喉音小韵，除去新补小韵外，慁韵字在《广韵》中亦都属于慁韵，《集韵》恨韵的大部分字在《广韵》属于慁韵字，如：奔小韵(帮合一)、坌小韵(并合一)、闷小韵(明合一)、巽小韵(心合一)、寸小韵(清合一)、焌小韵(精

① 以孟二冬《登科记考补正》所收试律诗赋为准。

② 《尚书·舜典》：“玄德升闻，乃命以位。”正义曰：舜在畎亩之间，潜行道德，显彰于外，升闻天朝……从下而上谓之为“升”，无音。但与“声闻”义同，当为去声。

③ 即说不能和之前的名气相比。亦有将“闻”释作“传闻”义的。

合一)、鐏小韵(从合一)、顿小韵(端合一)、钝小韵(定合一)、论小韵(来合一)、嫩小韵(泥合一)等，属于唇、舌、齿、半舌音。而《广韵》的恨韵字在《集韵》仍属于恨韵字如：艮小韵、硍小韵、饐小韵(开匣见疑影)牙喉音小韵等。《广韵》慁韵字中含有部分牙喉音字，恨韵字全都是牙喉音字开口。《广韵》慁韵中的牙喉音小韵在《集韵》中仍属慁韵，但唇、舌、齿、半舌音都转移到恨韵。

《礼韵》各本慁韵和恨韵字归属上仍然承袭《广韵》，与《集韵》大大不同。这也从侧面反映出一个问题，即《集韵》在《礼韵》颁布后继续进行了修改加工，并且，部分韵部改动幅度还比较大。当然，在转移小韵上，《礼韵》也有与《集韵》归部相吻合的例子，如真谆、文欣小韵转移的问题。《集韵》针对真谆韵系开合混置的问题，将《广韵》中开合归字不合理的小韵做出了转移和调整，将《广韵》真韵的见溪群疑(牙音)和影鱼匣以(喉音)小韵转移到谆韵。《礼韵》承《集韵》亦有所转移，但有细微差别并不完全吻合。

《押》魂韵卢昆切："《记·王制》：'凡制五刑必即天论。'注伦字。此非。然十八谆内不收。《文王世子》：'大司成论说在东序。'力门反在此。又力顿反，如'讨论'、《坟典》'考论'之义亦在此。"《增押》：魂韵卢昆切："释说也。辨也。又慁韵。《书·序》'讨论'、《坟典》'考论'，文义此是。《记》'大司成论说在东序'，平去二音(力门反，徐力顿反)。又'凡制五刑必即天论'，音伦，伦内不收。"慁韵卢困切。"释议也。又魂韵。《记·王制》'论定，然后官之'，'凡官民材，必先论之'①、'论进士之贤者'，并无音，止'司马辩论官材'注云'辨其论，如字。又力困反。'②余见魂韵注。"《增韵》魂韵卢昆切。"说也。议也。思也。䌷绎讨论也。又决罪曰论。又谆慁二韵。"谆韵龙春切："《礼记》：'凡制五刑必即天论。'注'有言理也'③。慁韵卢困切，论议。"

《释文》一共给"论"字注音17次，主要有：(1)音伦。如《易·屯》"经论"，音伦。郑如字，谓论撰书礼乐施政事。黄颖云：经论，匡济也，本亦作纶。《记·王制》"天论"，音伦，理也。《中庸》"能经论"，《释文》：本又作纶，同音伦。《论语序》"论语"，论，如字。纶也。轮也，理也，次也。撰也。④ (2)鲁困反。《诗·大雅·公刘》："于时言言，于时语语。"笺注云："论难曰语。"《释文》：论难，鲁困、鲁顿、庐困反。《卷阿》"声论"，《释文》：鲁困反。《周礼·夏官·大司马下》"其论"，《释文》：鲁顿反。下同义。如字。《春秋公羊传·序》"其中多非常异义可怪之论"，《释文》：庐困反，下"持论"同。《庄子·刻意》"高论"，《释文》：力困反。《庄子·秋水》"论之"、《天下》"论者"均注"力困反"。《庄子·盗跖》，论则，力顿反。(3)两音者。如《毛诗》"於论"，《释文》：论音庐门反，思也。一云郑音伦。《礼记·王制》"屏之论"，《释文》：如字。旧力困反。《文王世子》"论说"：力门反，徐力顿反。《尚书·序》"论语"，

① 注云：论，谓考其德行道艺。

② 《礼记正义》原文下作：郑笺：辨其论，官其材，观其所长。孔疏："其论"如字，旧力困反。

③ 周祖谟改为"有理言也"。

④ 《论语注疏·序》引郑玄曰："论者，纶也，轮也，理也，次也，撰也。以此书可经纶世务，故曰纶，圆转无穷故曰轮，蕴含万理故曰理，篇章有序故曰次，群贤集定故曰撰。"

《释文》：上如字。又音伦。两音者，陆氏倾向于前者，陆氏所注“如字”当为魂韵。

由以上音义关系可以得出：慁韵卢困切义为“讨论、考评、选择”无疑，作动词用，如《尚书·序》“讨论”、《坟典》“考论”等；“有理言也”在谆韵无疑，作名词用，如《王制》“天论”、《中庸》“经论”、“论语”等；魂韵“说也、辨也”义，作名词或动词。《周礼·春官·大司乐》疏云：“直言曰论，答难曰语。论者，语中之别，与言不同。”有平去两音的，如“论说”、“论语”，但倾向于魂韵平声。

科举赋中押“论”字的有刘敞、郑獬两篇殿试赋，且均为当科及第进士：

(1)刘敞御试借以取得进士第一的《戎祀国之大事赋》第三韵云：“干戈省躬，信丕经之斯在；玉帛荐德，微末节以同论。”与“膰”、“尊”通押，元、魂通押。

(2)郑獬皇祐五年(1053)殿试《圜丘象天赋》(以“圜丘就阳，上宪天体”为韵)第八韵押“宪”字云：“夫然，因天事天，得先民之至论。”与“宪”、“健”通押，愿、慁通押。

宋人日常赋作中押有“论”字的有：

(3)范仲淹《贤不家食赋》(以“尊尚贤者，宁有家食”为韵)第一韵押“尊”字云：“出仕文明，万钟之荣自足；不居侧陋，一箪之乐奚论。”与“门”、“尊”、“园”通押，魂、元通押。

(4)王安石《首善自京师赋》(以“崇劝儒学，为天下始”为韵)第八韵押“劝”字云：“噫！孝武，逸王也，而有兴置之谋；公孙，具臣也，而有将明之论。矧睿明之主绍起，俊乂之僚并建，宜乎隆儒馆以视方来，使元元之敦劝。”与“建”、“劝”通押，慁、愿通押。

(5)楼钥《尊贤则士愿立朝赋》(以“尊贤则士愿立于朝”为韵)第七韵押“尊”字云：“语而前席者非鬼神之论，见而赐璧者非捭阖之言。”与“尊”、“言”、“门”、“猿”通押，魂、元通押。

(6)楼钥《仁孝二致同源赋》(以“仁孝之道二致同源”为韵)，第五韵押“仁”字云：“本立道生，载考鲁论之训；功多事寡，备形延笃之论。”与“亲”、“仁”、“淳”、“因”通押，谆、真通押。

案：以上几条案例中，(2)、(4)中“论”字与去声愿韵字通押。(1)、(3)、(5)中“论”字均与平声魂元通押，此“论”为魂韵。(6)中“论”字与平声真谆韵字通押，为谆韵。下面分别说明。

(1)《左传·成公十三年》：“国之大事，在祀与戎。”此赋主要从祭祀与戎事两方面来写，“干戈省躬，信丕经之斯在；玉帛荐德，微末节以同论”。此句中的“同论”之“论”为“论说”之义，魂韵。(3)中“不居侧陋，一箪之乐奚论”用《论语》中颜回典故，此处“奚论”之“论”为“言说”义。音义均符合《礼韵》魂韵的规定。(5)中“论”与“言”对举，都是“说”义，音义与魂韵合。《周礼·春官·大司乐》：“直言曰论，答难曰语。论者，语中之别，与言不同。”

(2)中“圜丘象天”，《周礼·春官·大司乐》：“冬日至于地上之圜丘，奏之。”《周礼句解》注云：“冬至，阳生之始；圜丘，象天之形。故以祀天神而奏其乐也。”古人祭天于南郊之圜丘，就阳位也；祭地于北郊之方坛，就阴位也。此赋围绕圜丘祭天铺开来写，最后总结说："圣人所以明礼大原，建邦茂宪；兆其成迹，符于至健。夫然，因天事天，得先民之至论。"此处"至论"与"天论"（天理）义近，义为"正确、有理的话或者理论"，当为谆韵，词性为名词。如《淮南子·精神训》："藏《诗》、《书》，修文学，而不知至论之旨，则拊盆叩瓴之徒也。"《汉书·叙传》第七十："所贵圣人之至论兮顺天性而断谊。"《中论·贵言》："或有周乎上哲之至论，通乎大圣之洪业，而好与俗士辨者何也？""至论"均无音。郑獬为此年进士第一，此赋获得较高赞扬，其用韵上应当为考官所准许。

(4)"……之论"，《春秋公羊传·序》："其中多非常异义可怪之论。"注云：庐困反，下"持论"同。徐解云：由乱世之史，故有非常异义可怪之事也。"非常异义"者，即庄四年，齐襄复九世之仇而灭纪；僖元缺年，实与齐桓专封是也。此即是非常之异义，言异于文、武时。何者？若其常义，则诸侯不得擅灭诸侯，不得专封，故曰非常异义也。"其可怪之论"者，即昭公三十一年，邾娄叔术妻嫂而《春秋》善之是也。则"非常异义可怪之论"指不合常义、奇怪的事情，这里的"论"用作名词，去声慁韵。此赋中"将明之论"与"兴置之谋"对举，"论"与"谋"对举。"将明之论"，即将明而兵忠的言论，这里用作名词，如今之"言论"、"论断"当是词义引申而得。

(6)中"延笃之论"与"鲁论之训"对举，"论"、"训"义近。"鲁论"即《鲁论语》，《论语》的汉代传本之一(鲁论语、齐论语、古文论语)，据说是"鲁人所传"，故后世称《鲁论》，是今本《论语》来源之一。《论语注疏解经·序》："汉兴，传者则有三家，鲁论语者，鲁人所传，即今所行篇次是也。""延笃"是东汉恒帝时人，"笃论解经传，多所驳正，后儒服虔等以为折中。所著诗、论、铭、书、应讯、表、教令，凡二十篇云"①。《后汉书》卷六十四有其传。段注《言部》："凡言语循其理，得其宜谓之论。故孔门师弟子之言谓之论语。"楼钥此赋中的"论"、"训"都是"论"的意思，即"言有理者"，为谆韵。前已说明《礼韵》中"论"字未收谆韵这一音，但《广韵》、《集韵》均有收。可见，平常所作律赋特别是南宋后期的日常律赋，遇见《礼韵》未收者，可参见《集韵》的规定。

王

【阳韵平】王：于方切。释云：君也。大也。按《说文》："天下所归往也。"董仲舒："古之造文，三画而连其中谓之王。三者，天、地、人也，而参通之者，王也。"孔子曰："一贯三为王。"又于放切，见漾字韵。

【漾韵去】王：于放切。兴也。又于方切，见阳字韵。

《广韵》、《集韵》均作雨方切、于放切，于、雨均属于母，于方切、雨方切音同。"王"是"平—去"的变调构词模式。《广韵》雨方切"王"字注云："大也。君也。《字林》云：三者，天地人也，一贯三为王，天下所法。"于放切注云："霸王。又盛也。"《集韵》

---

① 《后汉书》卷六十四《吴延史卢赵列传》第五十四。

雨方切注云："《说文》：天下所归往也。"于放切注云："王，兴也。"《群经音辨·辨字音清浊》①："王，君也，于方切。君有天下曰王，于放切。"《玉篇·王部》只有"禹方反"一音，与"雨方切"、"于方切"音同，注云："《说文》：天下所归往也。"

案：《附韵》的"于方切"同于《音辨》。平声的义项参考《集韵》并有补充；去声义项同《集韵》注云"兴也"，当是引申义，经典中常用的"霸王"义项无收。朱熹《孟子集注》曰："凡有天下者人称之曰王，则平声；据其身临天下而言曰王，则去声。"则音有平、去之别，词性有名词、动词之别。朱熹的看法与《群经音辨》同。"王"字的变调发生得比较早，反映"王"的平、去异读的材料较多，周祖谟将之归为"词性不同而变调"类的"区分名词用为动词"一类②，周法高将之归入"非去声或清声母为名词，去声或浊声母为动词或名谓式"一类③。只是我们仅从《附韵》已经看不出其词性上的关联了，说明宋人诗文实际用韵中，较少用到"霸王、称王"这个义项了。

"王"字本义作"君王"讲，作平声，经典注作"如字"；变调的去声用作动词，"称王"，早期的经典多注作去声，《诗经·大雅》之"王此大邦"、《孟子》"以齐王犹反手"、"然而不王"皆注去声。《尚书·序》之"伏羲之王天下"、《礼记·祭义》之"至孝近乎王"、《经解》之"霸王之器也"均注为去声。《汉书·高帝纪》："项羽背约而王君王于南郑。"师古注：上王字，于放反。《释文》注"王"字有十多处，"称王"义均注作去声。

但也有作两声的例子，如《诗·七月·序》"陈王业也"注云："王业，于况反，又如字，下同。"《诗·下武》"成王之孚"注云："成王，如字，又于况反。此为如字。"皆有平、去二音。《释文》中亦多次给"王业"注"于况反，又如字"。对于经典有二音的，科举考试中诗赋题中遇见这类出处，需要明确限定一音供举子押用。

还有一个需要特别说明的是"素王"。"素王"，即"有其德为天下所归，而无其爵者，所谓素王自贵也"。孙玉文说"素王"可以看做一个状中式结构的复合词④，可备一说。古人全注成去声，如：杜预《春秋左传序》云："修《春秋》，立素王，丘明为素臣。"又云"黜周而王鲁"，又曰"仲尼素王"。注云："素王，于况反，下'王鲁'、'素王'同。"但大中祥符元年(1008)宋真宗赵恒赴泰山封禅拜谒孔庙，作《玄圣文宣王赞并序碑》，赞云："立言不朽，垂教无疆；昭然令德，伟哉素王。人伦之表，帝道之纲；阙功茂实，其用允藏。升中即毕，盛典载扬；洪名有赫，懿范弥彰。"此赞中，"素王"之"王"与"疆、纲、藏、扬、彰"相押，用的是平声。与"素王"相对应的是"素臣"。《增押》云：又合"素王"、"素臣"而言平为是，惜无申明者。毛晃《增韵》案云："'素王'去、平声，二韵亦可通押。"但福州某科秋试士人以"素王"作平声押用，最后被黜落，说明官方依旧认为此处"素王"当作去声。真宗和福州举子"素王"作平声使，说明

① 贾昌朝《群经音辨》"辨字音清浊"门主要辨析了音变构词词组，最主要是去声与平、上、入三声的变调构词。故他所说的清浊主要是指韵，或者说是包含声、韵两个方面。

② 周祖谟：《问学集》，中华书局1966年版。

③ 周法高：《中国古代语法·构词篇》，《历史语言研究所专刊》(三十九)，1962年。

④ 孙玉文：《汉语变调构词研究》，中华书局2007年版，第179页。

宋代去声的用法依旧存在于读书音中，去声在口语中已经不是很常见，文人诗文中也较少用到，以至于当朝皇帝都会用错，毛晃认为可以通押，专为科举用韵作补注的欧阳德隆也感到困惑。孙玉文在两汉韵文中寻找“王”字叶韵情况，认为“王”的变调构词源自上古，魏晋时口语汇总还有保留，大约在六朝之后，其去声读法在口语中消失。①

检宋人科场诗赋，押“王”字的主要有：

(1)田锡太平兴国三年(978)南省试《圣人并用三代礼乐赋》(以“皇犹昭宣，礼乐备举”为韵)第五韵押“皇”字云“能兼帝皇之盛德，是为圣哲之令王”，与“皇(唐)、阳(阳)”通押。

(2)文彦博天圣五年(1027)省试《诸侯春入贡赋》(以“天下侯国，春入方物”为韵)第七韵押“王”字云“备于蕃于宣之仪，皇皇辑瑞；当载生载育之候，济济来王”与“章(阳)、阳(阳)、方(阳)”同押。

(3)宋祁明道元年(1032)入学士院考试《琬圭赋》(以“王赐之节，修德崇好”为韵)，第一韵押“王”字云：“嘉琬圭之作瑞，旌列辟以勤王。”与“彰(阳)、章(阳)”通押。

(4)熙宁六年(1073)进士沈初国学试《周以宗强赋》(以“周以同姓，强固王室”为韵)第七韵押“王”字云：“繄尔列辟，辅予一王。”与“长长短(阳)、疆(阳)”通押。

(5)方大琮嘉泰四年(1204)甲子乡试《文武之道同于伏羲赋》(以“文武之道，上同伏戏”②为韵)第六韵押“上”字云：“由(是)道至周室而始明，故人谓伏戏之再王。”与“上洪荒之上、创、访、况”通押，均为漾韵，去声。“文武之道，上同伏戏”源自《荀子·成相》“文武之道同伏戏”。

(6)方大琮开禧元年(1205)乙丑省试《太宗得至治之礼赋》(唐治之盛，实由于此)第五韵押“唐”字云：“帝乃熟思政体而面斥法律，深识君体而躬行帝王”，与“彰(阳)、康(唐)、唐(唐)、详(阳)”通押。方大琮为开禧元年乙丑科进士。

案：以上6例中，(1)~(4)、(6)“令王”、“来王”、“勤王”、“一王”、“帝王”都叶平声，不同的是“来王”之王为“拜见天子”，其他为名词“帝王”意。“拜见天子”之义《附韵》无收，两汉、魏晋韵文中都与平声相叶。唯独(5)“伏戏之再王”与去声通押。“伏戏之再王”是承接“伏戏之王”来说的，而“伏戏之王”作去声于况反，义为“称王”，故“伏戏之再王”亦作去声，与其他去声字叶韵。唐代科举诗赋中用作平声的有7次，用作去声的只有1次。

日常律赋押“王”的有：

(7)范仲淹《稼穑惟宝赋》(以“王者崇本，民食为贵”为韵)第一韵押“王”字云“资时者稼穑，务本者惟王”，与“臧(阳)、堂(唐)”通押。

(8)范仲淹《王者无外赋》(以“王者天下何外之有”为韵)第一韵押“王”字云“穆穆

---

① 孙玉文：《汉语变调构词研究》，中华书局2007年版，第181页。

② “伏戏”即“伏羲”，《押韵释疑》“经史用古字今字之疑”云：“伏羲，或作宓戏，又或作此牺字，若押伏羲，断不可又押牺牲之牺及伏戏字。”犯古今重字，断不可双押。

皇皇，为天下王”与“皇(唐)、疆(阳)、方(阳)”通押。

(9)范仲淹《六官赋》(以“分职无旷，王道行矣”为韵)第五韵押“王”字云：“御百姓于五刑，罔敢作乱；宅兆人于九土，孰不来王”，与“常(阳)、荒(唐)”通押。

(10)宋祁《王畿千里赋》(以“畿制千里，尊大王国”为韵)第七韵押“王”字云：“然皆按成事于神甸，迹前谋于令王”，与“芒(唐)、防(阳)、王(阳)、祥(阳)”通押。

(11)宋祁《十二管还相为宫赋》(以“宫则时主，相继而王”为韵)第八韵押“王”字云：“显厥应而有旨，当其时而自王”，与“畅(漾)、状(漾)”同押。

(12)刘敞《无可无不可赋》(以“圣人之道，应物无方”为韵)第八韵押“方”字云：“得是道者，静而圣，动而王”，与“王(阳)、亡(阳)、方(阳)”通押。

(13)孔武仲《四海以职来祭赋》(以“天下之职，能助王祭”为韵)第一韵押“王”字云：“当一人之奉祭，罄四海以来王”，与“扬(阳)、常(阳)”同押。

案：(7)、(8)、(10)均用作名词“君王”义，(9)、(13)“来王”为“朝见君王”，押在平声。(11)限韵字中的“相继而王”与“自王”均作动词用，当在去声，赋中与去声漾韵字同押。(12)中“静而圣，动而王”谓用典，取自《庄子·天道》：“以此处上，帝王天子之德也；以此处下，玄圣素王之道也。……静而圣，动而王，无为也而尊，朴素而天下莫能与之争美。”“圣”指上文的“玄圣”，“王”指上文的“素王”，《释文》注“素王”云“往况反”，注“而王”亦云“往况反”。故此处“静而圣，动而王”当为去声，刘敞却与平声字“亡、方”叶，亦可见未严格按照《礼韵》押用，也从侧面反映印证了“王”字去声在宋代口语中几乎消失，或者说在宋人看来，“素王”倾向于毛晃所说的去、平声可通押。

长

【阳韵平】长：仲良切。释云久远也。又展两、直亮二切，见养、漾二韵。

【养韵上】长：展两切。孟也。又仲良、直亮二切，见阳、漾二韵。

【漾韵去】长：直亮切。多也。冗长。见《选》陆机文赋：“晋王恭吾平生无长物。”一曰度长曰长。又仲良、展两二切，见阳、养二韵。

《广韵·阳韵》久也。远也。常也。永也。直良切。又直向丁丈二切。《养韵》知丈切。大也。又汉复姓。又直张切。《漾韵》直亮切。多也。又直良切。《集韵·阳韵》：仲良切。《说文》久远也。《养韵》展两切。孟也。进也。《漾韵》直亮切。度长短曰长。一曰余。

案：阳韵音切《广韵》作“直良切”，《集韵》作“仲良切”，切上字有开合之别。养韵音切《广韵》作“知丈切”，《集韵》改为“展两切”，“知”为平声字，“展”为上声字，《集韵》改切上字与被切字调同，切上字不同，音同。《附韵》三音切同于《集韵》，义上综合了《广韵》和《集韵》。“仲良切”释云“久远也”，这是承《广韵》、《集韵》尊《说文》的看法，认为“久远也”是本义，其实不然，见下文分析。《增押》和《增韵》在义项上进行了补充说明，并列举用例。《增押·漾韵》：“又阳韵乃长短字。又养韵生长字。《语》‘长一身有半’、《晋书》、王恭平生无长物、并在此。《左》：‘都城百雉。’注：一雉之墙高三丈，直亮反，又如字。”《养韵》：“此长少之长。《周礼》‘鄺长’、‘比长’在此。”《增韵·阳韵》：“短之对也。”即说“长短”之“长”在阳韵，“生长”、“长少”之“长”在养韵。这样一补充，“长”三个义项及其分别就更清晰了。《押·阳韵》：“冗长字在去声。《语》‘长一身有半’亦去声。”《养韵》：“《周礼》‘鄺长’、‘比长’在此。如‘冗长’字在去声内，此非”，补充说明“冗长”在去声漾韵，补充之后“长”字的音义项更清晰。

从中古音看，“长”字属于典型的四声别义。“仲良切”与“展两切”在上古是变声加变调构词。古音中，“生长”之“长”属端母阳部上声，“长短”之“长”属于定母阳部平声，同属阳部，声母有清、浊之别，调有上、平之别。故“长”字的变声变调构词在上古时已经完成。古无舌上音，直系到隋代还没从端系中分化出来。在中古音中，“生长”之“长”即“展两切”属于知母养韵，“长短”之“长”即“仲良切”属于澄母阳韵，声母有“知—澄”清、浊之别，调有上、平之别。“多也、冗长”读作“直亮切”，此义当是由“长也、久也”引申而来，上古属于端母阳部去声，中古属于澄母漾韵。

关于“长”字的本义，《说文·长部》云：“长，久远也。从兀从匕。兀者，高远意也。久则变化。”《广韵》、《集韵》、《附韵》均沿用。到底对不对呢？还需要一番考察。《段注·长部》亦同义《说文》用法，并进而认为：“引申之为‘滋长’、‘长幼’之长，今音知丈切。又为‘多余’之长、‘度长’之长，皆今音直亮切。兄下曰长也。是滋长，长幼之长也。”朱骏声认为“长”字是兼象形、指事、会意的合体字，“人毛之最长者也”，其上部之形为头发。最后转注为“长短”之长。① 亦有学者多认为“长短之长”为本义，“长幼”之长为引申义。查“长”字甲骨文字形，有作“”、“”、“”等形体，前两个与“老”字甲骨文字形有类似的地方，可以互相比照一下。“老”字甲骨文字形作“”、“”等。两字甲骨文字形的上部都像头发，下部都像手里拄着拐棍的人，或者分为左右两部分，即手里拄着拐棍的长发老人，应该说第二种更合理一些。这样看来，“长”、“老”都是指手里拄着拐棍的长发老人。前面是从字形上来说老人与拐棍、手杖关系密切，文献亦有辅证。如《礼记·曲礼》：“龟筴、几杖、席盖、重素、袗絺绤，不入公门。”郑云：“几杖，嫌自长老。”“几杖”即坐几手杖，皆是老者所用之物，亦用来借指老人。“长”字篆体作“”、“”等，“老”字篆体作“”，下部又竖着的拐棍形体变成了“匕”形。故我们推测，“长”字和“老”字下部之“匕”当是拐棍形体弯曲，导致小篆字形讹变。

“长”、“老”的“老人”义，文献可以证明。《礼记·曲礼》云：“五十曰艾，服官政。六十曰耆，指使。七十曰老，而传。八十、九十曰耄。”《尔雅》：“耆、艾，长也。”《广雅疏证·释诂》同训“梨”、“长”作“老也”②，则“长”、“老”均有“老人”义。也经常有“长老”连言的情况，专用来称呼老年人。如《管子·五辅》：“养长老，慈幼孤。”至于

① 朱骏声：《说文通训定声》，中华书局1984年版。

② 王念孙：《广雅疏证》，中华书局2004年版，第11页。

"长"之"老人"义的读音，《礼记·曲礼》："谋于长者，必操几杖以从之。"《释文》："长者，丁丈反。""士不名家相长妾。"《释文》："长，丁丈反，下注'长老'同。"《释文》中多处"老人"义的"长"都注作丁丈反。《礼记·少仪》："性之直者，则有之矣。有之，有跪者也。"郑注："谓受授于尊者，而尊者短则跪，不敢以长临之。"孔注："跪，其委反。长，直良反。"此处"以长临之"之"长"当为"尊长、长者"，孔颖达注作"直良反"，似有不妥。到此，我们可以说，"长"之本义为"老人"，读作"丁丈反"，即中古的养韵"展两切"。《广韵·阳韵》："又直向、丁丈二切"，其"丁丈切"即来自《释文》。"官长"义，亦作"丁丈反"。动词"滋长"义，如《礼记·曲礼》："敖不可长，欲不可从。"《释文》："不可长，丁丈反，卢植、马融、王肃并直良反。"此注倾向于"丁丈反"。

"长"字由本义生发的引申义较多。其"久远"义当是由本义"老人"引申而来，与本义"老人"有着意义上的联系，老人年岁长且远，由此引申出"久也、远也"的义项。《附韵》"长"字"展两切"注云："孟也。"《说文》："孟，长也。"此"孟"即"孟、仲、季"排行之孟。《周书·康诰》云："王若曰孟侯。"孔安国云："孟，长也，五侯之长。"则为"官长"之"长"。此亦引申义。《论语·乡党》："必有寝衣，长一身有半。"《释文》："直亮反。"此则用作去声，"冗长"之长。

至此，"长"字音义关系分明矣。本义"长者"、"长幼"、引申义"生长、滋长"、"官长"义读在养韵；"长短"、"久远"读在阳韵；"冗长"、"度量长短"读在漾韵。

宋代试律诗中"长"作平声押阳唐韵常见，但"长养"的"长"在句子中也有用到，是作仄声使用的，如《万宝诗山》卷十二《当春乃发生》第四联："有形皆长养，无物不精神。"此"长"当读上声。

宋代科举中赋押有"长"字的有：

(1)郑獬殿试《圜丘象天赋》(以"圜丘就阳，上宪天体"为韵)第三韵押"阳"字云："尔乃旋仲冬之序，迎至日之长。"与"王(阳)、当(唐)、阳(阳)"通押。

(2)沈初国学试《周以宗强赋》(以"周以同姓，强固王室"为韵)第七韵押"强"字云："譬夫木之殖，枝茂者干必大；水之委，源深者流必长。"与"王(阳)、疆(阳)"同押。

(3)王禹偁《天道如张弓赋》①(以"王者喻身，则此宜施"为韵)第七韵押"王"字云："夫如是，则张其弓，挟其矢，体由基之所长；天道远，人道迩，非禆竈之能量"，与"量(阳)、强(阳)、臧(唐)、常(阳)王称王者哉(阳)"通押。

(4)范仲淹《老人星赋》(以"明星有烂，万寿无疆"为韵)第七韵押"疆"字云："发天文之炳焕，符帝德之悠长"，与"光(唐)、疆(阳)"通押。

(5)范仲淹《制器尚象赋》第四韵云："其用不穷，触类而长"，与"象(养)、往(养)"同押。

(6)宋祁《法施于民则祀赋》(以"功被民誉，长享常祀"为韵)第五韵押"长"字云：

---

① 景德二年(1005)殿试赋题为《天道如张弓赋》，王禹偁是太平兴国八年(983)癸未科进士，此年赋题为《六合一家赋》。此赋可能是同题拟作。

"法之备者名大，祀之丰者曰长"，与"方(阳)、详(阳)、昌(阳)"同押。

(7)宋祁《十二管还相为宫赋》(以"宫则时主，相继而王"为韵)第五韵押"相"字云："本自黄钟，始同功而异位；终于南吕，递舍短以从长"，与"祥(阳)、殃(阳)、相(阳)、凉(阳)"同押。

(8)秦观《郭子仪单骑见虏赋》(以"汾阳征虏，压以至诚"为韵)第七韵押"阳"字云："如此则虽骁雄而必弊，顾创病以何长?"与"央(阳)、场(阳)、芒(唐)、阳(阳)"通押。

(9)方大琮《制度文章礼之器赋》(以"制度文章，为礼之器"为韵)第七韵押"章"字云："一宝鼎之末则辨乃铭勒，一律尺之微则验其短长"，与"当不敢当(唐)、忘不忘(阳)、防(阳)、章(阳)"通押。

案：(1)郑獬"至日之长"和(2)沈初"源深者流必长"为"长短"之"长"，当在阳韵，赋中与阳韵、唐韵字通押。(3)"基之所长"、(6)"曰长"、(7)"舍短以从长"、(9)"短长"均是"长短"之"长"，在阳韵。(4)"悠长"为"久远"义，在阳韵。赋中与阳韵、唐韵字通押。(8)"何长"与"必弊"对举，为"优势、长处"义，此乃"长短"之"长"的引申义，当在阳韵。

(5)"触类而长"，此"长"为"滋长"义，赋中与养韵字通押。范仲淹《大礼与天地同节赋》云："阴阳节之于消长，日月节之于盈亏。"此"消长"之"长"亦为"滋长"义。《礼记·曲礼》"敖不可长"，《释文》倾向于"丁丈反"。

当

【唐韵平】当：都郎切。释云敌也。值也。直也。又丁浪切，见宕字韵。

【宕韵去】当：丁浪切。释云主也。底也。中也。又都郎切，见唐字韵。

《广韵·唐韵》当，敌也。直也。主也。值也。亦州。又姓。都郎切。《宕韵》丁浪切：当，主当。又底也。又音蟷。《集韵·唐韵》当，都郎切。《说文》：田相值也。《宕韵》丁浪切：当，主也。底也。中也。

案：《附韵》与《广韵》、《集韵》"当"字两音切均同，两音有平去之别，变调而别义。都郎切的义项，《集韵》依《说文》取其本义"田相值也"，《附韵》依《广韵》取其引申义作"敌也"、"值也"、"直也"。"敌也"即"抵敌"、"阻挡"，"值也"即"相称"、"相配"、"对等"。常用义"应当"义当在此平声时。丁浪切，《易》注作"都浪反"，《书》、《诗》等注作"丁浪反"。《附韵》义项依《集韵》作"主也"、"底也"、"中也"。"主也"即"主持"；"底"即与"顶"相对之"底"；"中也"即"合宜"、"适当"。

"当"字的"恰当、合宜"义在去声。《易》中"当"字用得较多，《乾卦》："贤人在下位而无辅。"郑注云："贤人虽在下而当位，不为之助。"《释文》注"而当"云："都浪反，《易》内皆同。有异者别出。"此在去声。其他有注者均注作"如字"，如《升卦》"允升"注云："允，当也。"《释文》：如字。无注者，如《易·履卦》："夬履，贞厉，位正当也。"疏云："以其位正，当处在九五之位。"不注音，按照前文所言注音体例，此处当在去声。《书》中多次出现“昌言”，注“昌”为“当”，即“益言”、“善言”，“当”均注作“丁浪反”。《礼·乐记》：“古者天地顺而四时当。”注“丁浪反”，亦在去声。

“底”义，《韩非子·外储说》：“今有白玉之卮无当，瓦卮有当。”《文选·三都赋·序》：“且夫玉卮无当。”均注“当”为“底也”。唐元稹解试体《玉卮无当诗》云：“共惜连城宝，翻为无当卮。”此是用典，“当”为“底”义，诗中在仄声位置，则是用在去声。秦汉有“瓦当”之名，又称“瓦头”，《辞海》：“当，底也，瓦覆檐际者，正当众瓦之底，又节比于檐端，瓦瓦相盾，故有当名。”即说屋顶从屋脊到屋檐，由陶瓦一块压一块覆盖而成，盖头瓦既在最前端，又在众瓦的最底下，故“瓦当”当是由其所处的位置而得名。① 则“瓦当”之“当”应当念作去声。

“主也”义，即“主持”《广韵》平、去两音均有此义，《集韵》在去声，《附韵》亦在去声。《左传·襄公二十七年》：“庆封当国。”注：当国，秉政。《仪礼·丧服》：“童子，唯当室缌。”注云：当室者，为父后，承家事者，为家主，与族人为礼。疏云：言其当室，是代父当家事。均无音。今所谓“当家”义在此，读在平声。

宋人科举诗赋有用到“当”字的。郑獬殿试《圜丘象天赋》(以“圜丘就阳，上宪天体”为韵)第三韵押“阳”字云：“是必肇灵壤以高峙，模圆清而上当”，与“长长短(阳)、王(阳)、阳(阳)”同押。又如文彦博天圣五年(1027)省试《献羔开冰诗》押在平声，真谆同押。第六韵云：“何当比鱼上，从此出迷津。”案：郑獬殿试赋中，“上当”与“高峙”对举，此“当”为“当值”、“抵达”之义，按照《附韵》规定，当在平声。郑獬为此科进士，可见此赋用韵是被认可的。文彦博省试诗从格律来看，“当”字在平声位置上。此“当”为“应该、应当”义，在平声。

宋人日常律赋中押有“当”字的有：

(1)范仲淹《用天下心为心赋》(以“人主当用天下心矣”为韵)第三韵押“当”字云：“如天听卑兮惟大，若水善下兮孰当”，与“臧(唐)、防(阳)、荒八荒(唐)、方(阳)”同押。

(2)范仲淹《六官赋》(以“分职无旷，王道行矣”为韵)第四韵押“旷”字云：“俎豆之事，登降而不失其宜；军旅之容，征伐而无有不当”，与“旷(宕)、上安上(漾)”同押。

(3)范仲淹《任官惟贤材赋》(以“分职求理，当任贤者”为韵)第五韵押“当”字云：“度其才而后用，授其政而必当”，与“昌(阳)、方(阳)、臧(唐)”同押。

(4)欧阳修《大匠诲人以规矩赋》(以“良匠之诲人以规矩”为韵)第二韵押“匠”字云：“有模有范，俾从教之克精；中矩中规，贵任材而必当”，与“匠(漾)、尚(漾)”同押。

(5)慕容彦逢《韩信背水破敌赋》第四韵云：“还途塞兮议不返顾，众志竭兮锋何可

① 毕沅《秦汉瓦当图》认为“当”是“璧当”之义，取瓦当之形若玉璧。王筠《说文句读》认为“当”不宜训作“底”，汉瓦当有“兰池宫当”、“宗正官当”、“大万乐当”等文字，“当”岂瓦之底乎？……直取“正相当值”之义。陈直据《西都赋》认为“当”即“珰”，檐头饰也。施蜇存认为“当”是“挡”之初文，“遮挡”义。

当!”与“张(阳)、臧(唐)、亡存亡(阳)、汤(唐)”同押。

(6)方大琮《制度文章礼之器赋》(以“制度文章，为礼之器”为韵)第七韵押“章”字云：“至如簋缕永为过，惧不少越；殽蒸若可受，愧非敢当”，与“长(阳)、忘不忘(阳)、防(阳)、章(阳)”同押。

(7)楼钥《受降如受敌赋》(以“受降之际，亦当严备”为韵)第七韵押“当”字云：“因知力角于锋镝者敌尚能御，变生于肘腋者患何可当?”与“藏包藏(唐)、梁(阳)、鞅(阳)、凉(阳)”同押。

(8)楼钥《本强则精神折冲赋》(以“本强则以精神折冲”为韵)第七韵押“强”字云：“望而畏之，则彼乌敢当?”与“强(阳)、堂(唐)、疆(阳)”同押。

(9)王之望《季秋大飨帝赋》(以“时当季秋，天子飨帝”为韵)第二韵押“当”字云：“欲享于上，斯时则当”，与“房(阳)、场(阳)、藏(唐)、堂(唐)”同押。

案：以上赋中，(2)、(4)与去声字押用，其他韵与平声字押用。(1)赋限韵字“人主当用天下心矣”之“当”，为“应当”义，在平声，故第三韵押“当”当在平声，“当”在整韵和本句内都处在平声字位置。赋中“孰当”与“惟大”对举，“当”为“阻挡”义，在平声。(3)限韵字“当任贤者”之“当”为“应当”义，在平声，故第五韵当押在平声。“当”为“对等、匹配”义，即说按照其能力来任用，授予其政事必须与其能力相匹配。义在平声。(5)赋中“当”为“抵敌”义，在平声。(6)赋“非敢当”与(8)赋“乌敢当”之“当”都是“不敢当”之“当”，“担任、承受”义，在平声。(7)赋限韵字“亦当严备”之“当”为“应当”，在平声，故第七韵当押在平声。“当”与“御”对举，义近，“抵挡”义，在平声。(9)赋限韵字“时当季秋”之“当”为“正值”义，用作介词，在平声。“斯时则当”之“当”亦为“当值”义，在平声。

(2)赋中“无有不当”与“不失其宜”对举，“当”即“宜”也，“正确”、“恰当”之义，在去声。(4)赋中“必当”与“克精”对举，“当”为形容词，“恰当”义，在去声。

由以上诗赋用韵可见，“当”字押在平声居多。“当值”、“应当”、“抵挡”、“承受”义在平声，“恰当”义在去声，以上诗赋用例基本吻合。其“应当”义《礼韵》不作具体说明，士子熟知而已。

行

【唐韵平】行：胡刚切。列也。释按《左传》：二十五人为行。又何庚、下浪、胡孟三切，见庚、宕、敬三韵。

【庚韵平】行：何庚切。释按《说文》：人之步趋也。又胡冈、下浪、胡孟三切，见唐、宕、敬三韵。

【宕韵去】行：下浪切。行行，刚强皃。“子路行行如也。”又次第也。又胡光、何庚、胡孟三切，见唐、庚、敬三韵。

【映韵去】行：胡孟切。言迹。又胡刚、何庚、下浪三切，见唐、庚、宕三韵。

案：“列”义“行”在唐韵、映韵又音中作“胡刚切”，宕韵又音中作“胡光切”，庚韵又音中作“胡冈切”，反切下字不同，有“刚—光—冈”之别。四库本、姚本庚字韵又音作胡冈切，宕字韵、映字韵又音作“胡刚切”。《增韵》作“胡刚切”。“光”为见母唐韵合口一等字；“刚、冈”为见母唐韵开口一等字；“行列”义的“行”字为唐韵开口一等字。按照切字与被切字等呼尽量相一致的原则，“刚、冈”比“光”作切下字更和谐。

《广韵·唐韵》胡郎切。伍也。列也。又户庚、户浪、户孟三切。《庚韵》行，步也。适也。往也。去也。又姓。周有大行人之官，其后氏焉。户庚切。又户刚、户浪、下孟三切。《宕韵》下浪切：次第。《映韵》：言迹①。又事也，言也。下更切。又胡郎、胡浪、胡庚三切。《集韵·唐韵》寒刚切：列也。《左传》：二十五人为行。《庚韵》何庚切。《说文》：人之步趋也。《宕韵》下浪切：次第也。一曰行行，刚强皃。《映韵》下孟切：言迹。《音辨》：行，步趋也，户庚切。/行，列也，胡刚切。/行，人所施也，下孟切。/行行，刚强也，户浪切。《论语》：子路行行。

案：《广韵》“胡郎切”，切上字与被切字有开合之别，《集韵》改为“寒刚切”，切上字与被切字同为开口字，《附韵》“胡刚切”承《集韵》改了反切下字，但未改上字。《广韵》“下更切”，《集韵》改动反切下字作“下孟切”，切上字“下”等呼与“行”一致，《附韵》上下字均改作“胡孟切”，切上字为匣母合口一等字，“行”为匣母开口二等字，不如《集韵》拼合和谐。

在意义上，《附韵》与《广韵》、《集韵》、《音辨》各韵相符，无大的出入。《增韵》前举《音辨》亦无收“次第”义。“行”的原始词义为“道路”，读在庚韵，“道路”义又引申为行走、巡行、行事、德行；由“道路”义的“行”变韵构词为“行列”义的“行”，“庚—唐”韵之别；再由“行列”义的“行”变调构词为“次第”义的“行”，韵有“唐—宕”“平—去”之别。庚韵的“行”又变调构词为“言行”的“行”，形成“庚—映”平去变调构词。这样，由庚韵音读分别变韵、变调构词，形成其他几项音义，并逐渐稳固下来。

“行”的原始义为“道路”，如《诗经·邶风·北风》“惠而好我，携手同行”。传：行，道也。笺：与我相携持，同道而去。《释文》：同行，音衡，道也。《诗经行露》：“厌浥行露，岂不夙夜，谓行多露。”《毛传》注：行，道也。《庄子·养生主》：“官知止而神欲行。”《释文》：“而神欲行，如字。”由“道路”之义引申出诸多义项，《段注·行部》：“行：引申为巡行，行列，行事，德行。”《论语·子路》：“不得中行而与之。”“中行”指不偏倚的中道之人，属于词义引申。《周易·易经》中多以“道路”、“行走”为核心意义，进而引申为行为、行动、施行等意义，而《易传》中引申为德行、运行、流行和抽象的道路等意义。② “行列”义如《左传》：“晋侯作二行。”注户郎切。“次第”义引申为“行辈”义，如《汉书·匈奴传》：“汉天子，我丈人行。”注尊老称，胡浪反。“言迹”义如：《周礼·地官》：“二曰敏德，以为行本。教三行：一曰孝行，以亲父母；二曰友行，以尊贤良；三曰顺行，以事师长。”郑注：“德行内外，在心为德，施之为行。”

---

① “言迹”，《广韵》原文作“景迹”。

② 刘文清：《〈周易〉经传“行”字字义分析》，《周易研究》2007 年第 5 期。

《释文》："下孟反。下及注德行之行、六行皆同。"

《增押·庚韵》何庚切"行"字下注云："《诗》'景行(行止)'、《论》'行有余力'、《礼记》'循行牺牲'、'出行田原'、'循行积聚'、《汉书》凡'循行天下'、'循行告谕'、'持节行郡国'，已上并去声(即下孟反)。似此非。一宜详审。"即说以上例子均注为去声"下孟/更反"。上述所举例子中的"行"字意义与庚韵的"人之步趋也"不同，主要是"巡行"义。《汉书》中颜师古注"循行"为"下孟反、下更反"，以"下更反"为多，均为"巡行"义。"下孟反"、"下更反"音同，《广韵》映韵下更反："行，言迹。""德行"义。"循行"一词可作动词，义为"巡视、视察"，且此用法较多，如《礼记·月令》"循行国邑"、"命有司循①行积聚"，均注"下孟反"；又可以作名词指"美好的德行"、"品行美好"，如《汉书·陈汤传》："汤待迁，父死不奔丧，司隶奏汤无循行。"②

宋代科举中试律诗"行"一般押入庚韵，如《万宝诗山》卷十二《鸡鸣春耨去》："耨事当知重，农夫敢惰情。殷春占鸟宿，去早趁鸡鸣。齐境闻三唱，秦关报五更。惊心将旦发，著步荷锄行……"《晓行湘水春》："一夜落花雨，湘潭春水生。桥从波面断，舟向晓来行。江上帆千里，城头鼓五更。洞庭风正暖，楚峡日新晴。双桨冲烟去，孤蓬带月明。故乡浑在梦，屈指数归程。"当为"行列"义时，则押入阳唐韵，如《万宝诗山》卷十二《晓行湘水春》："麦老初秋白，梅肥细雨黄。晓风行数里，春水渡三湘。破月翻征棹，冲烟过绿杨。悠悠荆渚去，拂拂岸花香。楚岫来千点，江鸥去几行。东风双泪眼，何日杜陵乡。"

宋代科举赋中押有"行"字的有：

(1)许安世省试(代殿试)《公生明赋》(以"公不偏党，明则生矣"为韵)第七韵押"生"字云："是故君子养源，于以致忠邪之判；大人正已，岂徒无谮愬之行"，与"衡(庚)、生(庚)、名(清)"通押。

宋人日常律赋中押有"行"字的很多，此录几例如下：

(2)田锡《雁阵赋》(以"叶落南翔，云飞水宿"为韵)第三韵押"翔"字云："疏密有绪，高低载飏；天空而残月铺影，水阔而微云间行"，与"翔(阳)、张(阳)、飏(阳)、堂(唐)"通押。

(3)王禹偁《大合乐赋》(以"天地之礼，张乐雍美"为韵)第五韵押"张"字云："匪但崇牙设，猛虡张，金石间作，干戚成行"，与"章(阳)、王(阳)、张(阳)"通押。

(4)范仲淹《礼仪为器赋》(以"崇礼明义，斯以为器"为韵)第三韵押"明"字云："于以致满而不溢，于以知用之则行"，与"程(清)、明(庚)、盈(清)"通押。

(5)范仲淹《六官赋》(以"分职无旷，王道行矣"为韵)第三韵押"行"字云："得其人则圣政咸若，失其人则王化不行"，与"名(清)、情(清)、明(庚)"通押。

(6)宋祁《志在春秋赋》(以"宣父之志，因史成法"为韵)第七韵押"成"字云："具

① "积聚"，郑玄注云：谓刍禾薪蒸之属。

② 案：原文作"循"，宋代宋祁曰："循，疑作脩。"

四时而言备，大一统而化行”，与“成(清)、明(庚)”通押。

(7)宋祁《水涸成梁赋》(以“先事成绩，人则无患”为韵)第三韵押“成”字云：“架澮壑以航联，遂知攸济；截重渊而虹度，蔑有留行”，与“成(清)、平(庚)、程(清)、营(清)”通押。

(8)宋祁《去邪勿疑赋》(以“明后之政，除恶无惑”为韵)第一韵押“明”字云：“邪惟害政，令贵必行”，与“明(庚)、生(庚)”通押。

(9)文彦博《一生二赋》(以“元气之用，生是天地”为韵)第五韵押“生”字云：“为品物之宗，我则触类而长；作圣人之式，我则与时偕行”，与“生(庚)、成(清)”通押。

(10)欧阳修《祭先河而后海赋》(以“王者行祭，先务其本”为韵)第三韵押“行”字云：“是用分礼章而异数，昭祭典以推行”，与“成(清)、名(清)”通押。

(11)苏轼《六事廉为本赋》(以“先圣之贵廉也如此”为韵)第二韵押“圣”字云：“人各有能，我官其任；人各有德，我目其行”，与“圣(劲)、政(劲)”通押。

案：(2)、(3)押在唐韵，(11)押在映韵，其余均押在庚韵，无有押在“宕”韵者。

(1)赋中押“谮愬之行”，《逸周书·谥法》：“谮诉不行曰明。”“谮愬”即谗毁攻讦。此处“行”指《论语·颜渊》：“浸润之谮，肤受之愬，不行焉，可谓明也已矣。”正义曰：“言人若无此二者，非但未明，其德行可谓高远矣，人莫能及之也。”“不行”指“行不通”，此“行”有“施行”的意思，是“道路”的引申义，庚韵。赋中与庚韵字、清韵字通押。(4)“知用之则行”、(5)“王化不行”、(6)“大一统而化行”、(8)“令贵必行”、(10)“推行”等都是“施行”的意思，庚韵，赋中分别与清韵、庚韵字通押。(7)“蔑有留行”与“遂知攸济”同举。“攸济”，《书·大诰》：“予惟小子，若涉渊水，予惟往求朕攸济。”“留行”据上下文意思，当为“停止行进”义。《史记·大宛列传》：“贰师欲攻郁成城，恐留行而令宛益生诈，乃先至宛。”《汉书·张骞李广利传》记载此事与《史记》同，颜注：“留行，谓留止军，废其行。”则“留行”之“行”亦为“行进”义，(9)“与时偕行”亦为“行进”义，庚韵，赋中分别与清韵、庚韵字通押。

(2)“微云间行”之“行”为“行列”之义，即说微云映照在广阔的水面上，形成间隔的行列，赋中与阳韵字、唐韵字通押。(3)“干戚成行”之“行”很明显是“行列”义，唐韵，赋中与阳韵字通押。

(11)赋中“行”为“言迹”义，即言行举止，映韵。赋中与劲韵字通押。

可见，“行”字押唐韵、映韵者少，押庚韵者多，押宕韵者几无。唐代科举诗赋中押有“行”字的有十多例，其中押庚韵的有 14 例，押映韵的有 3 例，其他两韵无有押者。可见“行”字的庚韵音义最常用，宕韵音义较少用以入韵。

正

【清韵】正：诸成切。岁之首月。释云：夏以建寅月为正，商以建丑月为正，周以建子月为正。又之盛切，见劲字韵。

【劲韵】正：之盛切。释按《说文》：“是也。”又诸成切，见清字韵。

《广韵·清韵》诸盈切。正朔，本音政。《劲韵》之盛切。正当也。长也。定也。平也。是也。亦姓。……又之盈切。《集韵·清韵》诸盈切。岁之首月。夏以建寅月为正，商以建丑月为正，周以建子月为正。《劲韵》之盛切。《说文》：“是也。从止，一以止。古从二。二，古上字。或从一足。足者亦止也。亦作疋。”《音辨》正，是也。长也。之盛切。正，税也。音征。《礼》：“司书掌九正。”

案：《附韵》“之盛切”与《广韵》、《集韵》、《音辨》同；“诸成切”，《广韵》、《集韵》均作“诸盈切”，音同。“正”字两音同为章母，为“清—劲”平、去变调构词。“诸成/盈切”专用来表示“正月”、“正朔”义，“之盛切”用来表示“是也”义。《音辨》云：“正，税也。音征。《礼》：‘司书掌九正。’”则作“征税”讲。《周礼·地官》：“正其货贿。”郑云：“正，读为征。”义为“征税”。此为通假义，《礼韵》未列此音义。

下面有必要讨论一下“正”字几个义项之间的关系。“正”字甲骨文字形作“”，金文字形作“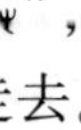”，是会意字，其上面的符号表示位置、目标，下面是“足”，表示向既定方位或目标走去。小篆字形便写作“”了。字形与“正”相反的是“各”字，“各”字甲骨文字形作“”，金文字形作“”，与“正”字的“止”方向相反，其本义为“到、至”。故“正”字本义当为“远行、远征”。

由本义引申为“征伐”义，甲骨卜辞中表示“征战、侵伐”义的用例很多。后来“正”、“征”字形分化，字义有分工，“正”表示“不偏斜、平正”，“征”表示“远行、征伐”之义。“征”字“远行”之义，如《诗经·小雅·小明》“我征徂西”等。由“正”字本义生发的引申义较多，如“不偏斜”、“正月”、“官长”、“正庶”等名词义，以及“整理”、“匡正”等动词等义，后来还借来表示副词“正好”、代词“这样”等意义。

“正”字的“不偏斜、平正”义，亦是引申。较多学者将“不偏斜”作为“正”的本义，认为“正”的甲骨文字形上面的符号表示方位、目标，下面是足，向着这个既定的方位或目标不偏不斜地走去，故本义为“不偏斜”，如陈炜湛①、康殷②。亦有学者认为“不偏斜”是由先秦射礼中“正鹄”而来。《诗经·齐风·猗嗟》：“终日射侯，不出正兮。”郑笺：“正，所以射于侯中者。正义：正者，侯中所射之处。”《中庸》：“失诸正鹄。”注：“画布曰正，栖皮曰鹄，皆鸟名。”此注稍有牵强。先秦有射礼，此“正鹄”当于前例义近，亦指“射中”。这应该可以看做“不偏斜”义的来历。

“正”字引申为历法上的名词“正月、正朔”等，亦与其本义“远行到某处”有关。周人以日至为正，日北至则夏至，日南至则冬至，周而复始。周人以冬至日为正月，冬至日后，太阳又要开始南行，如同人的远行，于是用“正”来表示一年之始。“正月”，“岁之首月”，即农历一月。

关于“正月”之“正”的读音，《增押》辨析得较为详细。《增押·清韵》书征切：“正，岁之首。……《汉书》：‘改正朔。’师古注：‘之成切，以秦讳政，读曰征。’以上并音

① 陈炜湛：《甲骨文异字同形例》，《古文字研究》第六辑，中华书局1981年版，第233页。
② 康殷：《文字源流浅说》，荣宝斋1979年版，第117页。

征。《书》：‘怠弃三正，二月上日，正月朔旦。’注音政，又音征。《左·序》：‘即周正也。’《董策》：‘得之于正。’颜注谓：‘正月只音政。’”《劲韵》又云：“正，之盛切。……字讳不押，始皇讳政，故秦已前音政，秦后皆音征。《诗》‘正月’音政。若用秦已前正月事作平声押，须释文音正方可。”“正朔”、“周正”、“正月朔旦”之“正”与“正月”之“正”同，“正月只音政”，“注音政，又音征”，是因为秦讳政，故读“政”曰“征”。《增押》说得很明确，“正月”之“正”在秦以前音政，始皇讳政不押，故秦后皆音征，如果考试中遇到押秦之前正月事作平声的，“须《释文》音正方可”，即需要《经典释文》有平声音读可依才行，否则便是误押。

《增韵》毛晃案云：“岁之首月本音去声，秦始皇名政，读正如征(即改读平声)，《董仲舒传》‘正次王’，颜师古亦音去声，则平、去二声可通用。”《韵会二十四》“正”字下云：引用毛晃上述案语后又云：“凡‘正朔’、‘三正’之类，平、去二声皆可通用。”“三正”，《尚书·甘誓》：“威侮五行，怠弃三正。”《释文》：“建子、建丑、建寅三正也。”“三正”与“正月”、“正朔”之“正”同。《增韵》和《韵会》认为平、去二声可通用。

以上讨论的是“三正”、“正月”、“正朔”之“正”平、去都可，平声需要看《释文》出处。而《附韵·清韵》释云：“岁之首月。释云夏以建寅月为正，商以建丑月为正，周以建子月为正。”此规定是说，“正月”、“三正”之“正”为平声。宋代某科太学试《正岁观教象赋》以“观于正岁新其教也”为韵，陈嘉谟押“正”字押在去声，其云：“治四分序，当新于岁正。”《周礼·小宰职》：“正岁，帅治官之属而观治象之法。”郑注云：“正岁，谓夏之正月。得四时之正，以出教令者，审也。”赋题中的“正岁”即“正月”，《释文》此处无注，而“正月”常注的如字为去声。若按照《附韵》规定，遇见字有两音者需上请，由考官选择一音押用。陈嘉谟此赋中押作去声，且未被黜落，可见“正月”之“正”可不按照《礼韵》来押，主要依照《释文》出处来押用，《释文》无注者当别说。

宋人日常赋作中押有“正”字的有：

(1)王禹偁《射宫选士赋》第四韵云：“非取其十发而九中，在合于二节而五正。”与“程(清)、声(清)、呈呈现，展示(清)、平(庚)”通押。

(2)王禹偁《圣人无名赋》(以“元圣之道，无得称也”为韵)第二韵押“圣”字云：“所以居域中之大，所以为天下之正”，与“圣(劲)、姓(劲)”同押。

(3)夏竦《正家而天下定赋》(以“家道居正，平定天下”为韵)第四韵押“正”字云：“恭己则人敢不恭？正家则国罔不正”，与“政(劲)、姓(劲)”同押。

(4)范仲淹《蒙以养正赋》(以“君子能以蒙养其正”为韵)第八韵押“正”字云：“庶几进退之间，保君子之中正”，与“性(劲)、圣(劲)”同押。

(5)陈襄《至诚尽人物之性赋》(以“惟至诚尽人物之性”为韵)第六韵押“性”字云：“故孟轲明四端之由，荀子辨五音之正”①，与“圣(劲)、病(映)、性(劲)”通押。

---

① “四端”，是孟子认为人应该具有的四种德行，恻隐之心，仁之端也；羞恶之心，义之端也；辞让之心，礼之端也；是非之心，智之端也。“五音”即宫、商、角、徵、羽。

(6)刘敞《郊用夏正赋》(以“三王之郊，一用夏正”为韵)第五韵押“正”字云：“将修严父之飨，必用前王之正”，与“孟(映)、命(映)、令(劲)”通押。

(7)杨傑《五六天地之中合赋》(以“奇偶相合，兹得中正”为韵)第四韵押“正”字云：“以中中其不中，以正正其不正”，与“命(映)、性(劲)”通押。

(8)江衍《王道正则百川理赋》(以“王道公正而百川理”为韵)第二韵押“正”字云：“故彼灾祥，系乎邪正”，与“圣(劲)、政(劲)、性(劲)”同押。

案：(1)赋题为“射宫选士”，赋的内容关乎射礼。“五正”，《周礼·夏官·小司马之职》：“以射法治射仪。王以六耦射三侯，三获三容，乐以《驺虞》，九节五正；诸侯以四耦射二侯，二获二容，乐以《貍首》，七节三正；孤卿大夫以三耦射一侯，一获一容，乐以《采蘋》，五节二正；士以三耦射豻侯，一获一容，乐以《采蘩》，五节二正。”郑注云：“射法，王射之礼。……正，所射也。《诗》云：‘终日射侯，不出正兮。’……玄谓三侯者，五正、三正、二正之侯也。二侯者，三正、二正之侯也。一侯者，二正而已。此皆与宾射于朝之礼也。”“五正，音征，下及注同。”“五正”之“正”音征，平声，名词，指射的目标、靶子。赋中正与平声清、庚韵字同押。此外，“五正”亦有“五官之长”义，《尔雅·释诂》：“正，长也。”郭注：“谓官长。”《左传·隐公六年》：“翼九宗五正。”杜注：“五正，五官之长。”但此赋中“五正”是射礼之“二正”、“三正”、“五正”之“正”。

(2)“天下之正”、(3)“家道居正”、“国罔不正”、(4)“以蒙养其正”①、(5)“辨五音之正”、(7)“中正”、“以正正其不正”②、(8)“公正”、“邪正”等，都是指“不偏不倚”、“正确的、得当”义，为去声，赋中亦均押入去声。

(6)限韵字“三王之郊，一用夏正”出自《易纬·乾凿度》，郑注无明音。赋题及限韵字中的“夏正”、赋中的“用前王之正”均是“正月”之“正”。按《增押》的说法，则有平、去两声，此赋押在去声。则《礼韵》规定“正月”在平声有不甚完备之嫌。

胜

【蒸韵平】胜：书蒸切。任也。又诗证切，见证字韵。

【证韵去】胜：诗证切。释云克也。亦州名，汉云中五原也。又书蒸切，见蒸字韵。

《广韵·蒸韵》：胜：识蒸切。任也。举也。《说文》：本从舟，经典省作月，他皆仿此。又汉复姓。又书证切。《证韵》：胜，胜负。又加也。克也。亦州名。……又诗陵切。《集韵·蒸韵》胜：书蒸切。《说文》：任也。从舟。亦姓。《证韵》胜：诗证切。克也。亦州名。

案：《礼韵》两音义主要同于《集韵》，证韵“州名”义项据《广韵》有所增补。“书蒸

---

① 出自《周易·蒙卦》：“蒙以养正，圣功也。”

② 第一个“正”与第三个“正”同义，“正确的、得当的”；第二个“正”为动词，“纠正、匡正”，去声。

切”依《集韵》改《广韵》“识蒸切”，切上字改为平声字，拼合更和谐。“任”义在平声，“克”义在去声。《增韵·蒸韵》“胜”字注云：“任也。举也。堪也。”《礼记·表记》“不胜其敝”之“胜”为“堪”义，在平声。“克之”曰“胜”。《表记》“不胜其质”、“不胜其文”为“胜负”之“胜”，当在去声，经典注云“世证反，又音升”，此标注了“胜”字的异读音，首音在去声，又音“升”为平声。

此外，《增押·蒸韵》引《史记正义》云“陈胜”音升，在平声；而《证韵》又说人名在去声，并列举“陈胜”。“陈胜”人名当在去声，《正义》注音有误。

金君卿御试《应天以实不以文赋》(以“推诚应天，岂尚文饰”为韵)第八韵押“应”字云：“恶文而实以为贵，任德而妖奚足胜”，与“证、应天人之应”等证韵字同押。欧阳修同年进拟御试《应天以实不以文赋》(以“推诚应天，岂尚文饰”为韵)第二韵押“应”字云：“臣闻天所助兮，惟善则降祥；德苟至兮，虽妖而不胜”，与“应应和、乘万乘、证”等证韵字同押。

案：赋中“文”与“实”相对，“德”与“妖”相对。欧阳修同题拟作中亦是“德”与“妖”相对，两赋中“胜”字用法相同。“妖”为品德恶劣，“德”、“妖”相对，自然是“妖”不能超过“德”，则“胜”当为两者比较孰优孰劣，即“胜负”之“胜”。

田锡御试《不阵而成功赋》(以“功德双美，威震寰海”为韵)第八韵押“海”字云：“化洽无私兮，功符不宰。取仁义为胜兮，岂干戈砺乃。”“胜”在平声位置。赋中“胜”字为“任”义，在平声。田锡为当科进士第二名，此赋用韵当无不妥当之处。

宋人日常赋作中押有“胜”字的有：

(1)陈襄《善胜不武赋》(以“能善胜者，无烦威武”为韵)第八韵押“胜”字云：“非烈烈以威取，盖巍巍而道胜”，与“应响应、称成功允称”证韵字同押。

(2)刘敞《无可无不可赋》(以“圣人之道，应物无方”为韵)第五韵押“圣”字云：“体达节以素游，观万物以交胜”，与“应、证”证韵字同押。

(3)孔平仲《智若禹之行水赋》(以“明智之大，如禹行水”为韵)第七韵押“明”字云：“后世苏、张之辩胜，庄、老之道鸣。”

案：陈赋中“道胜”与“威取”对举，则“胜”当为“胜负”之“胜”，在去声，赋中亦与去声证韵字同押。刘赋中“交胜”即相互胜负有分，彼胜则此负，此胜则彼负，胜负交相。在去声，赋中亦与去声证韵字同押。张赋中“胜”在仄声位置上。赋中“胜”与“鸣”对举，用作动词。“苏、张之辩”为用典，指战国时期纵横家雄辩代表苏秦、张仪，均为有名说客。此处当是“胜负”之“胜”，当在去声，与仄声相合。

应

【蒸韵平】应：于陵切。当也。《诗》：“我应受之。”又姓。《左传》：“邘晋应韩，武之穆也。”又于证切，见证字韵。

【证韵去】应：于证切。释云：和也。又于陵切，见蒸字韵。

《广韵·蒸韵》于陵切：应，当也。又姓。《证韵》应：物相应也。《说文》当也。于证切。又音膺。《集韵·蒸韵》于陵切：应，《说文》："当也。"亦姓。《证韵》应：于证切。答也。

案：《附韵》两音与《广韵》、《集韵》同。于陵切有两个义项，一是"当也"，从《说文》之本义，补《诗经》出处。"当"即"应当"、"应该"义。一是"姓"，补《左传》出处。"于证切"释作"和也"，"和"即"应和"、"应对"、"相应"、"顺应"、"感应"等，则"应和"、"相应"、"顺应"、"感应"等义当在此。

《易·乾卦》"同声相应"，《释文》："应对之应，《易》内不出者并同。"《书·大禹谟》"响之应声"，《释文》："应对之应。"如此之类，均注曰"应对之应"，以与如字区分开来。《易·艮卦》"上下敌应，不相与也。"疏云："凡应者，一阴一阳，二体不敌。"《释文》："应对之应。又音膺。"诸如此类，异读音并现，首音之外还注有"音堪互用，义可并行"的又音，音义倾向于首音。《易·泰卦》"各反所应"，《释文》："如字。旧音应对之应。"《损卦》"二簋应有时"，《释文》："师如字，旧应对之应。"疏云："申明二簋之礼，不可为常。二簋至约，惟在损时应时行之，非时不可也。"如此之类，"应"字虽注有两音，但偏首音，有纠正误读的性质，此类"应"字均为"应当"、"应该"的意义。若押以上出处，须得严格按照出处音义押用。

宋人科举诗赋中，金君卿庆历二年(1042)殿试《应天以实不以文赋》(以"推诚应天，岂尚文饰"为韵)多次用到"应"字。该赋第八韵押"应"字云："本诚慤以御邦，自协天人之应。"与"证(证)、胜(证)"同押。第三韵为平声脂、之通押，云："念高明之听卑，率由善应；即真纯而履信，安在文为？"第五韵为平声庚清通押，云："至如宋景之言，退星不虚其应；西邻之祭，受福盖主于诚。"案：《应天以实不以文赋》题出自《晋书·帝纪》："动人以行不以言，应天以实不以文。"义为：最足以感动民心的是行动而不是言辞，最能顺应天意的是实践而不是行文。《晋书音义》无注。这里的"应"是"顺应"的意思，当在去声。赋中与"证、胜"证韵字同押，音义均合。第三韵、第五韵中的"应"字均在仄声位置。先说第五韵，"至如宋景之言，退星不虚其应"系用典，宋景公三十七年(前480)，荧惑守心，子韦说对国君不利，可以转移祸害于宰相、百姓或者收成，宋景公分别对曰："宰相所使治国家也，而移死焉，不祥。""民死，寡人将谁为也？宁独死耳。""民饥，必死。为人君而欲杀其民以自活也，其谁以我为君者乎？是寡人命固尽也，子毋复言。"……是夕火星果徙三舍。《吕氏春秋·制乐》《淮南子·道应》均有载。以上三句即"宋景之言"，则"不虚其应"之"应"当是"应对之应"，在去声，赋中正在仄声位置，音义合。第三韵中"高明之听卑"指天处在很高的地方能听见地上的话，语出《尚书》典故子韦之语，则"善应"亦指"应对之应"，在去声，赋中正在仄声位置，音义合。

欧阳修庆历二年(1042)进拟御试《应天以实不以文赋》，此拟作之赋即金君卿殿试赋。赋中第二韵押"应"字云："皆由人事之告召，然后天心之上应"，与"胜(证)、乘$_{万乘}$(证)、证(证)"同押。此"上应"亦即"应对之应"，在去声赋中与证韵字押，音义合。

宋人日常赋作中押有“应”字的有：

(1)范仲淹《蒙以养正赋》(以“君子能以蒙养其正”为韵)第三韵押“能”字云：“务实去华，育德之方斯在；反听收视，养恬之义相应”，与“能(登)、矜(蒸)、称不足称(蒸)”同押。

(2)陈襄《善胜不武赋》(以“能善胜者，无烦威武”为韵)第八韵押“胜”字云：“斯所谓圣化光敷，民心响应”，与“胜道胜(证)、称成功允称(证)、证(证)”同押。

(3)刘敞《无可无不可赋》(以“圣人之道，应物无方”为韵)第五韵押“应”字云：“其大也无为，其行也善应”，与“胜(证)、证(证)”同押。

案：以上三例中一押在平声，两押在去声。范氏赋中“相应”押在平声。“反听收视，养恬之义相应”，此“应”是“当”义，即说不听不视，不为外物惊扰，才是培养恬静寡欲的正确方法。义在平声。赋中与平声蒸韵字同押。(2)、(3)赋中“响应”、“善应”均为“应对”之“应”，在去声，赋中亦与去声证韵字押用。

不

【尤韵】不：方鸠切。未定之辞。又俯九切，见有字韵。

【有韵】不：俯九切。弗也。又方鸠切，见尤字韵。

《广韵·虞韵》作为“柎”的异体收录，芳无切：“草木房为柎。一曰华下萼。或作不。”《尤韵》甫鸠切：“弗也。又姓。又甫九、甫救二切。”《有韵》方久切：“弗也。《说文》作鸟飞上翔不下来也。从一，一天也。象形。又甫鸠甫救二切。”《集韵·尤韵》方鸠切云：“鸟名，夫不，隹也，或从鸟不。一曰姓也。辞也。”《有韵》俯九切云：“《说文》：鸟飞上翔不下来也。从一，一犹天也。象形。”《宥韵》方副切：“弗也。”《勿韵》分物切：“无也。通作弗。”《音辨》：“不，无也，方久切。/弗也，音弗，《诗》：‘受爵不嚷。’/否也，弗武切。《诗》：‘序宾以不侮。’/夫不雏也，方浮切。《诗》传：雏，夫不，鸟之谨慤者。/不足也。音跗，《诗》：‘鄂不韡韡’。”《增韵·宥韵》俯救切：“不可，弗然也。又虞尤有勿四韵。晃谨案：然不字平、上、去、入四音同训，如经史中字无音者合通押。”居然有五个音，且尤、有、宥、勿四韵义同，经典无音者，平、上、去、入可通押。《押》、《增押》音义与《附韵》同。

案：《说文》：“不，鸟飞上翔不下来也。从一，一犹天也。象形。”“不”字是象形字不错，但其甲骨文字形作“、、”等形体，像花蒂、花跗之形。宋郑樵《六书略》云：“不，像萼蒂形。”其本义当为花蒂，而不是《说文》所云“鸟飞上翔不下来也”。《诗经·小雅·常棣》：“常棣之华，鄂不韡韡。”笺云：“承华者曰鄂，不当作柎。柎，鄂足也。古音不、柎同。”孔疏：“不，毛如字，郑改作‘柎’，方于反。不、柎，不音如字，又芳浮反，二声相近也。‘柎’亦作‘跗’，前注同。一云‘不，亦方于反。’……郑以为，华下有鄂，鄂下有柎。”《释文》：“不，毛如字，郑改作‘柎’，方于反。柎，鄂足也。”又如，华山又叫“华不注”山，“华”古通“花”，至于“不”，《山东考古录》引伏深《三齐记》云：“‘不’读如跗，与《诗》‘鄂不韡韡’之‘不’同，谓花蒂，言此山孤秀，

如花跗之注于水也。”“不”字主要假借为否定副词，本义“花萼、花托”则用“柎”字来表示。《说文》：“柎，阑足也。”段注云：“‘阑’字恐有误。《韵会》本‘阑’作‘鄂’。柎、跗正俗字也。凡器之足皆曰柎。……古声‘不’、‘柎’同。”《说文》关于“不”字本义的说法不确，段氏的考证可采。《广韵》和《集韵》均囿于《说文》所释本义，《附韵》借鉴《音辨》两个常用音义项，并改良反切。由“甫鸠”到“方鸠”、“方久”到“俯九”，反切上下字发生改变，但音韵地位未变。“不”字两音“方鸠切—俯九切”，同为帮母，平—上变调构词模式，同时也反映了轻、重唇音的分离现象。

“方鸠切”义为“未定之辞”，此折合现代音 fōu。所谓“未定之辞”，相当于今天所谓的疑问语气词。“俯九切”读 fǒu，同“否”，注为“弗”，盖谓此乃谓语之“否”。在“弗”的意义上，“不”与“否”通，俯九切，“不然，不如此”。

由“不”字我们可以了解到《附韵》对《广韵》、《集韵》的众多音义项进行了删减。由此我们亦可以看出《礼韵》的实用性、规范性。《礼韵》对前代韵书的音义项进行大刀阔斧的删减，并以科举的形式进行宣传、巩固，对后来多音字的音义项简化、固定起到了很好的促进作用。

宋代科举律赋中押有“不”字的有：

(1)许安世省试(代殿试)①《公生明赋》(以“公不偏党，明则生矣”为韵)：第二韵押“不”字云：“欲庶理之皆辨，舍至公而则不”，与“守(有)、纠(黝)、有(有)”通押。

文人日常赋作中押“不”字的有：

(2)范仲淹：《阳礼教让赋》(以“修射崇饮，民不争矣”为韵)：第六韵押“不”字云：“是知用之而在化可久，废之而其化则不”，与“久(有)、寿乐其富寿(有)、有(有)通押。

(3)刘敞《我战则克赋》(以“仁义行师，何有不克”为韵)：第六韵押“不”字云：“念刺伐而岂无，谓奔北而则不”，与“后群后(厚)、纣(有)”通押。

(4)刘敞《孔子佩象环赋》：第八韵“赋仲尼之象环，不然则不”，与“久(有)、守(有)”通押。

(5)刘敞《不下堂见诸侯赋》(观礼尊君，不下于堂)第六韵押“不”字：“岂若谨入觐以为常，谓倨见而则不?”与“厚(厚)、咎(有)、牖(有)”通押。

以上赋题限韵字中的“公不偏党”、“民不争矣”、“何有不克”、“不下于堂”之“不”当为否定意义“弗”。赋中五次出现“则不”，无有押在尤韵者，均属于上声有韵，读作俯九切，折合现代音是 fǒu，以为“不是(这样)的”。

在宋代试律诗中，作未定之词念方鸠切的“不”却是常见使用。

就我们所调查的《万宝诗山》卷六、卷九、卷十一、卷十二、卷十三来看，作为韵脚的“不”均属尤韵。卷六有 5 例，卷九有 4 例，卷十一有 2 例，卷十二有 4 例，卷十三有 9 例。如卷六《春风笑人愁》：“不知千窍怒，能解客嘲不。”《春风各自愁》：“天涯芳草梦，吹到凤帏不。”卷九《浮云散白石》：“女娲应笑问，还可补天不。”卷十一《孤舟钓

① 治平四年(1067)神宗即位守丧而以省试代替殿试，无正式殿试。

寒雪》:“蒙头惊白发，莫是太公不。”卷十三《谁收春色去》:“荷沼斩新未，桃源似旧不。”

参

【侵韵平】参：梳簪切。释云：商星也。又仓含、七绀二切，见覃、勘二韵。

【覃韵平】参：仓含切。间厕也。又踈簪、七绀二切，见侵、勘二韵。

【勘韵去】参：七绀切。曲名。释云：鼓曲。《后汉》:祢衡为渔阳参挝。又踈簪、仓含二切，见侵、覃二字韵。

《广韵·侵韵》嵾：嵾差不齐貌。亦作参。楚簪切。参：上同。/参：所金切。参星。亦姓。世本云祝融之后。又仓含切。《覃韵》参，参承，参观也。俗作湌。仓含切。《谈韵》三：数名。又汉复姓。……苏甘切。参：上同。又七南、所金二切。俗作叁。《集韵·侵韵》参：疏簪切：《说文》:商星也。或省作叁。/参：初簪切。参差不齐。古作曑。《覃韵》参、三、叁：仓含切。谋度也。间厕也。或作三。古作叁。又姓。《谈韵》参：苏甘切。《博雅》:参，三也。《勘韵》参、傪、馂：七绀切。鼓曲也。《后汉》祢衡为渔阳参挝。或从人从食。

案：《附韵》侵韵、勘韵两音均为专有名词。“鼓曲”义，各本均作“七绀切”，音义相对比较固定。“商星”义，《广韵》作所金切，《集韵》作疏簪切，音同。《附韵》与《集韵》同作“梳簪切”，但其他两韵又音字形作“踈”，《集韵》作“疏”，四库本《附韵》作“疎簪切”。《正字通》:“踈，疎字之讹。本从疋。”《玉篇》:“踈，误从足。”则绍定本《附韵》又音切上字“踈”字形误。“参”，《说文》:“商星也。本作曑，从晶㐱声。所今切。”曑隶变为参，用为“参两”、“参差”字。《段注》:“或云此以篆文曑连商句绝，释为星也。夫苟泛释为星，安用商字。参商之云，起于汉时辞章，联缀不伦，许君何取。”段氏此说为是。参、商均为星宿名称，分别在西方、东方，此出彼没，彼出此没，互不相见，后世多用来比喻势不两立或者隔绝不能相见，汉以往的诗赋中较多这种用法，均是参商连用。《左传·昭公元年》:“昔高辛氏有二子，伯曰阏伯，季曰实沈。居于旷林，不相能也。日寻干戈，以相征讨。后帝不臧，迁阏伯于商丘，主辰，商人是因，故辰为商星。迁实沈于大夏，主参，唐人是因，以服事夏商。”这则材料亦说明了参与商有别，许氏注解当是注“参、商，星名。”可能是流传致误，《广韵》、《集韵》误录不改，《礼韵》亦承前误注，当正。《增押·侵韵》梳簪切“参”字云：“释：星名。”

覃韵仓含切为“间厕”、“谋度”、“参与”义，各本音同。《集韵》将“参、三、叁”收在一个字头下，云“或作三，古作叁”。《群》:“参，间厕也。七南切，又音三。”《礼》“设其参”、《易》“参伍以变”、“参天两地”均注七南反，音三，与“叁”、“三”通，为通假用法，用作数词。《群》音当是从经典音而来，《广韵》、《集韵》改切上字为同等字。《广韵》、《集韵》谈韵有“苏甘切”，数词，《广韵》云：“俗作叁。”《集韵》引《博雅》云：“参，三也。”《礼韵》不收“参”的通假用法，与《礼韵》尽量减少通假用法的原则有关。

此外，《广韵》、《集韵》侵韵均有“参差不齐”之“参”，分别作楚簪切、初簪切，音同。《群经音辨》作楚金切。《押·侵韵》疏簪切下注云：“《诗》‘参差荇菜’注初今反，此非。然本韵内不收。”此亦为常用音义项，《礼韵》“参”字下不收，但“差”字支韵叉宜切注云：“参差，不齐。”故“参”字下略而不注。

宋代科诗赋中有两首省题诗举押有“参”字：

(1)刘敞《形盐象虎》庆历六年(1046)丙戌科殿试诗《形盐象武诗》)押“形”字，全诗均押在青韵，第三韵云：“天产参多品，秋严耸外庭。炳文随镂刻，毅气得仪型。”

(2)范祖禹于嘉祐八年(1063)登进士甲科，其锡庆院试诗《春鲔初登》押“春”字，全诗真、谆通押，第四韵云：“味参笾实美，羞与涧毛新。”

宋人日常赋中，“参”字常用，“参差不齐”义常用在句中，作韵脚字的较少。“间厕”义作韵脚的较为常见，如下：

(3)田锡《雁阵赋》(以“叶落南翔，云飞水宿”为韵)第七韵押“南”字云：“旋成偃月之形，悠飏可爱；忽变常山之势，首尾相参”，与“南(覃)、蓝(谈)、涵(覃)”通押。

(4)陈襄《黄钟养九德赋》第一韵云：“导微阳而敷畅，养九德以稽参”，与“三(谈)、含(覃)”通押。

(5)刘敞《郊用夏正赋》(以“三王之郊，一用夏正”为韵)第八韵押“三”字云：“顺天时之资始，见王道之相参”，与“三(谈)、惭(谈)”通押。

(6)苏轼《三法求民情赋》(以“王用三法，断民得中”为韵)第七韵押“三”字云：“刑德济而阴阳合，生杀当而天地参”，与“堪(覃)、三(谈)、惭(谈)”通押。

案：刘敞诗中“参”处在平声字位置，诗中与“耸”对举，均为动词，“参”为“间厕、参杂”义，在覃韵。范祖禹诗依平仄格律，“参”处在平声字位置，与“与”同为动词，“参”为“间厕、参杂”义，在覃韵。唐代科举诗赋中押“参”字1次，亦在覃韵。

(3)~(6)赋中“参”字均与覃、谈韵字一起押用。(3)、(5)赋中的“相参”都是“间厕”、“夹杂”义，在覃韵。(4)中“稽参”是“谋度”、“考察”、“参考”的意思，当在覃韵。(6)赋中“天地参”与“阴阳合”对举，则此“参”具有动词义，与“合”意义类似，可解释为“交合”，在意义上与“间厕”义有着一定的联系，亦当在覃韵。以上用韵均无疑。

任

【侵韵平】任：如深切。《左传》“不能保任其父之劳”，又“不能任其先人之禄”，皆堪也，当也，保也，胜也。又汝鸩切，见沁字韵。

【沁韵去】任：汝鸩切。释云：克也。又如深切，见侵字韵。

《广韵·侵韵》任：如林切。堪也，保也，当也。又姓。《沁韵》汝鸩切。《集韵·侵韵》任：如林切。《说文》：保也。又姓。《沁韵》如鸩切。克也。

案：侵韵“堪也”、“保也”、“当也”义，《附韵》作“如深切”，《广韵》、《集韵》均作“如林切”，切下字不同。《增韵》亦作“如深切”。“壬”是“任”的初文字形，“壬”像竖立的担子形，本义为“担荷”、“担负”，“任”加了人形符号，像人担负之形。《诗·

小雅·黍苗》："我任我辇。"注："任，音壬。注同。"《康熙字典》"壬"字按云："本义先有壬癸之壬，借为'负壬'、'怀壬'字。又从人作任，从女作妊以别之。"其认为"壬"字本义为"壬癸"之"壬"的说法还有待商榷，且"负壬"是否假借用法，涉及"壬"本义的看法。但说"壬"借来表示"怀壬"是正确的，后来分化出"任"、"妊"字形分别承担其两义。《诗·小雅·宾之初筵》"有壬有林"，注云："壬，任也。乡大夫也。林，君也。"《大雅·生民》："是任是负。"注云："任，音壬。"

沁韵"克也"即"肩也"，《诗·周颂·敬之》："佛时仔肩。"毛注："仔肩，克也。任也。"两字共训。任事以肩，故任谓之肩、克。释诂云："肩，克也。"又曰："肩，胜也。"其音从《广韵》作"汝鸩切"，《集韵》为"如鸩切"。"汝"、"如"均为日母开口三等字，调有上、去(和平)之别，《集韵》改切上字为去声字，与沁韵调同，拼读更和谐。"任"字的"担任"义，《附韵》未明确说明在去声，而要通过"克也"义来辨别。

《押》和《增押》均列举了大量经典注作"而鸩反"、"而金反"的例证。《押·侵韵》"任"字注云："《周礼》'司徒睦姻任恤'无明音，但注云：'任者，信于友道。'又'不任之刑'亦无音，止注云：'任谓朋友相任。'窃详两注，是信任、委任当在去声无疑，若以为平声则是训保也，胜也，与注下意不类矣。疑混不可押。"《增押》与此同，均认为"信任"、"委任"当在去声无疑，平声作"保也"、"胜也"，不可一起押用，遇有疑混者，应当上请。《论语·泰伯》："仁以为己任。"《易·坤卦·六二》注云："任其自然。"《释文》："而鸩反。众经皆同。"皆在此。

此外，《礼韵》不收"任"之"佞"义。"任"在侵韵壬小韵如深切下，"任"、"壬"音同在"佞"义上，"任"与"壬"义同，不可两押。《押》、《增韵》侵韵任字均补有此义。《书·舜典》："而难任人。"注：任，佞。音壬，又音而鸩反。又《皋陶谟》："令色孔壬。"注：甚佞也，则此两处"任人"与"孔壬"义同，不得两押。

宋人科赋中押有"任"字的有：

(1)王之望绍兴八年(1138)省试《以德为车赋》①第七韵云："致远兮才非所及，载重兮力非所任"，与"心(侵)、寻(侵)、临(侵)"同押。

(2)范仲淹《任官惟贤材赋》(以"分职求理，当任贤者"为韵)第六韵押"任"字云："自然谗邪知禁，惟君子之是任"，与"禁止也(沁)"同押。

(3)刘敞《登台观云赋》(以"书其祲祥，以为岁备"为韵)第八韵押"祲"字云："虽均先见之美，本非南面之任"，与"祲(沁)、禁(沁)"同押。

(4)杨傑《深衣可以为文武赋》(以"服深衣者，可为文武"为韵)第七韵押"深"字云："亦犹委貌者田猎之冠，燕臣亦用；鷩冕为飨射之服，祭事其任"，与"深(侵)、心(侵)"同押。

案：(1)中"任"与"及"对举，是"胜任、堪当"之义；(4)中"任"与"用"对举，这

① 王之望与黄公度同榜，黄公度绍兴八年省试赋为《天子以德为车赋》，下注云"省试"，故此赋当为王之望省试之作，两首赋的押韵韵部相同，次序略不同。

里亦是“胜任、堪当”的意思，当在侵韵。两赋中与侵韵字同押。(2)、(3)“任”为“担任、任命”之义，按照《押·侵韵》的解释，当在去声沁韵，赋中亦都与去声沁韵字同押。

此外，还有一些赋中用到“任”字，虽不在韵脚，但我们可以依据韵脚判断“任”字的平仄位置，然后与具体语境中的意义相对比，看其音义匹配是否与《附韵》规定一致。如：

(5)金君卿庆历二年(1042)御试《应天以实不以文赋》(以“推诚应天，岂尚文饰”为韵)第三韵押“推”字云：“斥虚诬而自任，与精祲以相推。”

(6)方大琮嘉泰四年(1204)甲子乡试《文武之道同于伏羲赋》(以“文武之道，上同伏戏”为韵)第五韵押“同”字云：“大抵自昔凡几君以述作自任，有功于吾道则初终亦同。”

(7)黄公度解试《贤人国家之利器赋》第六韵云：“良由上圣之善任，遂使百工之效职。”

(8)陈襄《三公调阴阳赋》(以“中辅之职，燮理阴阳”为韵)第二韵押“辅”字云：“以为设官分职兮，非政而曷任？曰阴与阳兮，非公而莫主。”“任”在平声位置。

(9)刘攽《皋陶戒舜在知人赋》最后一韵云：“以出众兮为可任，以逊志兮为必信。”

(10)苏轼《六事廉为本赋》(以“先圣之贵廉也如此”为韵)第二韵押“圣”字云：“人各有能，我官其任；人各有德，我目其行。”

案：(5)、(6)赋中“任”字在仄声位置。“自任”与“相推”对举，“任”当为“担任”义，在去声。(6)中“自任”同。“自任”即自我担当、自赋使命的意思。《论语·泰伯》“仁以为己任”，说的就是自赋使命、自派任务义，在去声。

(7)~(10)赋中“任”字在平声位置。(7)“善任”之“任”为“举用”义，按义当在去声，赋中“任”在平声字位置。“任”字虽有平、仄两音，但不可通押。若此，则当是失平仄。此赋为黄公度解试赋，黄氏于绍兴八年(1138)戊午科进士第一。他有两首赋均注明“解试”，一为《贤人国家之利器赋》，一为《和戎国之福赋》，但究竟哪篇为绍兴七年(1137)解试赋还有待考证。可以推测其《贤人国家之利器赋》为失平仄，则《和戎国之福赋》当使得他有资格进入省试、殿试。(8)“曷任”之“任”。(9)赋中“任”为“胜任”义，在平声侵韵。(10)“任”，这里用作名词，“职位”义。

从以上用韵可以看出，“胜任、担当”义在平声，常用的“担任”义《附韵》未明确规定，《押韵释疑》认为在去声，以上赋中涉及此义的也基本都用在去声，唯黄公度解试赋《贤人国家之利器赋》用在平声，可算作犯韵，可惜我们无法查知此赋是判作合格还是黜落。

说

【祭韵去】说：输芮切。说诱也。又输热、欲雪二切，并见薛字韵。

【薛韵入】说：输热切。释按《说文》：释也。一曰谈说。又曰告也。又输芮、欲雪二切，见祭字韵及本韵。

【薛韵入】说：欲雪切。释云礼韵本无此字。据《诗》“说以使民”、《易》“民说无疆”、《语》“不亦说乎”，《书》“高宗梦得说”，并音悦。新制许附入此韵，不许连押。如押“傅说”、“张说”之类即许别押“言说”之“说”字。又输芮、输热二切及新制，(见祭薛)二韵(及)本韵。

《广韵·祭韵》税小韵舒芮切“说”字：“说诱。”/薛韵“说”字：“告也。《释名》曰：说者，述也。宣述。又意也。失热切。又悦、税二音。”/薛韵悦小韵弋雪切“说”字：“姓。传说之后。又失热、始锐二切。”“悦”字注云：“喜也，脱也，乐也，服也。经典通用说。又姓，《后燕录》有‘悦绾’。弋雪切。”

《集韵·祭韵》儒芮切：说，悦也。《周礼》注“游观则施惠以为悦也”，聂氏定作此音。/《薛韵》输热切：说，《说文》：说释也。一曰谈说。/《集韵》薛韵将“说、兑”三字同收在“悦”字头下，注云：“欲雪切，喜也，乐也，服也。或作说、兑。”

案：《附韵》祭韵“输芮切”改《广韵》“舒芮切”切上字为书母合口字，与“说”字开合相同，其义承《广韵》。薛韵二音切与《集韵》同，舒芮切综合了《广韵》《集韵》的义项。“欲雪切”音义是元祐五年(1092)孙谔等奏请所添，属于经传、举人常用字而《礼韵》无收之类，其所补音义与《集韵》吻合。《集韵》、《礼韵》“欲雪切”改《广韵》“弋雪切”切上字为合口字，此音的义项下文将具体分析。

《集韵·祭韵》儒芮切的义项规定有误。《周礼·司市》郑注云：“游观则施惠以为说也。”《释文》：“为说，如字，解说也，聂如锐反。”则原文为“说”，非“悦”，义为“解说”，读为如字，即本音。“儒芮切”是折合聂氏“如锐反”而来。《群经音辨》“悦也”作“如锐切”，并引《周礼》此例云：“国君遇市……游观则施惠以为说也。又如字。”“儒芮切”与“如锐切”切上字有合口、开口之别，当有借鉴关系。

《增押·祭韵》输芮切比《附韵》义项又增加“舍”，薛韵两音义项与《附韵》同，但多音互见有末韵“他括切”。末韵“脱”字注云：“他括切。释骨去肉。又泰韵。黄补亦作说。《易》：‘用说桎梏。’又祭、薛韵。张补亦作税。《孟》：‘不税冕而行。’又祭韵。”案：黄启宗在“脱”字下补“亦作说”、张贵谟补“亦作税”所引出处均为“解脱、释放”义。这涉及“说”与“脱”字关系。《群经音辨》：“说，解也。吐活切。《易》：‘用说桎梏。’”“用说桎梏”，《经典释文》注云：“用说，吐活切，注同，徐又音税。”贾氏注“解”义为“吐活切”当是据经典音义而来。“他括切”与“吐活切”切上字有开合之别。

由以上可知，“说”主要有“谈说”、“解说”、“学说”、“喜悦”、“劝诱”、“解脱”等义项，反切分别为输热切/失热切、欲雪切、输芮切/舒芮切、他括切/吐活切。

为了说清“说”字的“喜悦”义、“解脱”义，我们有必要梳理一下“说”与“兑”、“悦”、“脱”几字的关系。

先来说“兑”字。“兑”即古“悦”、“锐”字，文献中常见以“兑”训“锐”、以“兑”训“悦”例。“兑”之“迅速”义，甲骨文中有“戊申卜，马其先，王兑从”。赵诚、徐中舒认为此句中的“兑”即“锐”，迅速、急速义。姚孝遂考证后认为卜辞中所有的“兑”都用作

“锐”。徐灏《段注笺》：“兑即古锐字……亦古锐字。”杨树达《释说》：“盖兑者锐也。”“兑”之“喜悦”义，如《庄子·德充符》：“通而不失于兑。”《释文》：兑，悦也。“兑”字之“喜悦”义，孔广居《说文疑疑》：“兑从人从八口，八，分也，人喜悦则解颐也。”由此可知，“兑”有“迅速”、“喜悦”义，后来“迅速”义项由分化字“钝”来承担，如《孟子》“其进锐者其退速”；“喜悦”由“说”、“悦”来分担。上古音中，“兑”属定母月部入声字，“锐”属余母月部上声字，“悦”属余母月部去声字，喻四归定，三字只是调有别，为变调构词，而“锐”、“悦”则是上、去别义。由此，形成两组古今字，即“兑—悦”、“兑—锐”。

“兑”与“说”、“悦”在“喜悦”义上是古字今字关系，使用时间有先后。“兑”字在前，“说”为后起字，马叙伦《说文解字六书疏证》：“说为兑之后起字。从言兑声，喜而发音也。”杨树达《释说》：“言之锐利者谓之说，古所谓利口，今语所谓言辞犀利者也。”又云：“由谈说引申为说释之说，又引申为悦怿之悦。”杨认为“说”字本义表“言之锐利者”，即“利言”，“谈说”、“说释”、“悦怿”义均为引申。“说”本义为“利言”，引申为动词“谈说”、“游说”义和名词“言论”、“学说”等义，借用来表示“喜悦”义后，又因“说”字同时兼有“利言”、“言说”等多个义项，故为“喜悦”义另造“悦”字。上古音中，“兑”属于定母月部入声字，“说”(“悦”义)、“悦”属余母月部字去声弋雪切①，古喻四归定母，三字同音调有别。

至于“说”之与“解脱”义，后由“脱”字取代。“脱”属透母月部字，入声，与“说”、“兑”是旁纽叠韵关系，借“说”等字形来表示“解脱”义，为假借用法。但因“说”字义项众多，本义为“肉剔去皮骨”的“脱”字替代了“说”字的“解脱”义。如：《易·蒙》“用说桎梏。”《释文》：用说，吐活反，注同。徐又音税。《小畜》：“舆说辐，夫妻反目。”后来称夫妻解除婚姻关系为“说辐”、“脱辐”。《大畜》：“舆说辐”。《释文》：车说，吐活反，下文注并同。《说文》云解也。故《群经音辨》据经典注“说”字的“解”义为“吐活反”。

由上可知，在“喜悦”义上，“兑”与“说”、“悦”是古今字关系，在“悦”字分化前，借用“说”来表示“喜悦”义。故新制规定“喜悦”义的“说”字不许与其他韵的“说”连押，如押“傅说”、“张说”之类才许别押“言说”之“说”字。在“解脱”义上，在“脱”字固定地承担“解脱”义前，“说”可以借用来表示此义。

宋代科举诗赋中，宋庠天圣二年(1024)殿试赋《德车结旌赋》(以“车结旌者，昭德之美”为韵)②第二韵押“结”字云：“顺考前经，铺闻往说。”“往说”与“前经”对举，此“说”为“学说”之说，当在薛韵，赋中“说”与“结(屑)、列(薛)”通押，符合《礼韵》规定。

宋人日常赋作中，宋祁《诫覆车赋》(以“前辙之覆，来者为诫”为韵)第二韵押“辙”字云：“于车诫而引谕，譬人谋而有说。”赋中“说”与“谕”对举，当为“学说”之“说”，

① 郭锡良《汉字古音手册》第44页《广韵》作“戈雪切”，误，“戈”当为“弋”，形近而误。

② 原赋题下无限韵字，此据同榜宋祁殿试赋补充。

赋中与“哲(薛)、拙(薛)、辙(薛)”同押。刘敞《登台观云赋》(以“书其祲祥，以为岁备”为韵)第四韵押“岁”字云：“义殊临国，固无鲁史之讥；志取望氛，允协楚臣之说。”赋中“楚臣之说”与“鲁史之讥”对举，均为用典，“楚臣”指楚国贤臣屈原，屈原劝说楚君采取自己的意见以增强楚国实力，当在祭韵。赋中与“闭(霁)、蔽(祭)、岁(祭)”通押。

大

【泰韵去】大：徒盖切。释云小大也。按《说文》：天大，地大，人亦大。故大象人形。又唐佐切，见箇字韵。

【箇韵去】大：唐佐切。巨也。又徒盖切，见泰字韵。

《广韵·泰韵》徒盖切。小大也。按《说文》：天大地大人亦大，故大象人形。又姓。《箇韵》唐佐切：又唐盖切。《集韵·太韵》将“太”、“大”、“泰”并作一个字头收录，“他盖切。《说文》：滑也。一曰大也。通也。或省。亦作大、泰”。/徒盖切。《说文》：天大地大人亦大，故大象人形。/《箇韵》唐佐切，大也。/《曷韵》他达切。籀文像人形也。

案：《集韵》中“大”有四个音，“徒盖切”、“唐佐切”与《广韵》同，“他盖切”则是“泰、太”字音义。《广韵·泰韵》泰：“大也。通也。古作太。他盖切。”“太，甚也，大也，通也。周礼曰太史……经典本作大。亦汉复姓。……”很明显，《集韵》认为“大、太、泰”是同字异体，“他盖切”沿用“太”、“泰”的读音，并综合了“太”、“泰”的义项。四个音中以“他盖切”、“徒盖切”为常用。鲁国尧认为“他盖切”和“徒盖切”有文白异读的差别①，张渭毅进而认为这“大”字异读是词汇扩散式音变作用的结果，两音受文白异读和自由变读两种因素的影响②。

宋祁《宋景文公笔记》云：“古今语无雅俗，惟世之罕道者似雅，如古以大为大(音如‘舟柂’之‘柂’)，则言大雅、大夫、大阅、大举类，不及今人言大(徒带反)之雅。”③此以读音的流行度作为判断字音雅俗的标准，宋人只有“大雅、大夫、大阅、大举”等词语用“徒带反”，即《广韵》、《集韵》的“徒盖切”。“柂”，《集韵》作“邻知切”、“余支切”、“待可切”，其“待可切”通“舵”，为定母哿韵、上声，全浊声母。宋代全浊上声有变为去声的趋势，宋祁说“古以大为大”(音如“舟柂”之“柂”)，则“柂”字已经由上声哿韵字变为去声箇韵字了，“舟柂”之“柂”读音同于“唐佐切”，与“大”读音相同了。如今部分方言里“大”仍读作“唐佐切”。

《增押·泰韵》：大，徒盖切。释小大也。又箇韵。《礼》“大夏”、“大濩”、“大武”

---

① 鲁国尧：《宋代福建词人用韵考》，《语言文字学术论文集》，知识出版社 1989 年版，第 355~357 页。

② 张渭毅：《〈集韵〉异读研究》，《中古音研究》，河南人民出版社 2006 年版，第 61~62 页。

③ 宋祁：《宋景文公笔记》卷上。

注“音泰。又如字”，系二音。《诗》：“既醉大平。”注音泰。后“太平”皆放此。《记》：“天下太平。”并有点。《杨》：“继周者未欲泰平也。”《食货志》：“三登曰泰平。”①此乃泰字。《高惠公臣表》：“汤法三圣，殷氏太平。”董仲舒《策》：“舜无为而天下泰平。”并无点。泰、太、大三字意义似同，须详审本文出处，不可混。然两押如已押“大小”之“大”，可押“骄泰”、“否泰”、“唐太”。案：此处辨别了“泰”、“太”、“大”三字关系，在“太平”义上，三字形体均可用，不能通押，但是“须详审本文出处，不可混”。但“大小”之“大”则可以押“骄泰”、“否泰”、“唐太”。《集韵》将“大、太、泰”三字收在一个字头下，表明三者是异体关系，并作“他盖切”，释云：“《说文》：滑也。一曰大也。通也。或省。亦作大、泰。”《说文》：“泰，滑也。”《周易·序卦》：“泰者，通也。”《说文》：“大，天大地大人亦大，故大象人形。”则《集韵》综合了几个字的意义，在“滑也”、“大也”、“通也”上可以通用，但《增押》觉得虽然“泰、太、大三字意义似同”，但也只能在“太平”义上通用，并且“须详审本文出处，不可混”，规定更为审慎，建议举子们科场考试中当谨慎对待。陆氏注《周易》“大始”、“大虚”、“大极”、《尚书》“大湖”注音太胡、《诗经》“大王”、“大无”、“大平”等均注“音泰”。

宋代科举诗赋中押有“大”字的有：

(1)刘敞御试《戎祀国之大事赋》第四韵云：“然则治道有后先，国务有小大。”与“最(泰)、外(泰)”同押。

文人日常赋作中押有“大”字的较多，此选几例：

(2)王禹偁《火星中而寒暑退赋》(以“心火中则寒暑斯退”为韵)第八韵押“退”字云：“大矣哉！行度无差，寒暄自退。天垂象以是仰，世作程而斯在。年年兮东作西成，明明而可久②可大”，与“退(队)、在存在(代)”同押，为队、代、泰通押。

(3)范仲淹《水车赋》(以“如岁大旱，汝为霖雨”为韵)第六韵押“大”字云：“既引重之象著，亦救焚之功大”，与“会(泰)、害(泰)”同押。

(4)范仲淹《圣人大宝曰位赋》(以“仁德之守，光大君位”为韵)第六韵押“大”字云：“言其宝则非常之宝，谓其大则强名之大”，与“泰(泰)、赖(泰)”同押。

(5)宋祁《丰宜日中赋》(以“丰尚光大，宜照天下”为韵)第四韵押“大”字云：“是必取厥运行，比夫光大”，与“会(泰)、赖(泰)、泰(泰)、害(泰)”同押。

(6)宋祁《宥过无大赋》(以“民罪之误，无大宜宥”为韵)第六韵押“大”字云：“赖奸隐匿者，虽小吾不见其轻；失辞无简者，虽繁吾不见其大”，与“害(泰)、会(泰)、外(泰)”同押。

(7)杨傑《能赋可以为大夫赋》(以“因物能赋，可为大夫”为韵)第六韵押“大”字云：“是以班固之言，图事谕志居先；卢恺之议，审官语诗为大”，与“会(泰)、害(泰)、

---

① 《汉书·食货志上》原文为：“三考黜陟，余三年食，进业曰登；再登曰平，余六年食；三登曰泰平，二十七岁，遗九年食。”三登：指连续二十七年皆五谷丰收，借指天下太平。

② “可久”原无，据傅本增补。

外(泰)、赖(泰)”同押。

案：以上赋均押“大”为泰韵。(1)《左传·成公十三年》：“国之大事，在祀与戎。”孔疏云：“宗庙之祀，则有执膰；兵戎之祭，则有受脤，此是交神之大节也。”“小大”之“大”，按照《附韵》音义规定，为泰韵。赋中亦与泰韵字同押。(2)心火即心宿，二十八宿之一，是夏季第一个月应候的星宿，心火西行则天气将寒，故心火的位置代表了季节气候的变化，其移动方向代表了寒暑的交替。“可大”之“大”为“大小”之“大”。赋中与“退、在存在”同押，为队、代、泰通押。“在”字有海、代韵两音，都释作“所也，存也，察也”。即音异义同，新制许海、代两韵内在字通押。(3)“功大”、(4)“强名之大”、(5)“光大”、(6)“不见其大”均为“大小”之大。(7)限韵字中的“大夫”，据宋祁《宋景文公笔记》当为“徒带反(即徒盖反)”。

唐代科举诗赋中有6次押有“大”字，均押在泰韵，无押箇韵者，可见“大”字在唐宋诗赋中押在泰韵为多，读作“徒盖切”为多，“唐佐切”多为用作口语。

乐

【效韵去】乐：鱼教切。欲也。又逆角、历各二切，见觉、铎二韵。

【觉韵入】乐：逆角切。释按《说文》：五声八音总名。象鼓鞞。木，虡也。又鱼教、历各二切，见效、铎二字韵。

【铎韵入】乐：历各切。娱也。又鱼教、逆各二切，见效、觉二字韵。

《广韵·效韵》好也。五教切。又岳、洛二音。《觉韵》五角切。音乐。《周礼》有六乐：云门、咸池、大韶、大夏、大濩、大武。又姓，出南阳，本自有殷微子之后，宋戴公四世孙乐莒为大司寇。《铎韵》庐各切。喜乐。又五角、五教二切。

《集韵·效韵》鱼教切。欲也。《觉韵》逆角切：《说文》：五声八音总名。象鼓鞞木虡也。亦作姓。《铎韵》历各切：娱也。或从心。《笑韵》力照切：说文治也。或从尞。亦省。

《音辨》：乐，五声八音总名也，五角切。/乐，悦也，庐各切。/乐，欲也，五教切。/乐，治也，音疗。《诗》：“泌之洋洋，可以乐饥。”

案：《附韵》觉韵“逆角切”，在铎韵又音作“逆各切”。四库本、姚本铎字韵又音作鱼教、逆角二切，并有新补“音疗”。“逆各”当为“逆角”，可能是因铎韵“历各切”而误写。同时，这则反切异文也反映了宋代实际语音中觉铎有合流的现象。觉韵的开口二等字、铎韵的开合口一等字和药韵的开、合口三等有合流现象，共同构成觉药部。见王力《汉语语音史》第304页“各”为铎韵开口一等字，“角”为觉韵开口二等字。

《附韵》的三个音项《广韵》、《集韵》均有，《附韵》承《集韵》改《广韵》效韵“五教切”为“鱼教切”，改觉韵“五角切”为“逆角切”，改铎韵“庐各切”为“历各切”。义项上，《音辨》音义承袭《广韵》无改，而《附韵》与《集韵》完全相同，效韵为“喜爱”之乐、觉韵为“音乐”之乐、铎韵为“娱乐”之乐无疑，且各义项之间区别性较强，不易混同。《增押》与《附韵》音义均同。《押·觉韵》逆角切释作：“管乐，《汉》‘徐乐’无音注。”

《增押·觉韵》逆角切释云："五声八音总名。象鼓鞞木虡，管乐，《汉》'徐乐'《史》音岳。"义微别但都是表示音乐。

以上韵书的音义关系大致一致，即效韵"鱼教切"表示"喜爱"义，觉韵"逆角切"表示"音乐"义，铎韵"历各切"表示"喜乐、快乐"义。"喜爱"义如：《论语·雍也》："知者乐水，仁者乐山。"正义："乐，谓爱好。"《释文》："知者乐，五孝反，下同。"又《季氏》："益者三乐，损者三乐。"《释文》："五教反，下不出者同。""音乐"义(音岳)如：《易·豫卦》先王作乐崇德。《易·系》："所乐而玩者。"《释文》："音岳，适会也。"《礼记·曲礼》："乐不可极。"孔注云："乐音洛，皇侃音岳。"《释文》："旧音洛，皇侃音岳。"此处当为"音洛"，"快乐"义，非"音乐"也，皇侃音误。陆氏将"旧音洛"放在前面，"皇侃音岳"放在后面，有可能是倾向于"音洛"。"快乐、喜乐"义(音洛)。如《易·系辞》"乐天知命"。《释文》："音洛。"《礼记·乐记》"其乐心感者"、"安以乐"均音洛。亦有两音均注者，如《礼记·学记》"三年视敬业乐群"，孔注："乐，五孝反，又音岳。"三音同注者，如《礼记·学记》："乐其友而信其道。"《释文》："乐其，音岳。又音洛。又五孝反。"但如此注音，音有先后次序，主要倾向于首音。

此外，《集韵》、《音辨》均收有笑韵音。《集韵·笑韵》力照切："《说文》：治也。或从尞。亦省。"《集韵》将"樂"与"療"作为异体字一并收录。《音辨》："乐，治也，音疗。《诗》：'泌之洋洋，可以乐饥。'"《增押·效韵》鱼教切："欲也。又突、觉、铎韵。"《笑韵》后附加"乐"，为黄启宗所补。

《释文》中"乐"字注音有几百次之多，其中有 311 次注破读音"音洛"，69 次注"音岳"，28 次注"五孝反"、"五教反"、"五角反"等疑母效韵去声。中古音中，"喜乐、快乐"义的"乐"(音洛)为铎韵来母入声字，"音乐"义的"乐"(音岳)为觉韵疑母入声字，声部有"来—疑"边、鼻音之别，韵有"铎—觉"之别。然在古音中，虽然声部有"来—疑"边、鼻音之别，但此两音韵都在药部①，只是洪细之别。也可以说上古音中此两义读音只是声部微别，可以划分到变声构词的行列，到中古因铎韵、觉韵分化，又显示出韵部有别、类似变韵构词的现象。后来"乐"的"娱悦、快乐"又派生"喜爱"之义，读为疑母效韵去声，属于"入—去"变调构词。"乐"字上古有变声构词，中古又增加了变韵分化和变调构词，反映了音变构词的复杂性，"乐"字音义项的对应关系也逐渐稳固下来。

宋代科举诗赋中押有"乐"字的有：

(1)田锡南省试《圣人并用三代礼乐赋》(以"皇猷昭宣，礼乐备举"为韵)第八韵押"乐"字云："遐方咸走于梯航，太史远颁于正朔。小臣稽首而称之曰：穆穆皇皇，有以见我宋之礼乐也"，与"岳(觉)、朔(觉)"通押。

宋代诗人日常赋作中押有"乐"字的较多，捡取几例如下：

(2)田锡《五声听政赋》(以"圣人虚怀，求理设教"为韵)第六韵押"教"字云："是

① 郭锡良：《汉字古音手册》，北京大学出版社 1986 年版，第 23、44 页。

知居大宝以至公，纳嘉谟而设教，有以见圣人以道为体，以天为貌。必包纳而弗厌，盖仁贤之可乐。兢兢业业，敢弗躬而弗亲；穆穆皇皇，实是则而是效。”与“教$_{设教}$(效)、貌(效)、效(效)”通押。

(3)王禹偁《大合乐赋》(以“天地之礼，张乐雍美”为韵)第六韵押“乐”字云：“议夫乐之设也，非管非籥；乐之用也，唯淳唯①朴。若非审音以知政，安能制礼而作乐？听之忘味，佞邪之道弗兴；和而不淫，廉正之风有觉”，与“籥、朴$_{淳朴}$、觉$_{有觉}$通押。

(4)范仲淹《今乐犹古乐赋》(以“民庶同乐，今古何异”为韵)第四韵押“乐”字云：“且何伤于异制，但无求于独乐”，与“度$_{究度}$(铎)、作(铎)”通押。

(5)宋祁《百兽率舞赋》(以“和乐之极，生类驯感”为韵)第二韵押“乐”字云：“稽古有虞，命夔典乐。”与“渥(觉)、濯(觉)、角(觉)”通押。

(6)王安石《首善自京师赋》(以“崇劝儒学，为天下始”为韵)第四韵押“学”字云：“所传者道德仁义，所肄者诗书礼乐”，与“觉(觉)、邈(觉)、学(觉)”通押。

(7)苏轼《延和殿奏新乐赋》(以“成德之老，来奏新乐”为韵)第八韵押“乐”字云：“呜呼，赵铎固中于宫商，周尺仍分于清浊。道欲详解，事资学博。傥非夔、旷之徒，孰能正一代之乐？”与“浊、博”通押。

(8)朱长文《乐在人和不在音赋》(以“圣人治民情以作乐”为韵)第八韵押“乐”字云：“乐出于和，而还以审政之和；音生于乐，而复以导民之乐”，与“薄(铎)、作(铎)、度(铎)、籥(药)、若(药)、勺(药)”通押。

(9)方大琮《三代礼乐达天下赋》第二韵云：“皇乎三代，斯时已极文明；达在敷天，无往而非礼乐”，与“朴$_{简朴}$(觉)、觉(觉)”通押。

案：以上赋中，(1)、(3)、(5)、(6)、(9)押在觉韵，(2)押在效韵，(4)、(8)押在铎韵。

(1)赋是田锡南省试赋作，题中限韵字“礼乐”之“乐”为“音乐”义，觉字韵。其赋中所用亦为“礼乐”之“乐”，并与觉韵字通押。(6)、(9)韵脚之“礼乐”与此同。(3)赋中“制礼而作乐”与“审音以知政”对举，此“乐”当为“礼乐”之“乐”，“音乐”义，觉韵。“乐”与“籥(药开三)、朴$_{淳朴}$(觉开二)、觉$_{有觉}$(觉开二)”通押，为药、觉通押。宋代实际语音中，觉韵开口二等字和药韵开、合口三等有合流现象，共同构成觉药部。② 由这例可以看出，宋代文人日常赋作用韵比科举稍显宽松。(5)赋题“百兽率舞”是说夔为乐正后鸟兽服从的典故。《尚书·舜典》：“帝曰：‘夔，命汝典乐。’……夔曰：‘于，予击石拊石，百兽率舞。’”《荀子·成相》：“夔为乐正，鸟兽服。”此“乐”指音乐。限韵字“和乐之极，生类驯感”之“和乐”一词有多个义项，“和谐的音乐”义如：《礼记·乐记》：“逆气成象，而淫乐兴焉。……顺气成象，而和乐兴焉。”“和睦安乐”义如：《诗·小雅·常棣》：“兄弟既翕，和乐且湛。”《汉书·董仲舒传》：“百姓和乐，政事宣

---

① 原无“唯”字，依照上下文对用，当有“唯”字。传本有“唯”字。

② 王力：《汉语语音史》，商务印书馆2008年版，第304页。

昭。”根据赋中所写，此“和乐”之“乐”指“音乐”之“乐”，“和乐”指“和谐的音乐”。韵脚“典乐”之“乐”为“音乐”义，觉韵。赋中与觉韵字押用。(7)此赋中，“乐”与“浊、博”通押，为觉、铎通押。“新乐”、“一代之乐”之“乐”均为“音乐”义，觉韵开口二等字。“浊”为觉韵开口二字，“博”为铎韵合口一等字，而宋代实际语音中，觉韵开口二等、铎韵开合口一等有合流现象。

(2)赋中“仁贤之可乐”与“包纳而弗厌”对举，“乐”与“厌”义相对，为“喜爱”之义，效韵。赋中与效韵字通押。

(4)赋题限韵字中“同乐”为“快乐”义，当为铎韵。赋文中“乐”与铎韵字押韵。(8)赋中“民之乐”与“政之和”对举，“民之乐”之“乐”为“快乐”义，铎韵。并与铎韵、药韵字通押。

衷

《押韵释疑》第一册　平声上一东

衷，诚也。一曰折衷，平也。《书》：“和衷”、“降衷”，皆音中，皆训善也，与“中”字义本不相干，但《后汉书·梁统传》引“士制百姓于刑之中”作“爰制百姓于刑之衷”，又引《语》“刑罚不衷”，亦以“中”为“衷”，二字恐古通用。若已押降衷，又押中道之中，更在审订，如“楚子衷甲”，音衷，衷怀也。“服之不衷”，音同衷，适也。及“丹衷”，与“中”字不同，然《民受天地中以生》赋却连押“衷”、“中”二字。

《增修校正押韵释疑》卷一上　上平声一东

衷，诚也。一曰折衷，平也。字从衣，从中。又一送，《书》“和衷”、“降衷”皆训善也。《左》“楚子衷甲”注：“懐也。”此是。又“服之不衷”注：“适也。”平去二音。《后汉书·梁统传》引“士制百姓于刑之中”及《语》“刑罚不中”，并作衷字。二字恐古通用，当知。已押“降衷”，又押“中道之中”，更在审订。

《增修校正押韵释疑》卷四　去声一送

衷：折衷，平也。又东韵注同。《左》“衷戎师，前后系之”，丁仲反。《扬雄传》“折衷乎重华”，《贡禹传》“无所折中”，此中字，颜并竹仲反。《史记·孔子世家》：“折衷于夫子。”注：“折，断也。衷，当也。”无音。虽平声注同。然赋家多押在去声，上庠补魁王槩民《修身为弓赋》八押众字，云：“宜后人之折衷。”蔡端夫《庶民惟星》八云：“当即斯言而折衷。”叶初《石渠论五经同异赋》五中句云：“煨烬之末，无所折衷；矛盾之论，自相背驰。”皆在此去声押。余见一东注。

考宋代律赋中押“衷”字的情况如下。

金君卿：(御试)《应天以实不以文赋》(以“推诚应天，岂尚文饰”为韵)(见金君卿《金氏文集》卷上)《金氏文集》卷上：“惟圣作则，惟心应天，当务实以正本，岂尚文而致愆。上顺帝心，但贵诚而不息；仰承乾造，讵饰诈以为先。圣人考古建中，握符居上。且谓一细民之行者，当率以正；应上灵之心者，固非可妄。由是宅大顺以昭事，尽至诚而寅亮。遣伪之饰，恶真之丧。天元贵信，我乃抱诚一以相符；天道棐忱，我乃屏浮华而靡尚。谅夫牧群灵之命，保重蓄之资。顾洪造之非远，奉一心而敢欺？志在顺纪，动皆秉彝。斥虚诬而自任，与精祲以相推。念高明之听卑，率由善应；即真纯而履信，安在文为？是何天之所应本于诚，民之所顺在乎德。不可以矜怢干民之誉，不可以罔蔽违天之则。所以推以悃愊，奉兹钦翼。矫枉以归正，考宜而建极。对明威而凝命，务达精衷；体正观以宣猷，奚烦末饰？得非应之以实者，顺天理以惟精；应之以文者，违天心而足明。违之则速彼谴告，顺之则享夫治平。故我悉道钦承之意，都捐矫举之名。至如宋景之言，退星不虚其应；西邻之祭，受福盖主于诚。”

李纲《乘桴浮于海赋》(以“凤也有时，乘桴浮海”为韵)《梁溪集》卷四：“凤鸟不至，岛夷是图。顾卒老于环辙，遂决意而乘桴。悼道不行，已焉哉吾往矣；好勇而义，从我者其由乎。盖以道大不容，材高难送，历聘而无所钩说，立言而徒焉折衷。长沮问而知津，接舆过而歌凤。”

《修身以为弓赋》(以“修身为弓，发必中矣”为韵)《攻媿集》卷八十：“学贵务本，志当适中，惟修身而由道，遂取喻以为弓。正以不他，曲尽饬躬之术；张而弗弛，自成中的之功。士有该百行以研穷，端一心而折衷。谓存于吾者苟不知审，则发于外者何以示众。今也见圣师而由圣，当明四重以四轻，犹弓人之为弓，要在百发而百中。”

第二节　小　结

以上对《礼韵》中几十组多音字韵字的音义搭配进行分析，我们发现，《礼韵》有注义有误者，如“参”字侵韵承《广韵》、《集韵》误注作“商星”，而参星与商星有别，当正。《增押·侵韵》梳簪切“参”字注释予以纠正，云：“释：星名。”

《礼韵》对士人熟知的韵字义项不注，如前文分析中提到的“任”字的“担任”义、“当”的“应该”义等，均不注在何韵，有举子因无所依凭出现误押别韵的情况。如“差”字《礼韵》有“不齐”义，但对“等差”未明文规定在哪韵，故有举子押在麻韵而判作落韵被黜落。又如“思”之“储思”出处无音，平、仄均可押用，监本《礼韵》对此未作规定。孙谔奏请“有平、仄用字不同如‘储思’者”，“欲乞依旧许用”，看详后才准许“依旧许用”。

从某种意义上来说，官方对纠纷和落韵之作的处理方式显示了其所认可的用韵倾向。我们分析《礼韵》规定的音项和义项的搭配关系后，又分析了有关科举纠纷、落韵案例以及合格的科举诗赋用韵实例，以此来判断官方所认可的押用情况。将《礼韵》的音义规定与合格的科举诗赋(即未被黜落者)押用情况进行比较，发现大多数情况下，其音义搭配与《礼韵》规定是吻合的，但亦有少数不一致的情况发生，如“正月”之“正”。“正月”，《礼韵》规定在平声，但赋作押在去声者未被黜落。我们从学理上探讨后发现，是《礼韵》“正”字的音义规定不符合宋人实际运用和经典音，“正月”之“正”在秦以前音政，始皇讳政不押，故秦后皆音征，宋人诗赋中押“正月”、“五正”之“正”多在去声，不在平声。《增押》认为考试中遇到押秦之前“正月”事作平声的，“须《释文》

音正方可”，否则便是误押。《增押》此说义印证了“正月”之“正”在宋代主要押在去声，平声反倒用得少，《礼韵》规定在平声则有不合事实之嫌。

《礼韵》亦会根据科场纠纷来增补《礼韵》的规定。如“釐”字，经典中有两组通假，即“氂—釐”、“釐—禧”，最初《礼韵》均不收以上通假用法，以至于举子疑惑，科场均有误用被黜的案例。孙谔承颜师古说法于元祐五年(1090)增补“釐—禧”通假的用法。但之后有举子“宣室之釐”、“纯禧”同押，考官以出义有不同且《礼韵》未规定“不可双押”力辨不算重叠用韵，最后官方重新补充规定今后诗赋如押“受釐”字，即不得更押“禧”字，方才彻底解决“釐”与“禧”通假用法纠纷。官方根据科举中出现的问题来补充完善《礼韵》，使得举子在考试中有明文可依以免犯错。这也反映了《礼韵》与科举之间的互动关系。

另外，我们由《礼韵》中“不”字的音义项可以了解到《附韵》对《广韵》、《集韵》的众多音义项进行了删减。由此我们亦可以看出《礼韵》的实用性、规范性特征。《礼韵》对前代韵书的音义项进行大刀阔斧的删减，并以科举的形式进行宣传、巩固，对当时和后世多音字的音义项简化、固定都起到了很好的促进作用，这也是《礼韵》对科举施加影响的一种方式。

第六章 《礼部韵略》与科举诗赋考试的互动

我们在前面章节简单讨论过韵书和科举的关系，这里再详细阐述一下《礼韵》与科举的互动关系。一般说来，《礼韵》是官方规定的，其权威具有不可挑战性，考生只能在《礼韵》规定的范围内押用，不得超越《礼韵》半步，否则就有被黜落、犯不考的危险。我们通过考察《礼韵》与科举的关系后发现《礼韵》与科举是互动关系，并不是一方单纯地制约着另一方。

《礼韵》与科举的互动关系可以从《礼韵》、学者、考生三个角度来探讨，三方各有其特点，各司其职，互相影响，相互作用，共同促进《礼韵》趋于完善，促使考生更好地应对科举。简单地说，三者的关系可以这样表述：《礼韵》代表着官方规定的“标准音”，是科举裁判的标尺；学者从语音学理上对《礼韵》进行修正、补充；考生是《礼韵》规定的执行者，同时也是《礼韵》的挑战者和缺口的“发现者”。

《礼韵》主要是为科举服务的，作为裁判举子的权威标准，它力求方便、实用、准确、权威。科举诗赋题目多取材于经典，诗赋行文亦要求举子能引经据典，有条有理，故《礼韵》极其重视对读书音的梳理，诗赋押有出处者，要求音义须一致。

《礼韵》的特点，简单来说，一是简洁实用；二是权威。其功能简单来说，亦有二点：一是作为举子押用的标准；二是作为考官裁判的标准。在整个互动过程中，《礼韵》大致经历了这样一个过程：《礼韵》规定音义项及押用条件——科举中接受检验(举子据以押用、考官据以评判)——对《礼韵》进行增补修订——回归科举。科举中接受检验的过程，就是科举中运用《礼韵》的过程，在具体运用中，举子押用偶会出现纷争，其中一部分纷争从侧面揭示了《礼韵》存在的缺陷。如果不予以及时的纠正或者补充说明，后科举子仍然有继续犯错的可能，如“源委”之“委”、“纯被”之“被”等，详见后文论述。出现考生与考官意见不一致，或者同样的情况前后处理结果不一致的情况时，为避免继续误导举子，朝廷召学者讨论，对《礼韵》规定的不明确处予以补充说明，以戒后人。到此，一个循环完成。学者的乞请增补行为亦添入此条循环中来，增补成为《礼韵》的一部分，引导举子的考试。新版《礼韵》再次继续上述过程。

第一节　主考方、考生的互动及由此对《礼部韵略》修订产生的影响

按常理来说，考生的对立面是官方，考生处在科举考试这一链条中的最末端，其主要行为是忠实遵循《礼韵》的规定。但在科举实践中，考生的功能远远不只是遵循《礼韵》。

景祐年间(1034—1037)朝廷重新编纂《集韵》、《礼韵》，主要是因为科场举子诗赋多误用，引发上层忧虑。景德年间(1004—1007)颁布的《广韵》、《韵略》多承唐代韵书，已不再适合宋代，所以朝廷花费大量人力、物力来编纂符合宋人自己正音观念的韵书，用来规范诗赋音义。景祐元年(1034)，宋祁、郑戬等奏言曰："昨奉差考校御试进士，窥见举人诗赋多误使音韵，如'叙序、坐座、底氐'之字，或借文用意，或因释转音，重叠不分，去留难定，有司论难，互执异同，上烦圣聪，亲赐裁定。盖见《广韵》、《韵略》所载疏漏，子注乖殊，宜弃乃留，当收复缺，一字两出，数文同见，不详本意，迷惑后生。欲乞朝廷差官重撰定《广韵》，使知适从。"①《礼韵》于景祐四年(1037)颁行，又名"景祐韵略"。此后又经多次修订增补，迄南宋之末而不改。

考生因为诸多原因，用韵中会出现与《礼韵》不相符的情况，这种情况可以分为两种。一种是《礼韵》的规定并无差误，举子落韵系自身误用。另一种是《礼韵》规定不确或者不完备，导致举子误解而产生误押。前一种误用，如当押在此韵而押在彼韵，不当通押而通押等之类，系举子自身原因造成，被黜落在所难免。后一种情况就复杂了，如孙谔所增同义多音字增加新制规定两韵内可通押，同时，礼部还规定此类字若出处只有独音当从出处押用，不得通押，此条要求附在《韵略条式》元祐五年(1090)牒文中，并未在《礼韵》正文中各韵字下均注明。故举子在运用时，往往只留意到准许两韵通押，而不留意出处音义，由此导致的误押较多。如"纯被"出处均在去声，举子因新制准许两韵内通押而押在上声。

有时，举子误用《礼韵》以会引起礼部对《礼韵》的增补，即明确加以说明，以免再犯。最典型的例子就是上文提及的"源委"了。"委"字，元祐五年(1090)孙谔增补《周礼》"宰夫掌牢礼委积"和《学记》"或原也或委也"出处在去声寘韵内，则"源委"、"委积"只能押在去声，规定已经很明确了。孰料，嘉泰元年(1201)、四年(1204)连续两次科场出现"源委"押在上声的情况，礼部经过讨论后重申"源委"当在去声寘韵，不得押在上声。详见第四章"委"字分析。

---

① 《集韵》十卷尾附有"景祐元年三月牒文"，南宋淳熙十四年金州军刻本，线装书局于2001年据日本宫内厅书陵部藏宋元版汉籍影印，存2至10卷缺卷1。

第二节 学者对《礼部韵略》的研究及其对考生、考方的影响

《礼韵》颁行后并不是一成不变的，在具体运用中，宋人逐渐发现其有不完备之处，如所收音义褊狭、常用经典音义失收以及多音字押用规定不明确等缺点，学者多予以补充，礼部看详后准添的韵字亦添入《礼韵》，广告士人，以免误用。

在整个互动关系中，学者的主要行为是针对《礼韵》收字狭小以及规定不明等特点上书乞增，朝廷中枢部门看详认可后准许添入《礼韵》，供举子和考官使用。另外，还有学者以《礼韵》为底本，编纂了亦服务于科举的《押韵释疑》、《增修校正押韵释疑》等，对《礼韵》的音义规定进行了更进一步的阐释，并提出一些押用建议。

1.《礼韵》中学者乞请后所增新制看详的主要类型

(1)新制：字同义同，许与下/上韵通押；

(2)新制：与某字韵内某字同义，许通用；

(3)新制：许与某字韵内某字通押；

(4)新制：许添入此韵下双押；

(5)新制添入/新制添入此韵/新制添入此韵用；

(6)新补某某切，见某字韵；

(7)新补：亦作某；

(8)新制：许依经史释文押，如释文无明音，即许与某字韵内某字通押；

(9)新制(云)：《易》、《书》、《语》中释文并无正音，许与贿字韵内悔字通(押)；

(10)新制：厭、猒、饜三字礼部韵训解不同，今许于经传中释文有明音者即依本音押。如释文中无明音者，即许于平声、侧声通使；

(11)新制云：《诗》“机巧”字，释文音如字，徐音苦孝切。今看详此字许与巧字韵内巧字通押；

(12)新制：按《诗》“未知臧否”，释文音鄙字。如此之类全使经传文即只许从独音于此韵内押。如散押“臧否”之类，即许与有字韵内否字通押。

以上新制中，(1)~(4)是针对同义多音字，明确两韵内可通押，便于举子随意押用；(5)~(6)增补新的音义项，使之成为多音字；(7)增补通假；(8)~(10)若出处无明音准许通押；(11)出处同注两音者准许通押；(12)出处与散押有别。以上新制涉及的通押条件、增补新的音义项、增补通假、明确出处与散押条件等几个方面的内容，均与多音字有关，这是以前《礼韵》所不具备的。多音字因其本身具有极大的复杂性，在科场押用中，若没有以上明确规定的话，举子更容易落韵。以上新制的规定是专为多音字设定的，对举子押韵起到很好的指导作用，这是《礼韵》增补过程中对科举最为实用的一项举措。

2. 增补

文献记载有几次学者乞增且被官方认可的增补行为，详见第一章历次增修介绍，此

处我们将涉及多音字的情况作一简要说明。主要情况如下：

(1)元祐五年(1090)孙谔增补。

元祐五年(1090)太学博士孙谔等递状乞请修订《礼韵》52 字，共涉及 30 多个多音字，分为两类：

"一字同义而有两音者"，即纯多音，包括"攻"、"闾"、"埌"、"防"、"廷"、"探"、"被"、"视"、"取"、"聚"、"柢"、"悌"、"悔"、"在"、"逮"、"薀"、"缊"、"愠"、"蹇"、"衍"、"谳"、"巧"、"惰"、"假"、"订"、"寿"、"后"、"甚"、"赍"等韵字。礼部看详后，此类字"许随本韵同押。其经传内有独音者，不从本音①。如主司所出诗赋题韵脚内有如此两音者，欲乞随题目告示指从一处令举人押用"。如"攻"字，其两音均释作"治也。击也"。新制云："字同义同，许与下/上韵通押。"此类字规定准许两韵内字通押，但前提是经传出处同注两音者，若只注一音，则只能据所注音切押用，不得两韵通押。规定甚明，但经典音义具有较大的复杂性，具体实践中，科场中遇独音出处而通押的例子也数见不鲜，详见后文案例。

"字义不同而经传多误用者"，如"否$_{\text{补靡切}}$—否$_{\text{俯九切}}$"一组字，规定其"各随意义音释使用，韵内互相附入"。如"否"字，《附韵》有旨韵补靡切、部鄙切以及有韵俯九切三个音切，"补靡切"即"臧否"之"否"，"俯九切"即否定的"不可"之义，补靡切新制云："《诗》'未知臧否'，《释文》音鄙字。如此之类，全使经传文即只许从独音，于此韵内押。如散押'臧否'之类，即许与有字韵内否字通押。"俯九切新制云："否字如《诗》'未知臧否'之类，经传全文即于旨字韵押，如散押'臧否'即许与此韵内否字通押。"即说经传内的"未知臧否"之类均为独音在旨韵，不得与有韵否字通押。但非系押用经典出处的散押、泛押之类则可与有韵否字通押。此规定涉及押出处和泛押的区别。

(2)绍兴十一年(1141)黄启宗增补。

福州进士黄启宗增补的 245 字中，有部分是多音字。《增修校正押韵释疑》"韵字沿革"载黄启宗表云："然经典所载之字非一释，音所释亦非一，而礼部韵多所阙遗。臣谨采摭经传诸常用字与夫同类，皆韵所不载者，缮写上进。"黄氏认为《礼韵》对经典中的多音字音义项收录未备，故奏请增添一些经传常用的多音字音义项。国子监看详后云："黄启宗所类，皆系经传诸史所常用者，实有可采。见行礼部韵累经校对，奉行日久，难以遽添使举人用押。今欲将黄启宗所类字于礼部韵后别项刊具，使士人通知。"②黄氏所增之字得到礼部认可，但因《礼韵》久经校对、刊布，已成定格，便附加在《礼韵》之后另加说明。现在传世的《礼韵》依旧将各韵字分散在相应小韵之下，《增修校正押韵释疑》并于每韵末说明黄氏所增之字。

如"敦"字，《礼韵》原有 4 音，即欢韵徒官切、队韵都内切、慁韵都困切以及萧韵

① "不从本音"，《增修校正押韵释疑》作"只从本音"，杨春俏认为当为"只"。此说"字同义异"字押用情况，据文义来看，当从《增修校正押韵释疑》作"只从本音"。

② 《增修校正押韵释疑·韵字沿革》，景印四库全书本。

丁聊切，义项均不相同，黄启宗据《左传》“谓之浑敦”所注音义补“徒本切”，据《诗》“敦琢其旅”、“敦彼独宿”所注音义补“都回切”，共补两音义项，以“新制添入”以示增补。黄所补的两个音义项都是直接从经典出处的注中直接摘取的。如此之类的字甚多。

(3)淳熙二年(1175)张贵谟上表增补。

淳熙二年，迪功郎、平江府吴县主簿张贵谟依《经典释文》增补134字，这些字“摭六经子传之余，稽诸家训注之旧，以陆德明而为正”。部分增添字与《礼韵》原有字形成多音字，或者本是多音字，仍据经典多次增添新的音义项。如“单”字：

寒韵：“多寒切。释云独也尽也。新补。见仙旱二韵。”仙韵：“时连切。单于。一太岁在卯曰单阏。又多寒切见寒字韵。”

案：绍定本《附韵》寒韵“单”字有多音字圈且标记有“新补”字样，但按照《礼韵》多音字加圈的原则，此处标记“新补”则不当加圈，既加圈则不当是“新补”，故此条音义需要考证是否为新补。四库本《附韵》寒韵：“多寒切，释云独也尽也。又时连切、新补都但二切，见仙旱二韵。”旱韵收有“亶”字，音、注与绍定本同，同时还收有“单”字：“单，都但切。与亶同。厚也。《诗》：‘于缉熙，单厥心。’当于亶字下，亦作单。新制添入。又多寒时连二切，见寒仙二韵。”则绍定本寒韵多寒切非新补，其“新补”前后有脱文，当为“又时连切、新补都但二切”。

绍定本《附韵》旱韵：“亶，多旱切。信也。厚也。新补。亦作单。《诗》：‘于缉熙，单厥心。’”四库本旱韵：“单，都但切。与亶同。厚也。《诗》：‘于缉熙，单厥心。’当于亶字下，亦作单。新制添入。”《增押》旱韵“单”字：“多旱切。黄补。厚也。《诗》：‘单厥心。’”

案：“多旱切”与“都但反”音同，为黄启宗据《诗经》出处增补。《诗·颂·昊天有成命》：“于缉熙！单厥心，肆其靖之。”毛传：“单，厚。”陆氏引郑注作“都但反”。古单、亶通。《国语》引《诗经》此句作“亶厥心”。韦昭注云：“亶，厚也。”《诗·小雅·常棣》：“是究是图，亶其然乎！”《释文》：“亶，都但反，信也。”《尔雅·释诂》：“亶，厚也。”但亦有学者认为“单”通“殚”，或云“亶假借为殚”，尽也，殚精竭虑，意义上也说得通。《段注》：“殚，穷极而尽之也。……古多假单字为之。”绍定本于“亶”字下注“亦作单”，四库本据“单厥心”增补“都但切”，又云“当于‘亶’字下，亦作单”，都认为此义的“单”字当收在“亶”字下，并注作“亦作单”，以假借的形式存在。

《增押》猕韵上演切下增“单”字：“张补。人名。《书》有‘咎单’。又寒仙旱韵。邑名，单父。”此“上演切”音义为张贵谟据《尚书》出处而增补，《礼韵》各本不收。《尚书·汤诰》：“咎单作《明居》。”毛传：“咎单，臣名，主土地之官。作《明居民法》一篇，亡。”郑注：“单，音善，卷末同。”张贵谟据此增加“人名”义项，为专有名词。“单父”为邑名，亦为专有名词。此音有两个义项，均是在黄启宗增补之后又据经典增添的。

(4)嘉泰四年(1204)增补“原委”。

“委”字，《附韵》有三切：支韵于危切注云：“委委，行委曲也。”纸韵于诡切注云：“委，曲也。取其禾谷垂穗皃故字从禾。”寘韵于伪切注云：“委积牢米薪刍之总名。《周礼》：'宰夫掌牢礼委积。'《学记》：'或原也或委也。'并皆于伪反。新制添入此韵用。"其中，寘韵于伪切是礼部于嘉泰四年(1204)因科场疑案新增补的。

成都府路提点刑狱司干办公事度正奏云："点检得第肆韵以字韵内押'源委'字为韵切，详肆纸韵内虽收'委'字却是'委曲'之'委'，有此差误，乞参详。如实差误，乞将榜内第玖人张简驳放。"国子监请博士正录聚议看详后，采用博士苏十能等的意见："张简赋于以字韵押源委字，差误失韵考。宜度正自劾乞先驳放。"同样的案例嘉泰元年(1201)也出现过，但未算作失韵。"广西转运司申本司牒试场出《圣人德化自近始赋》，以'德化宣流，由近而始'为韵，赋魁刘崇锡第二韵押'始'字头句云：'治道多端固有后先，人主一身当明源委。'揭榜之后，词讼纷然，考官柳蓍强辨以为不系引出处，止是泛用。及差官定夺，教官顾樟以为此乃考官之见，无所与决，遂申省部。"

礼部看详后云："讫今来成都府所申与广西向来事体一同。……赋押韵须有来处，六经它处并无'源委'两字连附，唯《学记》有之。从释文音义于去声寘字内押，若于上声纸字韵押，安得不谓之失韵?""今此一韵，广西成都已两次谬误，若不辩正，诚恐自此递相承袭援。例无已有误，后学实为未便，但广西前举已许作泛用，免行驳放，今若一予一夺，则远方士子必且怀疑不平。"即说《礼记》去声是"源委"一词唯一出处，士子应押在去声，张简失韵。但监本《礼韵》注释未引此出处，刘崇锡算泛用，不算引用出处，因此不能算失韵。此处以"从出处押"和"泛用"不同用韵标准来判定用韵失韵与否。但如果同一情况前后出现相反的论断，怕举子不服，最后建议道："自今已后如连押源委字，合从《礼记》释文音义于去声寘字韵内押，若于上声纸字韵内押，即为失韵，合从不考。"《增修校正押韵释疑·韵字沿革》亦载有此事。①

以上几次官方看详准许修订的多音字，都是据经典音义而增，亦是经典中常用音义项。通过以上多音字的增补内容，我们可以看出《礼韵》有以下几大特点：第一，《礼韵》作为官方韵书，被奉为绝对的标准，其押用规定是极其严格的。第二，《礼韵》虽然尽量做到完善，但依然存在缺点，在具体运用过程中遇到诸如"源委"类的情况，便得奏请国子监看详，引来各方反复讨论。第三，《礼韵》发现重大缺误时，亦会采取补救措施，修订《礼韵》以免误导后学。以上特点亦是通过《礼韵》与科举的互动显现出来的。

以上我们从《礼韵》本身、学者、考生三方的特点、功用、行为等方面来探讨了《礼韵》与科举的互动关系。我们发现，《礼韵》与科举是互相影响的，并不是《礼韵》单向地影响科举。一方面，《礼韵》作为官韵权威，极大地限制着举子们的用韵行为，不得超越规定。另一方面，科举中不可避免出现的押用纠纷，如果涉及《礼韵》规定未备，礼部详细讨论论证后，《礼韵》会作出相应的更改或者增补说明，以期更加完善，便于后面的举例运用。

---

① 事见《韵略条式》"嘉泰四年牒文"。《增修校正押韵释疑》"韵字沿革"亦载有此事。

第三节　《礼部韵略》的不合理规定及考生的出韵、落韵与适应

一、规定有不合理之处

《礼韵》主要收录经典中的读书音，是官方出具的权威工具书，是判断举子诗赋用韵正确与否的最重要的标准。但正因为《礼韵》要有权威性，决定了它不能自我作古，而必须于古有据，决定了它总体上不能改变《切韵》、《广韵》的分韵体系，比如不可能将江、阳变成邻韵。所以，尽管在一些局部也作了一些贴近时音的改进、改良，但是《礼韵》依然存在一些问题，下面试举几例来说明其不合理之处。

1. 部分韵窄，收字狭少

景祐四年(1037)朝廷命丁度等人修订《韵略》，贾昌朝奏请合并韵窄者十三处，准许邻近通押。但整体上，其韵部关系上依旧从严，与时音韵部大量合并有较大的差距。洪氏《容斋五笔》"《礼部韵略》非理"条云："《礼部韵略》所分字，有绝不近人情者，如东之与冬，清之与青，至于隔韵不通用，而为四声切韵之学者，必强立说，然终为非是。"并列举"静"与"靓"字为例，云"静"与"靓""其义一也"，"今析入两音，殊为非理"。

而且，《礼韵》本着只收经典常用字之音义项，收字狭窄，部分韵部韵字极少，如幽韵只有3个小韵7个韵字，严韵3个小韵5个韵字，讲韵4小韵10个韵字，很韵2小韵4个字，恨韵2个小韵2个韵字，这为举子们押韵选择韵字带来较大困难。洪迈《容斋随笔》"三笔会合联句"云："《韵略》上声二肿字险窄。"并列举予向《汪庄敏铭》押韵时肿韵字不够用而越用一董内韵字为例，而《礼韵》中，肿韵、董韵是分别独用的。

《礼韵》部分韵部险窄，如果遇见多音字，且某音义项的韵字又极少的情况，举子极容易错押入其他音义项韵内。洪氏《容斋五笔》"《礼部韵略》非理"条列举"撰"字云：

> "撰"字至列于上、去三韵中，仍义训不一。顷，绍兴三十年，省闱举子兼经出《易简天下之理得赋》，予为参详官，有点检试卷官蜀士杜莘云："简字韵甚窄，若'撰'字必在所用，然唯'撰述'之'撰'乃可尔，如'杂物撰德'，'体天地之撰'，'异夫(乎)三子者之撰'，'欠伸，撰杖屦'之类，皆不可用。"予以白知举，请揭榜示众。何通远谏议，初亦难之，予曰："倘举场皆落韵，如何出手?"乃自书一榜。榜才出，八厢逻卒，以为逐举未尝有此例，即录以报主者。士人满帘前上请，予为逐一剖析，然后退。

案：洪氏云"'撰'字至列于上、去三韵中"，《礼韵》、《押韵释疑》、《增修校正押韵释疑》、《增修互注礼部韵略》各本均只有上声潸、獮二韵两个音切。洪氏此条是说

"撰"字有两义，分别在潸韵和獮韵，而潸韵韵字极少，"撰"字为常用韵字，但潸韵训为"撰述"，则只能押用此义，而此义只有"撰述"一个出处，其他如"杂物撰德"、"体天地之撰"、"异乎三子者之撰"、"欠伸，撰杖屦"之类皆不能押用，因怕举子误押前述各出处入潸韵，故书榜示众举子，并接受举子上请。此举主要是因《礼韵》部分韵窄有不合理之处而起，为避免举子落韵故明确张榜以告知众人。《押韵释疑》、《增修校正押韵释疑》均引用洪氏《容斋随笔》此条，以为然。

2. 常用音义项缺收

《礼韵》原则上只收常见、常用音义项，部分经典常见且举子常用的音义项一般不明确注明，如"任"字的"任命、担任"义、"当"字的"应当"义，均为经典常见且举子常用音义项，《礼韵》均不作具体说明。盖因此义是常用义，士人熟知，且经典中亦多不注此义的音读，故《礼韵》亦不作说明。

如"芴"字，勿韵只收"菲也"植物专名，而经典常用音义项"缜纷轧芴"(《文选·司马相如〈上林赋〉》)的"致密"义和《庄子》"芒乎芴乎"、《荀子》"芴然"等与"忽"通的用法均不收。举子在科场中多押"芒芴"在勿韵。"芒芴"，《庄子·至乐》："芒乎芴乎而无从出乎？芴乎芒乎而无有象乎？"又云："杂乎芒芴之间。"注："造化生物恍惚芒昧。芒李音荒，又乎晃反。下同。芴音忽。下同。"《荀子·正名》："芴然而粗，啧然而不类。"注："芴与忽同，忽然，无根本貌。"则此"芒乎芴乎"、"芴然"之"芴"均同"忽"，不当押在勿韵。莆阳解试《道者心之工宰赋》时，士人多以"芒芴"押在勿韵，考官认为此"芒芴"当系用《庄子》出处，"芴音忽"，不当在勿韵，以失韵不取。莆人作诗调侃云："可怜芒芴三千士，一夜沈埋古战场。"又上庠《林式之春者天之所为赋》有考生四押"物"字："运至精于芒芴。"亦押"芒芴"在勿韵。《礼韵》对"芒芴"无收亦无说明，导致举子误押。"芒芴"义自《庄子》已固定，为"恍惚芒昧"义，经典中常用，《礼韵》当收。

3. 误注

部分字的注释内容失之不审。或是释义有误，或是释义误引，或是经典出处误引，以下各举例子加以说明。

释义有误者，如"憺"字：

> 杜览切。《说文》安也。亦作惔。(敢韵上)徒滥切。安也。亦作惔。《楚辞》：蹇将憺兮，寿宫安也。《庄子》：平易恬憺。《李广传》：威稜憺乎邻国。憺犹动也。(阚韵去)。

案："憺"字两切同为定母，调有上、去之别。《集韵·阚韵》徒滥切"憺"字注云："动也。《汉书》：'威稜憺乎邻国。'一曰安也，或从炎从人。"可见《礼韵》徒滥切不仅取《集韵》的音和义，还在此基础上增加了出处。"憺"字"安"义两音均注云"亦作惔"。"惔"，《附韵》两音均注"忧也"，并分别引《诗经》"忧心如惔"、"如惔如焚"，而此两处《释文》均注为"燔燎"义。《康熙字典·心字部》"惔"字下案云："'惔'止有'燔燎'之义，俗混‘澹’、‘淡’、‘憺’三字者，非《诗》言‘忧心如惔’，不过谓忧心之至，如火之炎耳，非谓‘惔’字为‘忧’也。若以‘惔’字为‘忧’，何以曰如惔乎。字书辞不达意，当以注疏为正也。”此说是，则《附韵》“惔”字两音均注“忧也”、“憺”字注“亦作惔”均失之不审。

释义误引者，如“奄”字。《容斋五笔》“圣人污”条云：

> 大抵汉人释经子，或省去语助，如郑氏笺《毛诗》“奄观铚艾”云：“奄，久。观，多也。”盖以久训奄，以多训观。近者黄启宗有《补礼部韵略》，于“淹”字下添“奄”字，注云：“久观也。”亦是误以笺中五字为一句。

案：《附韵》“奄”字有上声琰韵衣检切，释作“覆也。大有余也。又姓”、去声艳韵于验切释作“精气闭藏”，义有不同。绍兴十一年(1141)黄启宗于平声盐韵下增补“奄”字，释云：“音淹。久观也。《诗》：‘奄观铚艾。’见琰艳二韵。新制添入。”《诗·周颂·臣工》：“奄观铚艾。”郑注云：“奄，久。观，多也。”黄启宗增补时，断句时误将“久”、“观”断在一起。《增押》、《增韵》、《洪武正韵》均沿袭而不改。

又如“押”字，本是多音字，《礼韵》只收狎韵乙甲切，释云“检押，隐括”。此注源自《汉书·扬雄传》：“蠢迪检押。”师古注云：“检押，犹隐括也。言动由检押也。音狎。”案：“检押，隐括。”注在乙甲切下有误。《汉书·扬雄传》“蠢迪检押”，颜注音狎。五臣注音甲。司马光注云“检押”当作“检柙”，押，户夹切。认为“检柙”字当从木。旧韵引《扬雄传》颜注于“押”字乙甲切下。故宋代时文中亦有因韵释而押“检押”于此的例子，讹以承讹，用者不知其非，考官亦不详究。殊不知此“押”字与《扬雄传》音有不同，当依司马光注从木作“柙”为是。遇见“检押”可上请。《增押·狎韵》辖甲切“柙”字注云：“此‘检押’字。”纠正了《礼韵》“押”字误注。

经典出处误引者，如“槱”字，“夷周切。柴。”(尤韵平)“以九切。积木燎以祭天也。《诗》：‘薪之槱之。’《周礼》：‘槱燎。’亦作楢。”(有韵上)“余疚切。积火以燎。《诗》：‘薪之槱之。’”(宥韵去)

有韵以九切注“积木燎以祭天也”，引《诗》“薪之槱之”和《周礼》“槱燎”；宥韵余疚切注“积火以燎”，亦引《诗》“薪之槱之”。《集韵·有韵》注云“积木烧之也”。《宥韵》作余救切，注文全依《说文》云：“《说文》：积火燎之也。《诗》：‘薪之槱之。’《周礼》：‘以槱燎祠司中、司命。’”《诗·大雅·棫朴》：“薪之槱之。”注戈九反，云：“积木烧也。”《周礼·春官·大宗伯》：“以槱燎祀司中、司命、风师、雨师。”注音：羊九反。均只有一音，在有韵。《礼韵》和《集韵》两韵义相近，《礼韵》据《诗》、《周礼》两出处音义而将之移放在有韵下，为确。而《礼韵·宥韵》亦引《诗》“薪之槱之”，则不确。《增押·宥韵》“槱”字下云：“监注此引《诗》，恐亦可押，合上请。”《礼韵》分别在两韵内引同一出处，亦觉得很困惑，可能是当作通押使用，但需上请乃可用。《礼韵》分别将《诗》此注独音的出处收在有韵、宥韵下，不妥。

4. 规定不完备者

《礼韵》亦有规定不完备者。因经典音的复杂性，《礼韵》在收录经典音上不可能一一完备。如“正月”之“正”字，因秦始皇讳政，故秦以前音政，秦后皆音征，诗赋在押出处时则要一分为二来对待，而《礼韵》只收“正月”在平声清韵。

“正”字，《附韵·清韵》释云：“岁之首月。释云夏以建寅月为正，商以建丑月为正，周以建子月为正。”即说“正月”在平声。宋代某科太学试《正岁观教象赋》以“观于正岁新其教也”为韵，陈嘉谟押“正”字韵押在去声，其云：“治四分序，当新于岁正。”此赋题出自《周礼·天官·小宰职》：“正岁，帅治官之属而观治象之法。”郑注云：“正岁，谓夏之正月。得四时之正，以出教令者，审也。”但只有释义并无注音，即注音不明。诗赋中引出处者需要依照出处的音义来押用，《释文》无注者自当别说。赋题中的“正岁”、限韵字中的“正岁”与出处一样，都是“正月”义。《增韵》和《韵会》认为“正月”平、去二声可通用，《增押·清韵》书征切“正”字注云：“正，岁之首……字讳不押，始皇讳政，故秦已前音政，秦后皆音征……若用秦已前正月事作平声押，须释文音正方可。”即说“正月”在秦以前当押在去声，秦以后押在平声，秦以前文献有注平声者则押在平声。陈嘉谟此赋引《周礼》，系引用秦以前正月事，无注，依照“正月”注的惯例，押在去声是可以的。若按照《附韵》规定，遇见字有两音者或者无明音者，需上请，由考官选择一音押用。陈嘉谟此赋中押作去声，且未被黜落，可见“正月”之“正”可不按照《礼韵》规定押在平声。宋刘敞《郊用夏正赋》(以“三王之郊，一用夏正”为韵)第五韵押“正”字云：“将修严父之飨，必用前王之正。”赋中与去声映、劲韵字同押，亦押在去声。此赋限韵字“三王之郊，一用夏正”出自《易纬·乾凿度》，郑注无明音，此上述陈嘉谟赋情况类似，均押在去声，说明宋代“正月”、“夏正”之“正”可押在去声。则《礼韵》规定只在平声有不完备之嫌，可依《增押》在清韵增加“秦以前音政，秦后皆音征。……若用秦已前正月事作平声押，须释文音正方可”之类来补充说明。详见第四章。

5. 部分应当标注准许通押的同义异音字下未标注

孙谔元祐奏请云：“所出诗赋题韵脚内有如此两音者(即一字同义而有两音者)欲乞随题目告示指从一处令举人押用。”部分同义而两音的字下新制标记准许两韵内可通押，但仍有大部分同义而异音字下应当标注准许几韵内某字通押者，而未标明。

如“阚”字，敢韵注“声也”，豏韵注“虎声”，阚字韵注“邑名”，鉴韵注“声也”，《诗常武》：“阚如虓虎。”注呼减反、徐火斩反，又火敢反，分别在豏韵和敢韵内。《礼韵》字下未注可否通押，《增押·敢韵》“阚”字下注云：“恐可通押，亦须上请。否则不可。”如此，则遇见押此出处者，便须上请，实乃不便。

6. 通押规定不准确

《附韵》为部分字注明新制许与某韵内字通押，这个举措本来是为减少举子押韵中的困惑，出发点是好的，但也容易引起新纠纷。最典型的是“被”字：

《附韵》：“被：部靡切。及也。亦寝衣。又平义切，见寘字韵。新制许与寘字韵内

被字通押。”(纸韵上)“平义切。及也。亦寝衣。又部鄙切，见纸字韵。新制许与纸字韵内被字通押。”(寘韵去)

“被”字两音均注“新制许与寘/纸字韵内被字通押”，此是元祐五年(1090)孙谔增补。但按照此类字“许随本韵同押。其经传内有独音者，只从本音”的规定，只有在出处同时注有上、去两音，上、去两韵内“被”字才能通押，只注有一音的则不能通押，只能随出处所注音押用。

某年省试①赋题为《陶成天下之化近时人主积美之源赋》，场中诸多举子押“纯被”字在上声，考官本来打算以落韵黜之，但很多人以《礼韵》规定有许两韵通押来解释开脱，最终幸免黜落。此事说明两个问题：第一，“被”字之“纯被”之类经典本来就只有一音，本当从其出处所注本来音(去声)内押用，而新制规定可通押，有其不合理之处，以至于被举子拿来当做挡箭牌，考官亦无可奈何。第二，《礼韵》既然规定了两音同义，两韵可通押，又以“许随本韵同押，其经传内有独音者，只从本音”加以限制，考场中出现以独音通押却不黜落的情况，说明《礼韵》对“被”字的音义项的规定是有问题的。

《广韵》、《集韵》及《群经音辨》音义项分别如下：

《广韵·纸韵》皮彼切：“被，寝衣也。又姓。又皮义切。”《寘韵》平义切：“被，服也。覆也。《书》曰：‘光被四表。’又平彼切，寝衣也。”

《集韵·纸韵》部靡切：“被，寝衣也。一曰及也。亦姓。”《寘韵》披义切：“被，《说文》：‘弘农谓帬帔。’或作被。”

《群经音辨》：“著谓之被，音披。覆谓之被，平义切。”

《广韵》两义有名词和动词之别。《集韵》纸韵综合了《广韵》的两个义项，而寘韵为名词，但与“寝衣”不同，主要用来表示披肩之类的饰物。《群经音辨》两义均为动词，“穿着”音披，“覆盖”在去声。可见，《集韵》纸韵既有“寝衣”，又有“及也”义项，是引起《礼韵》两音同注的最主要原因。《尚书·尧典》：“光被四表，格于上下。”郑云：“光，充。”孔疏云：“充满被溢于四方之外，又至于上天下地。”《释文》：“被，皮寄反，徐扶义反。”则此“光被”注有两音，均在去声，声别而已。《押韵释疑》和《增修校正押韵释疑》更详细地辩明了“光被”之类只能在去声，其注文如下：

《押韵释疑·纸韵》：“《诗》‘纯被文王之化’、又《书》‘东渐西被’，注皮义反，皆在去声。虽韵许与去声被字通押，《礼韵》云经书只一音者，合从本文音，则纯被、渐被不在此。昔年省试《陶成天下之化》、近时《人主积美之源赋》，场中多押纯被字在上声，其时考官多欲以落韵黜之，赖其中有引许与通押之说以为解，幸免黜落。此事尝亲闻登科及上庠人说，当知兼闻诸长上如被字、取字、在字之类在官韵者且当从本来声韵内押，不可遽以有新制遂押在通用韵内，恐不便。若非官韵泛用泛押乃可。”

---

① 郭守正《增修校正押韵释疑》录有此事，并云“此事尝亲闻登科及上庠人说”，则此科当在理宗朝、且在景定甲子(1264)之前。

《增押·纸韵》与《押》略同："绍兴新制许与去声寘韵被字通押①。其经传内有独音者，只从本音。如《诗》、《书》'纯被'、'渐被'、'光被'只皮寄反。此非。昔年省试……当以为戒。《寘韵》：《书》'渐被'、《诗》'纯被'、'文王化被于南国'、《书》'光被'、《记》'被衮象天'、《诗》'被之祁祁'之类，只去声。人多有为通押之文所误，宜知。《左》'翠被豹舄'，注：衣也，普义反。非寝衣之被。贾文元《群经音辨》云被普义反者衣也、饰也。"

以上详细罗列了经典中"光被"之类"被"字出处及音义，证明只有去声一音，《礼韵》规定只有在出处有上、去两音时候才能上、去两韵内"被"字通押，所以即使《礼韵》两音的义项相同且可以通押，"光被"仍旧不能与上声通押。

而泛用、泛押不受此限制，可以自由通押。但泛用、泛押如何界定，这个也没有严格标准，科举中亦有以"泛押"为借口而否认落韵的案例。

查"被"在宋代科举诗赋中押用情况，田锡太平兴国三年(978)开封府试《人文化成天下赋》②中"被皇风之光被"与"义(寘)、思文思(志)"通押，则押在寘韵，符合经典中"光被"之声韵。日常赋中，夏竦《白云起封中赋》中"被德音光被"与"瑞(寘)、义(寘)"通押；范仲淹《礼仪为器赋》中第八韵押"器"字，"被遐被"与"志(志)、器(至)"通押；王禹偁《乡老献贤能书赋》中"被激劝之道自被"与"里(止)、耻(止)"通押。从押韵情况看，夏竦赋、范仲淹赋均押杂寘韵，均为"光被"、"遐被"之"被"，"及也"义，押在去声是对的。王禹偁赋押在纸韵，"激劝之道自被"与"侥幸之风不起"对举，此则用为动词，亦当为去声，但押在上声，应该是受《礼韵》规定两韵可以通押的影响。《礼韵》虽然规定两韵内可以通押，但其看详时所补充的"许随本韵同押，其经传内有独音者，只从本音"的规定却不被注意，以致引起科场上"纯被"押在上声该不该黜落的纠纷。

7. 有碍理者

赵彦卫《云麓漫钞》卷五云：

> 《礼部韵略》，始于科举用律赋，取六经中字为之，故曰略。绍兴中，黄启宗又取六经诸子史常用字为献，元降指挥，令附于《礼部韵略》之后，令学者通知。淳熙重刊《韵略》，则分入于逐韵之末，既无明文许用，举子多不敢使。然其间有碍理者，如"齐"字子兮切，《礼》："地气上齐"，云"当于跻字下亦作齐"。"矜"字与"鳏"同，至于"矜寡"，云"当于鳏，字亦作矜"。如此之类甚多，殊不知二字只有此出处，岂可因此借用，遽改"齐"、"矜"作"跻"、"鳏"用之也？若云"一作"则可矣，此乃黄启宗自媒之文，非取名《礼部韵略》之意也。

---

① 案："绍兴新制"当为"元祐新制"，此为元祐五年孙谔所增。《增修校正押韵释疑》凡孙谔所增之字均说"绍兴新制"。

② 案：田锡此赋中，限韵字中真、清韵未用，韵脚字中寘、阳韵为限韵字中无。

案："齐"字本有平声齐韵前西切和去声霁韵才诣切两音，义有不同。绍兴十一年(1141)黄启宗增补245字中有"齐"字，云："齐，子兮切。与跻同。升也。"《礼记》："地气上齐，天气下降。"当跻字下亦作齐。齐韵牋西切下收有"跻"字。《附韵》各本、《押》、《增押》均沿袭此说。

《礼记·乐记》："地气上齐，天气下降。"郑注云："齐读为跻，跻，升也。"《释文》："齐，依注读为跻，又作隮，子兮反，升也。"孔疏曰："'地气上齐'者，齐，升也，谓地气上升天。"陆氏注中的"依注"是指郑玄注，其云"读为跻"乃是指明此处是假借用法。赵彦卫认为虽然《乐记》中"地气上齐"之"齐"字为假借用法，但"齐—跻"之间的假借关系只有这一个出处，有可能是临时借用，不能因此就说两字有假借关系，用"齐一作跻"比"齐与跻同"更准确。

"矜"字与"齐"字情况相同。蒸韵居陵切注云："矜，矛柄。一曰�也。庄也。"绍兴十一年(1141)黄启宗于山韵增补"矜"字，注云："矜，与鳏同。《诗》：'至于矜寡。'当于鳏字下注'亦作矜'。新制添入。"此是将"矜—鳏"作为通假收入。"矜"字上古属见纽侵部；"鳏"字上古见纽文部，矜与鳏可双声通假。"矜"字只在"矜寡"一词中假借为"鳏"。如《诗·大雅·烝民》："不侮矜鳏。"《小雅·鸿雁之什·序》："至于矜寡。"音义云："矜，本又作鳏，同古顽反，徐又棘冰反。篇内矜寡同。老无妻曰矜，老无夫曰寡。"《礼记·礼运》："言矜寡孤独废疾者皆有所养。"《释文》："矜寡，古顽反。"用"古顽反"来注"矜寡"之"矜"，当是注明假借，即"矜"假借为"鳏"。赵彦卫认为"矜"假借为"鳏"的用法，只存在于"矜寡"这一个出处，不能因此就说两字有假借关系，用"矜一作鳏"比"矜与鳏同"更准确。又，《增韵》中"矜"和鳏均在删韵，此是毛氏父子对《礼韵》韵部进行调整的表现。

以上列举的《礼韵》规定不合理之处，涉及韵窄、常用音义项缺收、释义有误、经典出处误引、规定不完备者、当标注准许通押而未标注、通押规定不甚准确等方面，而某些方面恰恰是科举中最容易引起纠纷的地方，尤其是经典出处误引、规定不完备者、当标注准许通押而未标注、通押规定不甚准确等几个方面。这些不合理之处，有些是可以避免的，如释义有误、经典出处误引之类，但有些如韵窄、规定不完备等是不可避免的，《礼韵》在编纂之初无法预料到所有科举中可能会出现的情况，亦与《礼韵》本身简洁、实用的特点有关。我们应当认识到，无论多么完备的韵书，总会有不能周全之处，不应当求全责备。充分认识到《礼韵》的不完备之处，对我们更好地利用《礼韵》是有帮助的。

二、现存考生科场考试卷子和平时拟作中的误押

由于《礼部韵略》基本还是《切韵》的框架，虽然有同用之设，但有的当合的仍未合，如东冬二韵等；有的不当合的又合了，如元魂痕韵等。这样，就导致它与宋代的实际语音相差较大，考生记之不牢，就很容易出韵、落韵。

宋代科举诗作因存量极少，加上严格意义上的实题拟作亦只有25首，多是五言六

韵律诗(七言六韵律诗偶见)，观其用韵情况，均较为工整，严格遵守《礼韵》韵部独用、同用体例，未见有例外者。唐代科举诗187篇中亦有不合于《广韵》韵部同用规定的诗作，如东钟通押2例①，虞模尤通押②，虞尤通押③，元桓通押④，均未影响到作者进入进士之列。因宋代科举诗作存世数量少，我们无法一窥宋科举诗的全貌，但可以推测，应当也有少数韵部同用上与《礼韵》不合的诗作存在。

宋代有大量的科场外拟作的“省题诗”，是士人备考时按照科举的要求进行的习作练习，一些省题诗的集子被举子作为备考的重要参考书，刘辰翁、林希逸就有300余首。

《选编省监新奇万宝诗山》，据说是明人根据宋代留下来科场程式之作编选的，现择取其中卷一、卷六、卷九、卷十一、卷十二、卷十三共6卷，进行观察，发现颇有些不合《礼部韵略》的地方，可归为6类。我们下面对这6类进行分类和韵部分析时，为了方便，均按平水韵韵部称说。

(一)支韵字、微韵字互混者

有2例。

例1：卷一第7首《太极运三辰》：仪，期，機，辉，时，熙

其中“機”、“辉”为微韵字，其他字在支韵。

例2：卷一第16首《太初气之始》：时，知，移，疑，规，機

其中“機”为微韵字，其他字在支韵。

均为微韵字混入支韵。主要是因微韵与《广韵》的脂韵字多有牵涉。

(二)庚韵字、青韵字与相应前鼻音韵相混者

1. 庚韵字与相应前鼻音韵相混

有庚韵混入真韵者：

卷十一第43页《玉尘散林塘》：珍，尘，鳞，轻，春，银

所在句：成花千木巧，飘絮一池轻。

又有庚韵混入真者：

卷十二第34页《当春乃发生》：生，春，新，神，茵，人

---

① 若据《登科记考补正》，大历八年(773)陆贽《禁中春松诗》，贞元八年(792)李观《中和节诏赐公卿尺诗》均为东钟通押。若依《唐诗纪事》，则一押钟韵，一押东韵，均为独押。陆贽、李观分别为大历八年、贞元八年进士。

② 见丁泽《龟负图诗》，《唐诗纪事》云丁泽以此诗夺得大历十年(775)东都第一，可见其虞模尤通押是被官方认可的。

③ 若据《登科记考补正》，大历十四年(779)独孤良器《沈珠于泉诗》为虞尤通押。若据《文苑英华》则只押在虞韵。

④ 见元和六年(811)侯冽《金谷园花发怀古诗》。侯冽为此年进士。

所在句："物囿乾坤内，因时乃发生。发生知有日，鼓舞恰当春。"此处用了顶真格，次联开头重复了上联末句最后二字，可证上联末一字确为"生"无疑。

2. 青韵字与相应前鼻音韵相混

共得 6 例。

例 1：卷一第 2 首《太极生阴阳》：形，根，昏，暄，闻，论

"形"为青韵字，其他为礼部韵元韵。

例 2：卷一第 5 首《太极生两仪》：分，形，闻，坤，神，人

"形"为青韵字，分、闻为礼部韵文韵，坤在礼部韵元韵，神、人在真韵。

例 3：卷一第 9 首《太极函三》：人，真，灵，仁，称，陈

其中"灵"是青韵字，"称"是蒸韵字，其他为真韵字。

例 4：卷十二第 12 页《春色泛花枝》：尘，春，新，神，青，人

这是青韵字"青"混入真韵。所在句："清浅梅空瘦，娇羞柳漫青。"

例 5：卷一第 10 首《太极函三》：形，人，淳，陈，分，垠

"形"为青韵字，"人"、"淳"、"陈"、"垠"为真韵，"分"为文韵字。

例 6：卷六第 6 页《春风变柳条》：春，新，萍，津，颦，人

其中"萍"为青韵字，其他字在真韵。

3. 前鼻音字混入青韵

卷九第 66 页《银汉片云青》：新，青，灵，屏，星，冥

"新"为真韵字，其他字在青韵。"新"所在句："银汉无纤翳，晴明眼界新。"

在宋代南方方音中，庚青韵字多发为前鼻音。宋词中就有不少庚青韵与前鼻音字相押者。

(三)东韵冬韵字互混者

1. 东韵字混入冬

得 3 例。

例 1：卷一第 14 首《阴阳一太极》：宗，容，融，冬，东，工

例 2：卷六第 28 页《东风老箨龙》：浓，龙，封，丛，筇，从

全首押冬钟韵，但是"丛"为东韵字。所在句为："院翻轻锁甲，泥蜕旧蟠丛。"

例 3：卷十二第 3 页《松柏贯四时》：松，浓，龙，冬，容，攻

所在句："后凋坚节在，霜雪岂能攻。"攻为东韵字。

2. 冬韵字混入东

共得 3 例。

例 1：卷一第 17 首《太极形之始》：中，东，工，胧，从，风

其中"从"为礼部韵冬韵字。

例 2：卷六第 24 页《绣幕围春风》：浓，风，红，中，丛，骢

其中"浓"为冬韵字。

例 3：卷六第 68 页《独立吟秋风》：工，风，红，东，蛩，童。

其中“蛩”为冬钟韵字。所在句：“唱和鸣云雁，赓酬响砌蛩。”

洪迈《容斋五笔》卷八“《礼部韵略》非理”条云：“《礼部韵略》所分字，有绝不近人情者，如东之与冬，清之与青，至于隔韵不通用，而为四声切韵之学者，必强立说，然终为非是。”可见在宋人的实际语言中，东冬二韵字已无别。

(四)后鼻音韵部之间的混押

1. 庚韵青韵字混

宋代庚韵、青韵已无区别，这一点洪迈《容斋五笔》已言及。其实，据王力《汉语语音史》第 288 页，早在晚唐五代庚、青韵即已无别。那么，对宋人而言，要在二者间作出分别，按理说是很难的，好在由于青韵韵部较小，故考生凭记忆一般可记住。但即使一般情况如此，也还是有一些混用的例子。

例 1：卷一第 13 首《阴阳一太极》：生，成，明，形，均，冥

“形”、“冥”为青韵字。“生”、“成”、“明”为庚韵字，“均”为真韵字。

例 2：卷一第 130 首《天清捣练急》：清，声，晴，更，成，丁

“丁”为青韵字，其他字为庚韵字。

2. 庚韵蒸韵字混

卷一第 181 首《日华照水彩》：迎，冰，腾，层，升，兴

“迎”为庚韵字，“冰”、“腾”、“层”、“升”、“兴”为蒸韵字。

3. 江韵阳韵字混

发现 1 例。

卷十一第 42 页《独钓寒江雪》：矼(舡)，江，双，窗，釭，乡

“乡”为阳韵字，其所在句为：“鲈鱼村酒美，一醉水云乡。”其他“矼(舡)”、“江”、“双”、“窗”、“釭”均为江韵字。

据王力《汉语语音史》第 324 页所说，在宋代的实际语音中，江、阳已合为一韵。也就是说，江阳韵字音同是当时新出现的语言现象。这种现象偶尔也在试律诗的出韵中得到反映。

“出韵”是一件既影响科举前途又很没面子的事情，但诗赋用韵和实际语音之间又存在着矛盾，故唐代晚期，官方允许以“葫芦体”(先二后四)、“辘轳体”(双出双入)、“进退格(一进一退)”等体式形成的“出韵”现象存在，人为地规定放宽近体诗用韵的要求，准许使用韵书不许通押的临近韵韵字相叶，不算做真正意义上的出韵。这种体式在南宋得以广泛运用，题目中可注亦可不注所用体式。现存宋诗中运用以上体式的诗作有一些，如用这个标准来判断律诗，则部分符合时音特征的诗作均不算“落韵”了。我们推测，在实际语音与韵书差距更大的宋代，其科举诗作中可能也有这种灵活体式的存在。

科举考诗赋对宋人日常创作诗赋的影响主要体现在律赋上。宋人作有大量律赋，文

人日常的律赋不仅能彰显才情，亦是科场之外的练笔。其特征与科举律赋基本相似，无论是在限韵字数目、具体行文程式、用韵严谨程度以及韵脚字音义匹配关系上，都与科举律赋有着高度的一致性，尤其是在用韵严谨程度和韵脚字音义匹配关系两方面，除了少数有与《礼韵》同用、独用不合外，绝大多数是与《礼韵》吻合的，例外的情况很少。

我们分析现存的29余篇宋人科举诗赋押韵情况后发现，其韵部同用、独用基本与《礼韵》一致。不一致极少，主要有以下三例：

1. 御遇通押

王之望绍兴八年(1138)省试《以德为车赋》第六韵韵脚字依次为“庶$_{\text{御}}$”①、“附$_{\text{遇}}$”、“遽$_{\text{御}}$”，为御遇通押。而《礼部韵略》规定的御独用，遇暮可通押，按此看则不符合《礼韵》韵部独用、同用体例。王之望为此年戊午科黄公度榜进士，黄公度今亦传有此次省试之赋《以德为车赋》，两赋所押韵部相同。则王之望此赋乃合格之赋，其赋中所用的御遇通押是被认可的。宋代实际语音中，御、遇、暮已有混并趋势。唐代科举中也出现过御、遇通押的例子。唐代郑锡宝应二年(763)进士科试《日中有王字赋》(以题为韵次用)第六韵押“赋”字脚字依次为“据$_{\text{御}}$”、“著$_{\text{御}}$”、“惧$_{\text{遇}}$”、“祚$_{\text{暮}}$”、“赋$_{\text{遇}}$”、“务$_{\text{遇}}$”、“路$_{\text{暮}}$”、“遇$_{\text{遇}}$”，为御、遇、暮通押。郑锡于宝应二年进士及第，则此赋中御遇暮通押当时亦未导致黜落，很可能是习焉而不察。

2. 鱼御通押

宋祁天圣二年(1024)殿试《德车结旌赋》(车结旌者，昭德之美)第一韵押“车”字云：“德美中尚，戎容外除。示同轨于函夏，爰敛旌于大车。”韵脚字依次为“除”、“车”、“初”字。《礼韵》中“除”字有鱼韵“殿阶”和御韵“去”两个音义项。《礼记·曲礼》：“兵车不武，武车绥旌，德车结旌。”此是说兵车、武车与德车旌旗有异。疏云：“德车，谓玉路、金路、象路、木路，四路不用兵，故曰德车。”此云德车不用兵。且句中“外除”与“中尚”对举，义相对，故“戎容外除”之“除”当是“除去”之“除”，按《礼韵》音义规定当在去声御韵。则此赋第一韵可以看做鱼御通押。或云，此赋中“除”字用了去声御韵的“去除”义，音上却押在了平声鱼韵，则其音义搭配与《礼韵》规定不合，变成音义匹配问题而非鱼御通押问题了。宋祁于此科进士及第，最初，主考官拟取宋祁为进士第一，其兄宋庠第三。章献皇太后认为弟弟先于哥哥有碍孝悌伦理，遂将其兄宋庠列在第一，宋祁列在第十。可见，当时亦未在意所押韵是否与《礼韵》相合这一问题。

3. 皓号通押

宋祁明道元年(1032)学士院试《琬圭赋》(以“王赐之节，修德崇好”为韵)第八韵押“好”字云：“不爱宝以酬德，惟协邦而结好。”韵脚字依次为：“傲”、“好”、“报”。其中“好”字有两个音义项，即皓韵“美”义和号韵“爱”义。限韵字中“修德崇好”音义当在皓韵，赋中“协邦而结好”之“好”按意义亦当在皓韵。赋中与号韵字通押，为皓号上去通押。此赋与上述宋祁类似。

---

① 下标字为该字所在韵部。

以上三则与《礼韵》规定不一致的通押例中，后两则中均有多音字即“除”、“好”存在，两字均为音异义也异一类多音字，且其两音所在韵部均可与其他韵脚字通押。如果我们认为其音义匹配一致的话，则它们存在与《礼韵》不一致的韵部通押现象。换个角度，如果我们否定它们是鱼御、皓号通押，那么它们便存在与《礼韵》规定音义匹配不一致的问题。赋中御遇通押、鱼御通押、皓号通押在宋代实际语言中都是存在的，即便是在极其严格的科举考试中，考生亦不可避免地出现与《礼韵》不一致的韵部押用情况，但仍旧未当落韵处理。要么是当时未发现，要么是发现了而默认之。不管是哪种情况，都说明了实际语音中对相对保守的韵书系统有一定的影响作用。

现在我们再来看宋人日常律赋的用韵情况。分析宋人日常律赋用韵情况后，我们发现大多数律赋大家律赋的韵部押用关系与《礼韵》是吻合的。如范仲淹、宋祁、陈襄、刘敞、方大琮、李纲等人，其律赋作押韵相对比较严整。具体到个人，情况是不同的，如宋律赋大家范仲淹35篇律赋，多按限韵字次序依次押用，其押韵时韵部独用、同用上亦比较严整，除了《今乐犹古乐赋》存在东钟通押的情况外，其他34篇律赋的韵部同用、独用与《礼韵》均吻合。宋人律赋用韵与《礼韵》规定不合的主要有以下赋作(注：列举次序按照《全宋文》收录的先后次序)：

田锡《西郊讲武赋》震稕问通押；田锡《泰山父老望登封赋》皓号上去通押；田锡《雁阵赋》屋沃通押；王禹偁《归马华山赋》觉药铎通押；王禹偁《崆峒山问道赋》马祃上去通押；王禹偁《乡老献贤能书赋》愿霰通押；王禹偁《圣人无名赋》皓号上去通押；王禹偁《仲尼为素王赋》御暮通押；夏竦《陶侃梦飞入天门赋》鱼虞模通押、屋烛通押；夏竦《铸金为范蠡赋》锡职德通押；范仲淹《今乐犹古乐赋》东钟通押；宋祁《志在春秋赋》旨止荠通押；宋祁《水涸成梁赋》昔锡通押①；文彦博《汾阴出宝鼎赋》真欣通押、清青通押；文彦博《经神赋》纸止尾通押；范镇《长啸却胡骑赋》篠啸笑通押；刘敞《无可无不可赋》静劲通押；刘攽《不愧屋漏赋》御暮通押；刘攽《冠有记过之史赋》支微通押；刘攽《敌弓赋》脂微通押、皓巧通押；杨傑《道河积石赋》陌昔锡通押；苏轼《延和殿奏新乐赋》觉铎通押；李荐《汤刑劝善赋》清青映通押；楼钥《击楫誓清中原赋》锡职通押；楼钥《仁孝二致同源赋》真谆魂通押；李纲《折槛旌直臣赋》月屑薛通押、昔职通押；王之望《三王之道若循环赋》寒删通押；萧廷芝《金液还丹赋》寒删山通押、陌昔职通押。

以上列举通押现象中，寒韵与删山通押出现2次，皓号上去通押出现2次，御暮通押2次，鱼虞模通押，清青通押，屋韵与沃、烛韵有通押，觉韵与药铎韵通押，月屑薛通押，陌昔韵、锡韵、职韵通押等，均为宋代实际语音的特征，其韵部通押关系，与王力据朱熹音归纳的32韵部吻合，亦不出于鲁国尧总结的宋代通语18部。以上与《礼韵》所规定的独用、通用例不合的押用例有30次左右。宋人律赋题下的限韵字为8个，实际押用中偶尔换韵和少押一两韵的情况，按照每篇赋平均8个韵来算，要押用2000多次(重复亦计算在内)，而与《礼韵》不合的比例不到2%。总的说来，宋日常律赋与

① 唐代开元十八年(730)、贞元八年(792)有两例昔锡通押。

《礼韵》不合的比例还是很小的。这种现象，既与宋人重视律赋有关，又与律赋这种文体本身的行文、用韵特点有关。

三、考生科场《礼部韵略》运用精熟的原因探讨

科举诗赋最重声律，最忌讳声病，“或音韵中一字有差，虽生平苦辛，即时摈逐”①。诗赋中若有脱官韵、落韵、失平侧、重叠用韵等，都是非常严肃的问题，有被黜落的风险。我们说《礼韵》与时音相比存在一定的差距，同时，其自身音义规定也存在一定的不合理之处，这对考生用韵存在一定的负面影响。但考生在考场却能精熟运用，诗赋押韵中违反甚少，下面从几个方面来探讨原因。

1. 科举的重要性使得士人极其重视《礼部韵略》

宋代实行重文抑武政策，文化相对普及，社会整体文化水平相对提高。科举制度发展到宋代，已经相对完善，每科及第者数量均很大，大大超过唐代。平凡出身的士子可以借科举一举成名，表现优异者可以拜官为相，科举对宋人的重要性不言而喻。

宋代科举中进士科虽然一直存在诗赋与经义之争，但诗赋在科举中占据了极其重要的地位。三级考试中除了殿试后来不试诗赋外，另外两级考试均要试诗赋。在判定考生成绩时，诗赋尤其是赋的优劣直接影响着排名成绩，诗赋优异者擢高等，宋代亦多有考生因赋受到赏睐而擢为第一者，士人由此极其重视诗赋。判断诗赋优劣的首要标准是用韵，用韵有碍于《礼韵》者，文理再优亦会降等甚至被黜落、“犯不考”，具体案例详见第三章落韵分析。服务于科举用韵且删繁就简、实用的官方权威韵书《礼韵》自然备受青睐。《礼韵》所取音义多承袭前代韵书、经典音义书中的读书音，时音成分较少，宋代诗赋、策论多出自经史子众经典，举子为备考，十年寒窗，自是熟读经书，对经典出处音义烂熟于心，考试可信手拈来。《礼韵》与时音存在差距，韵部同用从严从宽是其最主要的区别，考生自然需要熟记于心，以与平日诗赋用韵从宽区别开来。

官方极其重视科举用韵指导韵书的编纂。由最开始的沿袭隋唐韵书到朝廷花大力气修订编纂《集韵》、《礼韵》，官方在“正音”问题上，都起到了一种积极的引导作用。官方的宣传，加之宋代印刷技术的发展，《礼韵》成为宋人流传、刊布最广的韵书，士子获得极其容易。尽管《礼韵》亦存在诸多问题，官方亦不断修订增补，私人亦多围绕《礼韵》进行各种增修订补，补充官方《礼韵》中音义规定未尽之处，用韵有疑之者，教举子“合当避免”、“宜审”，尽量降低犯错的几率。

2. 考场可以检索韵书

因为韵书的语音系统与当时的通语的语音系统存在差异，举子不一定能牢记官方韵书中所有韵字的音义规定，尤其是诗赋押用中遇见多音字时，误用的现象不可避免。从唐代起，考官为避免因用韵问题而遗漏人才，考场上提供可供举子现场翻检的经书和韵书，方便举子有疑惑时可自行寻检相关韵字押用。到宋代，官方规定禁止带字书、韵书

---

① 范仲淹：《范文正公政府奏议》卷上《达手诏条陈十事》。

之外的书入场，而字书、韵书是考场中用来规范行文中用字、用韵的，可以带入考场。

宋丞郑清之宁宗嘉定十年(1217)省试《青紫明主恩诗》，押“明”字，思索艰难，漫检韵中有“赪”字，遂有了名传天下的末句：‘他年蒙渥泽，方玉带围赪。’”①郑清之于嘉定十年登进士，后来官居宰相位，此句在当时流传甚广。郑清之省试之诗押题中“明”字，则押在平声庚韵，《礼韵》规定庚、耕、清可通押，三韵内字均可用。“赪”字在清韵作“丑成切”，义为“赤色”，可押。考场可翻检韵书，在一定程度上避免了举子误押的情况。

3. 考场可上请

诗赋用韵最忌犯韵，在《礼韵》固有的音义规定外，官方还允许考场举子上请，如有关经典出处音义、可否通押等方面的问题均可上请。《韵略条式》中记载孙谔元祐年间针对一字同义而有两音者之类多音字，奏请云：“所出诗赋题韵脚内有如此两音者欲乞随题目告示指从一处令举人押用。”此举要求考官遇题中有同义而两音者，须明示举子题中押在某韵，以免举子随意押用而导致考官认为有差误。此外，场屋遇押用有疑混者，可上请考官指明。如《诗》“阚如虓虎”的“阚”注有呼减反、徐火斩反、火敢反三音，分别在豏韵和敢韵内，《礼韵》未说明几韵内可否通押，遇见此类字，须上请考官明示方可通押。

赋中若押出处有两音，亦可上请考官。如“揭”字，月韵其谒切，注“担也”，薛韵有两音，一注“举也”一注“负也”。某年公试魁《典谟深润扬鸿烈赋》，陈高于二押“烈”字云：“书冠百篇，昭昭若揭。”押在薛韵内。次名亦然。南宋理公己丑年(1229)袁文焴赋冠南宫，其南省试《天子与日月并明赋》二押“月”字云：“昭然若揭。”押在月韵内，盖是年廉前上请，许押在此。此两赋所用“昭昭若揭”、“昭然若揭”义同，均出自《庄子·达生》，一押在薛韵，一押在月韵，均不算落韵。《庄子·达生》云：“昭昭然若揭，日月而行。”注疏云：“昭昭明白，如担揭日月而行于世。其列反，又其谒反。”则有薛、月韵两音，《礼韵》未注明是否可通押，举子可上请，获得准许后押在其中一韵。

亦有考官担心举子误用而公开张榜提醒举子可用与不可用条。洪氏《容斋五笔》“《礼部韵略》非理”条载绍兴三十年(1160)，省闱举子兼经出《易简天下之理得赋》，杜莘认为简字韵甚窄，“撰”字必为举子所用。“撰”字有潸韵“撰述”义和獮韵“持也”义两义，义有不同。“简”字在产韵，《礼韵》产、潸韵可通押，则“撰”字必须押在潸韵才不为落韵。但唯“撰述”之“撰”在潸韵，其他诸如“杂物撰德”、“体天地之撰”、“异夫(乎)三子者之撰”、“欠伸，撰杖屦”之类，皆不在潸韵，此处不可用。因担心韵窄导致举子大量落韵，于是揭榜示众，士人可上请，考官逐一为之剖析。此举为考官据考试情形临时起意，非定制，反映了宋代科举中人性化的一面。

此外，遇引用出处音义无注或者不明者，举子疑惑，亦可上请。诸如此类均可上请，可减少举子不必要的误押，增加考中的几率。

---

① (宋)周密：《齐东野语》卷八“郑安晚前谶”。

以上从几个方面探讨了宋代科举中，在《礼韵》与实际语音有较大差距的背景下，考生亦能精熟运用《礼韵》的原因。我们可以看到，这不仅与宋代重视科举、官方重视《礼韵》有关，还与宋代科举制度如准许携带韵书、有疑惑准许上请等制度有关，还与律诗、律赋自身的文体有关，文人在日常创作中练习了大量的律诗、律赋，在创作技巧和用韵方面更加精熟，所以在科场中能较好地在《礼韵》规定下作诗写赋。

第四节　出处与泛押

科举诗赋用韵除了官方有硬性的明文规定外，还有约定俗成和人为的因素存在，最突出的反映是科举中多音字押韵出现争议时，官方、举子有押出处和泛押之争。关于出处与泛押，目前尚无专文论述，这里做详细探讨。

出处，即诗赋中直引或间接引用具体经典出处，则必须按照所引出处的音义押用。若出处有两音或者两音以上，如《诗·大雅·常武》："阚如虓虎。"注："呼减反，徐火斩反，又火敢反。"如此之类则需要上请，指定押在某一韵。亦有不上请而自行选择一韵押用的。泛押，《礼韵》中又称作散押，无具体经典出处，押用时其音义匹配和《礼韵》规定对应即可，甚至不需要严格对应。

仔细分析《礼韵》及围绕《礼韵》展开、主要为科举押韵服务的《押韵释疑》、《增修校正押韵释疑》中关于具体韵字的出处及泛押的说明后，我们发现，出处和泛押是一对相对立的概念，二者相对而存在，相反相成。同一韵字，押用时引出处和泛押是不尽相同的；判断考生诗赋中某韵字落韵与否，有时先要断定其为引出处还是泛押，而按引出处衡量与按泛押衡量，往往会得出完全相反的结论。并且，引出处与泛押有时不能截然区分开来，界限比较模糊，这样就导致人为因素大大增加，极大地影响着对考生成绩的公平判断。在具体运用中，出处和泛押二者区分标准有时不好把握，这就出现了官方和举子、官方内部意见不同，论争双方各持一端的情况，甚至出现同一情况的前后处理方式不同的现象。正确区别出处与泛押，对考生诗赋中具体韵字是否落韵有决定性的影响。

我们先以"否"字为例来说明出处与泛押。"否"字，旨韵、有韵两韵内音义均不同。旨韵补靡切"臧否"义下注云："新制：按《诗》'未知臧否'，《释文》音鄙字。如此之类，全使经传文即只许从独音，于此韵内押。如散押'臧否'之类，即许与有字韵内'否'字通押。"有韵俯九切"不可"义下注云："新制：'否'字如《诗》'未知臧否'之类，经传全文即于旨字韵押，如散押'臧否'，即许与此韵内'否'字通押。"此新制是孙谔奏请后所加，孙氏考证经典中"臧否"用法之后奏请云："今考《易》、《左传》'臧否'皆有两音，惟《诗》'未知臧否'独音鄙，今乞如全使经传文'未知臧否'一句之类，即从独音，如散押'臧否'之类，乞许通押。"上例"未知臧否"即指《诗经·大雅·抑》"于乎小子，未知臧否"。经传内"臧否"多是两音同注，如《左传·隐公六年》"师出臧否"，《释文》："否音鄙，又方九反，注同。"诗赋中押此类出处者，可押在旨、有两韵。而《诗经·大雅·

抑》“未知臧否”只注一音在旨韵，则诗赋中引用此出处时，不得与有韵“否”字通押。此外，《烝民》“邦国若否”，郑注云：“若，顺也。顺否，犹臧否，谓善恶也”。陆德明音义亦只注独音“音鄙”。则若押此出处，当与《抑》“未知臧否”用法一样。不用经典出处，散押、泛押“臧否”，则可与有韵“否”字通押。

此例新制的规定涉及押出处和泛押的区别，其前提是经典中既有两音同注的情况，亦有只注一音的情况。若赋中是押经典出处，则必须严格按照经典所注明音来押用，尤其是只注独音的出处，不可擅自僭越而押在别韵。泛押、散押则是说诗赋中未明确引用经典具体出处，则不用顾忌经典中有两音同注和独音的区别，可以任意押在其中一音。

一、经书音义的权威性

有关出处与泛押的分析中，涉及经典音，这里专门来谈一下经典音。经典音即经典中具体出处的音。《礼韵》所收音以经典音为主，绍定本《附韵》与真福寺本《礼韵》相比，除了给部分无注字增加注外，还给部分释义增加了出处。据统计，绍定本《附韵》中有1800多个异读音注明了出处，占异读音总数的70%左右。据此，我们可以清晰看出《礼韵》在音义项选择上的立场。当然，有些注独音的出处，《礼韵》却两韵内均收，亦不注明“可两韵内通押”字样。或者是误收出处在别韵等，类似的问题偶见，前文论述《礼韵》不合理之处有提及。

诗赋押用特别强调要有出处，有出处则需遵从经典音，此条是举子必须遵守的规则，即使不作特别说明，举子亦当自觉遵守。

《礼韵》和《礼韵》增注本通常的做法是列举经典出处于相应的各韵下，此类多是无异议者。亦有直引经典音注者，如《附韵·巧韵》“巧”字：“《诗》‘机巧’字，释文音如字，徐音苦孝切”，《附韵·纸韵》“否”字：“《诗》‘未知臧否’，释文音鄙字”等，此类说明主要用于多音字下，专门列出作特别说明，表明此出处与其他出处注音有不同，多为独音，特别指出以免误押。一般说来，经典有注音者，《礼韵》不会特别强调其用法，默认依照出处音义押用。少数注独音者，会特别强调“经传内有独音者，只从本音”、“随所出处释音用之”、“许依经史释文押”、“经传中释文有明音者，即依本音押”等。《礼韵》专对经典之释文无明音者特别作出说明，主要是因为经典有明音者须按照经典音押用自然无疑，不需要特别说明，而经典无明音者，举子容易误用，《礼韵》才作出补充说明，遇见如此情况当如何对待。

《礼韵》在编纂之时无法预料到科举中会出现的各种情况，科举中自然会有一些例外情况触及《礼韵》的不合理之处。如前面反复提到的“被”字，上、去两韵内义同，新制只云两韵内可通押，而未对经典中“光被”、“纯被”之类只注去声独音的出处进行特别说明，导致举子押“纯被”在上声，并以新制准许通押为借口而侥幸未被黜落。科举中遇到纠纷尤其是《礼韵》本身无法解决的问题时，官方主要参考经典音。一般来说，会出现两种情况：

一是《礼韵》未收录的音义，原则上当以经典音补充《礼韵》，按照经典音押用。

如上文提到的“芴”字，不收《庄子·至乐》“芒乎芴乎”、《荀子·正名》“芴然”等与“忽”相通的用法，此音在没韵。举子在科场中多押“芒芴”在勿韵。莆阳解试《道者心之工宰赋》、上庠《林式之春者天之所为赋》时，士人多押以“芒芴”在勿韵，考官以《庄子》出处音为凭，认为押在勿韵为失韵，均黜落不取。

若是《礼韵》未收，经典又无明音者，如“释文无明音”、“释文并无正音”、“释文中无明音者”、“《易》、《书》、《语》中释文并无正音”之类的多音字，两韵内字义相同或相近的一部分韵字，准许两韵内通押。另一部分是《礼韵》未说明的，即义有不同者之类的多音字，原则上来说，是要按照与出处字义相匹配的音来押用的，义明，则音定，音定则可知押在何韵。但也会遇见义有两可，音亦有两可者，需要上请后批准方可押用。

二是《礼韵》有收录，但本身有误者，此时经典音起到纠正的作用。但具体处理时偏向维护《礼韵》规定。

如前文提到的“诹”字，虞韵遵须切、侯韵将侯切均引《左传》“谘事为诹”，虞韵释作“聚谋也”，侯韵无释。《左传·襄公四年》注“必咨于周”引《诗经·小雅·皇皇者华》“周爰咨诹”，音子须反。“咨事为诹”注同，并在子须反，虞韵。若按照经典出处，则侯韵不当引《左传》此出处。宋人陈德试《教官纳言喉舌官赋》时，“咨诹”之“诹”与“喉”同押，押在侯韵。若按《礼韵》，泛押则虞韵、侯韵两韵可通押，不算落韵。陈德此赋当是受《礼韵》两韵下均引《左传》“咨事为诹”出处的影响。若按《诗经》、《左传》的出处音注，当押在虞韵，《礼韵》误收出处，陈赋亦当算作落韵。

但是，遇见此类情况，官方一般是依照《礼韵》现有的音义规定，允许陈赋这种情况存在，尽量维护《礼韵》。前面出处与泛押中有好几例类似的现象。

由此可见，《礼韵》注重经典音，科举亦注重经典音，要求按照出处押用。当科举涉及《礼韵》未规定者时，一般是按照出处经典音押用。但当《礼韵》规定与经典有不合之时，多维护《礼韵》规定，且以泛押为理由的居多。

二、出处与泛押之争

关于出处与泛押的纠纷，宋代科场中发生好几起，最后处理结果也是不同的。下面举 2 例加以说明：

1.“被”字

“被”字，纸、寘韵两韵部靡切、皮义切均注“及也。亦寝衣。”义同而音异，纸韵新制云：“许与寘字韵内被字通押。”寘韵新制云：“许与纸字韵内被字通押。”但礼部同时又规定此类字“许随本韵同押。其经传内有独音者，只从本音”的规定，即说只有在经典出处同时注两音时，纸、寘两韵内“被”字才可通押，只注一音的出处只能随出处所注独音押用。经典中“纯被”、“光被”、“渐被”之类只有去声一音，《礼韵》规定只有在出处同时注有上、去两音时候才能上、去两韵内“被”字通押，所以即使《礼韵》两音的义项相同且可以通押，“光被”仍旧不能与上声通押。泛用、泛押不受此限制，可以自由通押。但泛用、泛押如何界定，这个也没有严格标准。

南宋省试赋题《陶成天下之化赋》、《人主积美之源赋》①，多有举子押“纯被”在上声，考官本欲以“落韵”予以黜落，但举子多以《礼韵》规定有许两韵通押，赋中只是泛押来辩解开脱，最终幸免黜落。《押韵释疑·纸韵》：“当知兼闻诸长上如‘被’字、‘取’字、‘在’字之类在官韵者，且当从本来声韵内押，不可遽以有新制遂押在通用韵内，恐不便。若非官韵，泛用、泛押乃可。”《增押·寘韵》：“人多有为通押之文所误，宜知。”《礼韵》虽然规定两韵内可以通押，但其看详时所补充的“许随本韵同押，其经传内有独音者，只从本音”的规定却不被注意，以至于引起科场上“纯被”押在上声该不该黜落的纠纷，举子甚至拿《礼韵》新制准许两韵通押和泛押作挡箭牌。但“纯被”经典中均注在去声，无有上声者，举子辩解的“泛押”是不对的。

2.“委”字

“委”字，《礼韵》“委”字有平、上、去三音切，原本只收在平声支韵和上声纸韵，去声寘韵的音义项为元祐五年(1090)孙谔据《周礼》“宰夫掌牢礼委积”和《学记》“或原也或委也”音义乞请所添，则“源委”、“委积”不得押在上声，否则为落韵。嘉泰元年(1201)、四年(1204)科场出现“源委”押用出处、泛用的纠纷后，礼部于嘉泰四年又重申“原委”当在去声寘韵。

嘉泰元年，广西赋魁刘崇锡《圣人德化自近始赋》(以“德化宣流，由近而始”为韵)第二韵押“始”字云：“治道多端固有后先，人主一身当明源委。”则押“源委”在上声，与《礼韵》所注《学记》“或原也或委也”在去声寘韵的音义匹配有出入。放榜后争论不断，考官柳蓍认为刘崇锡此句不是引《学记》“或原也或委也”的出处，算作泛用，不算落韵。是年，刘崇锡未因此赋而被黜落，众人不服。三年后，紧接着的一科即嘉泰四年又有成都举子张简“以”字押“源委”，亦押在上声。国子监招众多博士反复讨论后认为张简赋“差误失韵考”，理由是“赋押韵须有来处，六经它处并无‘源委’两字连附，唯《学记》有之。从释文音义于去声寘字内押，若于上声纸字韵押，安得不谓之失韵?”认为是失韵，应当予以驳放。礼部讨论后又云：“今此一韵，广西成都已两次谬误，若不辩正，诚恐自此递相承袭援。例无已有误，后学实为未便。但广西前举已许作泛用，免行驳放，今若一予一夺，则远方士子必且怀疑不平。”考虑到上一科刘崇锡情况与此同却算泛押不作失韵处理，恐举子因前后两科同一情况处决相反而认为不公，虽然认定两人均是失韵，依旧未黜落张简，但补充规定道：“自今已后如连押‘源委’字，合从《礼记》释文音义于去声寘字韵内押，若于上声纸字韵内押，即为失韵合从不考。”连续两次的科场案例使得礼部补充规定“源委”只能押在去声，否则算作失韵。

“源委”一词“六经”中只有《学记》“或原也或委也”一个出处，去声，刘崇锡用在上声纸韵，考官柳蓍说认为刘赋不是引出处，无需按照经典音押用，“止是泛用”，将经

① 郭守正《增修校正押韵释疑》亦录有此事，并云“此事尝亲闻登科及上庠人说”，则此科当在理宗朝，且在景定甲子(1264)之前，在孙谔增补新制之后。

典出处和泛用对立起来，以“从出处押”和“泛用”不同用韵标准来判定用韵是否失韵。科举诗赋押韵讲究出处，“六经”中除《学记》“或原也或委也”为“源委”两字连附外，并无其他出处，不管是押出处，还是泛押，都应当在去声。嘉泰四年(1204)礼部讨论后判定“源委”押在上声是确确实实的失韵，应当黜落，考官柳著的“泛用”说不成立。①

以上两则关于出处与泛用的案例中，若按照经典出处来判断，均为失韵，但考生和考官均以泛押为由否认失韵。两案例虽都涉及出处与泛用之争，但亦有区别，一为同义多音字，一为义异多音字，很具有代表性。“被”字虽然两韵内义同，且注云两韵内“被”字可通押，但经典中“纯被”以及与此义近的“光被”、“渐被”等均注在去声，押用时当以出处音义优先考虑，不可为通押之文所误。即便是“泛押”，但因“纯被”、“光被”之类词的音义已基本固定，亦当押在去声。“源委”一词的案例中，上、去两音义有不同，两韵内自不可通押，且唯一的出处在去声，“泛押”之说实属不通，考场两例失韵本可以避免，但又以“泛押”来辩解，实属不应当。官方只得补充往后“源委”只能押在去声寘韵，没有出处和泛押之别。可见，押用中遇见有出处和泛押之疑时，当以出处优先考虑，特定条件下，泛押不起作用。

三、出处与泛押的分类

其实，以上讨论出处与泛押之争时，已经涉及出处与泛押的分类问题。我们可以按照多音字将其分为两类，即同义多音字的出处与泛押、异义多音字的出处与泛押。两类在出处与泛押上有着区别。

1. 同义多音字的出处与泛押

同义多音字的出处有注独音者，有注多音者。如此之类，若出处无又音，则几韵内不可通押。泛押则不拘。此类字有前文例字“被”外，还有“蝀”“訚”、“诹”、“谩”、“刺”、“遯”等。

如“蝀”字，东、董、送三韵都注“螮蝀，虹也”。押用中若引出处只注一音者，如《诗经·鄘风·蝃蝀序》：“蝃蝀，止奔也。”陆德明《音义》音“蝀”为都动反，《礼记·月令》“蝃蝀谓之虹”，陆德明《音义》音“蝀”为丁孔反，如此之类则当押在上声。若泛押则三韵可通押。

“诹”字，虞韵遵须切引《左传》“谘事为诹”，释云“聚谋也”；侯韵将侯切亦引《左传》“咨事为诹”。案：《诗经·小雅·皇皇者华》“周爰咨诹”、《左传·襄公四年》注“必咨于周”引《诗经》“周爰咨诹”，陆德明《音义》音“诹”为子须反。“咨事为诹”陆德明《音义》同，并在子须反，在虞韵。但陈德试《教官纳言喉舌官赋》一押“喉”字云：“远而使者之咨诹。”押在侯韵，若以《诗经》、《左传》注作为标准来评判，则当为失韵。若看做泛押，则或可。另外，陈德此赋当是受到《礼韵》两韵下均引《左传》“咨事为诹”出处的影响。

---

① 事见《韵略条式》“嘉泰四年牒文”。《增修校正押韵释疑》“韵字沿革”记载与此同。

"訚"字，谆字韵、欣字韵均注"和悦而诤"，绍兴新制许两韵内訚字通押。《论语·先进》"訚訚如也"，陆德明《音义》独音鱼巾反，在谆韵，若押此出处则不能与欣韵通押，只能押在谆韵。若泛押，则不拘。

2. 异义多音字的出处与泛押

严格说来，义不同的多音字，不管是出处还是泛押，几韵内均不可通押。诗赋有所引者，宜详出处上下文，以诸处音切相参择。泛用、泛押虽可自由通押，但必须建立在出处注有又音的基础之上。如前文所举"源委"字，乃出处有音者，此不赘述。

又如"藏"字，《史记》："山海，天地之藏。"出处无明音。"藏"字义有动词和名词之别，平声唐韵为动词"匿也"义，去声宕韵为名词"物所畜"义，用法分明，不易混淆。宋代科举中有用《史记》此出处者，押在平声，"一时主文不明其字之出处无明音"。《史记》"山海，天地之藏"之"藏"虽无明音，但我们可以推知，此处当为名词，用在去声，且两韵内不可通押。举子押在平声韵，实属于落韵。但因出处无明音，以致举子误押，主文惶恐，积久成讹，经常误押。故《增押》案云："若有此(出处)，当上请"，以免误押。

四、适用"泛押"的条件

1. 义近无明音者可泛押

用韵中所引出处无明音者可泛押，泛押以此类居多。

如"刺"字，寘韵七赐切注云"直伤也。又针刺，又书刺"，昔韵七迹切注云"穿也"。《孟子·尽心》"刺之无刺也"、《汉书·丙吉传》"驭吏因随驿骑至公车刺取"(师古曰刺谓探候之也)、《诸葛丰传》"刺举无所避"，俱无明音。某科《车骑校猎上林》赋魁四押"骑"字云："闲其击刺。""车骑校猎上林"出自《后汉书·明帝纪》："冬，车骑校猎上林苑。""骑"在寘韵。此赋中"击刺"为泛押，在寘韵。

无明音和明音兼有者，如"探"字。"探"字有两音，义近。"探"字覃韵他含切"远取"义，新制云："许依经史释文押，如释文无明音，即许与勘字韵内探字通押。"勘韵他绀切"探取"义，新制云："许依经史释文押，如释文无明音，即许与覃字韵内探字通押。"此规定说明押没有明音的出处，方可两韵通押。以下列举"探"字无明音和有明音的案例来说明二者之别。

《易·系辞》"探赜索隐"，疏云："探，谓窥探求取。"无音。按照《礼韵》的规定，押此出处两韵可通押，举子可以任押一韵内。上庠私试魁陈王《圣人接三才(之)奥赋》三押"三"字云："赜岂难探。"探字押在平声覃韵内。赋中"赜岂难探"是化用《易》"探赜索隐"，无音注，可两韵内通押，即可押在覃韵，亦可押在勘韵。如此之类，泛押与通押同。

《礼记·中庸》："知远之近，知风之自，知微之显，可与入德矣。"郑注云："三知者，皆言其睹末察本，探端知绪也。"陆德明《释文》："探，音贪。"则"探端"在平声，若用在去声者为落韵。三山解试《圣人作历观璇玑赋》破题多用"探端"字，考官以失律并不取。主文者(即知贡举之类奉诏主事的负责官员)恐被黜者多，遂持重厚之论谓非援《中庸》本文，难以《中庸》律之，始有用“探”字为去音中举者。乡人作词谑之云：“词赋起头难二万，人中二万般可惜。风流班马辈如山，尽使探端(注：平声)作探端(注：去声)。”宜戒。“探端”只有《中庸》一个出处，注在平声，考官认为赋中“探端”乃引《中庸》出处，故判押在去声者为落韵。王文者以非押出处，只是泛押，两韵内可通押，故押在去声者不算落韵。此亦有出处与泛押之争，标准不同，则处理结果不同。“探端”只有《中庸》一个出处，在平声，不可用泛押来论，押在去声者当判为落韵。世人戏谑诗亦可见“探端”押在去声不对，当在平声。

2. 义同义近且出处有两音者可泛押

义同义近且出处有两音者可泛押在某韵，但最好先上请得到允许。

如“阚”字，敢韵注“声也”，豏韵注“虎声”，阚韵注“邑名”，鉴韵注“声也”。《诗经·大雅·常武》：“阚如虓虎。”陆德明《经典释文》：“阚，呼减反；徐火斩反；又火敢反；一音瞰。”此四音同注，分别在豏韵和敢韵内。《礼韵》字下未注可否通押，《增押·敢韵》“阚”字下注云：“恐可通押，亦须上请。否则不可。”

五、因泛押而误押例

泛押本是为押用提供更加宽松的环境，但部分韵字因受泛押的影响而误押。这类韵字有一个特点，便是出自经典，并且音义项已经固定化，无论是押经典出处，还是泛押，都应当押在出处所注的特定的韵内。这类字的泛押与通常意义上的泛押是有区别的。

如“裁”字，咍韵墙来切释云“制衣”，代韵昨代切释云“制也”，并引《榖梁传·序》云“《公羊》辨而裁”。《榖梁传·序》云“准裁靡定”，又“《公羊》辨而裁，其失也俗”、“若裁而不俗”，并音云“裁，在代反。又音才，下同”，则此出处为平、去两音同注。《新唐书·杜如晦传》“率二人讨裁”、《王珪传》“通儒有鉴裁”两出处，嘉祐中将仕郎前权书学博士董衡上进本均注云：“裁，昨再切，制裁也。”“讨裁”、“鉴裁”均注在去声。宋人诗赋中“裁”字多用作“制”义，如“剸裁”、“裁成”、“裁制”等，按照《礼韵》规定当在去声，但宋科举赋作中多次押“制”义在平声。如王度太学试《明王广开忠直之路赋》第七韵押“开”字云：“公是公非，系吾剸裁。”毛谞太学试《圣人接三才之奥赋》第七韵押“才”字云：“祧庙祔庙，是非孰裁。”张槃押此韵云：“四圭两圭，玉殊所裁。”杨梦高舍试《云台诏讲书传赋》第七韵押“台”字云：“诏太常而讨裁。”高士龙押此韵云：“相为讨裁。”诸如此类，均在平声，且未判作落韵。《押·咍韵》“裁”字下注云：云：“引《唐书》本文，合作去声押；若泛押‘讨裁’、‘剸裁’、‘裁度’之类，自无妨。”则上述所说赋作中“剸裁”、“是非孰裁”、“玉殊所裁”、“讨裁”都是作为“泛押”来评判的，平、去皆可押。但《增押·咍韵》“裁”字下注云：“若泛押‘讨裁’、‘剸裁’、‘裁度’之类，自无妨。或曰‘讨裁’字泛押于此亦不可，上请也。”即说亦有认为“讨裁”之类即使泛押，也不能押在平声，遇见此类，可以上请指示。我们支持后一说法，“讨裁”、“剸裁”、

“裁度”之类字，自经典之后，已形成固定音义，若按照出处来押，自当押在去声，若算作泛押，按照其固定音义来看，也当在去声。上述几例科举赋中都押在平声应当算作失韵。不过也从侧面反映出，在宋代，“裁”字的去声读法逐渐少用，其平声的读法居多。

又如“芴”字，勿韵只收“菲也”植物专名，而《庄子》“芒乎芴乎”、《荀子》“芴然”等与“忽”通的用法不收。举子在科场中多押“芒芴”在勿韵。“芒芴”，《庄子·至乐》：“芒乎芴乎而无从出乎？芴乎芒乎而无有象乎？”又云：“杂乎芒芴之间。”陆德明《经典释文·庄子音义》：“芴音忽。下同。”《荀子·正名》：“芴然而粗，啧然而不类。”注：“芴与忽同，忽然，无根本貌。”则此“芒乎芴乎”、“芴然”之“芴”均同“忽”，不当押在勿韵。《增押·勿韵》“芴”字注云：“若不明引《庄子》出处，当不妨。”但“芒芴”义自《庄子》已固定，为“恍惚芒昧”义，“芴”同“忽”，不当押在勿韵。莆阳解试《道者心之工宰赋》时，士人多以“芒芴”押在勿韵，考官以失韵不取。上庠《林式之春者天之所为赋》有考生四押“物”字：“运至精于芒芴。”亦押“芒芴”在勿韵。“芒芴”音义已基本固定，当从《庄子》，即使泛押亦不能押在勿韵，《增押》云“若不明引《庄子》出处，当不妨”说法有失允当。

以上我们从几个方面探讨了《礼韵》中出处与泛押的关系、特点、条件，我们发现，出处与泛押既有对立之时，又有统一之时，不能一概而论，具体韵字的情况有所不同的。大多数时候，泛押和出处是对立的，但当经典出处的音义已经固定化，便没有出处与泛押之分，必须按照出处音义押用。另外，泛押与出处的界限具有模糊性，有时候不好区分，使得考生、考官在判断是否失韵上产生分歧，考生因科举的重要性，极力辩解为泛押，使得泛押成了一道挡箭牌，失去了应有的学理性。韵字如“源委”连续出现两次落韵后，官方方才补充规定不可泛押在上声，此例从学理上说是很正确且必要的。但可惜《礼韵》韵字多，且历朝承袭为多，改创较少，并不是类似的韵字都能如此明确规定，出处与泛押之争依旧持续不断。另外，与出处有关的经典音是《礼韵》音义规定的主要内容。《礼韵》注重经典音，科举诗赋亦要求按照出处押用。当科举涉及《礼韵》未规定者时，一般是按照出处经典音押用；但当《礼韵》规定与经典有不合之时，官方多维护《礼韵》规定，且以泛押为理由的居多。

本章主要讨论了《礼韵》与科举的关系，我们认为二者是双向互动关系，互相影响。我们从《礼韵》本身、学者、考生三方的特点、功用、行为等方面来探讨《礼韵》与科举的互动关系，发现《礼韵》与科举是互相影响的，《礼韵》作为官韵权威，在限制举子用韵行为的同时，又受到科举中不可避免的押用纠纷的影响，在有限范围内作出增补或修正。

我们还从学理上分析了《礼韵》的合理与不合理之处，并仔细探讨了考生科场《礼韵》运用精熟的原因。与时音相比，《礼韵》亦做出了一些调整，如勘定窄韵十三处、转移小韵字、小部分韵字音切据实际语音而改变。《礼韵》规定的不合理之处涉及韵窄、常用音义项缺收、释义有误、经典出处误引、规定不完备者、当标注准许通押而未标注、通押规定不甚准确等几个方面，某些方面恰恰是科举中最容易引起纠纷的部分，充分认识到《礼韵》不完备之处，对我们更好地利用《礼韵》有很大的帮助。在《礼韵》与实际语音有差距的背景下，考生在科场上尚能够精熟地运用《礼韵》，主要有科举的重要性使得士人极其重视《礼韵》、考场可以检索韵书、考场可上请、文体自身约束力的影响等几个原因。

最后我们详细分析了《礼韵》规定的出处与泛押在科举中的具体运用问题。我们探讨了出处与泛押的纠纷、分类以及有明音和无明音情况下的泛押、因泛押而导致的误押等问题。我们认为出处与泛押既有对立，又有统一，具体韵字的情况有所不同。多数情况下，泛押和出处是对立的，但当经典出处的音义已经固定化，便没有出处与泛押之分，必须按照出处音义押用。泛押与出处的界限具有模糊性，在判断是否失韵时容易造成分歧，泛押成为考生辩护的"挡箭牌"。部分韵字的多次落韵会促使官方增补《礼韵》韵字的规定。另外，与出处有关的经典音是《礼韵》音义规定的主要内容，当科举涉及《礼韵》未规定者时，一般是按照出处经典音押用；但当《礼韵》规定与经典有不合之时，官方多维护《礼韵》规定，且以泛押为理由的居多。

结　　论

《礼韵》作为专为科举而设的官韵，具有趋简性、实用性、规范性的特点。它以读书音为主，兼收前代韵书、字书的音切以及少量的宋代时音，对《广韵》、《集韵》等韵书的众多音义项进行了大刀阔斧的删减，只取经典中常见、举子常用音义项，并以科举的形式进行宣传、巩固，对后来多音字的音义项简化、固定起到了很好的促进作用。我们从《礼韵》中具有代表性的多音字的角度出发，分析其音义特点，并结合宋代科举诗赋相应的用韵实例，辅以其他书籍中有关科场纠纷案例的记载，观察《礼韵》规定的音义关系与其在科场中具体用韵的音义是否匹配，探求科举实践中是否严格按照《礼韵》的规定来执行的问题，进一步探讨《礼韵》规定与科举执行之间的关系，探讨科场纠纷中考官和举子判定诗赋落韵的依据，以及经典音在科举中的地位等问题。

我们对《礼韵》多音字音义的特点、类别、来源进行了详细分析，对《礼韵》中关于多音字音义的规定情况有了一定的了解，从而对观察科举诗赋中对《礼韵》规定的贯彻情况起到一定的参考作用。因为诸多原因，《礼韵》又音存在部分异文，我们对这些异文进行了校勘，观其形成原因，或因改易切上字、下字而造成，或因字形讹误、正俗、或体而造成，或是由于自觉或不自觉地据时音改变反切而造成。其中，受时音影响而改变的反切对我们研究宋代语音具有重要意义，亦对我们观察科举中贯彻《礼韵》的情况有参考作用，为我们提供了一个新的观察视角。

我们以科举诗赋中常用的一些多音字韵字为个案，分析《礼韵》对其音义的规定以及其音义的匹配关系，然后分析科举中该韵字的音义匹配问题，同时辅以宋人大量的日常赋作用韵，比对、分析韵字在《礼韵》中的音义规定与它们在科举诗赋具体环境运用中音义匹配的情况。我们发现，科举押用中，大部分是按照《礼韵》的规定来押用的，音义匹配相符合，但偶尔亦会出现取此韵之义而押在彼韵的情况。科举中多音字押用容易出现纠纷，举子甚至"片面"利用《礼韵》的规定。押出处时，举子往往会因为《礼韵》有出处须按照出处音义押用但"泛押则不拘"的规定的影响，出现不按出处音义而按泛押韵内通押来押用，违背了《礼韵》规定的初衷。《礼韵》的某些规定甚至被举子拿来当"挡箭牌"，为自己失韵辩解。出现纠纷时，礼部、考官、考生三方均参涉其中，纠纷争讼不断，最后不一定严格按照《礼韵》的规定来处理，偶尔具有主观性的因素。

科举与韵书关系非常密切。科举是韵书编纂和修订的内在动力，诗赋取士客观上刺激了音韵学的发展；同时，官韵对诗赋创作、对音韵学的发展又是一种束缚。我们从《礼韵》本身、学者、考生三方的特点、功用、行为等方面来探讨《礼韵》与科举的关系，发现《礼韵》与科举是双向互动关系，互相影响。科举关联了《礼韵》和考生，考生严格遵守《礼韵》的规定，《礼韵》的部分音义规定在科举中得到印证。同时，由于多种原因，科场亦出现一些纠纷，《礼韵》的部分规定受到质疑，某些纠纷暴露出《礼韵》的一些弊端，促使朝廷对原有规定进行修正或者补充说明。即是说《礼韵》作为官韵权威，在规范、限制举子用韵行为的同时，又受到科举中不可避免的押用纠纷的推动作用，被迫做出增补或修正。从这个方面来说，《礼韵》与科举是相互影响、相互作用的，《礼韵》并不因为它的权威性而被无条件遵循。科举中部分韵字的多次落韵会促使官方增补《礼韵》韵字的规定，以免贻误后来举子。同时，学者从学理、科举实际运用等角度对《礼韵》进行了订补，所增项涉及韵字、音义项、通假以及对多音字押韵进行规定，规定两韵内通押、出处与泛押等。其对多音字押用的补充说明，主要依据科举用韵中的实际需要而增补，以避免举子出现误押他韵而影响科举前途。

《礼韵》为科举而设，主要收录经典音，与宋代实际语音还有一定的差距。我们从学理的角度对《礼韵》的规定进行分析，肯定了《礼韵》据宋代实际语音所作出的改变，指出《礼韵》规定的不合理之处，并探讨了考生科场能精熟运用《礼韵》的原因。与时音相比，相对保守的《礼韵》亦做出了一些调整，如勘定窄韵十三处、转移小韵字、一小部分韵字的音切据实际语音而改变等。《礼韵》的不合理之处涉及韵窄、常用音义项缺收、释义有误、经典出处误引、规定不够完备者、当标注准许通押而未标注、通押规定不甚准确等，某些方面恰恰是科举中最容易引起纠纷的部分，往往被考生拿来为自己开脱。充分认识到《礼韵》不完备之处，对我们更好地利用《礼韵》有很大的帮助。在《礼韵》与实际语音有差距的背景下，考生在科场上尚能够精熟地运用《礼韵》，主要是因为科举的重要性使得士人极其重视《礼韵》、考场可以检索韵书、考场可上请、文体自身约束力的影响等。

科举诗赋用韵“犯官韵”是一件很严重的事情，主要有脱官韵、落韵、失平侧、重叠用韵等几个类型，严重者要被黜落或者“犯不考”。但具体实施中，亦有犯韵而未被黜落的幸运案例，遇见经义韵与礼部韵不同而举子误用则可以宽待。现存的宋代科举诗赋数量不多，且散见于各自别集中，为便于引用，我们对现存的宋代科举诗赋篇目进行了辨析、梳理。

我们从科举纠纷案例中观察到出处与泛押这样一对概念的存在。在前文考察具体韵字的音义规定和科场实际运用的基础上，我们探讨了出处与泛押的纠纷、分类、泛押条件以及因泛押而导致的误押等问题，认为出处与泛押既对立又统一，多数情况下，泛押和出处是对立的，但当经典出处的音义已经固定化，便没有出处与泛押之分，必须按照出处音义押用，尤其是经典音具有唯一出处时，断然不可算作泛押而与其他韵内通押。有时，泛押与出处的界限具有模糊性，在判断是否失韵时容易造成分歧，泛押通常会成为考生为自己辩护的“挡箭牌”。有时，官方对出处与泛押的界定也具有主观性，带有人为因素，甚至出现相同的押用事例而前后判定结果不同的案例。与出处有关的经典音是《礼韵》音义规定的主要内容，当科举涉及《礼韵》未规定者时，一般是按照出处经典音押用；但当《礼韵》规定与经典有不合之时，情况则稍微复杂，官方多维护《礼韵》规定，且以泛押为理由的居多。

以上有关《礼部韵略》以及科举诗赋用韵的讨论中亦涉及诗韵韵书及其地位的问题。作为宋人的考试规范的诗韵，在唐代诗韵的基础上作出一些适应宋人的调整，这是很正常且必要的。传统看法一般认为，诗韵属于保守音系，几乎不反映时音，但我们在对《礼部韵略》韵部、韵字音义项规定以及科举诗赋具体用韵情况进行分析后认为，宋代科举中，官方为了照顾当时的考生，在不影响科举考试评价的前提下，在保守音系框架内进行了微调，增加了一小部分时音的成分，包括韵部间的通押关系、部分韵字的音韵地位等方面。

以上是我们研究的主要内容，因时间和学力有限，还有诸多问题未能进行深入、全面研究，期待未来能有更多学者进行更好的研究。

参考文献

古籍：

[1](唐)陆德明．经典释文[M]．北京：中华书局，1983.
[2](宋)晁公武．郡斋读书志[M]．四库全书本.
[3](宋)陈彭年等．矩宋广韵[M]．上海：上海古籍出版社，1983.
[4](宋)陈振孙．直斋书录解题[M]．四库全书本.
[5](宋)丁度等．宋刻集韵，北京：中华书局 2005 年据国家图书馆藏南宋重刊本影印.
[6](宋)附释文互注礼部韵略(附《韵略条式》)[M]．四部丛刊续编本.
[7](宋)附释文互注礼部韵略(附《贡举条式》)[M]．四库全书本.
[8](宋)郭守正．紫云先生增修校正《押韵释疑》(附《韵字沿革》)[M]．四库全书本.
[9](宋)贾昌朝．群经音辨[M]．四库全书本.
[10](宋)礼部韵略[M]．日本真福寺北宋刊本.
[11](宋)李焘．续资治通鉴长编[M]．四库全书本.
[12](宋)梁克家．淳熙三山志[M]．四库全书本.
[13](宋)毛晃，毛居正．增修互注礼部韵略[M]．四库全书本.
[14](宋)明本排字九经直音[M]．丛书集成初编本.
[15](宋)欧阳德隆．押韵释疑[M]．南宋嘉熙三年禾兴郡斋刻本.
[16](宋)切韵指掌图[M]．北京：中华书局 1986 年据宋绍定刻本影印本。
[17](宋)邵雍．皇极经世·声音唱和图[M]．四明丛书本.
[18](宋)四声等子[M]．四库全书本.
[19](宋)赵构．草书礼部韵宝[M]．北京：中国书店，1983.
[20](宋)周去非．岭外代答[M]．四库全书本.
[21]唐宋史料笔记丛刊[M]．北京：中华书局，1997.
[22](元)黄公绍，熊忠．古今韵会举要[M]．北京：中华书局，2000.
[23](元)刘鉴．经史正音切韵指南[M]．四库全书本.
[24](元)脱脱．宋史[M]．北京：中华书局，1977.
[25](明)叶景达汇编．选编省监新奇万宝诗山，共三十八卷，藏于北京大学图书馆.

[26](清)毕沅．续资治通鉴[M]．北京：中华书局，1957.
[27](清)陈元龙．历代赋汇[M]．南京：江苏古籍出版社，2004 年影印本.
[28](清)顾炎武．日知录[M]．四库全书本.
[29](清)李调元．赋话[M]．续修四库全书本.
[30](清)厉鹗．宋诗纪事[M]．上海：上海古籍出版社，2008.
[31](清)徐松．宋会要辑稿·选举(三之四、六之二〇)[M]．北京：中华书局，2001.
[32](清)徐松撰，孟二冬补正．登科记考补正[M]．北京：北京燕山出版社，2003.

论著：

[1]鲍明炜．唐代诗文韵部研究[M]．南京：江苏古籍出版社，1990.
[2]曹明纲．赋学概论[M]．上海：上海古籍出版社，1998.
[3]程朝晖．欧阳修诗词用韵研究[J]．中国语文，1986(4).
[4]杜爱英．宋代江西诗人用韵研究[D]．南京大学博士学位论文，1998.
[5]杜季芳．《群经音辨》研究[D]．山东大学博士学位论文，2007.
[6]郭建勋，毛锦群．论律赋的文体特征[J]．中国文化研究，2007 年冬之卷.
[7]胡建升．从唐宋科举诗赋用韵看《广韵》“文欣”同用的起始时间[J]．语言研究，2010(2).
[8]冯蒸．中古果假二摄合流性质考略[J]．古汉语研究，1989(4).
[9]李红．宋代科举制度与韵书发展[J]．北方论丛，2010(1).
[10]李无未，王晓坤．《九经直音》反切的来源及其相关问题[J]．吉林大学社会科学学报，1995(1).
[11]李新魁．宋代汉语声母系统研究[A]．李新魁音韵学论集[C]．汕头：汕头大学出版社，1997.
[12]李新魁．宋代汉语韵母系统研究[A]．李新魁音韵学论集[C]．汕头：汕头大学出版社，1997.
[13]李子君．北京国家图书馆藏《附释文互注礼部韵略》刊印年代考[J]．安庆师范学院学报(社科版)，2004(3).
[14]李子君．《礼部韵略》异读研究[J]．齐齐哈尔大学学报(哲社版)，2004(11).
[15]李子君．《附释文互注礼部韵略》又音讹误考订[J]．广西师范学院学报(哲社版)，2004(4).
[16]李子君．礼部韵略研究——真福寺藏《礼部韵略》与《附释文互注礼部韵略》[D]．南京大学博士毕业论文，2004.
[17]李子君．《附释文互注礼部韵略》版本考述[J]．文献季刊，2005(4).
[18]李子君．《礼部韵略》在宋代的流布[J]．古籍整理研究学刊，2006(1).
[19]李子君．《礼部韵略》对宋人语言研究的功用[J]．吉林大学社会科学学报，2006(4).

[20]李子君.《礼部韵略》在宋代语言学史上的功用[J]. 辞书研究，2006(4).
[21]李子君. 日本真福寺藏《礼部韵略》与四部丛刊本《附释文互注礼部韵略》反切的差异[J]. 齐齐哈尔大学学报(哲社版)，2008(9).
[22]李子君. 科举与音韵——明代音韵学繁荣的原因[J]. 长春大学学报，2008(6).
[23]李子君. 日本真福寺藏《礼部韵略》版本考[J]. 华夏文化论坛，2009 年卷.
[24]李子君.《增修互注礼部韵略》版本考述——兼释元代屡刊《增修互注礼部韵略》的原因[J]. 文献季刊，2010(1)
[25]李子君. 宋初韵书更迭频繁原因再证[J]. 华夏文化论坛，2010 年卷.
[26]林亦. 黄庭坚诗文用韵考[J]. 广西大学学报，1991(4).
[27]刘晓南. 宋代福建诗人用韵所反映的十到十三世纪的闽方言若干特点[J]. 语言研究，1998(1).
[28]刘晓南. 宋代福建诗人用韵看历史上吴语对闽语的影响[J]. 语言研究，1997(4).
[29]刘晓南. 宋代闽音考[M]. 长沙：岳麓书社，1999.
[30]刘晓南. 宋代文士用韵与宋代通语及方言[J]. 古汉语研究，2001(1).
[31]刘晓南. 朱熹与闽方言[J]. 方言，2001(1).
[32]刘晓南，罗雪梅. 宋代四川诗人用韵及宋代通语音变若干问题[J]. 四川大学学报，2004(6).
[33]鲁国尧. 宋代辛弃疾等山东词人用韵考[J]. 南京大学学报(哲社版)，1979(2).
[34]鲁国尧. 宋代苏轼等四川词人用韵考[A]. 语言学论丛(第八辑)[C]. 北京：商务印书馆，1981.
[35]鲁国尧. 宋词阴入通叶现象的考察[A]. 音韵学研究(第二辑)[C]. 北京：中华书局，1986.
[36]鲁国尧. 宋代福建词人用韵考[A]. 语言文学学术论文集[C]. 北京：知识出版社，1989.
[37]鲁国尧. 宋元江西词人用韵研究[A]. 近代汉语研究[C]. 北京：商务印书馆，1992.
[38]鲁国尧. 从宋代学术史考察《广韵》《集韵》时距之近的问题[J]. 语言研究增刊，1996.
[39]马积高. 赋史[M]. 上海：上海古籍出版社，1987.
[40]马积高. 历代辞赋研究史料概述[M]. 北京：中华书局，2001.
[41]马明俊.《增修互注礼部韵略》音韵研究[D]. 北京大学硕士学位论文，2000.
[42]宁忌浮.《礼部韵略》讨源[J]. 语言研究(增刊)上册，1994.
[43]宁继福.《增修互注礼部韵略》研究[J]. 社会科学战线，1996(2).
[44]宁忌浮. 古今韵会举要及相关韵书[M]. 北京：中华书局，1997.
[45]平田昌司. 科举制度与中国语史[A]. 古典学的再构筑[C]. 2000(7).
[46]平田昌司.《广韵》与《集韵》——科举制度与汉语史第五[A]. 中国文学的多层面探

讨国际学术会议论文集[C]. 1996.
[47]水谷诚撰，张丽娟译．关于真福寺本《礼部韵略》[J]. 古汉语研究，2000(4).
[48]水谷诚.《附释文互注礼部韵略》的祖本[J]. 中国研究集刊(暑期号)，1997(8).
[49]水谷诚.《增修互注礼部韵略》索引稿(1-11)[J]. 中京大学教养论丛，第28.2、28.3、28.4、29、1、29.2、29.3、29.4、30、1、30.2、30.3、30.4，1987-1990.
[50]四川大学古籍研究所．全宋文[M]. 上海：上海辞书出版社，2006.
[51]孙玉文．变调构词研究[M]. 北京：商务印书馆，2007.
[52]唐作藩．苏轼诗韵考[A]. 王力先生纪念论文集[C]. 北京：商务印书馆，1990.
[53]万献初．经典释文音切类目研究[M]. 北京：商务印书馆，2004.
[54]万献初．汉语构词论[M]. 武汉：湖北人民出版社，2004.
[55]万献初.《附释文互注礼部韵略》"互注"异音考析[J]. 中国语文，2008(1).
[56]王福霞.《增修互注礼部韵略》声韵系统研究[D]. 山东师范大学硕士学位论文，2005.
[57]王力.《经典释文》反切考[A]，龙虫并雕斋文集[M]. 北京：中华书局，1982.
[58]王力．汉语语音史，[M]. 北京：商务印书馆，2008.
[59]王兆鹏．试论科举考试与韵图[J]. 山东师范大学学报，1991(1).
[60]王兆鹏．科举考试中的赋题限韵[J]. 山东师范大学学报(增刊)，1997.
[61]王兆鹏.《广韵》"独用"、"同用"使用年代考——以唐代科举考试诗赋用韵为例[J]. 中国语文，1998(2).
[62]王兆鹏．试论宋元科举考试与韵图[J]. 汉字文化，1999(3).
[63]王兆鹏．试论唐代科举考试的诗赋限韵与早期韵图[J]. 汉字文化，1999(2).
[64]王兆鹏．唐代科举考试诗赋用韵研究[M]. 济南：齐鲁书社，2004.
[65]徐朝东．蒋藏本《唐韵》研究[D]. 南京大学博士学位论文，2002.
[66]严绍璗．日本藏汉籍珍本纪实——严绍璗海外访书志[M]. 上海：上海古籍出版社，2005.
[67]杨春俏．宋代《礼部韵略》官方修订史考述[J]. 古汉语研究，2010(1).
[68]张光宇．论闽方言的形成[J]. 中国语文，1996(1).
[69]张令吾．宋代江浙诗人用韵研究[D]. 南京大学博士学位论文，1998.
[70]张渭毅.《集韵》异读研究[A].《中国语言学论丛》第二辑[C]. 北京：北京语言文化大学出版社，1999.
[71]张渭毅．关于《集韵》异读的层次分析问题[A]. 中国音韵学研究会第十一届学术探讨会暨汉语音韵学第六届国际学术研讨会论文集[C]. 香港：香港文化教育出版社有限公司，2000.
[72]张渭毅．中古音论[M]. 开封：河南大学出版社，2006.
[73]张渭毅．再论《集韵》与《礼部韵略》之关系[J]. 南阳师范学院学报，2010(11).
[74]中国大百科全书·语言文字卷[M]. 北京：中国大百科全书出版社，1998.

[75]周兴禄. 论宋代科举的解试与省试诗[J]. 铜仁学院学报, 2010(1).
[76]周兴禄. 论宋代科举殿试的诗赋作品[J]. 江苏社会科学, 2010(4).
[77]周祖谟. 广韵校本[M]. 北京: 中华书局, 1960.
[78]周祖谟. 宋代方音[A]. 问学集(下册)[M]. 北京: 中华书局, 1966.
[79]周祖谟. 宋代汴洛语音考[A], 问学集(下册)[M]. 北京: 中华书局, 1966.
[80]朱晓农. 北宋中原韵辙考[M]. 北京: 语文出版社, 1989.
[81]祝尚书. 宋代科举与文学考论[M]. 郑州: 大象出版社, 2006.
[82]祝尚书. 宋代科举与文学[M]. 北京: 中华书局, 2008.

附录一

宋代科举诗赋中的文、欣韵同用考

肖金云

关于文欣同用起始时间，学者多有考证，胡建升通过考察唐宋科举诗赋用韵情况，断定《广韵》中文欣同用是在景祐四年(1037)以后根据《礼部韵略》改定的①，其方法是科学可行的。本文全面考察唐宋诗赋，进一步印证这个结论，同时认为唐代实际语言运用中已出现文欣同用的事实，但科举中迫于官韵的权威舍而不用，宋代日常诗作中文欣同用更为常见，且现存不多的科举诗赋中也出现几例，最早一例出现在庆历二年(1042)。

先来考证唐宋科举诗赋中文欣同用的情况。唐代科举诗赋保存相对完整丰富，而宋代现存科举诗赋作品不多，虽不能通过它一窥宋代科举诗赋的全貌，但亦反映出宋代用韵的一些特征。通过统计、分析、比较现存的唐、宋科举诗赋的用韵情况，我们会发现宋代科举诗赋出现了一些新特点，文欣同用即是比较独特的一点。考唐代科举诗赋用韵，以孟二冬《登科记考补正》②所收唐代科举诗赋为准，文韵有29例均为独用，欣韵1例，先天二年(713)赵子卿《出师赋》为真谆臻欣震通押，未见文欣同用的例子。现存宋代科举诗赋中，有两则文欣同用的例子，一赋一诗。金君卿庆历二年(1042)御试之作《应天以实不以文赋》(以“推诚应天，岂尚文饰”为韵)，第七韵押“文”字，韵脚为：君、闻、勤(欣)、文；另一例是元祐九年(1094)吕颐浩的省试之作《元祐甲戌二月省试夜分论经理诗》(下注为“以题中平声字为韵”)，整首诗的韵脚为分、勤(欣)、文、坟、云、君，均为文欣同用。故目前已知的科举诗赋作品中最早的文欣同用例当是庆历二年(1042)金君卿御试之作《应天以实不以文赋》。金君卿为仁宗庆历二年(1042)进士，吕颐浩为哲宗元祐九年(1094)进士，既已进士及第，则此二人两例文欣同用均符合当时的官韵。

检宋代科举诗赋，有以下几例押文韵的赋作，但均为文韵独用：

---

① 胡建升：《从唐宋科举诗赋用韵看〈广韵〉“文欣”同用的起始时间》，《语言研究》2010年第2期。

② 孟二冬：《登科记考补正》，北京燕山出版社2003年版。

(1)太平兴国二年(977)，田锡解试《开封府试人文化成天下赋》(焕乎人文，化成天下)一押“文”字，韵脚字为：君、勋、文、坟，文独用。

(2)天圣八年(1030)，欧阳修殿试《殿试藏珠于渊赋》(君子非贵，难得之物)一押“君”字，韵脚依次为：君、分、闻，文独用。

(3)庆历二年(1042)欧阳修拟御试《进拟御试应天以实不以文赋》(推诚应天，岂尚文饰)七押“文”字，韵脚依次为：文、闻、君、勋、云，文独用。

(4)范祖禹[嘉祐八年(1063)登进士甲科]锡庆院试《天子龙衮赋》(天子龙衮，文以为贵)五押“文字”韵，韵脚依次为：君、勋、文、分，文独用。

(5)嘉泰四年(1204)方大琮甲子乡试《文武之道同于伏羲赋》(文武之道，上同伏戏)七押“文”字，韵脚依次为：文、君、闻、分、坟，文独用。

考宋人平日所作律赋，亦有多例用韵涉及文、欣韵。列举如下：

(1)王禹偁《君者以百姓为天赋》(君有庶民，如得天也)一押“君”字，韵脚为：君、文，文独用。

(2)夏竦《白云起封中赋》(至德符通，白云祥呈)八押“云”字，韵脚为：分、云、文，文独用。

(3)范仲淹《蒙以养正赋》(君子能以蒙养其正)一押“君”字，韵脚为：群、分、君，文独用。

(4)范仲淹《六官赋》(分职无旷，王道行矣)一押“分”字，韵脚为：君、分、勋，文独用。

(5)范仲淹《任官惟贤材赋》(分职求理，当任贤者)一押“分”字，韵脚为：群、分、闻，文韵独用。

(6)范仲淹《圣人大宝曰位赋》(仁德之守，光大君位)七押“君”字，韵脚为：君、闻、分，文独用。

(7)范仲淹《淡交若水赋》(君子求友，恬淡为上)一押“君”字，韵脚为：闻、分、君，文独用。

(8)范仲淹《体仁足以长人赋》(君体仁道，随彼尊仰)一押“君”字，韵脚为：文、群、君，文韵独用。

(9)范仲淹《天骥呈才赋》(君德通远，天马斯见)一押“君”字，韵脚为：君、分、云、群，文独用。

(10)宋祁《与人不求备赋》(君使臣下，无责其备)一押“君”字，韵脚为：分、君、勋，文独用。

(11)文彦博《焚雉头裘赋》(珍异之服，焚去无取)五韵押“焚”字，韵脚为：焚、君、文、芬，文独用。

(12)文彦博《汾阴出宝鼎赋》(皇汉之道，神鼎斯出)五押“神”字，韵字为：欣(欣)、神(真)、珍(真)，欣真通押。

(13)文彦博《祭法天道赋》(君子之祭，能合天道)一押“君”字，韵脚为：君、闻、分，文独用。

(14)文彦博《雁字赋》(云净天远，腾翥成字)一押"云"字，韵脚为：氛、云、文，文独用。

(15)欧阳修《斫雕为朴赋》(除去文饰，归彼淳朴)三押"文"字，韵脚为：分、闻、纭、文，文独用。

(16)范镇《长啸却胡骑赋》(清啸闻外，胡骑潜去)三押"闻"字，韵脚为：闻、分、醺、群，文独用。

(17)陈襄《璪藉赋》(圭瑞之藉，文藻为饰)七押"文"字，韵脚为：分、文、勋，文独用。

(18)陈襄《周公成文成之德赋》(公旦成此文武之德)五押"文"字，韵脚为：君、芬、文、勋，文独用。

(19)刘敞《后非贤不乂赋》(君得贤者，而后宁乂)一押"君"字，韵脚为：君、闻、勋

(20)刘敞《路寝听政赋》(君居路寝，而听朝政)一押"君"字，韵脚为：分、君、勋，文独用。

(21)刘攽《不愧屋漏赋》(君子慎微，心无所愧)五押"君"字，韵脚为：闻、勋、文，文独用。

(22)杨傑《深衣可以为文武赋》(服深衣者，可为文武)五押"文"字，韵脚为：文、群、军、勋，文独用。

(23)杨傑《继别为宗赋》(君之别子，继者为宗)七押"君"字，韵脚为：君、群、文，文独用。

(24)秦观《郭子仪单骑见虏赋》(汾阳征虏，压以至诚)五押"汾"字，韵脚为：闻、群、勋、汾，文独用。

(25)李廌《仕而优则学赋》(君子之仕，优则为学)一押"君"字，韵脚为：君、勤(欣)、闻，文欣同用。

(26)李纲《有文事必有武备赋》(文事武备，全才必兼)五押"文"字，韵脚为：君、勋、文，文独用。

(27)方大琮《制度文章礼之器赋》(制度文章，为礼之器)三押"文"字，韵脚为纁、斤(欣)、分、文、勤(欣)，文欣同用。

(28)楼钥《济河焚舟赋》(济河焚舟，志在立功)三押"焚"字，韵脚为：焚、云、勋、军，文独用。

以上28首律赋中，除李廌的《仕而优则学赋》和方大琮的《制度文章礼之器赋》是文欣同用例外，其他均为文、欣独用。李廌生卒年为1059—1109年，方大琮生卒年为1183—1247年，故此二赋晚于景祐四年(1037)。

检全宋诗，早于金君卿的诗人有文欣同用例的不多，有徐铉等人；金君卿之后则大量出现，有百次之多，宋高宗、理宗、度宗诗作中均有文欣同用的例子，已然是一个普

遍现象了。

再从《广韵》本身考证。宋本《广韵》流传至今的大部分是南宋国子监刻本，今之清张士俊泽存堂本和黎庶昌所刻《古逸丛书》本都是依据南宋监本覆刻。监本《广韵》卷首陆法言序文前有“北宋景德四年(1007)”和“大中祥符元年(1008)”牒文，故至少是在大中祥符元年(1008)之后刊刻。景德年间(1004—1007)陈彭年等人奉诏对旧韵进行修订，颁布了较详的《广韵》和较略的《韵略》。王应麟《玉海》曰：“景德四年十一月戊寅崇文院上校定《切韵》五卷，依九经例颁行，祥符元年六月五日改为《大宋重修广韵》。”又云：“今之《广韵》则本朝景德祥符中重修。”又云：“景祐中，直讲贾昌朝请修《礼部韵略》，其窄韵凡十有三，听学者通用之。”《集韵·韵例》云：“令陈彭年邵雍因法言韵就为刊益。”即说景德年间颁布的韵书多延承唐代韵书，已不符合宋代实际语言。到景祐四年(1037)朝廷命丁度等人修订《韵略》，贾昌朝奏请合并韵窄者13处。李焘《续资治通鉴长编》云：“景祐四年六月丙申，又诏国子监以翰林学士丁度所修《礼部韵略》颁行……遂诏度等以唐诸家韵本刊定，其韵窄者凡13处，许令附近通用，疑混声及重叠出字，皆于本字下解注之。”①许观《东斋记事》：“景祐四年，诏国子监以翰林学士丁度所修《礼部韵略》颁行。其韵窄者十三处，许令附近通用。”俱不言所并13处“韵窄者”为哪些韵部，盖宋人详熟，略而不说，士人亦知，只是苦了后来的学者。清代学者对这13处“韵窄者”多有研究，以顾炎武、戴震、钱大昕为代表。

顾炎武《唐宋韵谱异同》谈到《广韵》文、殷独用而今文、欣通时案云：“唐时二十一殷虽云独用，而字少韵窄，无独用成篇者，往往于真韵中间一用之。如杜甫《崔氏东山草堂诗》用‘芹’字。独孤及《送韦明府》、《答李滁州》二诗用‘勤’字是也。然绝无通文者。而二十文独用则又绝无通殷者。合为一韵始自景祐。去声问、焮亦然。惟上声吻、隐《广韵》目录注有同用字说。”并在《广韵》吻、隐独用下注云：“今本目录十八吻下注隐同用，其卷中十八吻十九隐又各自为部不相连属，而其下各注云独用。友人富平李子德因笃以为目录误又考唐人如李白《寄韦六》、孙逖《登会稽山》、杜甫《赠郑十八贲》诗，皆以隐韵字同轸、准用，其不与吻同明矣。”其二十三问、二十四焮亦独用。②

戴震《考定广韵独用同用四声表》云：“平声文二十独用，欣二十一独用。上声吻十八独用，隐十九独用。去声问二十三独用，焮二十四独用。入声物八独用，迄九独用。”又云：“然则欣、隐、焮、起宜改文、吻、物之前，而真与谆、臻、欣通，轸与准、隐通，震与稕、焮通，质与术、栉、迄通，斯于四声无所觤戾，不当如宋人之改文与欣通、吻与隐通、物与迄通，使隐、焮、臻、栉相绝。此唐、宋韵所可详议者。”其案语云：“殷、隐二韵，顾氏辨之甚详。后有吴下张刻宋本《广韵》，文注‘欣同用’，吻注‘隐同用’，曹刻宋本《广韵》同，皆景祐《礼部韵略》颁行后涂改之本，非《广韵》旧注也。”其在考证《宋景祐礼部韵略》时云“景祐中以贾昌朝请韵窄者凡十三处，许令附近通

① (宋)李焘：《续资治通鉴长编》，中华书局1992年版，第2834页。
② (清)顾炎武：《音学五书》，中华书局1982年版，第24、25页。

用，于是合欣于文，合隐于吻，合焮于问，合迄于物，合废于队、代，合严于盐、添，合俨于琰、忝，合酽于艳、㮇，合业于叶、帖，合凡与咸、衔，合范于豏、槛，合梵于陷、鉴，合乏于洽、狎”。①

钱大昕《唐宋韵同用独用不同》云：“今以《广韵》、《集韵》目录参考，乃知昌朝所请改者：殷与文同用也，隐与吻同用也，焮与问同用也，迄与物同用也，废与队、代同用也，严与盐、添同用也，凡与咸、衔同用也，俨与琰、忝同用也，范与豏、槛同用也，酽与艳、㮇同用也，梵与陷、鉴同用也，业与叶、帖同用也，乏与洽、狎同用也，《广韵》殷、隐、焮、迄、废五部皆独用，严与凡同用，俨与范同用，酽与梵同用，业与乏同用，此唐时相承之韵，而昌朝辄请改之。”②

以上三大家都进行了较为详细的考证，均认为原本《广韵》当为文、欣独用，景祐四年贾昌朝修订《礼部韵略》时奏请合用韵窄韵部，其中有文、欣同用条，被官方认可，而传世《广韵》云文、欣同用者当是据景祐《韵略》涂改而来。宋代科举韵书以《礼部韵略》为权威，使用、流传均很广。目前传世最早的是日本真福寺本，为北宋刊本，日本水谷诚考证其大约在哲宗元祐元年至元祐五年(1086—1090)，为“文与殷(避宋太祖父亲的讳弘殷而改欣为殷)通”，其他南宋刊本亦都是“文与欣通”。而《集韵》和《礼部韵略》的编纂工作是在“刊修《广韵》所”③平行展开的，两者韵部之间的独用同用关系一致，与《广韵》有别，故《广韵》据当时修订后稍符合当时语言实际，且又是权威的官方韵书《礼部韵略》而改韵部同用是有可能的。

顾炎武《唐宋韵谱异同》云，唐时二十一殷虽云独用，而字少韵窄，无独用成篇者，往往于真韵中间一用之。并举杜甫、独孤及诗作证，云“然绝无通文者”。又云“二十文独用则又绝无通殷者”。其引李子德考唐人如李白、孙逖、杜甫诗，云“皆以隐韵字同轸、准用，其不与吻同明矣”。此处既引唐诗来印证，应当更全面地考察唐诗中文、欣用韵的情况。晚唐人诗作用韵已经出现真与文不分、真谆臻与欣不分的情况，唐诗中欣与真、谆通押的例子较多，宋诗中真谆臻文欣魂痕通押的例子也较多。检《全唐诗》有十余例文、欣同押的诗作，列举几例如下：刘长卿《秋日夏口涉汉阳献李相公》、戴叔伦《江干》、胡杲《七老会诗》、殷尧藩《奉送刘使君王屋山隐居》、白居易《宿简寂观》为轸隐吻通押，白居易《赠别崔五》为真谆文欣通押，贯休《冬末病中作二首》为文欣魂痕通押。这些诗人大多生活在玄宗朝及以后，接近中唐和晚唐的时段。由此可见，唐人虽然在科举诗赋中无文、欣同用例，但在日常诗歌创作中因两文、欣部韵窄，并未严格按照韵书来创作，间有文、欣同用的情况。而科举因对举子有着十分重大的意义，故而创作相对比较谨慎严整而弃而不用，以致科举诗赋中并未出现文、欣同用的例子。科场为

---

① (清)戴震：《声韵考》，《戴震全书》第三册，黄山书社1995年版，第297、300、303、306页。

② (清)钱大昕：《十驾斋养新录》，《嘉定钱大昕全集》(七)，江苏古籍出版社1997年版，第119页。

③ 参见日本真福寺本《礼部韵略》景祐四年丁度敕牒。

避免犯错被刷，会有很多约定俗成的规矩，如《增修互注礼部韵略》、《押韵释疑》韵字下有很多提醒举子的注释，遇到敏感用法，建议最好不用。隋唐韵书严于辨声，不只为属文取韵，故属文之士“苦其苛细”，《广韵》之同用独用之注乃唐初许敬宗所详议，以其韵窄，奏合而用之。所以顾炎武、李子德未全面考察唐诗用韵情况而认为文欣“绝无通者”似乎有些武断，但并不影响其认为文、欣同用最终确立于景祐年间的最终结论。

此外，《矩宋广韵》亦可用作证明《广韵》旧注是文欣独用的佐证。《矩宋广韵》平声上二十文、二十一殷均注“独用”，上声十八吻、十九隐均注“独用”，此与清戴震《声韵考》校订《广韵》四声韵目独用同用例所论证的韵目相符合。在此，我们应当判断《矩宋广韵》的版本及年代。其东韵“桐”字注“又桐庐县，在严州”，巾箱本同，张刻“严州”作“睦州”。严州旧称睦州，宋徽宗宣和三年(1121)改称严州，故此书原刻当在徽宗宣和三年之后。又序文末有题记“己丑建宁府黄三八郎书铺印行”，由此推算，原刻当为南宋孝宗乾道五年(1169)所刊。所以《矩宋广韵》原刻为南宋刊本当无疑。《矩宋广韵》虽是南宋刻本但仍据《广韵》旧注为文、欣独用。而监本《广韵》则为文欣同用、吻隐同用，当是据《礼部韵略》而改，并非《广韵》的旧注。《礼部韵略》对宋人而言意义重大，在日常生活中占据较高的位置，是科考的必备工具书，宋人用韵使尽合于《礼部韵略》而不敢违背，且流布范围极其广泛，故据《礼部韵略》改已经不太符合实际语言的《广韵》也是可能的。

贾昌朝于景祐四年(1037)奏请合并韵窄者13处，此后的第一次进士考试是景祐五年(1038)，是年的科举诗赋材料不存，无从知道文、欣同用是否得以实践。第二次进士考试是庆历二年(1042)，此年登第进士金君卿《应天以实不以文赋》中出现文欣同用之例，说明文欣同用在此年已被官方认可。此后元祐九年(1094)吕颐浩所试省试《元祐甲戌二月省试夜分论经理诗》文欣同用同样被认可。故文欣同用当是景祐四年贾昌朝奏请合韵之后被官方认可而更改。

综上所述，今传本《广韵》中文韵、欣韵注为同用，是景祐四年贾昌朝奏请合并窄韵之后确定下来的，《广韵》据《礼部韵略》而改。文欣同用在唐代实际语言运用中已出现，虽然当时《广韵》仍为文、欣独用，但日常诗作中偶有合用之例，但因科举在举子心中有着重大意义，故科举考试时严格遵守避而不用。直到宋代修订官方韵书规定文欣可同用，举子们才敢在科举诗赋中运用，日常创作中运用得更多。

（原载《长江学术》2012年第2期）

楼钥律赋用韵考

黄燕妮　罗积勇

宋代的科举，除熙宁、元丰、绍圣年间外，都以诗赋取士，其中所考的赋就是律赋。律赋比骈赋限制更严，明吴讷《文章辨体序说·律赋》说："凡取士以之命题，每篇限以八韵而成，要在音律谐协、对偶精确为工。"①宋代律赋体制已经定型，程式之严格达到顶峰。出题时同时确定限韵，一般是八个字，考生要分别按这八个字所在的韵部押韵，并且要严格按官韵即《礼部韵略》的规定押韵。另外，还规定不能犯国讳，南宋《附释文互注礼部韵略》后附《韵略条式》明确列举了临文应回避的字。② 由于违规会被扣分，甚至被刷落，所以，宋代科举考场中考生所作律赋必须严守这些规定。

宋代律赋并非尽为应试之作，私下里也有创作，创作范式与考场之赋相同。这些拟作中既有试前习作，也有入仕后的有感之作。南宋楼钥《攻媿集》卷八十存赋十四首，尽为律赋。③ 考察其用韵情况，不但能了解南宋时律赋这一文体的大体情形，而且也可以更清晰地了解《礼部韵略》与律赋创作的关系。

一

楼钥(1137—1213)，字大防，号攻媿主人。鄞县(今浙江宁波)人。南宋隆兴元年(1163)进士。初任教官，后调为温州教授，光宗时提升为起居郎兼中书舍人。后又授为资政殿大学士、提举万寿观。此人在当时颇有名气。他隆兴元年应试的律赋，开始被评为一甲第一名，但后来覆查时被指犯了哲宗之讳，故降为末等第一名录取。此事见载于《宋会要辑稿·选举四》。今遍查楼钥十四篇律赋，只有《岁星所在国有福赋》中用了"休"字，似乎犯了宋哲宗之讳："大抵事将兆于休咎，星乃为之疾徐"，"况此应王者而纪于号令，主岁事而为之统首，苟非次舍之当居，安得休祥之备有"。宋哲宗名煦，《韵略条式》规定了应避的字包含"休"。但"休"是个多音字，《左传·昭公三年》："民

① 吴讷：《文章辨体序说》，人民文学出版社 1962 年版。

② 丁度：《附释文互注礼部韵略》，《附韵略条式》，商务印书馆 1934 年版。

③ 楼钥：《攻媿集》，商务印书馆 1929 年版。

人痛疾而或燠休之。”陆德明《经典释文》：“休，虚喻反。”与“煦”同音同义。这一音才涉宋哲宗的嫌名，当避。但是“休祥”之休，不在避讳之内，所以，当年楼钥被降等，实际上是很冤枉的。下面我们对楼钥参加科举考试时所作律赋和平时所作律赋的用韵情况加以考察。

《击楫誓清中原赋》限以“渡江击楫，誓清中原”为韵，所属韵部为暮、江、锡、叶，祭、清、东、元。其中，行、清、京，押清韵；渡、顾、故，押暮韵；幢、降、江、邦，押江韵；汭、誓、济，押祭韵；存、言、吞、原、尊，押元韵；溺、棘、敌、击，押锡韵；中、空、功，押东韵；楫、叠、业，押叶韵。

《受降如受敌赋》限以“受降之际，亦当严备”为韵，所属韵部为有、江、之、祭，昔、唐、严、至。其中，潜、严、厌，押严韵；智、伪、备，押至韵；幢、降、邦、庬，押江韵；卫、际、计、锐，押祭韵；之、时、欺、危、师，押之韵；画、戟、隙、亦、策，押昔韵(其中“畫”中古为卦韵字，疑“畫”当为“劃”字，“劃”中古为麦韻字)；当、藏、梁、凉，押唐韵；后、受、守，押有韵。

《箪食壶浆迎王师赋》限以“王师所至，食浆以迎”为韵，所属韵部为阳、脂、语、至，职、阳、止、庚。其中，征、迎、兵，押庚韵；举、拒、所，押语韵；持、饥、师、为，押脂韵；喜、迩、以、垒，押止韵；方、伤、粮、王，押阳韵；贰、意、至、智，押至韵；浆、忘、将、皇，押阳韵；易、馈、食，押职韵。

《光武乘时龙而御天赋》限以“时乘六龙，以御天也”为韵，所属韵部为之、蒸、屋、钟，止、御、先、马。其中，时、为、维，押之韵；马、夏、也，押马韵；乾、专、权，押先韵；禄、六、伏，押屋韵；升、兢、乘、兴，押蒸韵；始、履、以、起，押止韵；龙、锋、从，押钟韵；誉、助、御，押御韵。

《修身以为弓赋》限以“修身为弓，发必中矣”为韵，所属韵部为尤、真、支、东，月、质、送、止。其中，中、弓、功，押东韵；衷、众、中，押送韵；时、随、为、持，押支韵；是、弛、矣、矢，押止韵。因、身、轮、仁，押真韵；术、虱、必、出，押质韵；柔、修、由、周，押尤韵；忽、阙、发，押月韵。

《尊贤则士愿立朝赋》限以“尊贤则士愿立于朝”为韵，所属韵部为魂、先、德、止、愿、缉、鱼、宵。其中，骄、朝、招，押宵韵；愿、怨、恩，押愿韵；贤、延、捐、联，押先韵；立、急、十，押缉韵；居、舒、徐、于、书，押鱼韵；则、戈、匿、极，押德韵；尊、言、门、猿，押魂韵；士、起、矣，押止韵。

《济河焚舟赋》限以“济河焚舟，志在立功”为韵，所属韵部为霁、歌、文、尤，志、代、缉、东。其中，谋、舟、雠，押尤韵；利、赐、志，押志韵；戎、忠、功，押东韵；逝、誓、济、计，押霁韵；焚、云、勋、军，押文韵；戢、邑、泣、立，押缉韵；河、多、磨、轲，押歌韵；罪、悔、在，押代韵。

《本强则精神折冲赋》限以“本强则以精神折冲”为韵，所属韵部为混、阳、德、止、清、真、薛、钟。其中，从、冲、锋，押钟韵；本、遁、远，押混韵；兵、争、衡，押清韵；则、色、力、国，押德韵；臣、神、人、秦，押真韵；水、迩、靡、以、士，押止韵；强、堂、当、疆，押阳韵；折、绝、截，押薛韵。

《岁星所在国有福赋》限以“岁星所居，宜其有福”为韵，所属韵部为祭、青、语、鱼，支、之、有、屋。其中，期、宜、禧，押之韵；缩、速、福，押屋韵；离、时、其、亏，押支韵；岁、济、继、锐，押祭韵；徐、居、虚、如、书，押鱼韵；久、有、后，押有韵；馨、龄、星，押青韵；与、御、所，押语韵。

《高祖好谋能听赋》限以“天性明达，好谋能听”为韵，所属韵部为先、劲、庚、曷，号、尤、登、青。其中，成、明、行，押庚韵；定、佞、听，押青韵；兴、能、矜、兢，押登韵；命、行、性、令，押劲韵。侯、谋、流、筹，押尤韵；达、割、拨、褐，押曷韵；贤、天、然、愆，押先韵；好、告、暴，押号韵。

《子使漆雕开仕赋》限以“开未从仕圣人使之”为韵，所属韵部为咍、未、钟、止、劲、真、止、之。其中，知、之、为，押之韵；子、使、矣，押止韵；民、人、身、臣，押真韵；视、仕、恃、喜，押止韵；从、钟、容、农，押钟韵；命、圣、泳、政，押劲韵；哉、莱、开、才，押咍韵；贵、未、既，押未韵。

《天下可传檄而定赋》限以“今天下可传檄而定”为韵，所属韵部为侵、先、马、哿、仙、锡、之、径。其中，先、焉、全，押先韵；下、者、也，押马韵；深、音、心、今，押侵韵；果、左、可、妥，押哿韵；宣、传、肩、燕，押仙韵；檄、敌、击、绩、郦，押锡韵；随、之、而、丽，押之韵；订、听、定，押径韵。

《仁孝二致同源赋》限以“仁孝之道，二致同源”为韵，所属韵部为真、效、之、皓，至、至、东、元。其中，根、源、存，押元韵；异、事、致，押至韵；持、推、为、之、岐，押之韵；老、抱、保、道，押皓韵；亲、仁、淳、因、论，押真韵；地、意、委、二，押至韵；同、风、充、功，押东韵；孝、教、较，押效韵。

《孟荀以道鸣赋》限以“二子皆以其道而鸣”为韵，所属韵部为至、止、皆、止、之、皓、之、庚。其中，生、鸣、声，押庚韵；考、老、道，押皓韵；师、其、时，押之韵；美、耳、耻、子，押止韵；持、而、之、知、为，押之韵；纪、已、以、氏，押止韵；排、怀、皆、哇，押皆韵；二、议、坠，押至韵。

二

唐代诗赋考试用韵标准是陆法言《切韵》，宋初沿用。宋真宗景德年间，陈彭年等人奉旨将其修订成详略两部韵书，前者为《广韵》，后者为《韵略》（又称《景德韵略》），《韵略》专收诗赋常用字，以便于科场选用。仁宗景祐年间，朝廷觉得《广韵》不完备，乃令丁度等人修《集韵》，又因《集韵》而作《礼部韵略》，又称《景祐韵略》。从景祐四年（1037）至南宋灭亡，《礼部韵略》一直是宋代场屋必备的权威工具书，刊布流传甚广，增修、增订者众多。南宋楼钥《攻媿集》存律赋十四首，大体遵守《礼部韵略》规范，但也表现出一些新的特点。

楼钥律赋用韵情况与《附释文互注礼部韵略》（以下简称《礼部韵略》）独用、同用对应如下（“｜”左边为《礼部韵略》独用、同用，右边为楼钥律赋用韵情况，数字表示各韵独用、同用、混用的次数)：

1. 上平声

东独用｜东独用4

冬钟同用｜冬钟同用1、钟独用1

江独用｜江独用2

支脂之同用｜支脂之同用4、支之同用6、脂之同用1、

鱼独用｜鱼独用1

佳皆同用｜佳皆同用1

灰咍同用｜咍独用1

真谆臻同用｜真谆同用2、真独用2

文欣同用｜文独用1

元魂痕同用｜元魂痕同用2、元魂同用1

2. 下平声

先仙同用｜先仙同用4、仙独用1

萧宵同用｜宵独用1

歌戈同用｜歌戈同用1

阳唐同用｜阳唐同用2、阳独用2

庚耕清同用｜庚清同用4、庚耕同用1

青独用｜青独用2

蒸登同用｜蒸登同用1、蒸独用1

尤侯幽同用｜尤侯同用1、尤独用2

侵独用｜侵独用1

盐添严同用｜盐严同用2

3. 上声

送独用｜送独用1

纸旨止同用｜纸止同用2、旨止同用2、纸旨止同用2、止独用2

语独用｜语独用2

贿海同用｜贿海同用1

阮混很同用｜阮混同用1

皓独用｜皓独用2

哿果同用｜哿果同用1

马独用｜马独用2

有厚黝同用｜有厚同用2

4. 去声

寘至志同用｜寘至同用3、寘至志同用1、至志同用1、寘至志同用1

未独用｜未独用1

御独用｜御独用 1
遇暮同用｜暮独用 1
霁祭同用｜霁祭同用 4
愿慁恨同用｜愿慁同用 1
效独用｜效独用 1
号独用｜号独用 1
映诤劲同用｜映劲同用 2
径独用｜径独用 1
5. 入声
屋独用｜屋独用 2
质术栉同用｜质术栉同用 1
月没同用｜月没同用 1
曷末同用｜曷末同用 1
屑薛同用｜屑薛同用 1
陌麦昔同用｜陌麦昔同用 1
锡独用｜锡独用 1、职锡混用 1
职德同用｜职德同用 1、职昔至混用 1、职德戈混用 1
缉独用｜缉独用 2
叶帖同用｜叶帖同用 1

综观以上情况，楼钥律赋大体遵循《礼部韵略》的规定，象东韵不与冬钟韵混押，鱼韵独用、不与虞模韵混，等等。尽管《礼部韵略》这些规定与当时实际语音差别很大，楼钥还是严守其规定。但是，在一些作品特别是拟作中，也偶尔出现与《礼部韵略》及《贡举条式》不一致的地方。归纳起来主要有如下方面：

第一，职韵与锡韵相押。

如《击楫誓清中原赋》：溺（锡）棘（职）敌（锡）击（锡）相押。原文为："果能扶神器之阽危，拯遗黎之沉溺，长淮以北也复见夫冠带，大河以南也悉除夫荆棘，不渝江上之盟，坐制目中之敌。澄清抗志，车同范氏之登；慷慨论功，柱鄙汉臣之击。"

职韵是蒸拯证三韵的入声，锡韵是青迥径三韵的入声。《礼部韵略》规定，青迥径锡独用，不与蒸拯证职通押。只是在金人王文郁《新刊韵略》中，因为上声拯等韵字数太少，于是便使它与迥韵合押，从而开后世平水韵之先。而锡韵、职韵各自的字数均不少，是两个大韵。它们二者在楼钥律赋中偶尔相混，说明在宋代的实际语音中锡韵、职韵的界限已不清。王力在《汉语语音史》卷上第六章《宋代音系》中①，归纳出宋代三十二韵部，其中有"质职"韵，这个韵包括《切韵》职韵开口三等、合口三等字以及锡韵的开口四等、合口四等字，而"棘"正是职韵开口三等字，所以它能跟"溺"、"敌"、"击"

① 王力：《汉语语音史》，《王力文集》第十卷，山东教育出版社 1987 年版，第 364~367 页。

这些锡韵开口等字押韵。

第二，职韵与非入声韵混押。

主要是指职韵与昔韵、至韵相押。如《箪食壶浆迎王师赋》：易(昔)馈(至)食(职)相押。原文为："彼有筑道而馈军者，用力亦多；投醪而饮众者，为功非易。岂知多助之举，自有争先之馈。方今中原之民皆开门而迎王师，又岂止于壶浆箪食。"

至韵的字在上古音中属入声，即所谓长入，但在宋代以前，早已变为去声，没有入声韵尾，职韵能与他相押，似可解释为宋代语音或当时楼钥的方音中，职韵的入声韵尾在弱化、消失的过程之中。辛弃疾词中收-k 的入声字与收-t、-p 的入声字通押，可以佐证南宋入声韵尾在归并、弱化(参王力《汉语语音史》卷上第六章《宋代音系》)①。

另外，我们还搜集到职德韵与戈韵相押的一例。《尊贤则士愿立朝赋》：则(德)戈(戈)匿(职)极(职)相押。

今查《尊贤则士愿立朝赋》此处原文为："是何君专行爵之权，士守立身之则。傥恃禄位者因明月而按剑，则安义命者必冥鸿而避戈。是故好仁文后，有海滨二老之归；慢骂高皇，致商岭四人之匿。譬如鸟巢不覆，则凤集阿阁；骏骨必市，则骥来西极。"

经我们考证，"戈"当为"弋"之误。从意思上看，在天上飞的鸿是不需要避戈的，因为戈够不着它。它要避的是箭，而"弋"就是一种带丝绳的箭。查《四部丛刊》本《攻媿集》，此处正作"弋"。而"弋"是职韵字，职德通押，符合《礼部韵略》。所以，这一例经校勘后，发现没什么特别之处，可以排除。

第三，在多音字方面的押韵上游曳于《礼部韵略》规定之中。

一个字的语音有演变，而先后的读音有时反映在《礼部韵略》中；一个字的意义有引申，为区别后起义，而产生另一个音，于是，这两个或多个音也并存于《礼部韵略》中。对于多音字的音义对应，《礼部韵略》有规定。

对于规定明确的，楼钥严格遵守。

如《仁孝二致同源赋》地、意、委、二相押。原文为："是源也，会精粗于一致之中，合内外于同归之地，使兼爱者知厚亲之道，而敬亲者备仁民之意。重轻非复于铢两，先后岂殊于源委。尊而安义，道同曾子之三；爱则无差，本异夷之之二。""地"、"二"属至韵，"意"属志韵，至、志可同用，不讨论。而委则为多音字，见收于纸、支、寘三韵。《礼部韵略·上声·四纸》："委，於诡切。委曲也……又於危、於伪二切，见支、寘韵。"支韵之委为"委蛇"之委，与此文无关。查寘韵委之义为委积，又引《礼记·学记》"或原也，或委也"，则"源委"之委在寘韵，寘韵与至韵可同用，故楼钥以之与地、二等字押韵。

但大多数的情况下《礼部韵略》规定得并不明确。这样，就给律赋作者留下一些灵活余地，在一定程度上可以按需要选择字音。如听字，《礼部韵略》青韵、径韵两收，有平、去二声，且均释为聆。楼钥《高祖好谋能听赋》限以"天性明达，好谋能听"为韵。

---

① 王力：《汉语语音史》，《王力文集》第十卷，山东教育出版社 1987 年版，第 375~377 页。

赋中定、佞、听三字相押，显然，“听”选择的是去声径韵这个音。又如“折衷”之衷，《礼部韵略》东韵、送韵均收，东韵训：“诚也。一曰折衷。”送韵只训为“折衷”。而楼钥《修身以为弓赋》以“修身为弓，发必中矣”为韵，其中一段：“士有该百行以研穷，端一心而折衷，谓存于吾者苟不知审，则发于外者何以示众。今也见圣师而由圣，当明四重以四轻；犹弓人之为弓，要在百发而百中。”这是押去声中字韵(送韵)，衷、众、中相押，取去声送韵之衷。

再如，《受降如受敌赋》限以“受降之际，亦当严备”为韵，所属韵部为有、江、之、祭，昔、唐、严、至。赋中潜、严、厌三字相押。这是押的严韵。潜在盐韵，严盐通押，不论。厌，今读去声。查《礼部韵略·去声·五十五艳》：“厌，厌有二种，有嫌厌之厌……有厌饫之厌……亦作猒，又於盐、於涉二切，见盐、叶二韵。”见于入声叶韵者是因为借为压而产生的音义。而《盐韵》之厌字，释语曰：“按《左氏》‘无厌，将及我’。”则是厌饫、满足之义。此处原文为：“上将甚武，神机独潜，虽在受降之际，亦如待敌之严。纳夫授首之人，敢矜已胜；类彼临戎之日，以备无厌。”“以备无厌”就是以防备贪得无厌的敌人的意思，厌正是满足之义。《礼部韵略》在艳韵收“厌”，先后罗列嫌厌、厌饫二义，而盐韵所收“厌”只有厌饫、满足义，楼钥在赋中选择盐韵之音押韵。

以上是某字《礼部韵略》平去兼收而楼钥押韵时自由选择的例子，又有上去兼收而楼钥押韵时自由选择的例子。

如“在”字，《广韵》昨宰切，从纽海韵，属浊声母上声字，后来，浊上变去，故《礼部韵略》海韵、代韵均收“在”，释义相同，并有“新制”标明，许“在”字上去通押。《济河焚舟赋》以“济河焚舟，志在立功”为韵，其中一段：“噫秦将之忠也，既怀报国之心；秦伯之任也，不数覆军之罪。苟因一眚而遂弃，徒使终身而自悔，又焉得千载之下仰焚舟之风，凛然如在。”罪、悔、在相押，罪、悔跟在一样，也有上、去二声。

由上面的分析可以看到，楼钥所作律赋，主要是在入声职韵上不能完全遵守《礼部韵略》的规定，这应是宋代实际语音对它的影响。而在其他方面，有的严守《礼部韵略》规定的界限，有的则说得上是“不违反《礼部韵略》规定”。

(原载《湖北第二师范学院学报》2012 年第 4 期)

宋代科举考试中律诗、律赋“落官韵”问题

肖金云

宋代科举中，“诗赋纯正者置之前列，《春秋》唯卓异者置于高等”①。科场诗赋的好坏很大程度上决定着最终等级的高低，故举子们甚是重视诗赋的写作，而判断诗赋的第一个标准就是用韵。场屋诗赋都得遵循用韵和声律规则，用韵主要指限韵字所在韵部，声律是指限韵字声律上讲究平仄相间，一平一仄依次押韵。罗大经《鹤林玉露》引杨诚斋语云：“今之礼部韵乃是限制士子程文，不许出韵，因难以见其工耳。”②《礼韵》后附有《韵略条式》，收录与科举考试有关的规定，从《景德韵略》之后，其内容不断增订修改。《玉海》：“景德四年十一月戊寅，诏颁行新定《韵略》，送胄监镂板。先以举人用韵多异，诏殿中丞丘雍重定《切韵》。陈彭年言省试未有条格，命晁迥、崔遵度等评定，刻于《韵略》之末。”③《韵略条式》规定了各种程文的问题规范，以及“不考”、“抹”、“点”等评判的标准，关于诗赋用韵的有“诗赋脱官韵、落韵、失平侧、重叠用韵”。刘敞评论说：“礼部考试条式颁行天下，盖设公共之格以便程文之体，使举子务各毕力，而有司得以考实。譬如射御者，不失其驰者自能中，乃为善也。”④

如果举子在韵上出了问题，那么他落选的可能性基本上就是肯定的了，但偶尔会有例外。唐五代词赋有犯韵或者犯格者，不得放入及第，之后的宋代一直到清代皆是如此。以下从限韵字和落韵两方面来讲科举诗赋用韵问题。

1. 限韵字

律赋的最大特点是赋题下限韵，律赋的“限韵字”不仅限定了押韵的数目和韵部，还对赋题有解说的作用，框定了全赋的意旨，以免举子偏离主题。

关于限韵字，洪迈的《容斋续笔》“试赋用韵”条有详细记载：“唐以赋取士，而韵数多寡，平侧次叙，元无定格。故有三韵者……有四韵者……有五韵者……有六韵者……

---

① 《宋史·选举志》二。

② 罗大经：《鹤林玉露》丙编卷六。

③ 王应麟：《玉海》卷四十五“景德新定《韵略》”条，上海古籍出版社1992年版。

④ 刘敞：《公是集》卷三三《礼部贡院驳张洞起请乞降等收录少字赋论进士奏准中书批状》，文渊阁本四库全书。

有七韵者……八韵有二平六侧者……有三平五侧者……有五平三侧者……有六平二侧者……自大和以后，始以八韵为常。……旧例，赋韵四平四侧，质所出韵乃五平三侧，大力识者所消，岂非是时已有定格乎？国朝太平兴国三年九月，始诏自今广文馆及诸州府、礼部试进士律赋，并以平侧次用韵，其后又有不依次者，至今循之。"①"国初进士词赋押韵，不拘平仄次第。太平兴国三年九月，始诏进士律赋平仄次第用韵，而考官所出官韵必用四平四仄。"②由此可见，限韵字是逐渐确定下来为八韵的，到宋代成定制。宋代限韵字讲究平仄，平仄相间的需要依次押韵。"上御讲武殿，内出诗赋题覆试进士，赋韵平仄相间，依次用。"③"自今广文馆及诸州府、礼部进士，律赋并以平侧次用韵。"④徐松《宋会要辑稿》云："赋如不依次押官韵者，听。"⑤

《登科记考补正》中载唐代赋题有确切年代记载的有52个，按照限韵字次序来押的有26个，不按次序押的也是26个，但时间越晚的不按照限韵字次序来押的越多。⑥ 宋代现存可考见作者年代的殿试赋、解试、省试、国学试赋共有26首，按照平仄次序押的远远多于未按照次序押的，少数赋中实际所押韵部与限韵字有出入。且越是殿试赋，按次序押的越多。可见，依照限韵字平仄次序依次押用并不是一直很严格，偶有不按次序押用者亦未见黜落。

2. 犯官韵

科举诗赋最重声律，最忌讳声病。诗赋脱官韵、落韵都"犯不考"，即取消考试资格。范仲淹《答手诏条陈十事》云："御试之日，诗赋文论共为一场，既声病所拘，意思不远，或音韵中一字有差，虽生平苦辛，即时摈逐。"⑦《绍兴重修通用贡举式》中有20项"犯不考"的规定，大部分与用韵有关。知贡举在审卷评定等级时若没发现犯韵，而后被查出的，知贡举将因查审不严亦将被罚，甚至影响其仕途。

犯官韵主要有脱官韵、落韵、失平侧、重叠用韵等几个方面，不按照限韵字平仄次序依次押韵尚无大碍，但失平侧、落韵、重复用韵却是大忌。

(1)脱官韵。

脱官韵，即说漏押官韵，如赋有八个韵字，漏押某韵。

"绍兴二十一年，秀州当湖人鲁王楠赴省试，第一场出，忆赋中第七韵忘押官韵，顾无术可取。"⑧《能改斋漫录》亦记载了一则忘押官韵例："宋莒公(宋庠)殿试《德车结

---

① 洪迈：《容斋随笔》卷十三。

② 王栐：《燕翼诒谋录》卷五，中华书局1997年版。

③ 李焘：《续资治通鉴长编》卷一八。

④ (清)徐松：《宋会要辑稿·选举》三之四，中华书局1957年版。

⑤ (清)徐松：《宋会要辑稿·选举》三之四，中华书局1957年版，第4276页。听：断也，即说要受到考官的审判。

⑥ 孟二冬：《登科记补正》，北京燕山出版社2003年版。

⑦ 范仲淹：《范文正公政府奏议》卷上《达手诏条陈十事》。

⑧ 洪景卢：《夷坚志全集·蔡十九郎》。

旐赋》第二韵当押‘结’字，偶忘之。考试官奏过得旨，因得在数以魁天下。其后谢主文启云：‘掀天波浪之间，舟人忘楫，动地鼓鼙之下，战士遗弓。’盖叙此也。”①但观目前存世版本的《德车结旐赋》，赋中第二云有押“结”字，韵脚字为“结”、“列”2字，只是韵字相对较少而已。不知《能改斋漫录》此说何来。或者现存此赋传世时经过补充。但总体说来，宋庠忘押官韵而经奏请后依旧得以魁天下，一来说明忘押官韵是很严重的事情，需要奏请；二来忘押官韵并不一定会被黜落。

(2)失平仄。

失平仄，即违格，是指诗赋(尤其是诗)中违反平仄格律，平仄失调，当用平声却用了仄声，反之亦然。《韵略条式·绍兴五年牒文》有对诗赋失平仄例子的专门说明。

苏象先：“祖父(注：苏颂)年六十，省试《斗为天之喉舌赋》。盛文肃(度)主文，见曾祖曰：‘贤郎已高中，而点检试卷者谓以‘声闻’(注：去声)为‘闻’(注：平声)，为不合格，遂黜。’祖父自是始切意字学，发明甚多。”②“闻”字，《礼韵》有平、去两读但义不同，不可通押。“无分切”，平声文韵，“释云知声也”。“文运切”，去声问，“《诗》：令闻令望。释云名达也。《说文》：声所至也。”则“声闻”当为去声，苏颂误以为是平声，而以去声字押在平声，不符合官韵规定，被黜落在所难免。

(3)落韵。

落韵，又叫出韵、窜韵、走韵，是指韵脚不用本韵或与本韵通押之字，而误用邻韵或他韵中的字，是诗赋大忌，“落官韵”是一件很严重的事情，一般都会被“剥放”。《韵略条式》列举的“日华—日革”例是由于误写造成落韵。

大文豪欧阳修17岁解试“以落官韵不收”。③《江临几杂志》载：“宋相与高鍊同发天府解，《日月为常赋》‘象’字韵押之‘状’者，以落韵先剥放近百人，无何一人投牒云：‘某不落韵。’取卷视之，状下有‘可想’二字，然赋亦纰缪，其如落韵剥放举人不伏，高与甲，不说姓名，忧闷，或醉或睡。伯庠更点检诗，只五韵，急呼二人起视之，二君欢忻，举子惭怍而已。”④“象”字为养韵，“状”为漾韵字，当为落韵。“可想”之“想”为养韵，但科举诗一般是五言六韵，该举子却只有五韵，少了一联。

南宋嘉定七年(1214)，鄂州举子宋倬赋中第六韵押“守”字，作去声，而官韵当押上声，经湖北转运司、礼部、国子监反复讨论，最后被认定为落韵，下诏“驳放”。⑤“守”有有韵和宥韵上、去两读，当表示“寺府之事者”、“法度”义时为上声，“诸侯为

---

① 吴曾：《能改斋漫录》“忘楫遗弓之句”条。

② 苏象先：《丞相魏公谭训》卷一。

③ 江少虞：《宋朝事实类苑》卷三八载：“欧阳文忠公年十七，随州取解，以落官韵不收。天圣已后，文章多尚四六，是时随州试《左氏》失之诬论，文忠论之，条列《左氏》之诬甚悉，内有‘石言于宋，神降于莘。外蛇鬬而内蛇伤，新鬼大而故鬼小。’虽被黜落，而奇杰(《东轩笔录》作‘警’)之句大传于时。”

④ 见《江临几杂志》卷下。《嘉祐杂志》、《醴泉笔录》等亦录此条。

⑤ 见《宋会要辑稿选举》六之二〇。

天子守土”义为去声。

还有方音误韵导致落韵的例子。陈鹄《耆旧续闻》云：“闽人以‘高’为‘歌’，真宗朝试《天德清明赋》①，有闽士破题云‘天道如何，仰之弥高。’考官闽人，遂中选。”②《礼韵》及宋代通语中豪、歌韵不相叶，但福建方音中存在歌、豪通叶的特点，现代闽方言里还有部分地区方言里“高”与“歌”仍然同音。如福建籍诗人王迈《贺许宰伯诩再考》韵脚为“豪”、“刀”、“多”、“高”、“歌”，同籍诗人胡仲弓《次雪舟诗》韵脚为“跎”、“高”、“多”、“骚”，都是豪、歌韵相叶。但此二诗均属于律诗中特殊的“进退格”(即两韵交换押用)，有其特殊性，此暂不论及。方音误韵的例子是每朝都有的，清人俞樾《春在堂随笔》记载，光绪丙戌会试，河南人白焯以诗出韵被置于三等之末。诗题为“流水无声入稻田”，得“声”字，白诗用“红”字入韵，政府诸公认为此非寻常小瑕疵，不当进入殿试，皇太后认为三等向无停科者而准入殿试。俞樾评论此事说“诚宽典也”，说明在清代“出韵”也是一件很严重的事情。俞樾云：“‘红’字与八庚韵，字迥不相似，岂其人读‘红’字似‘衡’字欤？闻从前有安徽举人覆试，诗题得‘春’字，而其人全用二冬韵，余谓其人必读‘春’字如‘冲’字也。”此处还引用了上述《耆旧续闻》方音误韵例，并总结说“然则方音误韵，古固有之，不足为斯人病矣”。举子受方言影响导致落韵，这也印证了官方颁布统一的考试用韵标准的必要性。

除了科举中诗赋遵循韵书外，文人日常诗赋相对而言是稍微自由宽松的。罗大经《鹤林玉露》引魏鹤山言云：“除科举之外，闲赋之诗，不必一一以韵为较，况今所较者，特礼部韵耳。此只是魏晋以来之韵，隋唐以来之法，若据古音，则今麻、马等韵元无之，歌字韵与之字韵通，豪字韵与萧字韵通，言之及次，方是经雅。”③但也有拿科举韵书作参照的，尽管宋代实际语音已经发生变化，而韵书中没有反映出来。神宗朝李承之曾送唐介一首诗，句中有“去国一身轻似叶，高名千古重如山。并游英俊颜何厚，已死英雄骨尚寒”之句，后讨还该诗时唐介曰：“我固不用落韵诗也。”④按照《礼韵》规定，“山”、“寒”二字所在韵部不能通押，可以看做“落韵”。需要提出来的是，唐介说“山”、“寒”同押是“落韵”，其参照标准是韵书，而不是当时的实际语音。但宋代实际语音中，寒韵开口一等字和山韵开口二等字有混并现象，两韵合并，有向《中原音韵》靠拢的趋势。王力认为寒桓与删山合并成寒山部⑤，同时代的张舜民和略晚的辛弃疾的诗、词里都有“寒”、“山”通押的例子。

---

① 真宗一朝殿试题目皆存，没有《天德清明赋》，真宗大中祥符元年(1008)殿试礼部正奏名有《清明象天赋》，若指廷试，《诗话总龟》等所载有误，可能是把当年的赋题《清明象天赋》与论题《盛德大业论》混合成误。或是和仁宗嘉祐六年(1039)辛丑殿试诗题《天德清明诗》混淆了。

② 俞樾：《春在堂随笔》卷九，清刻本。

③ 罗大经：《鹤林玉露》丙编卷六。

④ 邵伯温：《邵氏闻见前录》卷十三。

⑤ 王力：《汉语语音史》，商务印书馆 2008 年版，第 340 页。

(4)重叠用韵。

重叠用韵亦是诗赋大忌，但不如落韵严重。

《韵略条式》列举的两条都是韵脚字误写造成韵字重复，如既有“大明在东”，又有“昭文有东(本当为‘融’)”；既有“尝闻帝子之灵”又有“楚客不堪灵(当为‘聽’)”之类。

《齐东野语》载：“冯京知举，张芸叟赋《公生明》重叠用韵，已而为第四名，窃怪主司卤莽。……适冯因言：‘昔忝知举，秘监赋重叠用韵，以论策佳，辄为改之，擢置高第，颇记忆否?’芸叟方饮，不觉酒杯覆怀，再三愧谢。”张芸叟认为自己的赋做得好却只得了第四名，对知举冯京心生埋怨，得知冯京看好自己不因重叠用韵还擢置高第，“再三愧谢”。

《湘山野录》载郑庠省试《良玉不琢赋》号为擅场，但重叠押韵，一韵内有“环奇擅名”和“而无刻画之名”之句，大宗胥内翰偃考欣赏其赋，深深为之惋惜，便“密与自改‘擅名’为‘擅声’，后埒之于第一”。“名”、“声”都是清韵字。郑庠省试《良玉不琢赋》今不存。且不说偃考密改郑庠重叠韵字是否涉嫌舞弊，这件事说明两个问题：一是郑庠的《良玉不琢赋》确实是技压全场，引得偃考极其欣赏，对他重复用韵这个弱点有包庇之心；二是重复用韵确实会影响赋作的整体等级。

此外，押韵中，不能用俗体字。宋人日常多写俗体字，《礼韵》中异体、或体、通假、正俗体等经过礼部看详准许通押者，会在注中标明“亦作某”、“或作某”、“通作某”等。欧阳德隆《押韵释疑》“羣”字注云：“俗‘群’字非。”并列举同郡甲午科《圣武为天下君赋》，“是年场中小赋多有人押‘羣’而写此‘群’字者，文理虽优皆不取”。

其实，具体实施中，亦有犯韵而未被黜落的案例。最著名的例子便是贾边、李迪案了。贾边、李迪南省试《当仁不让于师赋》，迪落韵，边以“师”为“众”，与注疏异。王文正说：“落韵失于不详审耳，若舍注疏而立异论，不可辄许，恐从今士子放荡，无所准的。”最后取李迪而黜贾边。还有前面提到的宋庠殿试《德车结旌赋》忘押“结”字但仍能魁天下。以上两例，一为落韵，一为脱韵，经过官方讨论商议后未被黜落，当是万分幸运的事情了。礼部韵之所以权威，原因之一就是它依据的主要是经典音，要求考生按照出处音押用。但在具体操作上，官方也有宽有严，《韵略条式》规定经义韵与礼部韵不同而举子误用则可以宽待，对“赋初入韵许用临韵，引而有声相近而非临韵者”、“赋有用字平侧不同如‘储思’者”、“诗以题中平声字为韵题中有两字同韵而并押者”等也是准许的。

(原载《华中科技大学文华学院十年校庆学术论文集》，2013年)

后　记

这个课题断断续续做了好几年，现在终于可以交卷了！

先是，我指导该项目的合作者、博士生肖金云撰写博士论文《〈礼部韵略〉多音字音义规定及其执行情况》，成16万字。多音字音义在《礼部韵略》中的规定及其在科举中的执行情况，是该课题研究的核心问题之一。肖金云博士毕业后分到了文华学院工作，获批“宋代科举诗赋用韵与韵书研究”项目，科研工作继续进行，其研究方向与内容与在校时我们讨论确定的方针基本吻合。

我后期继续搜集、分析更多资料，进一步深入探讨各类问题。

首先是穷尽式地搜辑《附释文互注礼部韵略》中的“新制添入字”并对其进行分类分析。

其次是细读欧阳德隆的《押韵释疑》，将其中有关多音字、多义字、多音多义字以及易混字的一些精彩讨论，特别是那些涉及宋代各级、各类科举的诗赋考试中的纠纷事实记载的资料都尽量搜集了出来，有的，还进一步查了《增修校正押韵释疑》。有了更丰富的材料，很多事实就容易弄清楚了，论证也就更充分了。

再次是识读《选编省监新奇万宝诗山》，并对其押韵和平仄情况进行归纳和分析。明人汇编的《选编省监新奇万宝诗山》，字密墨稀，版面多模糊漫漶，只能硬着头皮识读了几卷。宋代文集中试律诗保存下来的甚少，因此，这个辛苦的工作还是值得的。由这些新材料归纳所得大多散布到本书第五章和第六章中了。

最后是将稿子统合起来，调整、组合相关内容，也不容易。肖金云博士的相关成果都反映到本书中了。另外，还要感谢我的博士生黄燕妮，硕士生蔡文华，在搜集资料方面曾得到过她们的帮助。

罗积勇

于2015年初冬

《中国科举文化通志》书目

历代制举史料汇编

历代律赋校注

七史选举志校注

唐代试律试策校注

八股文总论八种

游戏八股文集成

翰林掌故五种

贡举志五种（上）

贡举志五种（下）

明代科举与文学编年（上）

明代科举与文学编年（中）

明代科举与文学编年（下）

明代状元史料汇编（上）

明代状元史料汇编（下）

四书大全校注（上）

四书大全校注（下）

钦定四书文校注

《游艺塾文规》正续编

钦定学政全书校注

《清实录》科举史料汇编

梁章钜科举文献二种校注

二十世纪科举研究论文选编

《礼部韵略》与宋代科举

科举废止前后的晚清社会与文学

《儒林外史》的现代误读

游戏八股文研究

元明科举与文学考论

明代八股文选家考论

唐代科举与试赋